“十二五”国家重点图书出版规划项目
中国社会科学院创新工程学术出版资助项目

总主编：金　碚

经济管理学科前沿研究报告系列丛书

THE FRONTIER REPORT ON THE DISCIPLINE OF MANAGEMENT

张永军　赵占波　刘新港　主编

管理学学科前沿研究报告

图书在版编目（CIP）数据

管理学学科前沿研究报告 2013/张永军，赵占波，刘新港主编. —北京：经济管理出版社，2016.9
ISBN 978-7-5096-4542-0

Ⅰ. ①管… Ⅱ. ①张… ②赵… ③刘… Ⅲ. ①管理学—研究报告—中国—2013 Ⅳ. ①C93

中国版本图书馆 CIP 数据核字（2016）第 188964 号

组稿编辑：张　艳
责任编辑：张　艳　赵亚荣
责任印制：黄章平
责任校对：王　淼

出版发行：经济管理出版社
（北京市海淀区北蜂窝 8 号中雅大厦 A 座 11 层　100038）
网　　址：www. E-mp. com. cn
电　　话：（010）51915602
印　　刷：三河市延风印装有限公司
经　　销：新华书店
开　　本：787mm×1092mm/16
印　　张：21.75
字　　数：489 千字
版　　次：2016 年 11 月第 1 版　　2016 年 11 月第 1 次印刷
书　　号：ISBN 978-7-5096-4542-0
定　　价：79.00 元

《经济管理学科前沿研究报告》
专家委员会

《经济管理学科前沿研究报告》编辑委员会

序 言

为了落实中国社会科学院哲学社会科学创新工程的实施，加快建设哲学社会科学创新体系，实现中国社会科学院成为马克思主义的坚强阵地、党中央国务院的思想库和智囊团、哲学社会科学的最高殿堂的定位要求，提升中国社会科学院在国际、国内哲学社会科学领域的话语权和影响力，加快中国社会科学院哲学社会科学学科建设，推进哲学社会科学的繁荣发展具有重大意义。

旨在准确把握经济和管理学科前沿发展状况，评估各学科发展近况，及时跟踪国内外学科发展的最新动态，准确把握学科前沿，引领学科发展方向，积极推进学科建设，特组织中国社会科学院和全国重点大学的专家学者研究撰写《经济管理学科前沿研究报告》。本系列报告的研究和出版得到了国家新闻出版广电总局的支持和肯定，特将本系列报告丛书列为“十二五”国家重点图书出版项目。

《经济管理学科前沿研究报告》包括经济学和管理学两大学科。经济学包括能源经济学、旅游经济学、服务经济学、农业经济学、国际经济合作、世界经济、资源与环境经济学、区域经济学、财政学、金融学、产业经济学、国际贸易学、劳动经济学、数量经济学、统计学。管理学包括工商管理学科、公共管理学科、管理科学与工程三个学科。工商管理学科包括管理学、创新管理、战略管理、技术管理与技术创新、公司治理、会计与审计、财务管理、市场营销、人力资源管理、组织行为学、企业信息管理、物流供应链管理、创业与中小企业管理等学科及研究方向；公共管理学科包括公共行政学、公共政策学、政府绩效管理学、公共部门战略管理学、城市管理学、危机管理学、公共部门经济学、电子政务学、社会保障学、政治学、公共政策与政府管理等学科及研究方向；管理科学与工程包括工程管理、电子商务、管理心理与行为、管理系统工程、信息系统与管理、数据科学、智能制造与运营等学科及研究方向。

《经济管理学科前沿研究报告》依托中国社会科学院独特的学术地位和超前的研究优势，撰写出具有一流水准的哲学社会科学前沿报告，致力于体现以下特点：

（1）前沿性。本系列报告能体现国内外学科发展的最新前沿动态，包括各学术领域内的最新理论观点和方法、热点问题及重大理论创新。

（2）系统性。本系列报告囊括学科发展的所有范畴和领域。一方面，学科覆盖具有全面性，包括本年度不同学科的科研成果、理论发展、科研队伍的建设，以及某学科发展过程中具有的优势和存在的问题；另一方面，就各学科而言，还将涉及该学科下的各个二级学科，既包括学科的传统范畴，也包括新兴领域。

(3) 权威性。本系列报告由各个学科内长期从事理论研究的专家、学者主编和组织本领域内一流的专家、学者进行撰写，无疑将是各学科内的权威学术研究。

(4) 文献性。本系列报告不仅系统总结和评价了每年各个学科的发展历程，还提炼了各学科学术发展进程中的重大问题、重大事件及重要学术成果，因此具有工具书式的资料性，为哲学社会科学研究的进一步发展奠定了新的基础。

《经济管理学科前沿研究报告》全面体现了经济、管理学科及研究方向本年度国内外的发展状况、最新动态、重要理论观点、前沿问题、热点问题等。该系列报告包括经济学、管理学一级学科和二级学科以及一些重要的研究方向，其中经济学科及研究方向 15 个，管理学科及研究方向 45 个。该系列丛书按年度撰写出版 60 部学科前沿报告，成为系统研究的年度连续出版物。这项工作虽然是学术研究的一项基础工作，但意义十分重大。要想做好这项工作，需要大量的组织、协调、研究工作，更需要专家学者付出大量的时间和艰苦的努力，在此，特向参与本研究的院内外专家、学者和参与出版工作的同仁表示由衷的敬意和感谢。相信在大家的齐心努力下，会进一步推动中国对经济学和管理学学科建设的研究，同时，也希望本系列报告的连续出版能提升我国经济和管理学科的研究水平。

金碚

2014 年 5 月

目　录

第一章　管理学学科 2013 年国内外研究综述 ······ 001

第一节　管理学学科理论结构 ······ 001
第二节　管理学学科 2013 年国内研究综述 ······ 003
第三节　管理学学科 2013 年国外研究综述 ······ 017
第四节　管理学研究建议与展望 ······ 022

第二章　管理学学科 2013 年期刊论文精选 ······ 025

第一节　中文期刊论文精选 ······ 025
第二节　英文期刊论文精选 ······ 206

第三章　管理学学科 2013 年出版图书精选 ······ 247

第一节　中文图书精选 ······ 247
第二节　英文图书精选 ······ 266

第四章　管理学学科 2013 年会议综述 ······ 289

第八届（2013）中国管理学年会 ······ 289
2013 年第六届海峡两岸创新方法（TRIZ）研讨会 ······ 290
华人学者管理科学与工程协会第六次国际年会 ······ 290
2013 年战略管理国际会议 ······ 291
第四届 PMI（中国）项目管理大会 ······ 292
2013 年第七届运营与供应链管理国际学术会议 ······ 293
2013 商务分析与管理科学国际会议 ······ 293
中国企业管理案例与质性研究论坛（2013）暨第七届中国人民大学管理论坛 ······ 294
第十二届全国青年管理科学与系统科学学术会议 ······ 295
2013 年海峡两岸经济转型与管理创新研讨会 ······ 296
第三届中国企业管理创新案例研究前沿论坛 ······ 296
2013 年第十七届世界管理论坛暨东方管理论坛 ······ 297

2013 年第七届中国工程管理论坛 …… 297
经济管理学科中前沿热点问题国际学术研讨会 …… 298
第四届 Mostly OM 运营管理前沿国际研讨会 …… 299
2013 年管理科学与运筹学国际研讨会 …… 299
“文化与企业管理”创新学术研讨会暨中国企业管理研究会 2013 年年会 …… 300
第十五届中国管理科学学术年会 …… 301
第十一届中国管理科学与工程论坛 …… 301
2013 管理科学与工程国际会议（第二十届） …… 302

第五章　管理学学科 2013 年文献索引 …… 303

第一节　中文期刊索引 …… 303
第二节　英文期刊索引 …… 310

后　记 …… 335

第一章 管理学学科 2013 年国内外研究综述

第一节 管理学学科理论结构

管理学是一门比较年轻的跨学科的边缘科学和应用科学，它融合了社会科学领域的社会学、心理学、行为学、人类学、政治学和经济学的知识和自然科学领域的数学、统计学、信息学、工业工程学、计算机科学和其他以科技为取向的学科的知识。管理学所探讨的是关于管理的最基本的理论问题。它包括管理的范畴，管理的基本假设，管理的环境，组织文化，管理的计划、组织、激励、领导和控制等各种职能以及后现代管理理论的发展方向等问题。在各类社会组织中，都存在着各种各样的管理问题，其管理活动都有一定的客观规律性。从丰富的管理实践活动中概括出管理的普遍规律，以及反映其规律的基本原理和一般方法等，就构成了管理学理论的基本内容。

1911 年，“科学管理之父”泰勒在《科学管理原理》中提出科学管理的思想之后，法约尔、甘特、韦伯、孔茨、戴明、罗宾斯等一大批学者努力地构建管理学的体系。从 1916 年法约尔提出的计划、组织、指挥、协调和控制五大管理职能到罗宾斯整合的计划、组织、控制、领导四大管理职能，管理学体系日臻完善，极大地提高了企业运营的效率，推动了世界经济的发展。

如今，随着全球化、信息化、伦理化以及知识化的不断发展，原有管理学体系在指导企业管理方面却遇到了瓶颈：首先，该体系过分关注于对企业效率的提升。这在 19 世纪、20 世纪是非常适用的，因为那时的企业运营效率比较低下，有很大的提升空间。现在的生产效率几近极限，继续聚焦效率的提升对企业的可持续发展作用并不明显。其次，该体系只关注于组织内部的管理，却很少涉及组织间的指示管理。当前，外包、合作创新、产学研、开放式创新成为很多企业的主要运作模式，组织间的沟通、互动与合作越来越频繁，这就需要构建新的体系来予以指导。最后，现有管理学体系强调管理与控制，而轻视领导与民主，强调控制来源于该体系对效率的重视，但控制会压制员工的主动参与，从而不利于企业的民主化创新。

当前，管理正在向服务化、民主化和创新化发展。服务化是指管理者角色转变为向员工提供资源支持的服务者，鼓励员工的自我管理，如海尔推行的人单合一；民主化是指管理者给予员工更多的关怀、尊重和平等；创新化是指管理者需要对结构、文化、战略、管理等进行不断的创新。在这样的变化趋势下，我们认为，新的管理学体系包括领导与计划、组织运营与创新、资源与能力以及治理与控制 4 个基本职能。在领导与计划方面，有效的管理应该构建愿景、战略、计划 3 个层次的有机规划体系，领导在其中起到了统领的作用；在组织运营与创新方面，管理者应该根据不同的内外部条件来调节运营和创新的平衡；资源与能力是组织发展的基础，两者之间可以相互转化、相互促进；治理与控制是不可分割的两部分，管理者需要将内部控制纳入到公司治理路径之中。

管理思想的发展大致可以分为 3 个阶段：科学管理阶段、行为科学阶段和知识管理阶段（见图 1–1）。

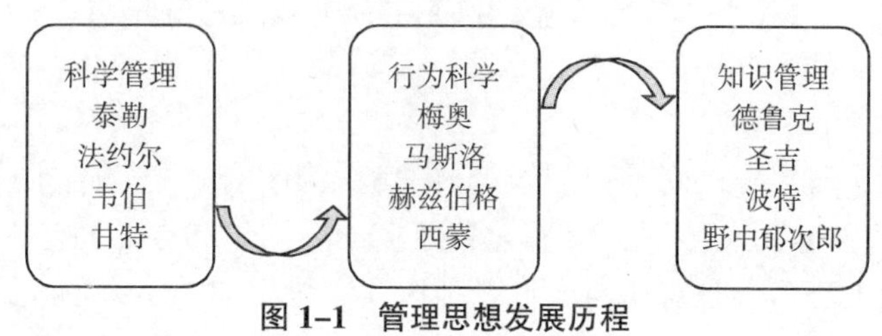

图 1–1　管理思想发展历程

管理的科学化与行为化，从经济人到社会人。在 19 世纪末 20 世纪初，泰勒等建立了比较系统的管理理论。泰勒的管理理论有以下两个主要观点：科学管理的根本目的是谋求最高工作效率，达到最高工作效率的重要手段是用科学的管理方法替代旧的经验管理。

泰勒的管理思想是适应历史发展的需要而产生的，同时也受到历史条件和倡导者个人经历的限制。法约尔等对泰勒的管理思想进行了很好的补充，管理研究的中心问题转向组织结构、管理原则的合理化，以及管理者职责分工的合理化。

20 世纪 30 年代，行为科学管理学派兴起。行为科学学派认为：组织成员是社会人，组织中存在着非正式组织，组织应采用新型的领导理念。行为科学学派专注于对人的社会性的分析，还构建了一系列著名的理论，如马斯洛的需求层次理论、赫兹伯格的双因素理论以及麦格雷戈的 X–Y 理论等。

管理的知识化，从社会人到知识人。从 20 世纪 80 年代开始，人类社会逐渐步入了知识经济和信息时代。此时，知识成了组织或企业最为重要的战略资源，管理进入知识管理阶段。

知识管理就是为企业实现显性知识和隐性知识共享提供新的途径，是利用集体的智慧提高企业的应变能力和创新能力。20 世纪 60 年代初，德鲁克首先提出了知识工作者和知识管理的概念，指出我们正在进入知识社会，在这个社会中最基本的经济资源不再是资本、自然资源和劳动力，而应该是知识。20 世纪 80 年代以后，他对知识管理做出了开拓性的工作，提出未来的典型企业以知识为基础，由各种各样的专家组成，这些专家根据来自同事、客户和上级的大量信息自主决策和自我管理。波特提出了战略分析的五力模型以

及更具影响力的 3 种发展战略——总成本领先战略、差异化战略、聚焦战略。圣吉认为未来真正出色的企业，将是能够设法使各阶层人员全心投入，并有能力不断学习的组织——学习型组织。

按照管理学的理论结构，我们将其详细内容列表，见表 1-1。

表 1-1 管理学学科体系

理论结构	一级内容	明细内容
管理理论演进	管理概述	管理的载体、本质、职能、目的
	管理学及其特点	管理的二重性、管理的科学性和艺术性
	管理思想演进	古典管理理论、行为科学理论、现代管理理论、当代管理理论
管理者研究	角色与技能	管理组织、管理者、管理工人和工作
	社会责任与道德	价值观、道德观、社会责任
	组织文化与社会环境（约束与激励因素）	企业文化、管理机制
	国际管理	全球竞争战略、跨文化管理
管理职能	决策	依据、特点、过程；基础与方法
	计划	性质与多层次；战略性计划；工具与技术
	组织	组织结构；组织设计、集权与分化；部门与层次
	人力资源管理	规划、招聘、培训、绩效管理、薪酬管理、职业生涯计划
	领导	管理者与领导者、领导理论、激励、授权
	控制	过程与类型、重点与障碍、有效控制
	创新	技术创新、制度创新

第二节 管理学学科 2013 年国内研究综述

（一）知识管理

王昊、谷俊、苏新宁在《本体驱动的知识管理系统模型及其应用研究》中指出，实施有效的知识管理以提高组织的核心竞争力是知识经济时代下组织重点研究的问题。本体和语义网技术的引入为知识管理系统的发展和实施带来了新的契机。他们采用模型构建和功能分析方法，对本体驱动的知识管理系统模型进行了总体理论框架设计和 CSSCI 实践应用探讨。研究发现，本体驱动的知识管理系统模型分为 3 个环节：基于信息处理技术的知识采集，以本体为基础结构的知识组织，以及包括知识地图、知识检索和知识创新在内的以语义网为实现平台的知识应用。以该模型的工作原理为指导，设计了一个 CSSCI 学术资源知识管理解决方案，以期为CSSCI用户的学术研究和科学决策提供有效的知识服务。

杨俊祥、和金生在《知识管理内部驱动力与知识管理动态能力关系研究》中指出，知识经济时代，知识管理无疑是打造和增强企业技术创新能力、提高企业技术创新绩效的有效工具。知识管理是一个动态发展的过程，知识管理的成功离不开来自于企业内部多方面力量的推动。基于对知识管理内部驱动力以及知识管理的动态能力组成要素的研究分析，构建了知识管理内部驱动力各构成要素与知识管理动态能力各构成要素之间的作用关系模型，并做了实证验证，为我国企业有效实施知识管理提供了有益的理论建议和策略指导。

朱州在《企业知识管理平台技术研究及实践》中讨论了知识管理体系中知识有序化及平台实现这两个核心问题。通过知识目录、多维属性、命名规范、知识地图实现知识有序化；同时，从技术架构、功能架构及系统集成方面给出了平台实现的原则与方法。

（二）价值管理

王秀华在《创新型企业价值管理模式选择研究》一文中采用规范分析和案例分析相结合的方法，从价值管理矛盾入手提出创新型企业可以选择的价值管理模式。并指出创新型企业价值管理的主要矛盾在于创新动力和核心刚性，员工持股计划、利润分享制、创新战略联盟、领先用户及流程外包等价值管理模式对于缓解创新型企业价值管理矛盾、提升竞争力具有重要的作用。

张洁在《基于价值管理的企业绩效评价体系构建——EVA与BSC的整合》中认为，当今企业应将企业价值最大化作为经营管理目标，实施价值管理，而价值管理的工具是企业绩效评价。但现有的企业绩效评价不能满足实际工作的需求，一些新的绩效评价方法应运而生。通过比较分析传统的价值管理工具方法、经济增加值及平衡计分卡的优劣势，构建企业价值管理评价体系框架。

郭昀在《论价值管理系统及其“五所”操作模式》一文中从价值管理产生和发展的分析中论述了价值管理的系统性，并由此提出了目标导向（所要）、战略规划（所想）、实施执行（所行）、监测调控（所控）、考评激励（所激）“五所”融为一体的操作方法论，以及其目标衡量与创值行动相连接、全面展开与重点落实相协调、全程管理与循环管理相结合的操作特性。

陈慰位在《基于价值管理的企业业绩评价体系的构建》中指出，业绩评价是企业管理当中的重要组成部分，而基于价值管理的企业业绩评价体系，将价值因素包含在企业的业绩衡量当中，有助于实现企业的价值最大化。通过对价值管理内容框架的分析，结合企业业绩评价体系的现状，最后提出了几点基于价值管理的企业业绩评价体系构建的策略。

彭凤麟在《“价值—事件路径”模型：企业价值管理方法创新》中提出，企业价值的提升是价值管理的目的，而以最小的代价提升价值是价值工程的目的。本文结合两者的思想，提出了一种创新的企业价值管理方法——“价值—事件路径”模型。他们认为，一个企业的价值管理过程可被视为一条“价值—事件路径”。有利的企业管理过程是一条价值

随事件序列递增的价值—事件路径，而不利的路径中的价值会随事件序列递减。在此基础上进行了企业价值工程四维模型的多维分析，提供了一种新的用于企业管理的价值工程分析方法，为企业管理规划和辅助决策提供了新的手段。

蔡晓琰在《企业价值评估方法分析》中指出，企业价值评估是一项综合性的资产评估，随着企业经济交易行为的出现和增加，企业价值评估的应用空间得到了极大的扩展，在市场经济中的地位也越来越重要。论文对现有的企业价值评估方法进行了介绍，并分析了各方法的优缺点，为用好评估方法、提高价值评估的准确性做了一些探索。

（三）企业文化

冯巧根、冯圆在《企业文化与环境经营价值体系的构建》中指出，在企业经营中，生态环境影响的重要性日益凸显，立足于企业文化特征，探究文化因素对环境经营与企业价值观体系形成的具体影响及作用路径，是当前环境管理会计研究的一个重要课题。文章根据 Edgar H.Scheinr 提出的组织文化模型，构建了基于企业文化的环境经营价值体系，同时依据该价值体系提出了环境经营的具体框架结构，并将企业文化建设嵌入环境经营的战略之中。

金爱兰在《新时期企业文化建设的思考》中阐述了企业文化的基本特征，分析了现阶段企业文化建设的现状，提出了企业文化建设应注意的问题。以铁道部经济规划研究院企业文化建设为实例，论述了企业文化的实质内容和企业文化对企业发展的影响，指出：在不断深化和创新文化管理的过程中，要不断强化文化引领，注重营造企业"人气"，用精神凝聚人，用愿景鼓舞人，用机制激励人，用模范引导人，用真诚取信人，用环境熏陶人。如此，才能使企业文化理念成为员工进步和企业发展的动力，才能为企业创造更好的经济效益，才能使企业实现又快又好的发展。

秦德智、秦超和蒋成程在《企业文化软实力与核心竞争力研究》中在对企业文化软实力和核心竞争力系统论述的基础上，分析了企业文化软实力的构成要素及形成过程，阐述了企业文化软实力与核心竞争力的关系，进而分析了以企业文化软实力提升核心竞争力的作用机理与途径，并提出可以通过构建卓越的企业文化，建立学习型组织，不断提升企业创新能力，以文化软实力提升企业核心竞争力。

刘冰峰在《基于知识共享的企业文化整合与价值观构建》中指出，知识共享是一种企业员工共同参与、共同认可的行为，企业员工如果没有正确的团队合作理念和行为准则，那么这个共享就不可能实现。因此，企业员工对共享的认识和正确把握，对于企业文化整合的成功至关重要。文中分析了基于知识共享的企业文化基本特征，探讨了知识共享基础上的企业文化整合要素，研究了价值观的构建与文化营造，以期为企业文化的相关研究提供参考。

颜节礼、朱晋伟在《当前民营企业文化建设瓶颈与推进路径》中提出，企业文化是企业软实力的重要源泉，我国民营企业的持续健康发展必须重视企业文化建设，并采取有效的建设路径推进企业文化建设。然而，现实中的种种迹象表明，我国民营企业对企业文化存在诸多误解，在企业文化建设中往往形式重于实质，企业文化建设表面化、形式化，企业文化建设忽视社会责任与企业伦理，企业文化建设缺乏战略考量等。文章认为，企业文化建设应该从企业家素质、社会责任、传统文化和低碳可持续发展视角推进民营企业文化建设。

袁柏乔、肖啸空在《构建企业可持续健康发展根基——基于企业文化视角》中致力于完善我国企业健康发展的目标，构建出了完整的企业“政治文化、制度文化、精神文化和行为文化”指标体系内核，指出我国企业文化的塑造，要坚持“以人为本”、“求同存异”、“扬弃”、“同步运作”和“相互理解沟通”的基本原则，并提出“以企业制度文化建设为保障，以企业物质文化建设为根基，以企业精神文化建设为中心，以企业行为文化建设为主线”的企业文化建设措施。

胡占君、金海水在《我国企业文化建设的误区及其对策》中指出，企业文化是企业在长期的发展过程中形成的独具特色的文化管理模式，并以文化的力量推动企业的长期发展。但我国的企业文化还没有形成整体模式，在建设过程中也存在误区。在当前新形势之下，企业文化创新已成为企业创新不可分割的重要组成部分。发展有中国特色的企业文化，要从理论和实践两方面来把握，进一步加强研究，提出有中国特色的企业文化理论，指导企业文化建设实践，同时正确处理企业文化与社会文化的关系，注重企业环境变化对企业文化发展的影响，以真正适应改革开放的需要，适应我国的现代化进程。

陈镇然在《企业文化与企业管理相互关系探析》中认为，企业文化是企业的文明和内涵所在，企业管理是企业长期稳定发展的重要保证。企业文化是一种精神力量，是企业活动内部的巨大推动力量，它的好与坏、先进与落后都会直接影响到企业管理的效果。企业文化与企业管理之间是相互作用、相互影响的关系，两者相互统一并形成推动企业发展的一股强大力量。因此，要提高企业管理能力，就必须发挥企业文化的促进作用。主要分析讨论了企业文化的内涵和特点对企业管理的促进作用，以及利用企业文化促进企业管理发展的方法，以期实现企业文化与企业管理更加完美的结合。

刘梅芳在《企业文化在企业管理中的作用》中指出，在日益激烈的市场竞争环境下，企业之间的竞争已经上升为文化的竞争。因而，研究企业文化对企业管理的作用，以及如何建设优秀企业文化具有一定的现实意义。为此，文章首先论述了企业文化的内涵，并就企业文化在企业管理中的导向、约束、激励、凝聚以及辐射作用进行了具体分析，最后提出了 4 点建设优秀企业文化的建议，即坚持以人为本的原则、推动企业文化的创新、加强企业文化的系统性建设以及提高全员企业文化意识。

齐善鸿、张党珠、邢宝学在《“以道为本”的企业文化内涵及生成机理研究》中通过剖析企业文化建设实践中的认知误区，从“以道为本”的视角重新定义了企业文化的内涵。同时，通过反思企业文化生成机理中存在的源头缺失、主体不明、路径不清、落地不到位等问题，指出了“以道为本”的企业文化生成机理。最后，从“以道为本”的视角，通过企业文化的引申，进一步探讨了企业与管理的本质。

（四）创新管理

朱东华、张嶷等在撰写的《大数据环境下技术创新管理方法研究》中指出，随着大数据时代的来临，"大数据"问题迅速从技术层面上升到国家战略的最高层。以美国"大数据研究与开发计划"项目在美国国防领域的研究问题与应用入手，深入研究大数据环境下国家战略的新变化与新思路，思考并探索如何让我国技术创新管理工作迅速适应大数据环境，并有效利用和应对大数据环境的机遇与挑战等问题。提出了大数据环境下面向技术创新管理的双向决策模型，整合传统"目标驱动决策"与大数据环境下"数据驱动决策"的理念及方法，构建了"评估与预测"和"监测与预警"的技术创新管理模型，以期提升我国技术创新管理研究在大数据环境下提取知识与观点的能力。

邹道标、陈虹、张昊民在《新经济时代的企业创新管理分析——以苹果公司为例》中认为，创新是一个国家进步的灵魂，也是企业生存和发展的必备因素。研究通过对新经济时代下的企业创新管理研究，从分析企业创新的管理工具，即卡诺模型、微笑曲线以及质量功能展开，探索创新型管理模式。同时，以苹果公司为个案，梳理其历史演进，总结各阶段的发展特点，并对其产品，包括 Mac、iPhone、iPad、iPod，以及其苹果零售店、App Store 等的分析，剖析其管理创新的独到之处，包括其产品创新、技术创新和销售渠道创新。借鉴苹果公司的创新管理模式，以数字生活中枢为中心，把握住高利润的设计以及销售产品流程两端的模式，对我国制造企业成功转型、创立核心竞争价值、建设创新型学习组织有着一定的启示作用。

陈劲在《创新管理及未来展望》中指出，研究者们从不同视角理解创新的内在规律以及过程，提出技术经济学科应继续将创新作为学科研究重点，并引入多学科的研究视角；梳理了创新管理的发展趋势，即从产品创新和工艺创新走向商业模式创新、从封闭创新走向开放创新乃至协同创新、从渐进式创新走向突破型创新、从基于技术的创新走向基于科学的创新、从国家创新体系走向创新生态系统建设。

杨百寅、高昂在《企业创新管理方式选择与创新绩效研究》中基于浙江省数百家高科技企业的创新管理数据发现，领导者创新意识确立、创新文化建设、创新制度完善、研发机构设立、研发经费投入以及产学研项目合作是企业推进创新工作的主要方式。实证检验结果显示，创新软环境对于企业技术进步、效益提升和创新能力均有显著的积极影响，研发机构建设对企业技术进步和效益提升均有显著贡献，研发资金投入则对企业技术进步有显著正向影响。当企业面临激烈的市场竞争时，创新软环境对企业创新能力提升有更为积极的促进作用，同时产学研合作对于企业效益提升与创新能力表现出显著的正向影响。研究进一步调查分析了影响企业技术创新绩效的主要因素以及目前企业所面临的最大困难，更为全面地展示了当下我国高科技企业的创新与发展现状。

张振刚、陈志明等在《创新型企业创新管理模式研究——基于广州市企业创新现状》中认为，创新管理模式是影响企业自主创新能力的关键因素，但对创新型企业创新管理模式的研究仍十分有限。文中基于广州市 66 家创新型（试点）企业的经验数据，概述了创新型企业创新发展的动态与特点。根据切克兰德软系统方法论将创新管理分为思想、技术、产品、市场与组织创新管理 5 个维度，构建了创新型企业创新管理模式的概念框架，并运用这一概念框架分析了广州市典型创新型企业创新管理实践。最后，从抽象系统、活动系统与物理系统三个方面提出了促进企业创新管理水平提升的对策建议。

张萍在《企业科技创新管理影响因素研究》中提出，为便于企业进一步把握科技创新管理过程中的可控性因素，提高科技创新能力，运用我国企业实际创新过程中的具体实践数据，利用探索性因子分析方法对企业科技创新管理的影响因素进行探索，将影响科技创新管理的主要因素归纳命名为组织管理因素和组织文化因素。

（五）企业竞争力

李松、董沙沙、周佳在《基于信息化的生产企业竞争力成长模型》中指出，信息化对生产企业竞争力形成和提升的作用越来越得到企业的认可。企业竞争力用利润指标衡量；信息化对企业竞争力的支持能力用信息技术的累计投资指标代替；企业的竞争力构成要素包括时间、质量、管理成本、服务、品种和客户，并采用相应的可度量的指标衡量；信息技术通过对企业竞争力构成要素的促进作用提升企业竞争力。因此，建立了基于表现层、因素层和决策层的企业竞争力的系统动力学模型。模型揭示了企业竞争力提升和形成的动力，并指出了企业竞争力提升的途径。

胡鞍钢、魏星、高宇在《中国国有企业竞争力评价（2003~2011）：世界 500 强的视角》中指出，国有企业竞争力评价方法论是构建“一个标杆、三个层次、五个维度、一种综合指数”的国有企业竞争力评价模型，从国际比较的视角出发，应用统计数据对 2003~2011 年国有企业竞争力进行定量评价。国有企业特别是中央企业的经营规模和资产规模大幅度提高，与欧美日企业的相对差距迅速缩小，并实现了对日本的超越；利润水平持续保持在较高水平，行业领军企业不断涌现，但与欧美日企业相比，市场集中度水平还有待进一步提升；科技研发投入大幅增加，科技研发支出强度显著提升，海外资产规模持续扩大，成为中国“走出去”战略的主力军；节能减排领域仍存在较大挑战，单位营业收入能源消耗量和二氧化碳排放量与欧美日企业的相对差距较大；对社会和谐的贡献突出，公共财政贡献和就业创造贡献产生了极为显著的正外部性。

辛阳在《我国文化企业竞争力评价指标体系的构建与应用》中指出，随着文化体制改革的逐步推进，我国文化企业的市场主体地位相继得到确立，在激烈的市场竞争中不断提升企业的竞争实力已成为文化企业生存和发展的必然要求。构建准确、完善的文化企业竞争力评价体系，以评价结果作为文化企业提升竞争力的依据，显得尤为重要。在我国，文化产业的产业个性决定了文化企业在发展内涵、发展脉络和产出上都具有自身的文化内涵和创意。因此，文化企业竞争力评价体系的构建，既要考虑企业实力、发展潜力等因素对企业竞争力的影响，同时更要兼顾创新能力在文化企业竞争力形成中的重要作用。

（六）领导力

李鹏飞、席酉民、韩巍在《和谐管理理论视角下战略领导力分析》中对战略领导力研究进行了评述，指出现有研究在一定程度上存在战略领导力核心内涵未达成共识、研究缺乏系统性和动态性、学术研究和管理实践存在脱节 3 个缺陷。以和谐管理理论对领导的诠释为基础分析战略领导力内涵，指出战略领导力具有强调“提供引导”和“调配资源”2 个维度的耦合、研究定位于组织层面、强调组织长期可持续发展、基于未来方向配置当前资源 4 个特点。和谐管理理论可以在一定程度上弥补现有战略领导力研究的缺陷，促进战略领导力研究的发展。

菲利普·贺灵杰在《学习型领导力：模型及核心维度》中认为，“学习型领导力”这一术语已经涵括了教学型领导力、变革型领导力、分享型领导力的特征。学习型领导力模型包括领导力的价值观、领导力的聚焦点、领导力的境脉、领导力的共享 4 个维度。

周明建、侍水生在《领导—成员交换差异与团队关系冲突：道德型领导力的调节作用》中基于领导—成员交换（Leader-Member Exchange，LMX）理论和社会比较理论（Social Comparison Theory），对领导—成员交换差异与团队关系冲突之间的关系进行了实证研究。研究从领导者角度探讨了团队关系冲突的影响因素。来自 79 个项目团队的 334 名员工构成了本研究的样本，实证检验结果表明，领导—成员交换差异对团队关系冲突有显著正向影响，且团队领导者的道德型领导力在领导—成员交换差异与团队关系冲突之间起调节作用，即相对于较低的道德型领导力，较高的道德型领导力可以缓解领导—成员交换差异对团队关系冲突的影响。

郝斌、刘石兰、任浩在《企业间领导力理论和实践溯源与层次结构探讨》中指出，企业间非对称关系的发展和核心企业角色的转变，使得有关企业间领导力的研究已成为当务之急。文章首先对企业间领导力的理论渊源进行了追溯，从资源依赖、网络位置、意义建构等基础理论入手，分析了企业间领导力建构的理论合法性；然后探讨了企业间网络实践的重大变化，以揭示企业间领导力建构的实践合法性；接着探讨了企业间领导力的层次结构问题，并且提出了技术、平台和制度 3 个核心层次的企业间领导力；最后在总结本研究的基础上对后续企业间领导力研究进行了展望，以期为更加深入、系统的企业间领导力理论建构抛砖引玉。

周晓新、谢册在《大型企业领导力培训体系构建模式初探》中在阐述国内外领导力发展现状的基础上，分析了大型企业领导力培训体系的建设情况，从建立领导力素质模型、人才测评、搭建分层分阶的课程体系 3 个方面论述了领导力培训体系的构建模式，提出了领导力培训应关注的问题。

吴涛、奚洁人在《战略领导力问题研究》中指出，领导力的研究视角有影响力视角、法理视角、情商视角、历史视角、执行视角、群体视角、内在动力视角、要素路径研究等多个视角和路径，呈现出多学科交融共进、多领域交叉互动的时代特征与潮流。领导力的研究必须上升到战略的高度，特别是聚焦于战略领导力研究这一关系顶层设计和人类命运共同体的战略高度。文章从领导力研究的导向之争中寻求领导力研究的创新路径，在对战略的领导理论脉络与概念分析基础上，探究战略领导力这一亟待深入研究的新视阈，并提出战略领导力的实践聚焦与维度研究。

任延东、揭筱纹在《文化视角下的战略领导力：国内战略管理理论述评》中指出，随着中国的改革开放，西方管理学科的战略管理学也逐渐成为中国管理学界中引人注目的新学科领域。因此，中国企业战略管理的问题，不仅是经济领域的问题，更是管理文化的问题。文章通过评述国内的一些学者，从文化和领导力的角度，积极探索了中国情景下的企业家战略领导概念与理论，提出了建立符合中国管理文化价值取向的战略管理体系。

（七）人力资源管理

陶宇在《人力资源管理团队绩效评价与对策——基于人力资源审核模型》中指出，随着经济的全球化发展，人力资源的全球化是不可阻挡的趋势。人才需求的压力越来越大，这使很多企业更加关注人力资源管理自身的体系是否支持公司的战略发展，是否能在人才结构、组织结构、管理流程等竞争中赢得优势等。国外很多企业用人力资源审核的方式实现这一目的，但目前在我国的实践还很少。本文通过对外资企业人力资源审核模型和人力资源审计案例的分析，从新的视角评价了人力资源管理的绩效，并对人力资源团队的发展提出了转变管理方式、提高团队的专业化资质、构建人力资源服务分享中心等建议。

唐贵瑶、魏立群、贾建锋在《人力资源管理强度研究述评与展望》中指出，“人力资源管理强度”是人力资源管理领域的重要概念，这一概念强调组织不仅要重视人力资源管理各项具体措施本身，而且要重视措施的执行及其效果。文章通过文献回顾，从人力资源管理强度概念的形成与内涵、维度与测量以及相关实证研究等方面对现有研究进行了综述，并基于现有研究的不足，提出了未来进一步研究的方向。

李玉蕾、袁乐平在《战略人力资源管理对企业绩效的影响研究》中认为，人力资源是企业核心战略资源，人力资源的战略价值和战略人力资源管理受到越来越多学者的关注。研究对战略人力资源管理提升企业绩效的机制进行了探讨，认为职业发展及员工培训计划、绩效工资、临时员工管理等能够让员工参与到企业管理决策中，这是战略人力资源管理与企业绩效关系的潜在调节剂。在此基础上，以 874 家中国企业的人力资源管理数据对战略人力资源管理、职业发展及员工培训计划、绩效工资、临时员工管理与企业绩效之间的关系进行了实证研究，发现战略人力资源管理会对企业绩效产生正向的积极影响，职业发展及员工培训计划、绩效工资、临时员工管理对战略人力资源管理与企业绩效的正向影响关系有调节效用。

李德勋在《论中小企业人力资源管理现状与对策》中剖析了中小企业的人力资源管理现状，指出中小企业人力资源管理中存在人力资源管理观念陈旧、对人力资源规划重视不够、企业人才选拔不合理及人才使用不力、缺少长期有效的激励机制和科学的考评制度、

人力资源投入不足、人力资源结构不合理、企业建设文化滞后等问题。进一步分析了原因，并以此为据提出了相应的人力资源战略对策：完善企业的薪酬福利体系，建立多样化的人力资源激励机制；精确绩效管理，科学考核人才；有效开展组织培训，帮助员工提高职业发展能力；加强企业文化建设，增强企业的凝聚力。

（八）财务管理

刘岳华、魏蓉等在《企业财务业务一体化与财务管理职能转型——基于江苏省电力公司的调研分析》中指出，以“斯隆模式”为核心的传统财务管理面对企业信息化实践挑战必须转型，因为企业信息化促使财务业务一体化。在全新的环境下，财务管理既有组织模式及运行机制均发生着显著变化，这些变化为我们观察企业财务职能转型提供了证据。文章在评述财务管理转型研究领域现有代表性成果的基础上，围绕江苏省电力公司问卷调查与实地访谈及信息化建设的历史，对财务管理职能转型过程出现的各种现象及趋势做了一些概括性总结，试图为研究中国企业财务管理转型问题增加一份具有学术价值的成果，更期望为现实中财务管理者更新知识、重塑能力结构提供一种参照框架。

张金鑫、吴意、雷江明在《中小企业财务管理存在的问题及对策研究》中指出，中小企业逐渐成为我国国民经济发展中一个重要推动力。然而，其财务管理中存在的问题逐渐显露出来，最为突出的是没有明确的战略目标，缺乏财务战略规划，融资渠道单一，缺乏完善的财务管理制度，风险意识不强。加强中小企业财务管理，应确立企业财务战略规划，拓宽融资渠道，建立完善的财务管理制度，树立风险意识，提高财务管理人员素质，进而提高中小企业的综合竞争力。

李娜在《ERP 在财务管理应用中的问题及对策》中认为，近些年来，ERP 使财务管理的信息化水平上升到了一个新的高度，但其在财务管理的应用中也存在着诸多问题。企业应正确认识和看待 ERP，提高财务人员的素质，解决其在实施过程中存在的各种问题，使其在企业财务管理中得到充分利用，最大效用地发挥 ERP 这一先进管理软件的作用。

朱尧在《浅析网络环境下的企业财务管理转型》中认为，随着网络化时代的到来，企业的生存环境发生了重大改变，许多传统商业经营方式逐步被电子购物、电子支付等电子商务形式所代替，导致企业财务管理环境发生了巨大变化。当前，许多企业面临着财务安全隐患多、财务管理模式落后等财务管理问题，严重制约了企业的可持续发展。为此，应健全企业财务风险预警机制、完善企业网络信息安全保障体系、完善企业内部管理制度，以此来完善企业财务管理制度，促进企业的可持续发展。

张胜春在《中小企业财务管理存在的问题及对策研究》中指出，在当前的经济市场环境中，企业之间的竞争变得越来越激烈，特别是中小企业之间的竞争，融资困难是其突出表现，这便给中小企业的财务管理工作提出了更大的挑战及要求。近些年来，我国的中小企业在党和国家的正确引导以及自身的改革下，其财务管理工作取得了可喜的成就，但是也难以避免地出现了一系列有待解决的问题，这些财务管理问题的存在在很大程度上对中小企业的有序发展及运行造成阻碍，因此，中小企业应当尽快采取有针对性的措施，来解决财务管理问题。文章结合我国中小企业的财务管理现状，深入地分析了中小企业财务管理问题，并且提出了解决中小企业财务管理问题的对策。

陈虎在《创造价值的财务管理模式——中兴通讯的探索之路》中指出，在竞争激烈的市场环境中，企业对财务提出了更高的要求：财务不仅要做好基础的账务核算，还要肩负起决策支持、资源调配、绩效评估等一系列管理职能。同时，企业在全球市场拓展、多元化经营等方面，对财务管理提出了更高的挑战。企业财务管理迫切需要一场转型和变革。针对企业对财务管理提出的新要求，结合中兴通讯十几年的财务实践，文章提出以共享服务为基础，战略财务、业务财务和财务云相互协同的财务管理模式，为企业创造价值。

李向东在《企业财务管理中的问题及对策探讨》中认为，财务管理是企业管理的核心，是企业可持续发展的命脉。在市场经济条件下，由于国家政策或者企业自身的原因，我国企业财务管理在财务观念、财务制度约束力、风险意识、财务控制、财务管理人员素质等方面还存在一些问题，为了充分发挥财务管理在企业管理中的核心作用，应从更新财务管理观念、推行财务预算管理、加强财务风险管理和资金管理、提高财务管理人员素质等方面加以改进。

（九）激励机制

牛小云在《试论企业激励机制》中认为，一个企业实行激励机制的根本目的是正确诱导员工的工作动机，使员工在实现组织目标的同时又能实现自身的需要，增加其对工作的满意度，从而使他们对工作的积极性和创造性得以充分发挥。健全企业激励机制、提高企业生产效率是深化企业改革、转换企业管理机制的一项重要任务，并且在某种程度上激励机制运用的好坏、健全程度的高低是决定企业兴衰的一个重要因素。

孟悦在《中小企业激励机制存在的问题及改进探讨》中指出，目前，我国中小企业激励机制经常存在激励方案缺乏透明度、激励标准不统一、激励方式缺乏差异性、激励机制固定化、缺乏绩效考核机制和快速的反馈渠道等问题。为此，中小企业必须更新管理观念，促进激励方式多样化，增强激励机制透明度，统一激励标准，充分考虑个体差异性，实行差别激励，建立健全绩效考核机制和快速的反馈渠道，定期进行激励机制的更新调整等。

杨桢、周怀民在《基于员工人生坐标下的企业激励机制构建》中认为，企业激励机制是激发企业员工积极性、主动性和创造性，实现企业预期目标的重要职能。通过分析我国企业激励机制存在的问题及其成因等实际情况，构建了企业激励机制模型，并从加强企业激励文化建设、提供教育培训、合理绩效评估、提倡员工参与权等几个方面提出了解决我国企业激励机制存在问题的相应对策和建议。

刘鑫财、康健在《中小企业激励机制的不足及改进》中指出，中小企业由于自身基础较为薄弱，在竞争激烈的市场上，受到的考验越来越严峻。中小企业为了求得自身较好的效益与发展，会通过激励方式来充分调动企业不同层级人员的积极性，进而有效地完成企

业目标。激励机制在企业人力资源管理中的地位越来越重要。然而，中小企业的激励机制还存在不足，这不仅对不同层级人员没起到很好的激励效果，也影响了自身的发展。只有对激励机制做进一步的思考，加以完善，才能使中小企业得到更好的发展。

朱凯锋、孟建国在《企业激励机制方法与原则探讨》中认为，随着我国经济社会的发展，市场竞争也逐步加剧。人力资源是影响企业发展、影响企业市场竞争力的关键因素，而企业激励机制是有效提高人力资源管理效力的重要手段。文章分析了企业构建激励机制的现实意义，进一步提出了完善企业激励机制的方法与原则，为企业优化激励机制提供指导，提高企业的经济效益。

刘成辉在《石油企业激励机制的问题与对策分析》中指出，激励即通过奖励等手段激发行为主体的内在积极性，诱导所期待的行为发生。完善的激励机制能够充分调动员工的积极性，实现石油企业的可持续发展。我国石油企业内部的激励机制主要是实行薪酬制，只是不同岗位的人员，薪酬的组成内容不同。在这种传统薪酬激励体系下，对当前石油企业激励机制中存在的问题进行了分析，并提出了优化石油企业激励机制的 4 个建议，即激励机制“多样化”、“长期”、“全面化”和市场的“竞争化”。

（十）战略管理

葛宝山、高洋、杜小民在《公司创业下的机会开发与战略管理耦合研究》中认为，公司创业与战略管理的耦合研究已成为创业与战略研究领域关注的焦点之一。公司创业注重机会开发过程，试图通过寻找和利用机会创新创造，这种微观活动必然会与战略管理发生关联。然而到目前为止，国内外学术界对机会与战略的交叉融合研究却显得十分匮乏。针对这一现状，文章首次尝试利用战略管理中不同学派的核心思想去解释公司创业中的机会开发过程，并提出认知、资源与机会的关系模型，学习在其中起到支撑作用；在此理论基础上，引出“战略意图”这一核心概念，从而完美融合了机会与战略，最终成功凝练出机会开发与战略管理的耦合模型。

李维安、戴文涛等在《公司治理、内部控制、风险管理的关系框架——基于战略管理视角》中指出，美国萨班斯法案的实施、金融危机的爆发以及《企业风险管理整合框架》的发布，使得内部控制、公司治理、风险管理成为社会公众、政府监管部门关注的焦点和学术界、实务界研究的热点。但时至今日，对三者的关系，理论界、实务界仍未达成共识，甚至存在一些模糊的、不正确的认识。文章从三者产生的根源入手，深入分析了三者之间的区别和联系，并基于战略管理视角构建了三者的关系框架，既厘清了理论方面存在的误区，又为政府监管部门、企业制定和实施有关公司治理、内部控制和风险管理的规范和措施提供指导，为《企业内部控制基本规范》及其配套指引实施后的内部控制评价研究提供支持。

贾怡亭、郭朋皞在《中小企业战略管理实践与探索》中结合我国社会经济的发展背景以及我国中小企业发展历史进程和经营实践，以探索中小企业战略管理为研究重点和主题，通过回顾中小企业战略管理的演变过程和管理现状，分析了中小企业战略管理所存在的问题，并针对这些问题提出了中小企业战略管理实践的对策：完善战略管理基础，提升企业家的战略管理能力，培育有助于战略管理的管理机制等。文章在一定范围内对中小企业战略管理实践具有一定的指导和借鉴意义，能够提高中小企业的竞争能力。

杨惠萍、穆铎、陶勇寅在《企业战略管理及其后评价方法研究》中指出，战略是对实现目标的谋划，战略管理是实现目标的保障。介绍了企业战略及战略管理的基本概念，指出企业战略管理可分为战略分析、战略形成、战略准备、战略实施、战略评价、战略控制和战略储备 7 个阶段，阐述了各阶段的主要任务。战略及战略管理应遵循科学性、系统性、协调性、可持续性、现实性、可测性、共赢性 7 项原则。战略管理后评价是企业完善战略的重要手段，提出了战略管理后评价主要指标体系。并采用德尔菲法结合灰色评价及模糊层次法对战略管理指标体系进行了后评价，通过实例应用表明评价方法有效、实用。

（十一）并购

陈仕华、姜广省、卢昌崇在《董事联结、目标公司选择与并购绩效——基于并购双方之间信息不对称的研究视角》中基于并购双方之间信息不对称的研究视角，检验了并购双方之间的董事联结关系对目标公司选择和并购绩效的影响，结果显示：与并购方存在董事联结（包括间接董事联结）关系的公司更可能成为并购的目标公司，当这种董事联结关系是由内部董事形成时，以及当目标公司与并购方地处不同区域时，与并购方存在董事联结关系的公司成为目标公司的可能性更大；当并购方与目标公司之间存在董事联结关系时（与不存在董事联结关系相比），并购方获得的短期并购绩效并无显著差异，但获得的长期并购绩效会相对较好；并且当这种董事联结关系是由内部董事形成时，以及当目标公司与并购方地处不同区域时，董事联结关系对长期并购绩效的正向影响更强。这些发现意味着，并购双方之间的董事联结关系对并购行为产生重要影响，但其影响程度大小同时还依赖于联结关系类型、并购双方空间距离，特别地，董事联结关系的正向绩效效应需要在并购后一段时间之后才得以体现。

周绍妮、文海涛在《基于产业演进、并购动机的并购绩效评价体系研究》中指出，一直以来，很多实证检验都认为并购的实际绩效并不好，但却无法解释实务中并购事件不断发生的现象。文章提出，企业并购动机并非全部是为了直接获取财务绩效，并购动机不同，并购绩效的评价与衡量指标也应该有所区别；而企业并购动机又很大程度上受其产业环境即产业演进阶段的影响。因而，并购绩效的评价应遵从“产业演进阶段—企业并购动机—并购绩效评价”的逻辑。在此基础上，论文逐一分析了产业演进各阶段的并购动机，并设计相应指标体系来衡量其各阶段并购动机的实现，以此作为企业并购绩效评价的基础。

朱勤、刘垚在《我国上市公司跨国并购财务绩效的影响因素分析》中指出，随着中国经济的快速发展，越来越多的中国企业通过实施跨国并购以获取全球要素、拓展国际市场。但现实中，中国企业的跨国并购往往难以获得理想的绩效，对中国企业海外并购绩效的影响因素进行研究有助于清晰认识企业如何提高跨国并购战略的有效性。研究利用 Zephyr 全球并购交易分析库，选取截至 2011 年的相关数据，以 2000~2008 年在沪深上市企业发起的跨国并购交易为研究对象，通过多层面的综合考察，实证分析了影响我国企业跨国并购绩效的因素。结果显示，东道国的制度环境越不完善、并购双方文化差异性越小、企业自身规模越大、并购规模越大，则中国企业跨国并购的绩效越好；反之，则并购绩效越差。除上述因素外，企业的财务风险和企业年龄对跨国并购绩效也存在影响，但影响程度相对较小。由此，本文得到了一些颇有意义的结论和启示。

叶璋礼在《中国上市公司并购绩效的实证研究》中认为，世界并购热潮是经济全球化的直接产物，同时并购又反过来进一步推动了经济全球化的发展。从理论上讲，并购这类有效的经济手段目前被大多数上市公司采纳，主要用来优化资源配置、实现规模效应、提高经济效率。文章采用经营业绩研究法从财务角度来研究上市公司并购绩效，将进行并购活动的上市公司沪、深两市作为研究对象，开展我国上市公司并购财务绩效的实证检验。同时，将并购事件按照并购类型分类，比较分析不同并购类型对并购绩效的影响如何。

苏敬勤、刘静在《中国企业并购潮动机研究——基于西方理论与中国企业的对比》中选择 2006~2011 年的 78 篇西方一流学术期刊上有关企业并购的论文和当今中国 10 个具有影响力的企业跨国并购案例的公开资料作为研究样本，对所得文本资料进行内容分析，比较西方理论与中国企业对并购动机认识的异同。研究发现：虽然二者都着重从资源基础理论考虑企业并购的动机，但西方理论强调有效利用企业的管理能力、经验和品牌资产等无形资源，而中国企业强调获取外部知识产权、管理经验、技术、品牌和销售渠道等资源；行业冲击理论对中国企业并购动机的解释度高于西方理论，市场势力理论和交易费用理论对西方理论的解释度高于中国企业。

李春玲、王彧在《并购重组提升中国航空公司国际竞争力研究——以东航并购上航为例》中通过对国内外航空公司国际竞争力的比较，得出中国航空公司国际竞争力较弱。而并购重组能扩大企业规模、提高企业运营效率，是提升航空公司国际竞争力的重要途径。本文在分析并购重组与国际竞争力关系的基础上，构建了基于并购重组视角的航空公司国际竞争力评价指标体系。采用因子分析法进行评价，并以东航并购上航为例进行了实证研究，得出并购重组能够带来并购效应，提升航空公司国际竞争力。

高世葵、王雪飞在《不同并购动因下石油上市企业并购绩效的实证研究：1998~2008 年》中指出，并购实践中出现的双高现象——高发生率和高失败率越来越成为理论家和企业界共同关注的焦点，锁定石油行业——中国并购市场规模最大的行业进行实证分析，选取 1998~2008 年深圳和上海证交所发生收购的 11 起石油上市公司作为样本，以 12 个财务指标采用因子分析法建立综合模型，通过检验并购对样本公司从并购前一年至并购后两年连续 4 年的业绩影响，得出以下研究结论：①上市石油企业并购动因主要有规模型、功能型和产业型；②并购并未明显改善上市石油公司的绩效；③规模型动因导向下的并购绩效明显改善，功能型和产业型动因导向下的并购绩效出现恶化情况；④规模型并购短期效应强，功能型并购亟待多重资源整合，产业型并购整合时间最长。

（十二）绩效管理

廖建桥在《中国式绩效管理：特点、问题及发展方向》中在分析我国绩效管理的形成基础上，指出我国的绩效考核具有绩效至上、结果重于过程、评估重于发展、考核与战略脱节4个特征；然后，从政治、制度、文化和管理4个方面探讨了中国式绩效管理产生的原因，并重点剖析了我国绩效管理目前存在的四大问题，即急功近利、员工公平感下降、考核缺乏系统性和方法过于简单；最后，根据我国未来的发展趋势，提出了改进我国绩效管理的几点对策。

陈晓、黄旭在《中国大型商业银行管理部门绩效管理问题分析》中在研究中国大型商业银行管理部门绩效管理问题的基础上，分析了美国银行、花旗银行、汇丰银行、德意志银行等大型国际金融集团案例，为进一步提升管理部门绩效管理水平提供了借鉴：管理部门应充分分解战略目标，促进对前台经营部门的支持；建立完善的闭环式绩效管理，强调绩效监督、绩效沟通与反馈环节的应用；根据业务关系精心选择评价者；明确规定管理部门绩效强制分布及应用；建立以绩效为中心的管理文化。

孙超平在《基于改进的平衡计分卡的军工企业战略绩效管理研究》中集成了基于Smarter形成性原则的平衡计分卡的战略绩效管理研究框架：按照基于知识共享的战略导向，定量分析军工企业的优势和劣势、面临的机遇和威胁，直观准确地进行战略绩效管理定位，并绘制战略地图，结合SWOT分析结果和战略地图设计KPI指标，并设计针对性的量表，运用证据理论对量表中的指标体系进行合成，结合相应的激励措施付诸实施。旨在系统化、定量化地解决军工企业战略绩效管理问题，以管理创新推进军工企业的协同变革，实现军工企业的超常发展。通过分析各因素之间的作用机理，构建了军工企业知识共享机制和实现路径：建立组织机制、技术机制、军民两用资源共享机制以及增强共享双方“交易资本”。鉴于传统的平衡计分卡难以处理各种不确定评价问题，研究进一步提出了基于证据推理的平衡计分卡，构建了一个具有多种评价集的多级分布式评价模型，依据基于规则的转换技术实现了不同识别框架下评价的统一，运用解析算法对多级评价指标上的不确定评价进行了有效的合成，根据合成结果制定效用准则或最大等级准则进行绩效评估。研究的主要创新点在于：以知识共享作为根本驱动性指标，构建了军工企业知识共享影响因素模型和共享机制；集成了基于Smarter形成性原则的平衡计分卡框架。

第三节 管理学学科 2013 年国外研究综述

（一）知识管理

Mohamed A.F. Ragab、Amr Arisha 在《Knowledge Management and Measurement：A Critical Review》中对过去 10 年中发表在同类期刊的 350 篇文章认真地回顾、分析并根据知识管理语境的特定主题进行了分类，提出知识管理研究往往属于以下 5 个类别之一：知识的本体与知识管理、知识管理系统、信息技术的作用、知识管理和社会问题，以及知识的衡量。尽管在一些领域已经累积了大量出版成果，但一系列未被涉及的问题和理论与实践的鸿沟仍然是需要面对的挑战。囿于这一研究领域的广泛特征，这里的讨论无法全面覆盖知识管理研究的方方面面。对知识管理前景进行了新的鸟瞰，通过知识管理研究的新型分类法为研究者提供这一研究对象的新视角，同时对主要的知识衡量框架进行了一个全面的评论式回顾。

Rachelle Bosua、Krishna Venkitachalam 在《Aligning Strategies and Processes in Knowledge Management：A Framework》中将定性的案例研究方法用于检验组织中的知识战略与过程的一致性。总体而言，被选中的 3 个组织的案例代表了不同行业，它们被用于检查组织的知识管理战略如何适应工作组的知识流程。这一研究提出了“战略工作组变革框架”，解释了组织内部为协调知识管理战略与工作组知识进程而需要的变革主要推动者及不同的变革方法。这项研究揭示了组织可以通过协调知识管理战略和进程来提高知识管理水平。在知识管理战略重点缺乏的情况下这样的提升也是可能的，这种协调需要对工作组知识进程的深入检查。这一研究还确定了协调知识管理战略和进程具体的推动者。

为了解释现实实践中企业文化的性质，Colin C. Williams 在《Uncoupling Enterprise Culture from Capitalism：Some Lessons from Moscow》中报告了 2006 年一项对莫斯科 90 名企业家进行面对面调查的报告。受访的莫斯科企业家中只有 7%是受到利益驱使而合法创业。绝大部分采纳了不同程度的社会目标，全部或部分地由非正规经济经营。这一结果是对公司文化与资本主义无法解开的内部联系的表述的一种挑战，曝光并重新定义了苏联解体后的企业家、企业文化和超越了资本主义的未来的想象与实施。

（二）供应链管理

Chuda Basnet 在《The Measurement of Internal Supply Chain Integration》中发展了内部供应链整合的定义，验证了测量的标准，识别了 3 个方面的整合，即沟通、协调和情感关系。

Chinho Lin、Chu-hua Kuei 和 Kang-Wei Chai 在《Identifying Critical Enablers and Pathways to High Performance Supply Chain Quality Management》中运用溯因推理和两种定性方法，即内容分析法和形式概念分析法，运用来源于中国台湾的原始设计制造商和原始设备制造商的数据，根据定性实证研究，提出现代企业需要关注两个途径，即合规方法和自愿方法。对于前者，将 3 个战略内容变量定义为培训计划、国际标准组织和供应商质量审核程序。对于后者，现代主导公司需要将“动机”运用到供应链质量体系。研究结果揭示了众多的战略、战术手段和关键因素，这些因素能够推进企业摆脱现状、实现目标，实现整个供应链的质量系统设计。

（三）流程管理

Jing Zeng、Phan Chi Anh 和 Yoshiki Matsui 在《Shop-floor Communication and Process Management for Quality Performance：An Empirical Analysis of Quality Management》中利用方差分析和回归分析来测试虚拟的关系。通过在 8 个国家的 238 个制造工厂进行问卷调查，制定了可靠且有效的操作管理测量尺度，实证检验了车间沟通在过程管理实践中的效果，涉及 4 种车间沟通（小团体问题解决、反馈、指导沟通和监督互动的便利）和 3 个过程管理方法（过程控制、预防性维护和家政管理）。

（四）人力资源管理

Fernando Martín Alcázar、Pedro Miguel Romero Fernández 和 Gonzalo Sánchez Gardey 在《Workforce Diversity in Strategic Human Resource Management Models：A Critical Review of the Literature and Implications for Future Research》一文中回顾了此前有关人力资源管理的研究，梳理了普遍性、偶发事件和形成的视角之间的区别。每一种方法都得到了研究，寻找对待劳动力和跨文化的不同之处。得出的结论是，管理异构的劳动力需要人力资源战略的整体转化。然而，定义跨文化和结构多样性的模型尚未开发。文中也指出了此前人力资源管理领域研究所受的限制。文中提出了一种理论模型，阐明了多样性的跨文化管理和人力资源管理是什么，以及未来的发展走势。

Sudhir C. Das 在《Corporate Social Reporting and Human Resource Disclosures：Experiences from Insurance Companies in India》一文中研究采用了纵向的设计，对 26 家印度保险公司披露的年度报告的内容进行了定性数据分析，关注了 2002~2003 财年至 2009~2010 财年印度保险公司的年度报告，分析了其中披露的人力资源信息和社会报告，最终对合法性理论进行了测试。研究发现，非寿险企业的社会信息披露显著少于人寿保险公司。研究还表明，公共生活保险公司披露的社会信息明显多于其他寿险公司。另外，不同的测试显示一般的私营保险公司更乐于披露更多社会信息。这项研究提供了有价值的见解，同时强调了在新兴经济体中企业社会研究报告的缺乏，开辟了进一步研究的多重途径。

Glenn M. McEvoy、Paul F. Buller 在《Human Resource Management Practices in Mid-sized Enterprises》中以组织生命周期研究为基础，从一个西方国家中型企业的样本中收集了人力资源实践的样本，并与之前公布的更大型企业的人力资源实践研究结果进行对比。中型企业的定义是员工规模在 300~3000 名（1205 名），大型企业样本平均员工人数为 30700 人。虽然在人力资源的实践中有一些相似之处，但大公司的人力资源组织在针对战略业务问题和获得更大程度的外包和/或日常信息技术程序，以及人力资源日常管理工作的文件维护方面更有针对性。另外，中型公司的人力资源管理者更注重运营，满足于他们小得多的人力资源员工的技能和知识，以及为他们所在的人力资源组织在多个维度做出更高评级。大型和小型（少于 500 名员工）公司人力资源的实践在此前已经得到了研究。本文通过检验中型公司人力资源实践弥合了组织生命周期理论的缺憾，特别建议了对大型公司人力资源从战略问题的角度进行重新审视可能对拥有雇员人数处于 300~3000 人的企业并不合适。

Tamer Khalil Darwish、Satwinder Singh 在《Does Strategic Human Resource Involvement and Devolvement Enhance Organisational Performance?：Evidence from Jordan》中基于从约旦金融公司收集来的原始数据，采用了数据分析方法，包括基本统计信息的使用零阶相关性、验证因子分析和层次递归等。研究结果为一种假说提供了强大的支撑，即人力资源智能参与到业务和公司战略之中可以减少员工流失，提高财务表现。分析并不支持另一种假说，即赋予经理人日常人力资源职能对员工流动产生消极影响，但对财务表现呈现积极影响。这是对非西方国家这一话题为数不多的文章，也是针对约旦的第一篇。文章通过测量方法并检验战略的人力资源管理理论为这一领域做出了贡献。文章还将公司战略的人力资源管理的核心方面与财务表现成功地结合审视。

Jana Kolesnikova、Farhad Analoui 在《Managing Human Resource Romance at Work：Towards a“Considerate”Approach》中指出，考虑到人力资源管理的战略性这一主题的“禁忌”性质与 3 个案例研究发展的相关伦理问题，基于定性数据收集进行分析。对案例评估的情况出现了第三种方法，即“体谅思考”，这反映了组织的战略管理背景下人力资源管理的战略性。结果表明，“体谅思考”是管理办公室恋情最合适的方法，因为雇员认为这是公平合理的。这种办法考虑了潜在的风险和回报，认识到需要一个考虑了组织、环境和战略业务目标的现实政策。采纳提出的“体谅思考”方法可以帮助人力资源从业者开发对组织和商业策略最有效的管理办公室恋情的战略。这是从人力资源战略层面对办公室恋情的第一次研究。除此之外，还开发了从业人员在工作中管理办公室恋情的概念框架。

（五）项目管理

Nathalie Drouin、Kam Jugdev 在《Standing on the Shoulders of Strategic Management Giants to Advance Organizational Project Management》中基于文献综述和研究者的经验，桥接了战略管理领域和 OPM 的两种理论，展示了概念性的挑战。从转化的角度概述了战略管理领

域的理论如何适用于 OPM 领域。自 OPM 发展以来，就不断从坚实的理论基础上获得价值，特别是战略管理领域。本文是概念性的，对使用的战略管理文献进行了实证。最近项目管理的研究提出了从成熟领域转化知识的重要性。文章指出，战略管理理论提供了某种见解，即可以在 OPM 的环境中通过改进研究基础来加强效能。通过对基于文献的观点和文献本身的批判性探索和评估，本文的价值在于从这些领域获取知识应用于 OPM 领域，将概念的理解清晰化，并且强调其重要性。

Kam Jugdev、Gita Mathur 在《Bridging Situated Learning Theory to the Resource-based View of Project Management》中桥接了工作场所文献学习的情境学习理论和战略管理文献中有关项目管理中基于资料的视角（RBV），将其作为在项目管理、项目回顾和实践社群中的两种主导学习机制。研究发现，情境学习理论可以应用于项目管理中，通过共享项目学习来强化项目进程，实现能力的发展。文章提出了一种高级的概念框架，将情境学习理论和项目管理中的基础资料回顾结合在一起。文章发现，情境学习理论有助于了解项目中的共享学习，并佐证未来的研究。

Gita Mathur、Kam Jugdev 和 Tak Shing Fung 在《Project Management Assets and Project Management Performance Outcomes：Exploratory Factor Analysis》中利用企业资源为基础的观点来探索项目管理能力的竞争优势来源，基于对 198 位北美项目管理协会成员的在线调查，运用探索性因素分析法确定项目管理资产的特点及项目管理绩效的结果。

（六）绩效管理

Marten Schläfke、Riccardo Silvi 和 Klaus Möller 在《A Framework for Business Analytics in Performance Management》中采用了文献分析法，在此基础上形成论点，构建了商业分析模型，用于进行未来的研究。阐明了在组织绩效管理的背景下，商业分析的未来应用领域和优势。提供了利用商业分析了解组织绩效的证据，为管理统计研究与教育领域提供了启示。

Caroline Rowland 在《Managing Team Performance：Saying and Paying》中采用公平和动机的概念，探索了当代组织团队合作的结果、程序和实施过程。本文从哲学和社会科学中借鉴了一系列理论框架，检查了当前的做法和经验，提出了未来的趋势。实证研究包括对管理者进行了 10 年的研究，在两个大制造业和服务业组织中进行问卷调查和深度访谈。指出支持团队合作必要性的理论通常自相矛盾，这经常会造成实际的不公正，加剧组织和管理绩效之间的紧张关系。研究评估了团队合作对实现组织目标的贡献度，可应用于绩效管理的实践。

（七）领导力

Thomas W. Nichols、Rod Erakovich 在《Authentic Leadership and Implicit Theory：A

Normative Form of Leadership?》中为了分辨隐藏的和真实的领导设计出的场景理论，巧妙地处理了追随者和领导者之间的隐含领导理论，并发现了对领导有效性的洞察力。场景理论是特意为未来研究创建的。真实领导的组成可能是隐含领导理论的一部分，领导表现的反馈可能会改变追随者的隐含领导理论。这项研究在几个方面提供了一个扩展的理论：观察真实的领导范式，以及考察对领导效能的真实看法，以此作为隐含领导理论的持续影响。

Bejan David Analoui、Clair Hannah Doloriert 和 Sally Sambrook 在《Leadership and Knowledge Management in UK ICT Organisations》中采用定量分析方法，调查了英国信息与通信技术组织中的 111 个主要知识管理人员，发现组织的主要知识管理者采用转换和交易型领导风格对知识管理活动的增加有显著影响。作者认为，组织必须认识到知识管理者采取的变革型领导与交易型领导风格对组织内的知识管理的重要性。

Anooshiravan Merat、Damien Bo 在《Strategic Analysis of Knowledge Firms：the Links between Knowledge Management and Leadership》中采用了案例研究的方法，调查了 4 家知识密集型企业，探索了知识管理和领导力的联系。

（八）创新管理

Mersiha Tepic、Ron Kemp 和 Onno Omta 等在《Complexities in Innovation Management in Companies from the European Industry：A Path Model of Innovation Project Performance Determinants》中建立了模型，以偏最小二乘（PLS）建模，查验了欧洲工业产业中 9 家公司中 22 个表现较好（96 个样本）和 16 家表现不佳（93 个样本）的创新项目。研究表明，项目的创新水平是产品潜力的重要决定因素，而创新的复杂性导致创新项目团队成员间沟通困难。正如预料之中的，对于公司来说新的项目与现有功能的联系更为消极。负面影响会削弱综合沟通能力。通过合适的数据库管理可以促进沟通和知识集成。同时，更高的项目潜力和成功的项目业绩不仅可以通过关注产品的优势和质量时被固化，也可以将产品更快地引入市场。文章内含一个包括创新特点和汇集项目执行能力与公司协同创新的组织能力的集成框架。这种框架的缺乏可能是很多创新项目最终走向失败的原因。论文强调创新管理的复杂性，并有待于进一步研究新型的创新项目和公司的综合沟通能力。研究专注于公司能力和创新项目主要功能之间的协同能力，提供了包含综合沟通能力和起决定性作用的创新项目执行能力的集成协同视角。

第四节　管理学研究建议与展望

在管理学发展过程中不断暴露出的问题，值得现代的管理工作者和研究者思考和探究。突出表现出来的便是在我国高校，绝大多数管理研究者往往过多地注重对西方已有管理理论的研究，而忽视了其与中国现状的结合。很多高校学术工作者，迫于学术压力，将过多的精力放在发表高级别的国际性杂志期刊论文上。很多学术工作者缺乏先进的科学研究方法的训练和对科学目的的正确理解，缺乏对情境因素的重视，不能结合中国的国情开创出适用于中国发展的管理理论架构。另外，我国很多企业的管理者往往凭借着自己的管理经验来管理企业，缺乏对管理理论素养的培养。随着全球化的推进，不少国外留学者将先进的管理理念引进国内，并运用到实践中，但他们过于按部就班，因而总是不能起到和国外一样的经验效果。中国管理科学在发展过程中，在汲取国外先进经验与理论的同时，更要开辟适用于我国社会发展的羊肠小道，否则一味地模仿，只会起到东施效颦的效果。

在管理学发展过程中，有不少学者呼吁对管理理论进行整合。当管理学发展进入后现代时期以后，学者们逐渐认识到在不同的语境下应该结合不同的社会历史因子开展管理学研究，并且否认管理理论的可逆性、普遍性和确定性。因此，不可能存在任何普遍适用于复杂多变的环境的统一管理理论，统一的管理理论只是一种可望而不可即的“海市蜃楼”。根据逻辑学的观点，我们从外延方面确实无法创建一种具有普适性的统一的管理理论。任何管理理论都是管理学家认识和解释现实问题的产物，它们的适用范围都是有限的。如果不顾内涵，试图在外延的基础上对管理理论进行整合，即整合不同管理理论的适用范围，那么结果必然会由于各种理论适用范围之间的冲突导致各种理论之间的冲突。如此看来，我们无法从外延上对管理理论进行统一，只能从内涵逻辑出发，对管理学研究的一些基本原理进行提炼，以扩大其外延。下面，我们对管理学研究的未来发展方向进行粗略的展望。

（一）对人性的重新认识

管理学研究首先是对人性的思考，任何一种管理理论都建立在一定的人性假设基础上。要认识人，必须承认人的差异性，并尊重这种差异。已有关于人性假设的理论，诸如经济人假设、社会人假设等，都忽略了人的差异性，试图从形式出发归纳人的共性。但是，归纳人的共性应该注重本质，挖掘人深层的心理因素。管理学的发展应该从人的需求表现形式中挖掘人的本质性需求，从行为模式中探究人的终极目标。由此可以认识到，人的共性是内心深处对幸福的追求，而人的行为都是追求幸福的过程，由于个人看待幸福的方式不同，在不同幸福观的引导下，人们的具体目标也就不尽相同，这正是产生人的差异性的根本原因。这样，就可以在差异性的基础上来认识人的共性或人性。

（二）二元论常态分析

有关二元论，最根本的问题是存在界的来源。二元论的最简单界就是把存在界约减为两个同样古老并且互相对立的原则。二元论强调不能单靠纯粹的思辨，避免过分简单的单一性。管理学一直就是一种二元对立的理论综合：效率和人性的对立，科学和艺术的对立，集权和分权的对立，等等。当有两种力量相互牵引时，均衡就成了追求的目标。管理

学研究就应在对立中寻求均衡，注重两极的融合。这种分析方法被一些后现代主义者称为常态分析法。管理学研究常态分析所强调的均衡不同于经济学中的帕累托最优均衡，这里的常态更多是指一种常态分布，主导思想就是要避免把研究重点局限在概率分布很小的两端。

（三）建构性解构

后现代哲学思想并不是注重问题的答案，而是要质疑既有答案。在这种思想的影响下，管理学家开始反思各种既有的管理理论，并且在深入剖析以后发现各种理论观点都带有一定的自我解构性。但是，纯粹的解构会使人觉得这种对既有理论的批评是把某种整体的东西分解为互不相干的碎片或零件的活动。所以，我们应该在建构的基础上进行解构。建构主义与经验主义相似，两者都是通过内部认知来了解外部世界，获得并利用经验，进而发展知识；所不同的是经验主义强调对知识的辩护，而建构主义强调的是创造知识。知识是在特定环境下产生的，如果不分析知识的建构，也就无法理解知识本身。在不同的语境中，所适用的管理理论是被重新建构的。为了掌握基本原理，我们应该在拆毁知识大厦的过程中努力去理解知识，而不是一味地注重拆毁过程。正如熊彼特所说的“创造性毁灭”一样，管理学研究也应该是一种建构性解构。

（四）复杂性分析

变化是现代社会的一个显著特点，经济全球化、信息网络化、资源知识化已经成为整个社会发展的代名词。面对快速变化的环境，复杂性成为任何一门学科都无法回避的问题，复杂性问题已经引起了心理学、物理学、管理学、生物学、信息学等学科的重视。复杂性分析自然也会成为管理学研究的一个重点。从个人层次分析，复杂性可分为心理复杂性和行为复杂性；心理复杂性又可称为自我复杂性，指自我是一个有组织的多维认知结构，自我由包括工作在内的多个维度构成。据此，管理学研究应该注意工作与非工作之间的关系。对行为复杂性的认识可从后现代理论把人看成是文化人这一命题切入，文化人观否认人是社会的附庸，强调人性的发展。因此，人不应被看作是手段，而应被作为目的。从组织层次分析，复杂性可分为组织内复杂性和组织间复杂性：组织内复杂性是指组织中不再存在简单的线性关系，而是一种从混沌到有序的涌现性体现；组织结构也不再是机械的科层制，而是分布式网络结构；组织也不再是他组织，而是一种自组织。组织间复杂性意味着组织边界的模糊，组织间不存在单一的关系界定。根据当今经济是一种网络经济的观点，效率观也应该由传统的组织效率向网络效率发展。

（五）复杂性管理研究

自复杂性理论引入管理学研究以来，组织被认为是一个动态、复杂的系统，并且应该用系统的观点来进行分析和思考。但迄今为止，复杂性管理研究仍停留在如何适应复杂性这个问题上，而没有真正去研究如何管理复杂性的问题。自从霍兰德教授提出“适应性本身造就复杂性”的观点以来，建立复杂适应系统就成了复杂性管理的代名词。这样的复杂性管理研究必然会导致相关管理活动沦落为被动适应外界和组织自身复杂性的过程，忽视对复杂性的主动管理。复杂性这一概念非常抽象，而且是特定的，对复杂性的认识必须结合具体的研究对象。目前，管理学研究也只是局限在商业活动的范围内定义商业复杂性。认识和定义复杂性困难，导致复杂性管理研究无从下手，只能把注意力放在如何构建复杂适应系统上，把复杂适应过程看作是一种自组织现象，并且认为由这个过程产生的组织结构和最终状态涌现于系统行为主体之间的互动。但是，涌现的本质并不是基于时间动态建构的，系统的整体性事先就已经被设定。根据路径依赖理论，自组织中的行为具有一些组织形成之初就业已存在的惯性。因此，复杂性管理研究应该把研究的切入点放在如何管理组织形成之初的混沌状态上，而后研究如何使组织从混沌走向有序。

第二章　管理学学科 2013 年期刊论文精选

第一节

管理学批判理论述评 *

罗　珉[1]　甘元霞[2]
（1. 西南财经大学企业管理研究所，四川成都　610074；
2. 西南财经大学工商管理学院，四川成都　610074）

【摘　要】管理学批判理论强调管理学知识随组织及其管理世界的变化而发展的动态特点，把管理学知识看作是社会建构的产物。本文对管理学批判理论进行了概述，讨论了管理学批判理论的本体论现实主义观和方法论问题，并对其核心内容与实质进行了评价，以探寻管理学的未来发展之路。

【关键词】管理学；建构主义；批判理论；本体论现实主义观；方法论

进入21世纪以来，管理学理论框架正在发生重大变化，人们对它的理解因此也在变化，并且开始接受一种新的认识论取向：客观、公正的管理科学基础并不存在，传统上认为组织及其管理世界和管理学知识是一元科学理性权威产物的观点应当受到质疑。根据管理学批判理论，管理学知识是随着组织及其管理世界的变化而不断发展的，是社会建构的产物，一切管理学理论、范式或者论述都是由特定的社会建构形成的。这种认识论上的相对性与复合性颠覆了管理实践原有的意义，也颠覆了人们对管理实践方式的传统理解。这种认识论就是管理学建构主义与批判理论。

1　管理学批判理论概述

按照管理学界通行的说法，后现代管理学理论（Postmodern Theory of Management）与管理学批判理论（Critical Theory in Management）都属于管理学建构主义（Management Constructivism）的具体表现形式，但管理学批判理论是管理学建构主义的核心理论，两者

* 本文选自《外国经济与管理》2013年第35卷第1期。

在认识论基础方面的差异并不是很大。

严格地说，讨论管理学批判理论就会涉及对管理学建构主义的评价，而管理学批判理论的哲学来源是哲学法兰克福学派哈贝马斯的批判理论，其主要代表人物是美国麻省理工学院管理学教授 Jay Forrester，德鲁克、明茨伯格等都是带有强烈管理学批判主义色彩的管理学家。

管理学批判理论认为，组织及其管理世界是客观存在的，但对组织及其管理世界的理解和赋予它们的意义是每个管理学家和管理实践者自己决定的。管理学家和管理实践者都是基于自己的经验来建构现实，或者说解释现实。管理学家和管理实践者总是用自己的大脑来创建个人世界。由于管理学家和管理实践者的经验以及对经验的信念不同，因此，管理学家和管理实践者对组织及其管理世界的理解也各不相同，管理学建构主义更加关心如何以既有的经验、心智模式和信念为基础来建构管理学知识。

管理学批判理论的认识论可以概括为 3 点：第一，管理学知识不是对现实组织及其管理世界的纯粹客观反映，任何一种承载管理学知识的符号系统都不是绝对真实的表征。它只不过是人们对组织及其管理世界的解释、假设或假说，它不是问题的最终答案，而是随着人们认识的深入而不断变化、升华和完善，形成新的解释和假设，并且创建新的理论。第二，管理学知识并不能绝对准确无误地概括组织及其管理世界的法则，提供对于开展任何活动或解决任何问题都适用的方法。在解决组织及其管理的具体问题方面，知识是不可能一用就准、一用就灵的，而是要针对具体问题和具体情况对既有的组织及其管理知识进行再加工和再创造。第三，管理学知识不可能以实体的形式存在于个体之外，尽管通过语言可赋予管理学知识一定的外在形式，并且通过实践使管理学知识获得较为普遍的认同，但这并不意味着管理实践者或学习者对管理学知识有同样的理解。真正的理解只能是由管理实践者或学习者自身基于自己的经验背景建构的，取决于特定情况下组织及其管理的学习活动过程。否则，就是纸上谈兵、死记硬背或生吞活剥，是被动地复制理论。

管理学批判理论首先将批评的矛头指向了管理学指导主义（Management Instructivism）。管理学指导主义认为，管理学家和管理实践者是把自己的意志强加于他人的精神权威，他们可以通过指导组织及其管理变革活动来达到这个目的。

但管理学批判理论认为，这个权威非常不稳定，因为所有的管理学知识都是高度可变的，是社会偶然的产物，或者说是社会建构的产物。因此，组织及其管理发展的过程是辩证或互动的，管理实践者通过自身的实践活动建构的学习，是可以得到管理学家和其他管理实践者的协助的，管理实践者与管理学家是相互促进的，而不是完全听命于某个管理学权威。

管理学批判理论抨击的主要目标并非是实证主义的方法论，而是实证主义背后的哲学基础，即在管理学中居于主导地位的哲学正统——笛卡尔关于认识者与认识物完全分离的二元论。实证主义假设，事实上存在这样一个中立的立足点：观察者可以站在这个立足点上客观地观察外在的组织及其管理世界。由此得出的结论就是，管理学家的理论是客观、中立的。事实上，管理学实证主义的哲学来源是法国哲学家 Conte（1853）所说的“断然假设”——构成了外在社会与自然现实的事实。因此，管理实践者可以通过采用适当的方法来进行知识配置，这样他们的管理实践活动也就被解释为技术性的中性活动，或者被视为对现实的一种客观表征。本质上，管理者特权变成了高级知识的代名词，这样人们就认为这些特权是可以接触到现实的。这种实证主义认识论假设的关键在于，语言在中性的现实表述中发挥了作用。正如一位实证主义者所说，（语言）使我们可以通过观察来检验理论，丝毫不差地对观察到的事物进行描述，并用它来进行理论检验，这就好像我们直接在理论和现实之间进行比较一样。如果两者不相符，那么理论就是错误的，因此也就可以抛弃（Hindess，1977）。

严格地说，管理学批判理论的认识论来源于德国哲学家康德在其著作《纯粹的推理批判》（Kant，1781）中对经验主义的批判。康德认为，我们的思想不是被动的感觉材料接收器，相反，我们能够自主地对外部现实的经验进行选择、限制、组织和解释。是我们赋予这个世界意义，而不是像经验主义者所宣称的那样是世界赋予我们意义。所谓的外部世界就是一种思想建构，是思想对我们感觉输入进行加工或建构的产物。

管理学批判理论最早出现在20世纪80年代。当时由于经济学理论和规范研究方法的大举入侵，形成了一个足以同基于案例研究或经验研究本体论和实在论的方法论相抗衡的基于人的认知发展和学习过程的社会建构主义方法论（Socially Constructivist Methodology），而管理学批判理论则是管理学建构主义的核心理论。

社会建构主义方法论认为，管理学知识不是已有知识的理性、逻辑延伸，而是不同社会、文化、历史过程的偶然产物。社会建构主义方法论的最大优势在于，它能够较好地解释学习如何开展、意义如何建构、概念如何形成，较为有效地说明管理学学习过程的认知规律。

20世纪80年代以后形成的管理学批判理论方法论同传统的实证研究、归纳研究和演绎研究有所不同，但管理学批判论者在很大程度上接受了托马斯·库恩关于科学总要通过现存范式或理解框架（Framework of Understanding）来进行观察和说明的观点，认识到知识的产生依赖于理论和经验的双向互动，并且承认管理学的发展是一个经验观察和先验范式之间双向互动的过程。

在管理学批判理论看来，管理学家观察到的东西不是独立的，而是管理学家自己的方法论与他们关于组织及其管理事实的相关知识和他们的概念结构相互作用的结果。管理学家不仅建构了他们对实验事实的解释，而且还建构了事实本身。因此，对于管理学批判论者来说，每个组织及其管理实践都是一种社会事实，都是按照某种“思维模式”（Thinking Model）形成的团体集体思维之协商产物。这就意味着“事实比我们的眼睛能够看到的要多得多”。自然，管理学不可能存在任何中立的基础，因为它是感觉输入的被动接受者。在管理学家做出任何观察之前，管理学家所使用的语言、理论和假设已经对他们要观察的现象施加了影响。

在管理学批判论者看来，管理学既不是通过证实或证明理论来进行归纳的产物，也不是通过扭曲理论来进行演绎的产物。因此，实证主义者宣扬的关于管理学家是中立的公正

观察者的观点是荒谬的。建构主义者认为，任何已经被证实的管理学知识、管理事实和因果关系都受到了管理学家所处的社会经济环境的影响，管理学家的证明根本不是普遍适用的管理学事实，而是具有局限性的社会建构。这种社会建构是由社会的语言游戏（Rorty，1979）、范式（Burrell and Morgan，1979）、隐喻（Ortony，1979）、利益（Habermas，1972）、传统（Gadamer，1975）、论调（Foucault，1977）、合法性危机（Taylor，1985）或世界观（Geertz，1989）等决定的。

我们发现，基于案例研究或经验研究的本体论和实在论的方法论、基于人的认知发展和学习过程的社会建构主义方法论以及基于社会心理学方法的行为主义方法论三者，在研究的基础和背景方面存在巨大的差异。管理学研究的最大障碍不是分析性的，而是哲学性的。秉持不同理论传统和不同经验传统的学者有着根本不同的世界观和方法论，从而导致在管理学研究的科学共同体内部存在太多的竞争性理论和观点，进而导致管理实践者无所适从，并且使这些理论和观点在频繁的交锋中模糊了经验蕴涵，引起了许多管理学家的极大忧虑。

在管理学批判论者看来，任何管理学陈述都是管理学家的社会建构产物。教育管理学家 Foster（1993）认为，任何管理学范式都不是完美无缺的，“一种范式既可以是透镜，也可以是眼罩”，人们“选取何种范式，要由他们的情感投入、教育及其体验来决定，而不能由理性、中立的评价和选择来决定”。在管理学批判论者看来，组织及其管理世界与其说是一种客观存在，毋宁说是一种社会建构（Social Construction），是主观或共享主观（Inter-subjectivity）的产物，是一种为他人所共享的理念，因而不能用研究自然科学的方法来研究组织及其管理的现实问题（Putnam and Pacanowsky，1983）。管理学批判理论强调，个体是实在的，而指导个体行为的是那些共同的决定和共识。组织及其管理世界的大多数事情就是不断地被建构和赋予意义的。

在管理学批判理论看来，管理学原本就是由导致社会建构的常识构成的，管理学家作为观察者的作用就在于理解常识概念和那些作为人类交往基石的内在假设。管理学研究者的身份不是观察者，也不是作为观察者的参与者（Participant-asobserver），更不是组织及其管理的立法者，而是积极的参与者或是以参与者身份出现的观察者（Observer-as-participant），是科学共同体实践社群的组成部分。正如美国社会学家肯尼斯·贝利（Bailey，1994）所说的那样，“自然科学家一般不是他所正在研究的现象的参与者，而社会科学家则是”。

由于我们的理论总是证据不足，因此，我们永远无法知道理论陈述是否只是反映独立存在的社会现实，还是意味着社会现实是被创造出来的，是社会建构的产物。这里，管理学家的意见出现了分歧：管理学批判理论（又称本体论现实主义）认为，管理学范式是对独立存在的客观组织及其管理世界的反映和调适；而本体论主观主义（亦称管理学后现代理论）则认为，管理学范式是对缺乏主体地位的现实的一种创造。Morgan（1986，1993）曾经指出，大多数管理学建构主义者似乎或多或少地在本体论现实主义与本体论主观主义之间摇摆不定，但仍有一些管理学家始终坚守着本体论现实主义阵营（Beck，1996），或是坚决拥护本体论主观主义（Baudrillard，1983）。本文认为，管理学批判理论是管理学建构主义的核心理论，而管理学后现代理论只是管理学建构主义的一种特殊形式，人们对管理学后现代理论的兴趣或许是企业家精神在管理学界得到发扬的结果（Alvesson，1995）。

2 管理学本体论现实主义观与方法论

管理学批判理论是指管理学建构主义中的本体论现实主义观点，它不承认社会过程中管理和需求的认识论权威，尽管社会过程是所有组织及其管理知识存在和合法化的基础。本体论现实主义观认为，现实主义涉及很多问题，而最本质的问题就是管理学与现实实践之间的关系问题。管理学的本原、管理学的社会功效以及管理学发展的动因等问题构成了阐明管理学与实践关系的本体论。本体论现实主义制约着管理学认识论、方法论、批评论、风格论和实践论。因此，管理学批判理论摈弃了管理是一种技术性活动而非政治性活动的观点（Willmost，1984），认为这种观点掩盖了小团体利益（Clan benefit）在组织及其管理知识建构中的作用。管理学批判理论是一种解释性、规范性、实践性和自我反思性的社会理论。然而，不论对管理学前景抱持悲观还是乐观的态度，管理学批判论者仍在孜孜不倦地探讨一个共同的主题：西方资本主义企业管理和现代社会组织形式均展现出的狭隘和非人性化的“技术理性”（Technical Rationality），颠覆或扭曲了管理学启蒙理性的理想，这种技术理性又与管理学的实证主义和科学主义形式串联在一起，而这正是管理学批判理论所要抨击的东西。

具体而言，首先，管理学批判理论对管理学实证主义认识论及其基础——笛卡尔的二元论观点——进行了强有力的批评。管理学批判论者认为，管理学实证主义关于管理学真实的理论会扰乱“知识”和“利益”之间的关系，因为这种理论假设存在一种理论上中性的观测性语言，人们在检验组织及其管理现实时可以用这种语言来重构现实。其次，管理学批判理论批评了传统管理学不假思索地采取偏重于狭隘的归纳法的实证主义方式。他们主张直接对个体的理解、行为和经历进行调查研究，从自己的经验出发来解释现实世界，从管理学者自己作为行为主体而不是被动旁观者的立场，在复杂、动态的关系中不断形成和再造我们的未来。在管理学批判论者看来，组织及其管理世界是管理学者被迫与它们发生联系的世界，管理学者被迫成为这个世界的一分子；管理学者必须适应这个世界并成为这个世界的一分子，从而形成一个不同于传统管理学理论所认识的理性的客观化语境世界。再次，管理学批判论者强调，实证主义假设存在一种理论上中性的观测性语言，忽视了认知主体对认识对象的影响，因而缺乏任何形式的认识论上的弹性，最终成为了一种“掩盖管理学知识形成过程的客观主义幻想”。事实上，所有的管理学知识在其源头就受到了感觉体验方面的社会/文化因素的污染。在管理学批判论者看来，仅仅把组织及其管理假设成一套有利于所有人的中立的技术活动，只会暴露这种假设缺乏客观性。因为，即便是社会价值观、小团体利益和权力关系，也仍然在现实的组织及其管理实践中起到一定的“创造”作用。最后，管理学批判理论要揭示的是人们将组织及其管理的某种知识作为一种特权而产生的压迫结构，一种隐藏在主流管理学理论之中的、被管理学实证主义认识论所掩盖了的压迫结构。这种压迫结构排斥其他非主流声音，缺乏应有的对话与探讨。管理学批判论者希望能够为人们展示另外一种利益模式和价值模式，即在民主基调下，用关心集体利益和伦理道德问题来颠覆和取代正统的管理严密的技术性组织及其管理理论与实践（Forrseter，1989）。

美国麻省理工学院管理学教授 Forrseter（1983）敏锐地将管理学批判理论概括为一种结构现象学，“管理学批判理论是一种现象学，因为它涉及熟练而暂时的社会建构与主体间的谈判。它是结构化的，因为它涉及社会行为主体之间相遇、对话、冲突、倾听或是交战的历史发展阶段……行为主体通过沟通互动把每一天的生活都主观化了，但‘感觉’取决于周围的关系或环境，即取决于行为主体工作和生活的客观结构”。

管理学批判理论采取的是社会建构主义立场，主张用民主化标准来评判沟通被系统扭曲的程度，认为任何现有组织及其管理实践本身都可以被质疑和改变，即人们能够从那种不对称的权力关系中解脱出来，通过批判性思考来获得推理和“理性自我”（Rational self）的力量。因此，管理学不但要关注组织及其管理实践，而且还应当将注意力放在那些被排斥在主流管理学之外的利益上。这里，关键的问题是要让人们认识到现有的组织及其管理实践和管理学本身并不是自然而然产生的，而是社会建构的。

在管理学批判理论看来，所谓的理性自我，就是自我在自由情境下的活动和建立民主的组织及其管理体制，而美好生活的本质就是以自我为中心和以社群和谐为依归。管理学批判理论要重建组织及其管理世界的主要内容是：①同时重视客观世界与主观世界关系的组织及其管理；②兼顾个人与集体的民主组织及其管理；③兼具自主与和谐的组织生活形态。管理学批判理论的近期目标就是维护与发扬人类理性与自主性，而远期目标则是期望人类能够建构美好的生活与组织及其管理。

管理学批判理论的方法论有一个三角支撑点，那就是辩证、批判和否定。在管理学批判理论中，辩证、批判与否定三者是交互运用的，辩证的过程其实就是不断否定的过程，所以辩证的思考方式也就是一种否定性思考方式。如果把它应用到组织及其管理现象中，那就是通过不断的批判、否定来使组织及其管理现实朝着更为合理的方向转变。因此，管理学批判理论强调管理学就是要发展管理实践者的个人能力，具体而言，首先要强化个人的批判思考能力，包括质疑能力、反省能力、解放能力、重建能力；其次是发展个人自我理性的能力，因而主张培养自主能力和提升民主素养；最后是提高自我能力，包括自我理解能力、自我反省能力、自我实现能力。

严格地说，管理学批判理论不是一种单一的理论，而是一群理论的聚集，旨在继续完成管理学的人类理性启蒙任务。管理学启蒙时代的真谛是把人从愚昧中解放出来，使人从“神”中解放出来，向自主迈进。管理学批判理论的基本任务就是以自我塑造来排斥诸如“神”和“理性”等意识形态主宰的过程，通过自我认识、自我反省和自我理性来实现。

如果说管理学启蒙运动的任务是把人从“神”的意识形态中解放出来的话，那么管理学批判理论的任务就是把人从“理性工具”中解放出来，使人具有自我理性与自我能力。管理学批判论者相信，经过自我反省获得的知识是融合自主性与责任的知识，除管理学家的自我反省之外，将管理学从理性中“解放”出来或“重建”新的管理学，也是管理学批判理论的一个重要观点。解放的目的是要拯救人类理性，或者说使人从所谓的“理性”中解放出来，免受任何一种理论的束缚。

在我们看来，从本体论的角度看，管理学批判理论从某种意义上说是一种唯名论。唯名论认为，现象是通过个人感知构成的，外部世界是人们在心目中主观创造的。存在的事物都是个别的，心灵之外没有一般的对象。只有个别的感性事物才是真实的存在，而所谓的共相（Universals）并不具有客观实在性，它们是隶属于或派生于个别事物的。管理学批判论者相信，我们其实可以不诉诸共相就能解释组织及其管理现象。既然我们可以这样做，因此，唯名论者认为根据哲学中所谓的“奥坎姆剃刀”（Ockam's razor）原则——不要假设在解释上不必要的东西，没有必要在个别事物之外设立普遍的实体，因为这些实体既无逻辑自明性，又缺乏经验证据。那么，如何能够不诉诸共相而又能够对这些现象做出令人满意的解释呢？管理学批判论者认为，一旦个体所属的组织及其管理空间被重新发现，那么共相就会失去意义，职能主义范式和结构主义范式就会分崩离析，管理学范式就会被瓦解为杂乱无章的单体（Singularities）。于是，分崩离析后的职能主义范式和结构主义范式也会遭遇同样的处境，唯实论（Realism）的理念会遭到唯名论的批判甚至摧毁，而理性和规律性在新发现的现象面前将会变得黯然失色。

3 对管理学批判理论的评价

管理学批判理论的核心在于考察和理解在一个不断变化、充斥不对称权力关系的环境中如何建构组织及其管理实践并使之合理化。因此，管理学批判理论集中关心两个主题。首先是对管理学关于组织及其管理实践的主流观点进行分析和批判，以便揭开被管理学实证主义认识论所掩盖的压迫结构的面纱。管理学批判理论希望通过这样的分析和批判，为人们识别“真实的”利益提供解决方案，这就是“将生活从不必要的控制中解脱出来，使所有的生活形式都与真实相符”（McCarthy，1978）。其次是表达自己所关注的要点：如何通过建立组织及其管理民主来帮助人们摆脱主流理论的利用和压迫，实现解放与自由。从某种意义上说，管理学批判理论就是要显示某种特殊的沟通行为在精神、政治和实际 3 个方面的重要性，它要弄清某种特殊的社会建构对扭曲沟通行为产生多大的影响，而沟通行为的扭曲在现实中会对组织成员的生活产生微妙的影响。

当然，这两个主题都涉及这样一个基础：管理学批判论者必须抛弃管理学公正性这种自大情结，必须把自己看成是局部的参与者，承认局部参与者之间存在利益冲突。这就需

要承认管理学原本就是由导致社会建构的常识所构成，管理学家作为观察者的作用就是努力理解常识性概念和那些作为人类交往基石的内在假设。如前所述，管理学研究者的身份不是观察者，也不是以观察者身份出现的参与者，更不是组织及其管理的立法者，而是积极的参与者或是以参与者身份出现的观察者，是科学共同体实践社群的组成部分。要做到这一点，管理学批判论者必须对自己所做的分析进行反思，正如美国克莱姆森（Clemson）大学教育管理学教授 Kinchloe 和 McLaren（1994）所说的那样，将“他们自己的假设放在桌面上供人评说，这样就没人会受到自己认识论和政治局限性的束缚了”。管理学批判论者只有通过这种方式来进行自我反思，才可能解决他们为自己设下的难题。

管理学批判理论从怀疑一切认识论权威的哲学观出发，对管理技术是否能够解决组织及其管理世界问题表示了不安与怀疑，因为这些问题来自于理性主义正统的知识建构观。管理学批判理论提出了解决组织困境的自我反思原则，这就是哈贝马斯所谓的“解放利益”（Interest of Emancipation）的目标——把人们从不对称的权力关系、从属关系和由这些关系导致的种种束缚中解放出来。解放的知识是经过再思考而获得的自我知识的一种形式，能赋予个人以力量，使个人以更加理性自主的方式去思考和行动。“解放利益”的作用在于促进自我反思，即通过追求自我反省与批判意识来实现自治和提高责任心，它对应的研究方法是反思与批判。在管理学批判论者看来，管理学主流理论不具备实践相关性，因为它非但没有与这种“解放利益”联系起来，反而与霸权主义沆瀣一气。对于管理学批判论者来说，既然不存在绝对的真实，那么，只要是在一个具体的历史范畴内就能够通过理性讨论来实现管理知识和管理实践的合理化（Habermas，1990）。哈贝马斯提出沟通理性（Communicative Rationality），就是试图解决理性讨论这个问题。他认为，人们可以依靠沟通理性来达成共识。但沟通理性需要一种“理想的语境”（Ideal Speech Situation），即一种不存在权力和欺诈，而只有最佳论据发生作用的语境。在管理学批判理论看来，管理知识和实践的合理化不是依靠少数管理学权威的宣传就能够实现的，而要通过在不预设限制的前提下公开讨论管理知识和实践问题并达成一致意见来实现。只有在理性讨论中进行自我反思的管理实践参与者才能对合理化要求做出正确的评价，才能够评判要求是否合理，这样就能够进行更加充分的论证，进而解决此前发生的冲突。

尽管管理学批判理论是从组织成员的自我认识着手研究问题的，但也假设很多组织成员对自己所在组织经验的认识是在不对称的权力关系中形成的，这种不对称的权力关系在组织生活中无所不在。因此，很多组织成员会产生错误的理解和意识。管理学批判论者相信，在错误的理解与意识的作用下，组织成员不仅对自己受压迫的现实懵然不知，而且还帮助统治者把这种扭曲施加给自己。在实践中，管理层通过管理决策分析建立起来的表面上符合社会事实的、技术性的、中立的意识形态，起到了掩饰不合理的压迫结构的作用，而组织成员往往会认为这是合理的、不容置疑的，并不存在其他可选择方案。因此，管理学批判理论希望通过向人们揭露管理决策分析扭曲事实的本质，并解释管理决策如何导致错误的理解和意识，来揭示错误理解和意识的根源以及它们的影响。管理学批判论者希望这些叙述性元素能够促进人们树立批判意识，并把这种批判意识视为组织成员应该具备的

一种素质。这样，组织成员就能从管理权威的意识形态霸权中解放出来，管理学批判理论本身就会成为一种推动组织意识形态和组织及其管理变革的强有力的力量。

应当看到，尽管管理学受到不同学派在观点和研究方法方面的争论的干扰（Kay，2003），但实证主义与理性主义认识论一直以来支撑着概念化的主流思想。Browne 等（1999）指出："科学使我们能够理解'自然之外'的事物，使我们有能力认识我们生存的这个世界，尤其是认识关于这个世界的生存规则与法则，正是这种能力促进了我们的进步。居于主导地位的理论就是在这种环境中产生的，它大量使用诸如销售额、市场份额、资产回报率和利润率等的'理性'指标来'正确无误地'描述经营环境。"事实上，实证主义与理性主义并没有本质上的区别，两者是相互影响的。实证主义者承认理性主义者的信仰：人类能够揭示支配组织及其管理世界运行的内在法则。两者都认为，遵守这些法则能够减小组织及其管理的不确定性和无组织性，同时保证物质世界的进步。从方法论的视角看，实证主义与理性主义的认识论都把一种中立的观测性语言作为自己的关键特征，并认为它是人类为发展知识所必需的操作化方式（Slife and Williams，1995；Delanty，2005）。因此，管理学主流理论可以概括为：为了研究组织及其管理世界而采用中立的观测性语言来精确地描述、说明和预测它们的经验现象。既然需要精确预测，就应该尽可能做到让研究对象免受研究过程和研究结果的干扰，尽量使研究对象保持原状不变，这样才能确保理论预测的有效性。这种研究的结果是管理学思想知识的分歧导致社会分化，即明智的管理学家、组织高管与无知的组织成员，这就是所谓的"技术专家治理"。这里，我们可以看到，实证主义与理性主义的思路可以表示为：科学预测—方法论禁锢—技术专家治理。例如，按照管理学主流理论的正统观点，组织与环境互动，而环境又独立存在于组织边界之外，组织可以从环境中获得很多其赖以生存的资源。环境既为组织提供机会，又会对组织构成威胁，不同的环境因素对组织的不同部门提出不同的适应性要求。因此，对于管理学主流理论来说，组织高管的责任就是理解组织与环境之间的关系，预测环境因素是否会发生变化，并考虑采取什么措施和方法来适应环境变化或利用环境变化来创造新的需求。Porter（1990）认为，伟大的战略家能够比一般人更好地理解环境，他们"能够感受到那些别人感受不到的东西"。这样的主观认知活动和活动结果被称为"技术性活动"，而不是权力活动。按照英国管理学家 Stacey（1993）的说法，这些技术性活动对组织高管的认知模式起调节作用，帮助他们分辨什么有利于组织或者什么不利于组织，并且能够确保组织成功实施自己的战略和开展日常的管理实践。加拿大著名管理学家 Mintzberg（1990）曾经推测，人们之所以偏好正统的标准化技术，可能是因为可用它们来抵制由组织内部政治斗争导致的混乱和非理性行为。而更多的管理学家（如 Quinn，1980；Pettigrew，1985；Johnson，1988）则认为，组织及其管理实践更多的是涉及规则制定，而规则制定要涉及不同利益团体的诉求和偏好。组织内部与外部利益相关者的不同诉求和偏好会发生冲突。为了解决冲突，只能通过谈判和政治妥协来制定规则，尽管规则会限制管理者的特权。英国牛津大学教授 Hugh Willmott（1984）认为，事实上，组织高管常常通过强调他们只从事无关政治的技术性理性活动来反映他们的权力非零和博弈观，并且有效地把组织及其管理变革所涉及的既定利益关系、权力关系和政治关系隐藏起来。这样一种乖巧的行为把管理者在日常工作中面对的现实掩饰成从事技术性活动的过程，而权力只在这一过程中起到很小的作用（Buchanan and Badham，2008）。但是，这种掩饰也同时牺牲了组织内部理应存在的对话和讨论空间，最终必将扼杀组织的创造性（Peattie，1993）。

管理学批判理论认为，管理学主流理论的“科学性”是与管理层的局部利益联系在一起的（Grey and Mitev，1995），把组织成员贬为“高管发动竞争的战略性工具”（Sievers，1994）。因此，管理学批判论者并不谋求维系组织及其日常管理实践，也不相信组织及其管理实践的现状，而是认为那种技术中立的假象和有关组织及其管理的主流宣传是站不住脚的，管理学主流理论是一种意识形态工具（Shrivastava，1986），主流理论推崇的理性仅仅是一种工具理性（Instrumental Rationality）。这里的一个关键问题就是管理精英们已经把组织的大多数成员排斥在外，而实际上他们都会受到高管决策的影响，因为组织的大多数成员缺乏必要的专业知识与能力，因而管理特权事实上集中控制在了管理精英们的手中。按照管理学主流理论，管理精英们才是制定战略方向的合适人选，是他们推动了组织变革，以确保组织“结盟”（Greenwood and Hinings，1993；Trahant，1997）。在管理学批判理论看来，管理学主流理论把管理决策的目的变成了“计算如何在获得企业员工和顾客支持的同时降低成本，而不是考虑如何更好地表达员工和顾客的想法并得到大家的赞同”（Alvesson and Willmott，1996）。Peters 和 Waterman（1982）曾尖锐地指出：“我们因迷恋于管理工具而忽略了管理的艺术性。我们的工具偏重于计量和分析。利用这些工具，我们有办法计量成本，但却无法精确地计算某一企业士气高昂的员工所代表的价值，也不能计算某公司推销员为一个普通客户多跑一英里路所代表的价值。”因此，这种计算反映了一种功利的理性主义思想，只是一种关心如何以最适当的方法去实现目标理性主义。这正是管理学界的主流——技术主义，所谓的技术中立是其最重要的特征。在管理学批判理论看来，功利的理性主义只是一种门面，因为它无法反映这些目标的实质，因此必然具有一定的价值取向和利益倾向。而管理学主流理论试图掩饰这种价值取向和利益倾向，并下意识地把它们粉饰成符合道德、无政治性、由管理者负责实施的技术措施。这样，关于组织目标的讨论就受到了抑制，管理背后的伦理合法性也不再是讨论的对象（Alvesson，1987；Grey and Mitev，1995）。不过，这些却正是管理学批判理论所关注的主要问题。因此，管理学批判理论的思想可以用以下方式来表示：意识的启蒙或唤醒—集体行动—组织及其管理秩序合理化。

在我们看来，管理学主流理论强调的是对组织及其管理的“系统整合”（Systemic Integration），这种系统整合要求组织及其管理变革必须与“管理专家”制定的目标和标准化秩序保持一致，要求组织成员的行为与它们保持一致。系统整合造就了一种目的性很强的态度，并“对他人的决策产生了普遍影响，同时又忽视了以意见一致为导向的沟通过程”（Alvesson and Willmott，1996）。在管理学主流理论的文献中，控制系统似乎通常被看成是可操纵的自变量，它们可以导致组织成员日常行为这个因变量发生变化。这样的理论模型表明，组织管理层必须具有这样一种能力，即可以使组织变革这个变量与为了成功实施组织战略而采取的特殊行动相互适应和调和。而实现系统整合的方法有很多，如科层制劳动过程、对员工行为与价值观再造的文化控制、人力资源管理和全面质量管理等。在管理学批判论者看来，系统整合过程是一种功利的理性主义在组织及其管理中不断合理化的过程，因为在这一过程中，我们只能通过技术标准来实现组织常规化和应对伴随组织常规化而产生的复杂性。这些技术标准包括社会互动的所有形式，并把它们涵盖在目的—手段关系体系之中。这种关系体系形成了超越个人的组织道德标准，但它往往与社会实践中的道德标准背道而驰。

管理学批判理论强调的是组织及其管理的“社会性整合”（Social Integration）。所谓的社会性整合就是把组织及其管理的不同因素或者部分整合为一个统一、协调的整体的过程和结果。它是一个与社会解体、社会解构相对应的社会学范畴。社会性整合的可能性在于社会成员的共同利益以及在广义上对社会成员发挥控制、制约作用的文化、制度、价值观念和各种社会规范。这种社会性整合要求通过组织成员的自由、自主参与来形成一种一致的、能够包容不同价值观的标准化秩序，这就是社会学理论所强调的组织进步的最高层次——价值观一般化（Value Generalization）。这里的关键问题就是以一致意见为导向的沟通过程，因此，管理学批判理论更加关注社会性整合过程。彼得·圣吉（Senge，1990）认为，“一个团体可以从多个角度探讨复杂的问题。个体把自己的假设搁置起来，但可以自由地就自己的假设进行交流。结果是团体可以自由地探索个体完整的经验和思维过程，从而超越个体的观点”。Sinclair（1993）认为，组织文化的多样性是不可避免的，因此，组织应当容忍多样性，并且学会从“百家争鸣”中获益。社会性整合要求组织通过支持和促进不同文化共存来重新规定管理层的任务：通过自省、讨论和行动来达成一致并鼓励组织成员进行批判性思考。这样，组织成员就能够在行动之前先评判自己和组织的责任与义务。

在管理学批判理论看来，组织的意义在于：在成员言论自由的条件下形成不受外力干扰、有关组织宗旨和实现方法的一致意见。显然，这样的一致意见并不是通过组织的日常社会互动来实现的，因为按照管理学批判理论的说法，权力与控制会干扰组织的系统化沟通过程。这样就产生了两个问题：一是谁能够在组织中充当合适的沟通者；二是既然权力与控制的本质都非常隐蔽，那么，沟通者怎样才能确定系统化沟通没有被扭曲。管理学批判理论认为，这就要求组织中保持沉默的个体与团体发出自己的声音，以使组织成员形成有意识的、自主的社会价值观。

4 结束语

管理学批判理论对组织及其管理世界不断变化的现实社会建构模式进行了分析并且提出了质疑，揭示了这些模式所代表的利益、动机和权力关系。据此，管理学批判理论试图找到建构不同现实结构的必要条件，并为人们展示其他可能的方式。这样，人们就能够“通过提高自我意识和理解自己所处的社会环境来改变自己的生活”（Fay，1987）。

管理学批判理论高举社会建构主义旗帜，强调政治、伦理和知识之间可感知的相互联系，并鼓励对价值观和小团体利益进行深入分析，或许这正是管理学主流理论所讨论和证实的管理权威性。我们发现，管理学批判论者并不是不要管理权威，而是反对管理学主流理论想当然树立的权威，他们所推崇的是一种通过达成一致意见而产生的权威。

我们认为，管理学批判理论的一个重要意义就在于它否定了一切把技术需要看作是管理理论与实践基础的观点，并且认为管理理论与实践并不应该以提高管理效能为唯一的目标，因而不可能通过实证检验来对组织及其管理实践进行客观分析（Grey and Mitev，1995；Fournier and Grey，2000），因为所有的组织及其管理知识都是社会建构的产物，都是可变的、社会偶然的产物。从认识论视角看，管理学批判理论认为管理者可以通过自我反思来成为把自己的意志强加于他人的精神权威，他们可以通过组织及其管理变革来达到这个目的。

应当看到，管理学批判理论面临着这样一种危险，即分析缺乏权威性，而且这个问题有可能成为一个认识论的难题。一方面，管理学批判理论试图解释管理学知识的社会建构和含义，行为主体正是运用这些知识来认识组织及其管理世界现实的，无论他们是管理学家、企业家、企业高管还是一般员工；另一方面，管理学批判理论也同样关心所有行为主体的意识，并且把这种意识界定为特定的价值观和利益，分析这些价值观和利益是如何表达出来的，是如何从经验中提炼出来的，这样就可以揭示它们的特定社会来源，同时发现它们是如何把管理学家、企业家、企业高管、一般员工和这些管理学知识与实践参与者的潜力联系起来的。这里，我们可以发现，对权力的剖析是整个管理学批判理论的核心。按照管理学批判理论的观点，社会建构产生于理想之外，组织及其管理世界必然会被不对称的权力关系所扭曲。因此，社会建构就会成为组织内部手握控制权和统治权的团体的一种重要工具。这些团体正是通过传播某些特定的意识来影响人们特定的价值观和利益倾向。这种传播不仅对行为主体日常经验进行了描述，而且还解释这些经验的发展并分析它们的影响。这就产生了一个认识论的难题：如果描述与分析必须经过社会建构，并由此形成特定的价值观和利益倾向，那么，管理学批判理论自身的研究也会出现同样的问题。

严格地说，管理学批判理论是一种批判社会现象的理论。当然，要批判社会现象就必须先分析与了解社会现象，就此而言，管理学批判理论与管理学主流理论并不是完全对立的。前者必须包含后者，才能进行有效的批判。所以，管理学批判理论希望通过对事实或现实的批判与否定来唤醒或提高组织成员的意识，也就是希望管理学家的分析、诊断能为组织成员所取用，以破除他们的虚假意识，从而唤起组织成员采取自发性行动来改革组织及其管理现状，进而促成合理的组织及其管理秩序的形式。

在我们看来，尽管管理学批判理论有可能找到组织及其管理的最佳模式，但仍然显得过于理想主义：它与组织成员每天面对的现实相去甚远，且不合实际，因为组织在激烈的竞争中必须实施日常控制。管理学批判理论所面对的核心矛盾就在于：我们无法生存在没有治理和控制的组织中。从这一点看，管理学批判理论关于组织民主化的假设还是过于理想化。但是，管理学批判理论希望通过达成一致意见来实现管理学知识的解放与进步，这一点仍然具有价值。

参考文献

[1] Alvesson Mand Willmott H.. Find Making Sense of Management: A Critical Introduction [M]. London: Sage Publications, 1995.

[2] Bailey K. D.. Methods of Social Research: Qualitative and Quantitative Approaches (4th ed.) [M]. New York: Free Press, 1994.

[3] Browne Metal. Managing Strategically [A]. Fulop Land Linstead S (Eds.). Management: Acritical Text [C]. London: Macmillan Business, 1999: 364-413.

[4] Buchanan D. A. and Badham R.J.. Power, Politics, and Organizational Change: Winning the Turf Game (Hum and Resource Management Series) (2nd ed.) [M]. Los Angeles: Sage Publications, 2008.

[5] Delanty G.. Social Science: Philosophical and Methodological Foundations (2nd ed.) [M]. London: Open University Press, 2005.

[6] Foster W. P.. Paradigm and Promises: Reviewing Administrative Theories [A]. Capper CA (Ed). Educational Administration in a Pluralistic Society: A Multi-paradigm Approach [M]. Buffalo, New York: Prometheus Books, 1993: 57.

[7] Fournier V. and Grey C.. At the Critical Moment: Conditions and Prospects for Critical Management Studies [J]. Human Reations, 2000, 53 (1): 7-32.

[8] Grey C. and Mitev N. N.. Business Process Re-Engineering: A Critical Appraisal [J]. Personnel Review, 1995, 24 (1): 6-18.

[9] Kay J.. Foundations of Corporate Success: How Business Strategies Add Value [M]. London: Oxford University Press, 2003.

[10] Kinchelose J. L. and McLaren P. L.. Rethinking Critical Theory and Qualitative Research [A]. Denzin NK and Lincoln YS (Eds.). Handbook of Qualitative Research [C]. Thousand Oaks, California: Sage Publications, 1994: 138-157.

[11] Peattie K.. Strategic Planning: Its Role in Organizational Polictis [J]. Long Range Planning, 1993, 26 (3): 8-18.

[12] Putnam L. L. and Pacanowsky M. E.. Communication and Organizations: An Interpretive Approach [M]. Beverly Hill, California: Sage Publications, 1983.

[13] Senge P. M.. The Fifth Discipline: The Art and Practice of the Learning Organization [M]. New York: Doubleday Currency, 1990.

[14] Sievers B.. Work, Death, and Life Itself: Essays on Management and Organization [M]. Berlin: Walter de Gruyter, 1994.

[15] Sinclair A.. Approaches to Organizational Culture and Ethics [J]. Journal of Business Ethics, 1993, 12 (1): 63-73.

[16] Slif B. D. and Williams R.. What's Behind the Research? Discovering Hidden Assumptions in the Behavioral Sciences [M]. London: Sage Publications, 1995.

A Review of the Critical Theory of Management

Luo Min[1] Gan Yuanxia[2]

(1. Enterprise Management Research Institute, Southwestern University of Finance and Economics, Chengdu 610074, China; 2. Business School, Southwestern University of Finance and Economics, Chengdu 610074, China)

Abstract: The management of the dynamic characteristics of criticism theory emphasizes the importance of knowledge management development along with the change of organization and management of the world, the knowledge management is regarded as the product of social construction. In this paper, the management of critical theory are summarized, discusses the criticism on the management theory of ontological realism view and methodology, and the evaluation of the core content and essence, to explore the management of future development.

Key Words: Management; Constructivism; Critical Theory; Ontological Realism; Methodology

管理学百年与中国管理学创新发展*

陈佳贵[1,2]

（1. 中国社会科学院，北京 100732；2. 中国企业管理研究会，北京 100836）

【摘 要】百年管理学发展基本上是按照从“以物为本”到“以人为本”的路径，反映了人类根据社会环境的变化，在“控制”和“自由”之间寻求平衡的过程，这是一个“持续创新”的发展过程。回顾全世界管理学百年发展历程，基本上可以分为科学管理、人际关系与行为科学理论、“管理丛林”和“企业文化管理”4个阶段。根据中国近现代企业的发展历程，中国管理学基本上可以分为3个阶段：第一阶段是1949年前的“管理学萌芽”阶段；第二阶段是1949~1978年的“管理学初步形成”阶段；第三阶段是1979年至今的“融合发展与创新”阶段。未来，“第三次工业革命”将会给管理学研究带来一场颠覆性的变化。以大数据、智能制造和无线网络为代表的新技术范式正在激发企业组织、制造模式和商业生态等一系列管理变革。企业组织将从扁平化真正走向网络化，智能制造正在加速深入推进，商业生态正在发生重构。为了更好地应对未来中国管理学创新发展的挑战，需要正确处理3个方面的关系：一是正确处理理论引进和本土现实的关系，二是正确处理基础理论研究和现实热点研究的关系，三是正确处理学院型教育和实践型教育的关系。

【关键词】管理学；创新发展；第三次工业革命

0 引言

1911年，以泰勒制为代表的古典科学管理理论的出现具有划时代的意义，从此理性开始代替经验，管理学作为一门科学开始登上历史舞台。此后，管理科学不断随着时代而发展，新观点、新方法、新工具不断出现，逐渐形成了“管理理论丛林”。管理思想和管

* 本文选自《经济管理》2013年第3期。

理理论在不断演变中逐渐得以丰富和发展。管理学经过百年发展形成了巨大的知识积累，这些管理知识如何能够为中国管理学创新提供有效的经验和借鉴，中国管理学又如何结合中国文化和社会情景进行创新发展，是我们中国管理学者所关注的焦点。

1 “持续创新”是管理学百年发展的主要特征

回顾管理学百年发展历程，有研究者认为整个管理学的百年发展史可以分为 4 个阶段：第一阶段是科学管理阶段，第二阶段是人际关系与行为科学理论阶段，第三阶段是“管理丛林”阶段，第四阶段是以企业文化理论等为标志的“软管理”阶段。这 4 个阶段的划分虽可商榷，但基本反映了百年管理学从“以物为本”到“以人为本”的基本路径，反映了人类根据社会环境的变化，在“控制”和“自由”之间寻求平衡的过程，是一个“持续创新”的发展过程。

在“科学管理”阶段，管理理论的着重点主要放在通过对工人动作、行为的规范，以科学的工具和科学的方法来提高劳动效率。科学管理最重要的成果就是发现并界定了“管理工作”，明确了“管理工作”的中心任务就是“提升效率”，目标、指令与控制成为管理工作的主要内容。“责任”意识成为科学管理阶段人们观念变革的起点。泰勒（1911）曾指出，“除非工人们从思想上对自己和雇主的责任问题发生了完全的革命，除非雇主们对自己工作和工人们的责任认识发生了完全的思想革命，否则，科学管理不能存在，科学管理也不可能存在”。可以说，福特制是这一阶段最为典型的管理实践基础。

在“人际关系和行为科学理论”阶段，管理理论更偏重于对管理行为本质的思考，并将工作场所视为一个社会系统。管理者为追求效率使用的管理方法，都与组织中对人的关心相联系，将员工放在“社会系统”中去思考，更加重视对于“人”的研究，成为这一阶段管理学发展的一个特征。这一时期的代表人物梅奥，就是 1926 年洛克菲勒基金会为哈佛大学工业心理委员会提供资助项目中的一个成员，这个项目的中心议题，就是要回答“人们工作为了什么？如何激励人进行工作？影响人们心理和工作效率的因素是什么？”这样一系列问题（克雷纳，2003）。霍桑试验就是这个项目中的一项内容。虽然在这个时期，人类依然在享受着科学管理的成果，“控制”依然是管理的重要职能，但是对于“人”的研究，以及对“人类自由”的追求，已经进入了管理学研究的视野。马斯洛、赫茨伯格和麦格雷戈等学者都在探索着关于“人”的认识，对人的需求、人的激励因素和人的基本假设成为他们关注的焦点。

随后的“管理丛林”阶段，各种管理理论纷呈。管理过程学派、管理决策学派、经验主义学派、行为主义学派、社会系统学派、管理科学学派、权变主义学派、经理角色学派，等等，这些理论纷纷登上了管理学舞台，对管理行为从不同视角进行探索和研究。虽然对于管理学派之前分歧的讨论，以及是否存在“管理丛林”的争论从来没有停止，但是对于“人性”的研究、对于组织系统的范围研究，以及组织内外部环境适应性的研究都成为这一阶段关注的焦点。研究者基本上都是以科层组织作为管理行为发生的基本组织背景。在这一阶段，通用公司的事业部制、丰田生产系统，都是管理学发展实践的基础。

20世纪80年代，以“企业文化理论”、“学习型组织理论”等为代表的“软管理”阶段，则是与技术和社会变化密切相关的。随着互联网的兴起和知识经济的产生，人力资本在企业竞争中的作用日益凸显，管理学的发展趋势转向更注重于无形的组织文化氛围、组织框架内的成员学习、组织能力建设，以及更深层次的价值观塑造。对于如何激发员工内心的追求，如何使员工成为创新者，如何提升组织适应能力等问题，都成为管理学研究的重点。在这一阶段，可以说是一个管理实践百花齐放的时代，崭新的、优秀的企业快速涌现。在快速变化、不确定性明显增加的环境下，明天会怎样，同样给管理学研究带来了极大的挑战，管理实践者也在进行着持续的创新。因此，概括来讲，管理学百年发展的主要特征就是“现实不断发展，理论持续创新”。

2 中国管理学百年发展的三个阶段

根据中国近现代企业的发展历程，笔者大致把中国管理学分为3个阶段：

第一阶段：1949年前的“管理学萌芽”阶段。在这一阶段，随着国内民族企业发展，开始引入西方企业管理的思想，但是还保留了一些东方传统。例如，民国时期的棉纺专家穆藕初，曾几次拜访过被后人尊称为“科学管理之父”的泰勒，1916年中华书局出版了由穆藕初翻译的泰勒著作《科学管理原理》。此外，还有张謇在南通、荣氏兄弟在无锡创建民族企业，卢作孚创办民生公司，侯德榜等人创建纯碱厂等。这些人大都抱有“实业救国”的思想，强调“洋为中用”、“中学为体，西学为用”。在这一阶段，中国企业管理除了在提升企业效率方面做了大量的努力之外，在处理劳资双方关系、企业和社会关系方面都做出了很多创新。

第二阶段：1949~1978年的“管理学初步形成”阶段。在这一阶段，我国社会主义企业管理学初步形成，并建成了独立的、比较完整的社会主义工业体系和国民经济体系。20世纪50年代，我国企业管理主要以学习借鉴苏联模式为主，在全国范围内系统引进了苏联的整套企业管理制度和方法，强调集中统一领导，推行苏联的“一长制”模式和“马钢宪法”，在计划管理、技术管理、经济核算制等方面奠定了生产导向型管理的基础。20世纪60年代初开始，为克服照抄照搬苏联管理方法的缺点，针对管理学存在的问题，结合国情，我国开始探索与建立社会主义企业管理模式，“鞍钢宪法”、《工业七十条》就是当时具有代表性的成果。可以说，借鉴苏联模式，从管理实践出发，创新发展本土模式成为这一阶段管理学发展的重要特征。同时，需要指出的是，在这一阶段，企业并不是一个市场主体，属于生产型管理模式。因此，中国管理学语境更多是具有“计划经济”的特色，

更多涉及的是生产计划管理、班组建设、安全管理等方面的内容。

第三阶段：1979 年至今的“融合发展与创新”阶段。1979~1992 年，我国企业管理模式开始从生产型转向生产经营型，学习国外管理学知识的重点从苏联转向美、日、欧等发达国家，管理学在学科建设、学术研究、教育培训等方面都有很大发展，我国管理学进入全面“恢复转型”阶段。1983 年，袁宝华提出我国企业管理理论发展的十六字方针：“以我为主，博采众长，融合提炼，自成一家”，为建立有中国特色的管理理论和管理模式指明了方向。在 1992 年之前，主要是以引进和学习国外先进经验和方法为主。1992 年以后，在社会主义市场经济条件下中国管理学发展更加强调“两个注重”，即注重对先进理论的引进，注重中国经济体制改革的特殊国情。在管理学研究方面，我国学者开始追踪国外管理学研究前沿，国际管理学权威期刊逐渐为国内学者所熟悉。中国管理学研究的规范性得以增强，实证研究方法受到重视，越来越多的管理学研究成果发表于国外顶级学术期刊。中国管理学发展同样离不开管理实践的发展，一些中国企业的优秀管理实践也逐步走进了一流国际商学院的案例库。例如，海尔的“休克鱼”、“人单合一双赢管理模式”、“自主经营体”等案例。可以说，中国企业实践也越来越多地吸引了国外学者的关注。总体上，这个阶段是一个管理学学科体系不断完善、研究水平不断提高、研究成果不断创新的阶段。

3 未来中国管理学创新发展面临的挑战

在人类工业化进程中经历了两次工业革命。第一次工业革命的标志是英国“纺织机”的出现，“纺织机”的使用使工业生产组织实现从手工作坊向工厂的转变。这次转变的背后是以煤炭为能源基础，以蒸汽机为动力基础。第二次工业革命的标志是“福特流水线”的出现，“福特制”促使工业的大规模生产组织方式得到迅速普及。它的背后是以石油为能源基础，以内燃机作为动力基础。目前，新技术范式正在加速形成。大数据、智能制造、3D 打印机等新技术正在加速应用，使“第三次工业革命”的轮廓更加清晰。“数字化、智能化和定制化”的制造成为“第三次工业革命”的一个重要特征，大规模定制将成为未来主要的生产组织方式。

“第三次工业革命”将带来一场颠覆性的变化。对“第三次工业革命”的理解不应局限在技术基础、生产组织方式和生活方式变革方面，更深层次的是制度和管理方式的变革，是资源配置机制的变革。前两次工业革命出现了工厂制和现代公司制，未来是否会有新的企业制度出现？大型企业是当下经济生活的领导者，今后我们又需要什么样的商业组织？金字塔的科层组织还能够适应未来的发展吗？企业和消费者之间还仅仅是生产者和购买者的关系吗？未来员工与企业之间关系又会是怎样？

以大数据、智能制造和无线网络为代表的新技术范式正在激发企业组织、制造模式和商业生态等一系列管理变革（王钦，2013）。企业组织将从扁平化真正走向网络化。进入大数据时代，海量数据搜集、存储和处理变得轻而易举。企业能够迅速发现、合并、管理多种数据源，这将使管理预测准确性进一步提高，内部组织协调成本大大降低，为企业管理学动态组织网络化发展创造条件，“层级组织”正在被“节点网状组织”所替代。智能制造正在加速深入推进。除了供应链管理领域自动化技术和信息系统正在广泛应用外，计算机建模、模拟技术和全新的工业设计软件等数字制造技术正在加速推广，工业设计理念和流程都在加速变化。人工智能在工业领域快速应用，新的工业制造系统具备了自决策、自维护、自学习甚至自组织的能力。商业生态正在发生重构。企业将处于一个全新的商业生态之中。消费者具有了更大的选择权和更强的影响力，对价值体现的要求更高；企业与企业之间交易成本的降低以及客户对响应速度的要求提高，促使企业从追求内在一体化转向合作制造、社会制造；企业内部对透明度的要求越来越高，对部门或团队间协同的即时性要求更高，节点、节点连接和动态组网成为必需；员工对公平性和价值观的追求更高，雇佣关系已经不是企业和员工间关系的全部。

4 中国管理学创新发展需要正确处理的三个关系

（1）正确处理理论引进和本土现实的关系。西方的管理学思想和方法为中国管理学提供了研究基础，中国的企业家和管理研究学者从中学习了很多。但是，单纯的理论引进还不能够满足本土现实的需要。中国是制造业大国，但是我国制造业面临着产业创新不足、劳动力成本提高等问题，传统制造业发展模式已越来越难支持制造业的发展。需要实现具有中国本土特征的管理理论和实践创新，从而提升中国企业的创造力和竞争力。在中国管理学未来的发展中，既要立足区域特征和制度特点，也要辅以严谨的方法论支撑和大规模的经验研究，使中国管理学研究既在国际上受到认可，又具有强有力的解释问题和解决问题的能力。

（2）正确处理基础理论研究和现实热点研究的关系。在管理学研究领域，新概念层出不穷，概念快速引入，但是基础理论研究重视不够。其中一个典型现象是，在商学院的教学、研究中，战略、组织、文化一类课程较为受重视，而对于生产运营、技术创新等课程的关注程度就没有那么高。一些新的管理概念，例如蓝海战略、长尾战略、基业长青等迅速受到业界和学者的关注，但是人们在关注这些热点的同时，还需要重视基础理论层面的研究，还应该进一步强调加强企业基础管理工作。

（3）正确处理学院型教育和实践型教育的关系。1990 年，MBA 教育获得国务院学位委员会批准，我国 9 所大学开始试办 MBA。经过 20 多年的发展，MBA 教育有了长足发展，为经济发展做出了贡献。但在实际发展中，“学院型”教育的色彩较为浓厚，“实践型”教育的特色还显不足。作为专业学位教育，强调的是如何以解决实际问题为中心开展

教育。MBA 教育如何做到真正面向企业、贴近实践将是未来必须思考和回答的一个问题。

5 结论

中国经济快速发展的背后是中国企业丰富的实践，丰富的企业实践为管理学理论研究提供了广袤和肥沃的土壤，为国际学术话语体系中“中国元素”的丰富提供了历史机遇。可以预见，未来的中国管理学研究将会更加丰富多彩，也将会更加国际化。

参考文献

[1] 陈佳贵等. 中国管理学 60 年 [M]. 北京：中国财政经济出版社，2009.

[2] 陈佳贵. 把握世界发展趋势，加快中国管理学创新 [C]. 在“管理学百年与中国管理学创新”学术研讨会暨中国企业管理研究会 2012 年年会（9 月 15 日，中国开封，河南大学）的讲话，2012.

[3] 斯图尔特·克雷纳. 管理百年：20 世纪管理思想与实践的批判性回顾 [M]. 海口：海南出版社，2003.

[4] 王钦. 第三次工业革命引发管理变革 [N]. 人民日报（理论版），2013-01-07.

A Hundred-Year of Management and Chinese Management Innovation and Development

Chen Jiagui[1,2]

(1. Chinese Academy of Social Sciences, Beijing, 100732, China;

2. The Chinese Institute of Business Administration, Beijing, 100836, China)

Abstract: Management has accumulated huge amounts of knowledge after one hundred years of development. How can this knowledge provide efficient experience and reference for Chinese management innovation? And how does Chinese management innovate and develop combining to Chinese culture and social contexts? These questions are the main focus of Chinese management scholars' attention. Reviewing hundred years of management development, it can be divided into four stages—Scientific Management, Interpersonal Relationship & Behavioral Science Theories, Management Jungle and Corporate Culture Management. Although this kind of dividing is negotiable in some ways, it mainly reflected the basic routes (from object-oriented to people-oriented) of management development, and showed the process that human beings had always devoted to seeking a balance between controlling and freedom according to the changes of social environment, which was a sustainable innovation process. In accordance with the growth of Chinese modern enterprises, management in China has passed through three stages of development. The first was the budding stage before 1949; the second was the initially forming stage from 1949 to 1978; the third was integration development and innovation stage since 1978. In future, the Third Industrial Revolution will bring about a subversive change to the research of management. New technology paradigm, represented by big data, intelligent manufacturing and wireless network is stimulating series of management reforms in enterprise organization, manufacturing model and commercial ecosystem. Business organization will become networking from flattening; intelligent manufacturing is accelerating deeply; commercial ecosystem is restructuring. In order to deal with the challenge of Chinese management innovation development, we need to handle three aspects of relationships correctly: first is the relationship of theory importation and local reality, second is fundamental research and hotspot research, and third is theory education and practical education.

Key Words: Management; Innovation and Development; The Third Industrial Revolution

从立体绩效考核指标模型角度探究绩效管理优化*

刘德春
（济宁医学院管理学院，山东日照 276826）

【摘 要】绩效管理优化是理论界和实践界都密切关注的一个问题。本文首先界定并解读了绩效管理和立体化绩效考核的内涵；其次，对绩效考核指标体系中存在的问题进行了探析；在此基础上，针对有关问题建立了立体绩效考核指标模型；最后，提出了绩效管理优化的辅助措施。

【关键词】绩效；考核指标；绩效管理

随着经济和社会的不断发展，理论界和实践界开始广泛关注绩效管理，越来越多的人认为绩效管理是人力资源管理的灵魂与关键，其重要作用开始得到普遍重视。同时，绩效管理在实践中的运作也出现了某些不足，对于绩效管理的界定、绩效考评标准的确立、考核指标体系的建构等方面见仁见智。

到目前为止，本人检索到的国外学术界关于绩效管理和相关考核指标的研究成果，主要有以下几点：①David Parmenter（2010）在罗伯特·卡普兰和戴维·诺顿的平衡计分卡理论与组织绩效评价的实践活动之间建立起了重要的纽带。②Palmon（2006）提出了薪酬管理与绩效管理之间的某种关系。③Kent Bauer（2004）探讨了绩效管理的驱动因素。

就国内来说，迄今为止，本人未搜索到学术界关于明确的立体绩效考核指标模型与绩效管理问题的研究成果。但与之有关联的探究有以下几方面：①刘维桢（2012）认为绩效考核是人力资源管理的重要组成部分，为人力资源管理的各项主要环节提供确切的基础信息，并探究了绩效考核方法在人力资源管理中的应用。②章宏（2010）对绩效管理的理论基础做了较为全面的论述，并浅谈了绩效管理体系的评估及建立绩效管理体系时应注意的事项。③祝龙（2012）介绍了企业绩效管理的概念以及企业绩效管理的作用，然后论述了企业绩效管理中存在的问题，并针对这些问题提出了相应的管理对策。④张铭翀（2011）

* 本文选自《前沿》2013 年第 20 期。

阐述了战略性绩效管理和员工激励对于企业所具有的重要意义，并提出相关建议。⑤王艳艳（2011）从组织绩效指标体系的有效性标准及实践方法两个方面阐述了 MBO、KPI、BSC 三者的绩效指标体系设计思想，并对三者之间的关系进行了界定。

上述已有研究主要围绕绩效管理的常用领域展开，而从立体绩效考核指标体系入手来优化绩效管理的研究相对很少。基于此，本文就从考核指标体系的建构与研究探析着手，对于如何建立立体绩效考核指标模型来达到绩效管理优化进行一番探索与商讨。

1 绩效管理及立体化绩效考核的界定

1.1 绩效管理的含义

绩效管理是为了有效达成组织目标和顺利实施组织战略，组织中的各级管理者和相关实施者，运用多种卓有成效的好方法，全方位监管、检测、考评、分析和反馈职工和集体的行为体现、工作态度、精神状态、工作成绩及综合素质等诸多方面，从而激发职工的积极性、主动性、创造性和忠诚性，持续完善职工和组织的行为，提升职工的素质，优化组织的质量，发掘职工和组织的有关潜力，不断提高个人、部门和组织绩效的一系列活动和过程。

1.2 立体化绩效考核的内涵

立体化绩效考核是指各类参评人员运用多种科学有效的方法从点、线、面等角度对被考核对象进行上下、左右、虚实、里外、前后等全方位、多视角、多层次、多维度式的立体考核。其中，立体化绩效考核中的参评人员主要由上级主管测评、同级同事评价、自我估测评论、下级员工考评和现场顾客点评 5 个部分构成。内涵中的方法需要综合考量、权衡和应用多种卓有成效的方法，主要涉及神经网络模糊分析法、核心成功因素测评法、"3E" 综合考评法、净值分析评价法、平衡计分卡计量法、层次比较分析法、雷达扫描比较法、交叉综合考核法、文字叙述说明法、目标管理评析法、行为锚定级别评测法、强制分布结构比较法、交替排序测评法、图尺度比较评价法等方法。内涵中还提到了从点、线、面等诸多内容方面进行测评，全面、恰当、科学、合理的内容设计是保证绩效考核成功的关键因素之一。

2　绩效考核指标体系中存在的问题探析

绩效考核指标体系中存在着某些问题，本文主要从以下几方面进行了探析：

2.1　指标数量设计不够科学

指标数量设计不够科学，主要体现在：其一，指标数量太少，使评价缺乏稳定性，有时会造成顾此失彼，很难做到全面系统地反映职工和组织的绩效；其二，指标数量太多，有时重点不明显，使评价难度过大，一定程度上干扰了绩效权重的合理分配，在繁杂的考核指标中淹没了我们要关注的核心指标。另外，因人的时间和精力是有限的，繁多的指标可能会削减职工对关键工作的关注。

2.2　指标定性和定量的结合不尽完善

客观、公正、公平和公开应是绩效考核指标的初衷，鉴于此，绩效考核中定性指标和定量指标应该有效结合，可是现实中有时并未做到完善。其一，专业定量分析人员和考评标准的匮乏，使得在绩效评估时忽略了定量分析，致使评估时凭主观依靠经验，缺少了某些科学的计量分析。其二，有些难以用数值进行量化的指标，却没作为定性指标而实施科学有效的定性分析。

2.3　指标权重的设置不够完美

指标权重是绩效管理实践中多因素、多水平分析时值得引起关注的核心问题之一，对绩效管理优化起着尤为重要的作用。在绩效考核指标体系中，由于各个指标的重要程度不尽相同，应设置不同的权重。可是，在实践中，有些考评指标权重往往是凭主观的经验判断和单纯的感性分析来设定的，这样，使得绩效评价指标体系的科学性、合理性和规范性受到了一定程度的影响。

3　构建立体绩效考核指标模型

构建立体绩效考核指标模型，需要做 3 个方面的主要工作：第一，做好立体绩效考核指标的构建；第二，设计好考核指标权重；第三，做好立体绩效考核指标模型的设立及成绩的计量工作。

3.1 立体绩效考核指标的构建

绩效考核指标的有效设计和合理构建，对于绩效管理的优化意义重大。为了实现全方位多视角整体反映相关人员绩效的考核指标能达到鼓励相关人员积极努力工作和持续改善的目的，依据绩效管理考核指标的适用原则，运用科学合理的方法构建出了立体绩效考核指标体系模型。该立体绩效考核指标体系由Ⅰ类指标和Ⅱ类指标构成。

Ⅰ类指标分为11类，即：品德（用A表示），工作（用B表示），知识（用C表示），态度（用D表示），人脉（用E表示），智慧（用F表示），创新（用H表示），能力（用I表示），理财（用J表示），健康（用K表示），精神（用L表示）。Ⅱ类指标具体情况如下，即：品德（A）的Ⅱ类指标设为诚实（A1）、负责（A2）、平和（A3）、忠心（A4）、尊重（A5）、宽恕（A6）；工作（B）的Ⅱ类指标细分为工作数量（B1）、工作质量（B2）、工作效率（B3）、工作达标率（B4）；知识（C）的Ⅱ类指标具体是基础知识（C1）、专业知识（C2）、行业知识（C3）；态度（D）的Ⅱ类指标分别是认真度（D1）、责任度（D2）、努力程度（D3）、纪律度（D4）；人脉（E）的Ⅱ类指标表示为关键层人脉资源（E1）、中心层人脉资源（E2）、外围层人脉资源（E3）；智慧（F）的Ⅱ类指标细化为观察力（F1）、记忆力（F2）、思维力（F3）、想象力（F4）；创新（H）的Ⅱ类指标的构成是原始创新（H1）、集成创新（H2）、消化吸收创新（H3）；能力（I）的Ⅱ类指标具体分为理解能力（I1）、计划能力（I2）、学习能力（I3）、应变能力（I4）；理财（J）的Ⅱ类指标设为成本理念（J1）、节约方法（J2）、价值贡献（J3）；健康（K）的Ⅱ类指标细分为健康意识（K1）、健康知识（K2）、健康能力（K3）；精神（L）的Ⅱ类指标表示为爱岗敬业精神（L1）、合作精神（L2）、奉献精神（L3）。

3.2 考核指标权重的设计

立体绩效考核指标权重的设计是展开绩效考核工作和优化绩效管理的重要工具和载体，因此做好此工作需要认真的态度和十足的努力。每个指标权重的设计很难做到完美，这需要考虑多种因素。本人从多个角度，尤其是站在考核对象的视角，运用了对比研究法、文献探析法、立体讨论法、集思广益法、专家意见法、头脑风暴法、德尔菲法、多视角综合法等设计出了立体绩效考核指标的权重。当然，在具体应用时，还应依据不同的环境因素和考核对象，对这些考核指标的权重进行有效的修正和完善，使其更加科学、规范、有效和贴近现实。该立体绩效考核指标中的Ⅰ类指标和Ⅱ类指标的权重构设如下，另外，该权重可以依据不同的环境因素和考核对象而进行实际有效的变更和完善。Ⅰ类指标的权重解释分别为：品德A（权重0.2），工作B（权重0.1），知识C（权重0.075），态度D（权重0.15），人脉E（权重0.1），智慧F（权重0.025），创新H（权重0.05），能力I（权重0.05），理财J（权重0.025），健康K（权重0.1），精神L（权重0.125）。Ⅱ类指标的权重具体情况分别为：品德（A）的Ⅱ类指标的权重设为诚实A1（权重0.2）、负责A2（权重0.2）、平和A3（权重0.1）、忠心A4（权重0.2）、尊重A5（权重0.15）、宽恕A6

(0.15)；工作（B）的Ⅱ类指标的权重细分为工作数量 B1（权重 0.2）、工作质量 B2（权重 0.3）、工作效率 B3（权重 0.2）、工作达标率 B4（权重 0.3）；知识（C）的Ⅱ类指标的权重具体是基础知识 C1（权重 0.3）、专业知识 C2（权重 0.4）、行业知识 C3（权重 0.3）；态度（D）的Ⅱ类指标的权重分别是认真度 D1（权重 0.2）、责任度 D2（权重 0.3）、努力程度 D3（权重 0.25）、纪律度 D4（权重 0.25）；人脉（E）的Ⅱ类指标的权重表示为关键层人脉资源 E1（权重 0.5）、中心层人脉资源 E2（权重 0.3）、外围层人脉资源 E3（权重 0.2）；智慧（F）的Ⅱ类指标的权重细化为观察力 F1（权重 0.25）、记忆力 F2（权重 0.2）、思维力 F3（权重 0.3）、想象力 F4（权重 0.25）；创新（H）的Ⅱ类指标的权重构成是原始创新 H1（权重 0.4）、集成创新 H2（权重 0.3）、消化吸收创新 H3（权重 0.3）；能力（I）的Ⅱ类指标的权重具体分为理解能力 I1（权重 0.15）、计划能力 I2（权重 0.25）、学习能力 I3（权重 0.3）、应变能力 I4（权重 0.3）；理财（J）的Ⅱ类指标的权重设为成本理念 J1（权重 0.35）、节约方法 J2（权重 0.25）、价值贡献 J3（权重 0.4）；健康（K）的Ⅱ类指标的权重细分为健康意识 K1（权重 0.4）、健康知识 K2（0.25）、健康能力 K3（权重 0.35）；精神（L）的Ⅱ类指标的权重表示为爱岗敬业精神 L1（权重 0.3）、合作精神 L2（权重 0.35）、奉献精神 L3（权重 0.35）。

3.3 立体绩效考核指标模型的设立及成绩的计量

依照立体绩效考核指标模型，综合考量多种因素，按照相关专家建议，对不同考核指标实施了对应的操作方法，结合实际情况，制定了定量与定性相结合的绩效成绩计量方法，以便更好地优化绩效管理。

3.3.1 定量角度

依照立体绩效考核指标模型体系考核维度的多个量化指标，对多种因素权衡利弊，综合考量多个方面，并按各项权重分别为 WA、WB、WC、WD、WE、WF、WH、WI、WJ、WK、WL，用相关数学模型来计算绩效的最后成绩。绩效成绩的计算公式如下：

$$\text{ZCJ(成绩)} = \sum_{a=1}^{6} A_a \cdot WA + \sum_{b=1}^{4} B_b \cdot WB + \sum_{c=1}^{3} C_c \cdot WC + \sum_{d=1}^{4} D_d \cdot WD + \sum_{e=1}^{3} E_e \cdot WE + \sum_{f=1}^{4} F_f \cdot WF + \sum_{h=1}^{3} H_h \cdot WH + \sum_{i=1}^{4} I_i \cdot WI + \sum_{j=1}^{3} J_j \cdot WJ + \sum_{k=1}^{3} K_k \cdot WK + \sum_{l=1}^{3} L_l \cdot WL$$

式中，W 为指标权重，A_a 是品德诸项，B_b 是工作诸项，C_c 是知识诸项，D_d 是态度诸项，E_e 是人脉诸项，F_f 是智慧诸项，H_h 是创新诸项，I_i 是能力诸项，J_j 是理财诸项，K_k 是健康诸项，L_l 是精神诸项。

3.3.2 定性角度

根据绩效管理考核指标的适用原则，综合权衡利弊，运用对比研究法、文献探析法、立体讨论法、集思广益法、专家意见法等构建出了多因素整合矩阵分析法（见图 1）来衡量绩效的成绩。

矩阵图中的横坐标代表品德、态度、人脉、精神、能力，以好、中、差概括表示。矩阵图中的纵坐标代表工作、知识、智慧、理财、创新、健康，以优、良、合格概括表示。

根据上述的分类和评价可以看出，矩阵中处于 X、Y、Z 所在区域的绩效成绩是好的，矩阵中处于 M、N、P 所在区域的绩效成绩是中等的，矩阵中处于 R、S、T 所在区域的绩效成绩相对来说是不好的。

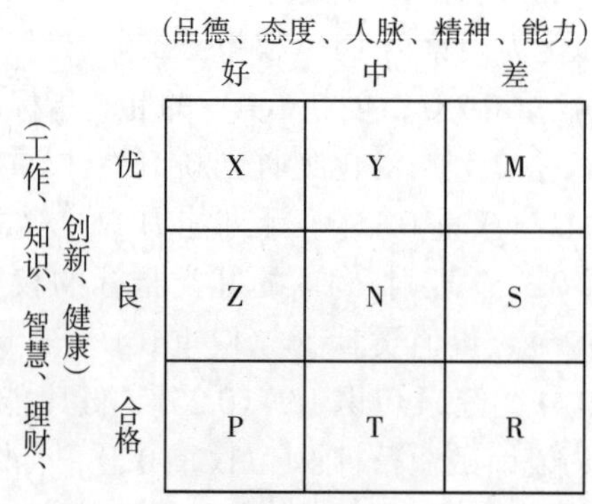

图 1　多因素整合矩阵分析

4　绩效管理优化的协助举措

想做好绩效管理优化工作，需要有相关的辅助措施来支撑，这主要从以下几方面来着手努力：

4.1　提升绩效管理意识

绩效管理在整个管理系统中开始发挥出越来越重要的作用，它有利于完善个人和组织的绩效，能提升业务流程，能保障战略目标的顺利达成。因此，需要全面提升绩效管理的意识。首先，要加强绩效管理的思想建设，更新观念，强化全局、责任和创新意识。其次，激发和调动每位员工参与绩效管理的积极性、主动性和创造性。最后，绩效管理者或相关实施者，应把绩效管理看成是日常工作不可或缺的一部分，担负起应有的绩效管理责任，争取取得更大的成绩。

4.2　优化薪酬管理

薪酬管理是为了实施组织战略和达成组织目标，组织中的相关人员，运用科学的方法，对职工薪酬支付形式、薪酬水准、薪酬组成、薪酬机制等做出决策并不断给予完善的一系列活动和过程。薪酬管理与绩效管理关系密切，二者是一种相互促进的互动关系。因

此，需要优化薪酬管理来提升绩效管理。首先，要明确薪酬管理的地位和作用。其次，要改善薪酬管理的相关原则。再次，完善薪酬管理的相关内容，它涉及薪酬的目的管理、水准管理、机制管理、组成管理等内容。最后，要打造科学合理的薪酬管理系统，并采取相应的措施予以实施和严格管控。

4.3 改善沟通体系

绩效沟通在整个绩效管理系统中起着举足轻重的作用，在一定程度上可以说，绩效管理的精神所在、灵魂之处和关键之点就是有效的绩效沟通。因此，要优化绩效管理，就需要改善沟通体系。首先，要强化绩效沟通的意识，使相关人员在思想上加强对绩效沟通重要意义的认知。其次，完善绩效沟通的内容。绩效沟通的内容要完整，它涉及沟通环节、任务目标、工作程序、制度保障、绩效提升、结果反馈等方面。最后，重视绩效沟通的技巧和方法。要选择恰当的时间、合适的地点、适合的对象，运用正式或者非正式的合理恰当的方法进行有效的沟通。

参考文献

[1] David Parmenter. Key Performance Indicators（KPI）: Developing Implementing and Using Winning KPI [M]. New York：John Wiley & Sons，2010.

[2] Brick I.E.，Palmon O.，Wald J. K.. CEO Compensation，Director Compensation，and Firm Performance：Evidence of Cronyism [J]. SSRN Electronic Journal，2002，12 (3).

[3] Kent Bauer. KPI—The Metrics that Drive Performance Management [J]. DM Review，2004.

[4] 刘维桢. 绩效考核方法在人力资源管理中的应用研究 [J]. 中国商贸，2012（11）.

[5] 章宏. 浅谈绩效管理体系 [J]. 当代经济，2010（10）.

[6] 祝龙. 浅析企业人力资源绩效管理的问题和对策 [J]. 科技与企业，2012 (2).

[7] 张铭翀. 试论战略性人力资源绩效管理与员工激励 [J]. 中国商贸，2011（33）.

[8] 王艳艳. MBO、KPI、BSC 绩效指标体系设计思想比较研究 [J]. 现代管理科学，2011 (3).

[9] 储博莹. A 科研企业核心员工绩效管理研究 [D]. 华东师范大学硕士学位论文，2013.

[10] 王骏锋. S 公司绩效管理体系研究 [D]. 电子科技大学硕士学位论文，2013.

[11] 王丽君. 知识型员工的绩效管理 [J]. 企业改革与管理，2010（10）.

Research on the Performance Management Optimization from the Perspective of the Three Dimensional Performance Evaluation Index Model

Liu Dechun

(School of Management, Jining Medical College, Rizhao 276826, China)

Abstract: Performance management optimization is a problem that the theory circle and the practice circle pay close attention to. The paper begins with the definition and interpretation of the connotation of performance management and solid performance appraisal. Furthermore, problems of performance appraisal index system in the presence of dialysis; on this basis, for the related problems are established solid performance evaluation index model. Finally, it puts forward the performance management optimization of auxiliary measures.

Key Words: Performance; Evaluation Index; Preformance Management

组织学习·知识创新·企业绩效*

邹国庆　许　诺
（吉林大学商学院，吉林长春　130012）

【摘　要】经济全球化与科学技术的进步，改变了企业的生存环境，使组织学习、知识创新、企业绩效成为企业战略管理研究的核心内容，本文从知识创新的中介作用出发，构建了一个反映组织学习、知识创新、企业绩效关系的理论模型，采用来自 120 家大中型企业的调查数据，应用修正性相关系数和探索性因子方法进行了实证检验。研究发现：组织学习可以提高企业的知识创新能力，企业的知识创新能力可以提高企业绩效能力，知识创新在模型中起到了中介作用。并提出，知识创新是企业提高绩效的最重要的核心方法之一。本研究有益于企业的组织管理与知识创新。

【关键词】组织学习；知识创新；企业绩效；中介作用

组织学习是企业组织在以往经验和活动的基础上，发现错误，发现异常，并在此基础上改进应用能力和知识应用的过程。组织学习是一种组织行为，与外界环境紧密相连，同时组织学习是组织开发新知识、新观点的过程。组织学习不仅可以帮助企业掌握内外部环境的相关知识，还可以帮助企业制定完善的发展战略。组织学习是一个持续的过程，企业组织会通过各种途径，获取知识，传播知识，创新知识，最终增强自身实力，为企业行为和绩效改善而学习。企业内部的组织学习包括信息获取、信息分享、提出解决方案、尝试错误等。这些过程是自发的，并蕴含在组织学习的不同环节中，组织学习使企业中不同部门对企业创造的新知识进行吸收并相互分享，减少组织能力过失，有利于组织绩效的提高。

组织学习对企业绩效的影响路径很多，最主要的作用路径为组织学习通过知识创新间接提高企业绩效，本文从这个角度出发，探讨组织学习对知识创新的影响机制、知识创新对企业绩效的影响路径；接着探讨了在知识创新的中介作用下，组织学习对企业绩效的影响关系；并建立相应的概念模型与假设，通过对吉林省 120 家大中型企业的调研数据进行

* 本文选自《求索》2013 年第 8 期。

的实证分析，验证了知识创新在组织学习与企业绩效关系链中的中介作用，为企业明确组织学习的功能，制定相应的组织学习计划，平衡和把握企业的知识创新的开发提供了重要的启示。

1 本研究的理论预设

组织学习与企业绩效。组织学习的研究在我国蓬勃发展，该研究的兴起表明组织学习对企业的生存和发展具有重要作用，特别是我国正处于经济转轨期，人们收入的提高以及经济全球化，使得市场需求发生了巨大的变化，我国适时研究组织学习，对我国企业参与国内外市场竞争，实现持续市场竞争优势具有重要意义。目前国内外已经有许多研究成果：Miner（1996）从组织学习的障碍和激励方面对战略的影响进行了定性分析，发现组织学习的过程与组织学习能给企业带来竞争优势；Hurley（2002）认为环境动态变化对于开展组织学习发挥着重要作用，环境动态性的变化加强了组织学习对于企业竞争的作用；Levinthal（1991）认为企业通过组织学习可以趋利避害，获得顾客需求和技术发展的信息，还可以不断改进企业的管理方式，实现企业内外环境的动态平衡。组织学习能使企业在当前商业生态环境条件下，适应日益激烈的市场竞争。通过组织学习，企业可以协调企业内外部环境，及时了解顾客的需求变化，通过组织学习企业还可以制定有利于企业的战略，适应持续变化的环境，及时获得顾客构成状况，甚至可以使顾客直接参与产品的研发，通过组织学习可以使企业在科技快速发展变化中掌握行业的最新技术和技术发展趋势，获取必需的行业知识。

组织学习与知识创新。组织学习和知识创新在相互过程中互为重要作用，在组织学习进行的过程中会产生新的知识，而企业知识创新的过程也是一个组织学习的过程。威廉·鲍莫尔（2004）认为组织学习可以提升企业的知识创新，知识创新是企业最重要的资源优势，企业的知识存量是企业竞争优势的源泉，组织吸收整合应用创新外溢知识的不同导致了企业边界结构与行为绩效的差异。组织学习是知识创新的基础，组织学习可以提高企业资源的利用与整合。可以提高企业的持续创新，提升企业的核心竞争力。持续创新的生产效率可以确立企业核心价值观。组织学习提升知识创新的方法有：通过促进企业组织内部思想与行为自由来提高知识创新，通过管理层与企业成员进行广泛的交流与沟通来提高知识创新，通过对多个利益相关者价值取向的重视与包容来提高知识创新。熊彼特（1942）提出，企业的知识创新形式主要有：引入一种新产品或提供一种产品的新质量，采用一种新的生产方法，开辟一个新的市场，获得一种原料或半成品的新的供给来源，实行一种新的企业组织形式。组织学习带来的知识创新能力是当今企业最重要的核心竞争能力。组织适应环境的能力是企业获得竞争优势的关键因素，它包括组织学习与知识创新两部分。知识创新与企业绩效。知识创新可以提高企业的核心竞争力，目前知识经济发展迅速，企业

通过知识积累获取持续竞争优势，企业的组织结构必须满足知识创新要求。特别是我国经济正处于市场经济转轨时期，知识创新已成为我国企业获取持续竞争优势的主要手段。企业必须是知识创新型企业，才能在激烈的竞争中维持生存与发展，才能更好地参与国际竞争。组织学习与知识创新互为因果，相互促进，相互依存。

Amidon（1997）认为知识创新是为了企业的卓越、国家经济的活力、整个社会的进步，创造演化交流和应用新理念，并使其转化为市场化的产品与服务的活动。Davenport（2003）认为技术研发是企业知识创新的核心；Volberda（1997）的研究表明组织内部知识创新是组织柔性能力的基础，能够改进企业的市场适应性；Knight（2004）指出组织内部知识创新能为企业带来额外的企业价值；Rivkin（2003）的研究表明组织知识创新应该偏重于不断搜寻外部知识；Adner（2002）提出不连续市场的环境可以通过外部市场创新来补偿组织内部创新；Adrian（2007）认为企业知识创新是企业学习的结果，对企业绩效有积极的作用；Mabey（1995）指出组织学习是知识创新的主要因素；Mckee（1992）认为单环学习能导致知识增量创新，双环与多环学习能导致不连续的创新。知识创新是在知识沉淀、知识共享、组织学习、知识应用等过程中产生的，组织学习与知识创新相互影响、相互促进。

2　研究的理论框架与假设

本文研究了在知识创新的中介作用下组织学习对企业绩效的影响关系。组织学习就是，组织采取正式和非正式的人际互动对组织根本信念、态度行为、结构安排所做的各个调整活动，以回应环境变化并促进长期效能和生存发展，赛蒙（1953）最早提出了这个概念。组织学习的环节大体上可以分为信息的搜集、信息的吸收、信息的传播、信息的应用，并且该过程是循环进行的。还可以概括为学习准备，信息交流，知识的习得、整合、转换与增值等的循环过程。国内外许多学者对组织学习的具体环节都进行了研究：Adams（1998）认为组织学习由市场信息获取、市场信息分发、市场信息使用共同构成；Arkai 和 Samuel（2005）在实证研究中将组织学习视为数据收集、数据存储、数据分析、得出结论、分发信息、知识使用 6 个维度；Morgan（2003）和 Tippins（2003）认为组织学习过程包括信息获取、信息分发、共同解释、组织记忆等重要环节；李正卫（2003）认为组织学习的基本维度包括信息获取、信息分发、信息解释、组织记忆；Stevens（2004）认为组织学习包括信息搜索、信息解释、互动整合等环节；吴小波（2008）将组织学习看作一个包括了知识的获取、信息的分发、信息的解释、组织的记忆等不同维度的过程；Gieskes（2001）认为组织学习是一个包含了信息获取、信息分享、信息错误尝试等活动的企业内部学习过程，它们都是自发的；Garvin、Edmondson 和 Gino（2008）提出组织学习过程包括进行试验、收集信息、分析信息、教育培训、信息传递 5 个过程；Crossan（1999）认为组织学习是一种组织创造、获取、整合与传递知识的能力，认为组织学习是从个体获取知识、团队分享知识、知识程式化的一系列循环过程，是一个持续不断的过程。综上所述，组织学习提高了知识创新，知识创新提升了企业绩效。因此本文提出假设如下：

H1：组织学习可以提高企业的知识创新；

H2：知识创新可以提高企业绩效。

其概念模型如下：

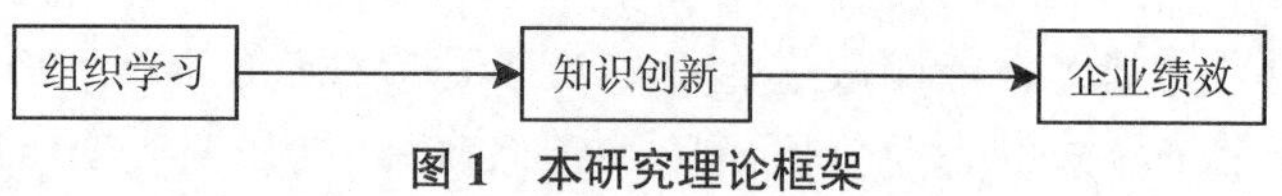

图 1　本研究理论框架

3　实证研究及其过程

3.1　样本来源

我们在 2010 年 9 月~2010 年 12 月从吉林省所有大中型企业随机抽取了 120 家企业，进行了邮件、电话、电子邮件等方式的问卷调查，所有问卷的受访对象都是企业内部的高级管理人员。为了消除单个企业的个人因素，每个企业的问卷都由该企业的 3~5 人填写，取这几个问卷结果的平均。同时依据以下原则挑选问卷：第一，符合逻辑，问卷在逻辑上应该“看上去”符合测量的目的和要求；第二，回答率不足 90%的问卷视为无效；第三，对于问卷中结果有 70%以上是相同选项的问卷视为无效问卷。问卷最终收回 97 份，总回收率是 81%，另外，其中填写不完整、不符合逻辑、缺失重要信息、填写内容不合规范等的问卷被剔除，最终获得的有效问卷是 81 份，问卷有效率是 68%。

3.2　变量测量

本研究所用的量表都是在国内外现有成熟量表的基础上进行的，其中对组织学习能力的测量采用了多维测量，Baker 和 Sinkula（1999）开发的包括学习承诺、共同愿景、开放心智 3 个维度共 10 个测量项目的量表。知识创新的量表问卷主要参考了 Lee 和 Choi（2003）的研究，分为知识社会化、知识外部化、知识整合化以及知识内部化 4 个因素，共 12 个测量项目。企业绩效主要参考了 Bierly 和 Daly 等（2007）开发的成熟量表，即采用了 3 个维度 9 个测量项目的量表。所有量表均采用 5 刻度的李克特量表，度量形式为：依据企业事实，请您对以下问题按规则进行打分，“1——强烈反对，2——反对，3——无所谓，4——同意，5——非常同意”。

3.3 信度与效度分析

本文采用可靠性分析（信度分析）与验证性分析（效度分析）相结合的方法对所获取的数据进了初步的检验，信度分析采用了修正性相关系数（CITC）方法，效度分析采用了探索性因子（EFA）方法。可靠性分析结果（见表 1）显示，所有指标的 α 系数均大于等于 0.76，表明所有指标都是内部一致的，每一个因素的相应子变量之间是强相关的；验证性因子分析检验中，每一个变量的因子载荷值都非常显著，表明所选因子的每一个项目都能很好地测量所属因子，所以本文提出的这些变量满足效度与信度分析。

表 1　信度与效度检验

信度与效度检验				
因素	因素测量指标	荷载值（100%）	可解释方差（%）	信度值（Cronbach α）
组织学习	对学习的承诺	0.841	76.3	0.769
	分享愿景	0.899		
	开放心智	0.767		
知识创新	知识社会化	0.729	59.2	0.831
	知识外部化	0.801		
	知识整合化	0.764		
	知识内部化	0.779		
企业绩效	市场份额的增长	0.907	84.4	0.886
	生产率的增长	0.871		
	销售回报率	0.931		

3.4 样本特征检验

为保证模型构建的科学性、分析结论的正确性，需要对实验数据是否存在多重共线性、序列相关性、异方差进行检验（何晓群，2001；鲁宾费尔德，1999；马庆国，2002），所以本节将对数据是否存在多重共线性等问题进行分析，在不存在这些问题的前提下，对模型进行回归分析。

多重共线性（Multicollinearity）是指线性回归模型中的解释变量之间存在明确相关关系，或者是高度相关，导致模型估计失真或难以估计，产生原因一般是经济数据的选择不当，导致解释变量间具有统计相关性。常用的检验方法有 3 种：①利用相关系数矩阵（协方差矩阵）可以很容易看出自变量之间的共线性；②使用辅助回归方法，把多个解释变量中的一个作为因变量，其余的作为自变量做回归分析看显著性；③依据 OLS 估计量的性质，得到估计参数的方差膨胀因子，并进行判断。本节使用第一种方法，通过计算所有变量的协方差矩阵，观察该矩阵明显不等于单位矩阵，所以不存在多重共线性。

序列相关是指回归模型中不同残差项之间具有相关关系。常用的检验方法有 3 种：①DW 统计量检验；②相关图和 Q-统计量检验；③序列相关的 LM 检验。本节通过 DW 值进行检验，经过 SPSS 分析得到所有变量的 DW 值都接近于 2，所以不存在序列相关。

异方差是指回归模型中的不同的残差项之间具有不同的方差。常用的检验方法有三种：①残差项散点图检验法，根据散点图判断，若没有规律，即无异方差，反之则有；②戈里瑟检验（根据散点图来选择几种参考形式）；③怀特检验、自相关检验。本节利用散点图判断回归模型是否具有异方差现象。通过观察图 2 所示的模型残差发现，残差呈无序排列，所以各变量之间不存在异方差。

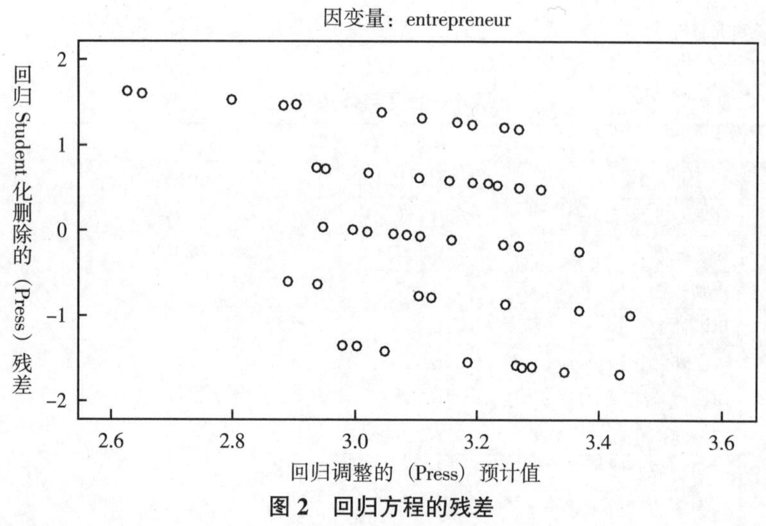

图 2　回归方程的残差

3.5　回归分析

通常使用回归分析对管理理论中的假设进行检验，包风达（2000）指出回归分析是通过对各类变量之间的因果关系的研究，分析客观事物在数量上存在的依存关系，从数量上对具有的因果关系进行描述，以一个数学模型的形式近似地反映出这些变量间的变化关系；Bollen（1993）、程开明（2006）指出结构方程可以同时考虑和处理多个因变量，允许自变量及因变量含有测量误差，可以同时估计指标的信度及效度，研究者可以估计整个模型与数据拟合的程度。本文运用结构方程模型法（SEM）来检验样本数据对假设的支持情况、结构模型与样本数据的拟合情况，通过模型对本文的两个假设进行了逐个分析，结构模型参考了余红剑（2007）、黄芳铭（2005）、施瑞龙（2010）、孙明海（2011）等的相关研究。

层次线性回归的方法可以用于检验指标之间的中介作用，本节验证知识创新对组织学习、企业绩效的中介作用。依据 Baron 和 Kenny 检验步骤，第 1 步将自变量及中介变量引入回归方程，第 2 步再引入知识创新和组织学习的乘积项，检验知识创新的中介作用。在每一个步骤中，分别对回归系数、R^2 和 F 值进行检验，判断其显著性。

Baron 和 Kenny 检验标准是回归模型必须满足以下 4 个条件：①自变量和中介变量之

间显著相关；②中介变量和因变量之间显著相关；③自变量和因变量之间显著相关；④当中介变量引入方程后，自变量和因变量之间的相关显著降低。前两个条件的检验如下表所示：

表 2 自变量和中介变量基于相关系数的假设检验

因变量 \ 自变量	知识创新	知识社会化	知识外部化	知识整合化	知识内部化
组织学习	0.692**	0.413**	0.396**	0.425**	0.361**

注：表中的 ** 表示在 0.01 的置信水平下显著。

表 3 中介变量和因变量基于相关系数的假设检验

因变量 \ 自变量	组织学习	对学习的承诺	分享愿景	开放心智
企业绩效	0.706**	0.512**	0.435**	0.507**

注：表中的 ** 表示在 0.01 的置信水平下显著。

如表 2、表 3 所示，自变量和中介变量之间显著相关，中介变量和因变量之间显著相关。第 3 个条件的检验可以通过表 1 得到，自变量和因变量之间显著相关。可以看出本文调查数据满足前 3 个条件，下面对第四个条件进行验证，采用三步回归的分析进行检验（Baron，1986），首先我们对知识创新与组织学习进行线性回归（方程 1），其次对企业绩效与知识创新建立线性回归模型（方程 2），最后，先以组织学习为自变量，以企业绩效为因变量进行线性回归，再同时以组织学习和知识创新为自变量，以企业绩效为因变量进行回归（方程 3），检验结果如表 4 所示：

表 4 组织学习与企业绩效：知识创新的中介作用

变量	方程 1	方程 2	方程 3	
	知识创新	企业绩效	Step1	Step2
常数项	1.112	2.506	1.793	1.814
自变量：组织学习	0.546*		0.428*	0.149*
中介变量：知识创新		0.381*		0.392*
F 值	243.141	165.493	264.174	172.536
R^2	0.495	0.387	0.512	0.443

注：* 表示 $P<0.05$。

由表 4 可以看出，方程 1 以组织学习为自变量，以知识创新为因变量，方程 2 以知识创新为自变量，以企业绩效为因变量，方程 3 先以组织学习为自变量，以企业绩效为因变量，然后同时以组织学习和知识创新两者为自变量，以企业绩效为因变量，3 个回归方程都很显著，回归系数比较理想，满足 Baron 和 Kenny 检验标准，表明 H1、H2 通过了检验，知识创新对组织学习与企业绩效之间的关系起到了中介作用。

4 研究结果与讨论

对信度与效度的分析表明，调查数据支持假设内容，直观分析与统计分析结果一致，对研究问题的直观分析发现较好的组织学习会带来较高的知识创新，较强的知识创新能力会带来较高的企业绩效；统计分析采取了最基本的方差分析方法，发现组织学习与知识创新的统计数据之间，知识创新与企业绩效的统计数据之间的方差分析值（F 值）接近于 1，说明这 3 者之间有很强的正向关系，表明组织学习可以促进知识创新，知识创新可以提高企业绩效。

对 120 家大中型企业的实证检验表明：①在知识创新的中介作用下组织学习对企业绩效的影响作用非常显著，组织学习可以通过提高企业的知识创新来提高企业的适应能力、产品设计能力、产品创新能力、顾客参与能力，从而提高企业的竞争力与盈利能力；②以信息化为中心的现代企业需要不断进行组织学习，组织学习可以提高企业绩效，但是组织学习对企业绩效的直接作用不是非常明显，是以知识创新为中介变量，通过知识创新的传递作用对企业绩效产生影响，即知识创新在组织学习与企业绩效的关系链条中至关重要，组织学习是对外学习，知识创新是内部升华，在二者共同作用下才能显著提升企业绩效；③组织学习、知识创新、企业绩效三者之间的关系表明：当代企业必须加强组织学习，提高企业组织的知识水平，提高企业信息共享能力，提高企业组织内员工的创造潜能，改善企业的组织学习环境，提升企业组织成员的知识创新能力；④知识创新可以有效地提高企业对市场的适应能力，提高企业的工作效率，提升企业顾客的满意度与忠诚度，也可以提高企业的产品生产水平，提高企业产品销售的增长率和市场占有率，最终提高企业的盈利水平；⑤组织学习可以提高企业的知识创新，知识创新最终会提高企业的绩效，从某种角度上可以将组织学习与知识创新看作一个事物的两个方面，两者相互影响、相互提高，知识创新最终将提高企业的盈利能力。

研究结论有助于企业家深入理解组织学习对企业绩效的作用机理，对进一步提高企业核心竞争力、提升企业绩效水平具有重要的理论价值，对企业的生存与发展具有极其重要的现实指导意义。

从本文的分析过程中我们可以得出一些重要的管理启示：①我国企业的发展环境日新月异，随着信息化的发展，我国企业应努力对外学习、对内交流，发挥企业的组织能动性，加强企业的科研能力，对内营造良好的员工学习气氛，组织学习能力越强，企业的知识创新水平就越高，组织文化创新能力也会提高，员工分享知识的愿景也会增加，组织知识创新与组织管理创新水平越高。组织学习的活动越多，对企业的知识结构、管理文化、组织创新、战略制定、战略创新的提升作用越显著。企业应该加强对员工的日常培训，鼓励企业员工之间的知识交流与共享，强化企业员工的组织学习，提升企业员工的科研能力，建立企业组织的学习机制，提高企业组织的创新气氛，增强企业自主创新水平，建立相应的研发机制，提高企业对市场变化的反应能力，增强企业的风险控制能力，使企业可以有效地避开行业风险，提升企业外部环境适应能力，为企业创造出卓越的盈利水平。②在我国市场经济时代背景下，企业可以通过组织学习促进企业知识的传播与研发，构建以员工为基础的企业竞争资源，获得更好的生产能力与盈利水平。知识创新可以确保企业绩效目标的实现，提升团队工作效率，通过对组织学习的投入，管理者可以建立一系列相互匹配的人力资源管理系统，可以提高企业的市场生存能力，管理者通过组织学习可以清楚地识别不同的行业发展趋势，制定有效的企业发展战略，实行科学的人力资源政策，在不同市场背景下对企业进行有效的管理。根据特定的组织设计目标，科学设计并合理实施不同的企业发展战略。③知识创新是组织学习与企业绩效间关系链条的重要因素，组织学习必须通过知识创新才能对企业绩效发挥作用。我国企业家在管理企业时应当把组织学习与知识创新有机地结合在一起，在做好组织学习的基础上充分发挥知识创新，企业家应鼓励员工、小组、集体开展创新活动，为企业的长远发展努力奋斗，企业必须结合市场变化方向进行改革和创新，才能打造企业的核心竞争力，努力提高企业进行全面创新的能力，包括企业的结构创新、管理创新、环境创新、体制创新、销售创新等能力。④我国目前处于经济转轨时期，既要转变经济体制，即由国有经济逐渐转变成市场经济，又要转变经济类型，即由投资拉动型经济转变成科技创业型经济，还要转变经济结构，即由出口导向转变成内需导向型经济。所以我国企业必须加强组织学习，加强知识创新，这样才能在世界经济一体化的国际环境下，做好我国市场，发展国际市场。

参考文献

[1] March James G.. Exploration and Exploitation in Organizational Learning [J]. Organization Science, 1991, 2 (2): 71-87.

[2] McGrath R. G., MacMillan lan.. Guidelines for Managing with an Entrepreneurial Mindset [J]. Strategy & Leadership, 2001, 29 (1): 1087-1572.

[3] Barney J.. Firm Resources and Sustained Competitive Advantage [J]. Journal of Management, 1991, 17 (1): 99-120.

[4] Davenport S., Campbell-Hunt C., and Solomon J.. The Dynamics of Technology Strategy: An Exploratory Study [J]. R&D Management, 2003, 33 (5): 481-499.

[5] Volberda H. W.. Toward the Flexible Form: How to Remain Vital in Hyper Competitive Environments [J]. Organization Science, 1997, 7 (4): 359-374.

[6] Fiol C. M., Lylcs M. A.. Organizational Leraning [J]. Academy of Management Review, 1995, 10 (4): 803-813.

[7] Gibson C. B., Birkinshaw J.. The Antecedents, Consequences, and Mediating Role of Organizational Ambidexterity [J]. Academy of Management Journal, 2004 (47): 209-226.

[8] He Z., Wong P.. Exploration vs Exploitation: An Empirical Test of the Ambidexterity Hypothesis [J]. Organization Science, 2004, 15 (4): 481-494.

[9] Alegrc J., Chiva R.. Asscssing the Impact of Organizational Learning Capability on Product Innovation Performance: An Empirical Test [J]. Technovation, 2008 (28): 315-326.

[10] 左婷，王志章. 基于组织行为的企业文化构建研究 [J]. 山东社会科学，2012 (3)：154-159 .

[11] 陈怡安. 组织学习与技术转移绩效的关系实证 [J]. 求索，2012 (4)：92-93 .

[12] 武博，闫帅. 知识型企业智力资本对知识创新绩效的影响研究——兼论组织学习能力的中介作用 [J]. 求索，2011 (9)：88-90.

Organizational Learning, Knowledge Innovation and Firm Performance

Zou Guoqing　Xu Nuo

(Business College, Jilin University, Changchun 130012, China)

Abstract: Economic globalization and scientific and technological progress, change the environment for the survival of the enterprise, to enable an organization learning, knowledge innovation and enterprise performance as the core content of the enterprise strategy management research, on the basis of the mediating role of knowledge innovation, constructed a reflect organizational learning and knowledge innovation, enterprise performance theory model, using survey data from 120 large and medium-sized enterprises using modified method of correlation coefficient and explore factor carries on the empirical test. It is found that: organizational learning can improve the knowledge innovation ability of enterprises; the knowledge innovation ability of enterprises can improve the performance ability of enterprises; knowledge innovation plays an intermediary role in the model. Knowledge innovation is one of the most important methods to improve the performance of enterprises. This research is beneficial to the organization management and knowledge innovation of enterprises.

Key Words: Organizational Learning; Knowledge Innovation; Firm Performance; Mediating Effect

权力需要、组织承诺与角色外行为的关系研究
——基于组织文化的调节效应*

樊 耘 阎 亮 马贵梅
(西安交通大学管理学院过程控制与效率工程教育部重点实验室，西安 710049)

【摘 要】研究了个体高层次需要——权力需要对个体组织承诺和角色外行为的影响与组织文化对权力需要影响组织承诺关系的调节作用。在采集样本基础上，分析结果表明：①个体权力需要对其角色外行为产生正向影响；②个体权力需要对其组织承诺——情感承诺和规范承诺产生正向影响，对持续承诺没有显著影响；③情感承诺与规范承诺在权力需要影响角色外行为关系中起部分中介作用；④组织文化调节权力需要与规范承诺之间的关系，而在权力需要与情感承诺关系中的调节效应不显著。

【关键词】权力需要；组织承诺；角色外行为；组织文化

0 引言

新时代的人力资源较之以往具有更强的个性、更深刻的自我意识等特点，他们拥有更明确的个人目标，个体需要形式也发生了转变。对比 2000 年与 2009 年大学生需求特点的调查结果表明，成就需要、权力需要等个体高层次需要形式在大学生需要结构中的重要性逐渐显现出来。在这样的背景下，组织就必须针对不同个体需要的成员所表现出的态度与行为予以关注，并给予不同的人力资源引导从而更好地挖掘人力资源潜力。权力需要作为个体高层次需要对个人态度和行为的影响如何，以往研究更多地关注了权力需要较高个体在影响下属和团队的行为方面所表现出的特征，但缺乏针对个体权力需要对其态度、行为

* 本文选自《科学学与科学技术管理》2013 年第 34 卷第 1 期。

的影响。组织成员权力需要的满足是要在组织平台上完成的，有着不同权力需要的个体对组织的态度如何，能否忠于组织，能否用自己的行为来更好地维护和实现组织利益，是本研究所要关注的内容，同时也是组织需要考虑的问题，以此为组织的人力资源政策提供借鉴。

1 研究理论及假设

1.1 权力需要

个体需要是组织行为研究中个体层面上受关注的领域之一。以往研究中，马斯洛提出了需要层次理论，将个体需求分为五个层次，即生理、安全、社交、尊重、自我实现的需要。该理论表明，个体成长的内在动力是动机，而动机是由不同的需求所激发的。在此基础上，Alderfer 提出了 ERG 理论，将马斯洛的需要层次合并为 3 种需要，即生存、关系和成长发展的需要。相比于马斯洛的理论，ERG 理论并不强调需要层次的顺序，并认为当较高级需要受到挫折时，可能会降而求其次。

在之后的研究中，McClelland 与 Burnham 在研究人的高层次需要与社会性动机的基础上提出个体在工作情境中有 3 种重要需要，即①亲和需要——建立一种友好亲密人际关系的需要；②成就需要——达成目标、做到最好的需要；③权力需要——影响或控制他人且不受他人控制的需要。他们对多个管理者研究的结论表明，“管理者个人的权力需要比亲和需要和成就需要对于其成为一名优秀的管理者更加重要”。堺屋太一指出，个体在组织中要达到经济、权力和对外的目的。权力的目的不仅包含了个体对于权力需要的概念，而且反映了个体存在于组织的根本原因就是其权力需要，同时权力需要也对组织产出有重要影响。

在组织中，管理者必须通过自己对他人的影响使得大家协调共同努力去完成组织的目标与任务。给管理者带来最大满足的是通过权力和个人的影响力对他人达成组织目标的影响，因而管理者权力需要的影响胜于其他需要的影响，权力需要对于管理者而言是更为重要的需要。综上所述，个体的权力需要是主要的个体特征，本文就是基于 McClelland 与 Burnham 对于权力需要的观点来研究其对个体在组织中态度与行为的影响。

1.2 权力需要与角色外行为

(1) 角色外行为。组织内个体的行为一直是研究领域所关注的焦点。Katz 认为，个人在组织中需要完成他们角色内所分配的任务，同样还需要有超出角色期待的创新和自发行为，表明个人在组织内有角色内与角色外行为的区分。之后，其进一步将角色定义为相伴于给定职位或工作的一系列期望的行为，从而给出了划分角色内外的依据。此后角色内外行为的研究兴盛不断，尤其是角色外行为，因为超出角色期望的行为十分重要，不仅会对个体、群体产生影响，而且会影响组织存续。

伴随研究的不断扩展，多种角色外行为相继提出并得到广泛研究，其中包括：组织公民行为（OCB）、亲社会组织行为（PSOB）、检举揭发行为（WB）、组织异议行为（POD）、情境绩效行为（CPB）等。角色外行为类型多种多样，但大多均针对特定类型的角色外行为进行定义，很少有研究对角色外行为进行定义。Van Dyne 等在他们的研究中，对角色外行为做出如下定义：自由的、超出角色期望的、对组织有益或者希望对组织有益的行为。本文认为，该定义准确把握了角色外行为自由、超期望、有益于组织的特点，反映其内涵本质。

另外，Van Dyne 等还从定义、概念关系、前因与结果变量等方面对比了组织公民行为、亲社会组织行为、检举揭发行为、组织异议行为 4 个结构的异同。结论表明，亲社会组织行为概念过于宽泛，检举揭发行为与组织异议行为在概念上有所重叠，可以归为一类，而组织公民行为是最有代表性的角色外行为，同时具有亲和性与促进性的特点。参考 Organ 组织公民行为的定义——"自由的，不被正式奖励系统直接或明确识别的，能有效提升组织运作的个体行为"，可以看出，Van Dyne 所定义的角色外行为更倾向于组织公民行为。樊耘等人的研究也表明，员工角色外行为是员工自由的个体行为，能从整体上给群体或组织带来利益。综上所述，本文所研究的角色外行为就是以组织公民行为为代表的、员工自由的、超出角色期望的、对组织有直接或者间接益处的员工行为。

(2) 权力需要与角色外行为。Penner 等在其研究中表明，最初的角色外行为是相对稳定的、受多种个体和环境特征影响的行为，例如个人特质、态度和动机等。另外，Podsakoff 等人关于 OCB 的综述研究在总结该角色外行为的前因变量基础上也表明，个人特征是角色外行为的重要影响因素，其中包括员工态度、员工角色感知、个人特质与人口统计特征 4 个方面；可见，个人特征是角色外行为的重要影响因素之一。但以往个人特质影响角色外行为的研究更多关注的是"大五"人格特质不同维度的效应，很少有研究关注个体主观特征变量——权力需要对角色外行为的影响。在 Van Dyne 等研究针对角色外行为的前因变量进行论述时表明，个体特征差异是角色外行为的影响因素，其中就包括权力需要，但该研究仅从理论上进行了论述，并未进行实证研究。

虽然以往研究很少探寻权力需要对角色外行为的影响，但仍有不少研究关注其对个体行为的影响。Peterson 和 Stewart 发现，权力需要能够预测创生性的行为，而在 Hofer 等的研究中也得到了相同的结论。谭乐、宋合义和毛娜的研究表明，在规则型文化下，有高权力动机的领导者均有较高的领导绩效。由此可以证实，作为主观个人特征的权力需要能够影响个人的行为。根据 Vroom 提出的期望理论，个体进入组织是为了满足需要而努力工作，产生个人绩效并期盼得到组织积极正向的评价与激励，从而满足个体的需要。针对权力需要来讲，权力需要强的组织成员会努力产生良好的个人绩效，期盼其权力需要得到满足。而角色外行为是个人绩效的一个重要方面。因此，权力需要强的组织成员可能会有更多的有益于组织的角色外行为，从而获得组织的肯定与激励使权力需要得到满足。张永军等人的研究表明，员工实施组织公民行为可以给领导和同事留下好印象，从而获得更多的支持性结果，比如较好的绩效考核结果和良好的人际关系等。以上的论述表明，权力需要更强的个体在组织中有更多的角色外行为，由此提出假设 1。

假设 1：个体的权力需要越强其角色外行为越多。

1.3 权力需要、组织承诺与角色外行为

（1）组织承诺。组织承诺的概念自 Becker 从社会学中将其引入组织行为研究领域以来备受关注，是重要的个体产出变量，而且其对员工的多种态度和行为产出有着重要的影响。组织承诺的概念经历了不同阶段的发展，Porter、Mowday 等在 Becker 研究基础上表明，组织承诺的基础不仅是基于经济交换关系的单边投入，更有基于情感依赖的对组织的依附。随后，O'Reilly 和 Chatman 提出了三维度组织承诺模型，即服从、认同和内部化，组织承诺由此从单一维度发展到多维度结构。在此基础上，20 世纪 90 年代，Meyer 与 Allen 提出了最具代表性、影响最为广泛的三维度组织承诺结构。他们通过划分承诺基础的不同将组织承诺分为情感承诺、持续承诺与规范承诺。情感承诺描述组织成员对组织的依附、认同与融入；持续承诺描述成员对离开组织成本的感知；规范承诺则描述了组织成员对于组织的责任感。它们均是组织承诺概念的组成部分，但相互独立。以后的研究更多地应用了该三维度组织承诺，同时也提出了情感承诺与规范承诺在实证研究中相关性较强的问题。Meyer 等的分析研究表明，虽然情感承诺与规范承诺有较强的相关性，但是两者在前因变量上也有差别，而且是能够区别的结构。综上可知，三维度的组织承诺从 3 个不同的约束力来源较好地诠释了员工留在组织中的原因，因此，本文选择该三维度组织承诺作为研究聚焦。

（2）权力需要与组织承诺。以往的研究探寻了不同的因素对组织承诺的影响，组织成员个体特征的影响作用同样得到了广泛关注，其中包括：人口统计学变量（如年龄、性别、受教育程度、组织任期等）、能力、工作道德规范（PWE）、控制聚焦、自我效能感、成就需要等。虽然众多个性特征因素得到了研究，甚至有研究关注了成就需要对组织承诺的影响，但少有研究关注个体权力需要对其组织承诺的影响。

根据期望理论，个体表现出良好的绩效以期盼组织能够满足其权力需要，而组织对于个体高层次需要（如权力需要、成就需要）的满足是一个较长期的过程。在这个过程中个体不断与组织产生交换关系，尝试更深层次的融入组织，势必会产生一种约束力使得个体与组织的联系更加紧密，也就是组织承诺。Meyer 等提出的员工承诺和动机的整合模型表明，员工的需要通过个体的目标规范、目标选择等一系列因素在与承诺聚焦的互动关系中发展出 3 种承诺形式。由此可知，员工的权力需要可以通过目标规范、目标选择等因素在与组织的互动与交换过程中发展出对组织的承诺。

权力需要个体更加热爱自己的工作，更愿意为了组织的利益而牺牲自我利益，因此其组织依附、认同与融入的程度会更高，即有较高程度的情感承诺；同时权力需要个体表现出更强烈的责任感，更多地考虑组织利益，因此其对于组织的责任感会更强，即有较高程

度的规范承诺；另外，权力需要个体相较于其他个体更看重权力需要的满足，因此对于离职成本的感知并没有权力需求较弱的个体那样强烈，即权力需要个体对离职成本的感知较弱，即持续承诺较弱。综上所述，本文提出如下假设：

假设 2a：个体权力需要越强，其情感承诺水平越高。

假设 2b：个体权力需要越强，其规范承诺水平越高。

假设 2c：个体权力需要越强，其持续承诺水平越低。

（3）组织承诺与角色外行为——组织承诺的中介作用。前人关于组织承诺与角色外行为关系的研究众多。苏中兴提出，员工一般不会主动做出角色外行为，除非对组织产生了心理上的承诺，表明组织承诺是角色外行为的影响因素。根据计划行为理论，个体对待组织的态度会决定其对待角色外行为的态度进而影响行为意向，最终影响角色外行为的发生，因此个体的组织承诺能对角色外行为产生影响。O'Reilly 和 Chatman 的研究证实，组织承诺是角色外行为的前因变量，但他们所关注的组织承诺是单一维度结构，并未分维度。对于三维度组织承诺，Ng 与 Feldman 认为，具有较高水平情感承诺的员工会视他们的工作包含更宽泛的行为，其中就包括很多角色外行为，即情感承诺水平越高会有越多的角色外行为。Podsakoff 等的综述研究表明，包括组织承诺在内的一般情感道德因素是组织公民行为的重要前因变量，组织承诺整体与组织公民行为有较强的相关性；情感承诺与组织公民行为呈正相关关系，相关性较强；持续承诺与组织公民行为没有显著相关关系。而 Chen 和 Francesco 的研究表明，持续承诺与组织公民行为有显著的负相关关系。对于规范承诺，其与情感承诺有着相似的产出，且相关性较强，可以预期其对角色外行为有正向影响。综上所述，组织承诺在个体权力需要影响角色外行为关系中起到了桥梁作用，个体权力需要影响其对组织的态度——组织承诺，进而影响其对组织的角色外行为。综上所述，本文提出如下假设：

假设 3a：情感承诺在个体权力需要对角色外行为影响关系中起中介作用，且对角色外行为产生正向影响。

假设 3b：规范承诺在个体权力需要对角色外行为影响关系中起中介作用，且对角色外行为产生正向影响。

假设 3c：持续承诺在个体权力需要对角色外行为影响关系中起中介作用，且对角色外行为产生负向影响。

1.4 组织文化及其调节作用

关于组织文化的研究角度多种多样，从组织文化特性角度的研究也有很多，他们从不同角度提出了组织文化的特性，为研究者和实践者更好地发现组织文化间的差异，更清晰地认识组织文化提供了一个良好的视角。其中较有代表性的有，Aumann 与 Ostroff 提出组织文化强弱的特性。在此基础上，徐淑英和陈晓萍认为组织文化强度可以从两方面进行考量：价值观的影响程度与价值观的宽度。另外，Jones 和 Goffee 提出组织文化“双 S”模型，即组织文化的一致性和友好性。樊耘等人则从组织文化激励性与公平性的角度进行研究，并证实了能够通过现象维度进行观测。上述研究均是从文化特性角度对组织文化进行的研究，有利于更细致地了解组织文化并明确不同特性文化下员工态度与行为的差异。本研究选择组织文化激励性与公平性两个角度，因为激励性与公平性是员工更加重视的内容。员工浸入在组织文化当中，感受到一种氛围，正是这种氛围影响个人动机与行为。因此，组织文化所表现出的激励性与公平性让员工感受到一种激励与公平的氛围，这样的氛围是员工所珍视的。在这种氛围中，不同个体特征的员工会有不同的表现。Chatman 等的研究表明，组织文化能调节个体特征（人口统计学特征）对社会交往的影响。综上可知，更有干劲、更有责任感、权力需要更强的个体在激励性与公平性更强的氛围中，更可能受到激发，表现出更愿意为组织付出且更愿意留在组织中的愿望，即更强的组织承诺，以期在个人与组织的互动互惠关系中得到需要的满足。由此本文提出如下假设：

假设 4a：基于激励性与公平性的组织文化在个体权力需要影响情感承诺的关系中起调节作用。

假设 4b：基于激励性与公平性的组织文化在个体权力需要影响规范承诺的关系中起调节作用。

假设 4c：基于激励性与公平性的组织文化在个体权力需要影响持续承诺的关系中起调节作用。

本研究的概念模型如图 1 所示。

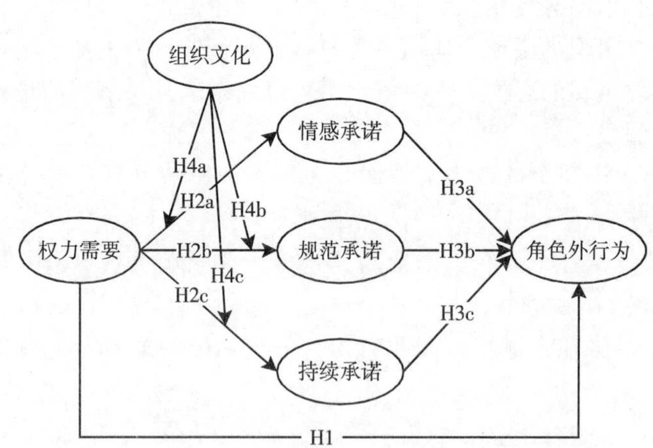

图 1　权力需要、组织承诺与角色外行为关系概念模型

2 研究方法

2.1 测量

权力需要。借鉴 McClelland 的研究与樊耘等人的研究，进行了题项设计。量表有 5 个题项，分别测量对软权力的需要，对硬权力的需要，明确获得、保持权力规则，权力重要性的认知以及对一把手的崇拜。使用李克特 5 级量表，答案从“完全不符合”到“完全符合”，分别对应 1~5 分。

组织承诺。组织承诺量表改编自 Meyer 等的三维度承诺量表，分别为情感承诺（ACS）、规范承诺（NCS）、持续承诺（CCS）。采用了翻译—回译的方法，在将英文量表翻译成中文的基础上，请专业人员将中文量表回译为英文，两个英文量表进行对比，经过修改后得到最终量表。每个量表均有 6 个题项，采用李克特 5 级量表，得分 1~5，表示从完全不同意到完全同意。

角色外行为。该量表借鉴樊耘、邵芳、费菲关于角色外行为的研究。量表有 6 个题项，采用李克特 5 级量表，得分 1~5，表示从完全不同意到完全同意。

组织文化。组织文化测量借鉴樊耘、余宝琦、杨照鹏的研究。量表设计为 6 个方面：劳动分工、目标设定、控制机制、信息渠道、权力分配、成功标准通过文化现象测量组织文化的激励性与公平性。量表有 26 个题项，采用李克特 5 级量表，得分 1~5，表示从完全不同意到完全同意。

2.2 样本

本研究的样本来自不同类型的组织内员工和管理培训班的学员。组织样本分别为 2 家地产企业、2 家医院、1 家保健品行业企业，地点分别在西安和广州。数据采集均采用现场发放调查问卷方式，发放问卷 523 份，回收问卷 434 份，回收率约为 83%。其中有效问卷 401 份，有效率为 76.7%。这些有效问卷涉及组织中高、中、基层员工，其中男性 246 名，约占总样本的 61.3%；女性 155 名，约占 38.7%。样本年龄分为 6 个年龄段，分别为 25 岁以下、25~30 岁、31~35 岁、36~45 岁、46~60 岁及 60 岁以上，占比分别为 4.4%、17.5%、22.4%、40.9%、13%、1.8%；受教育程度分为 7 个层次，初中及以下、中专、高中、大专、本科、硕士、博士，占比分别为 0.2%、2.0%、3.5%、27.4%、43.9%、19%、4%。

2.3 分析方法

以结构方程模型验证理论框架检验研究假设 1~假设 3 的正确性，使用 Lisrel8.53 针对权力需要对角色外行为的影响及组织承诺的中介作用进行分析；另外，使用 SPSS13.0 检验量表的信度、计算变量之间相关性与检验组织文化在权力需要与组织承诺关系中的调节效应，即假设 4。

3 研究结果

3.1 问卷信度与相关性分析

首先对量表的信度进行分析，同时计算各变量间的相关系数，结果详见表 1。通过表 1 可以看出，各个测量的量表信度系数均大于 0.6。根据 Hair 等人的观点，量表信度在题项不多于 6 个信度系数大于 0.6 是可靠的，因此本文所使用的量表具有可靠性。通过相关系数可知，权力需要与角色外行为、情感承诺、规范承诺的相关系数分别为 0.503、0.368 和 0.421，且均为显著，但与持续承诺的相关性并不显著。情感承诺与规范承诺的相关系数为 0.453，且显著，这与以往研究发现的结果是一致的，即情感承诺与规范承诺有显著相关性。

表 1　相关性系数与量表信度

变量	均值	方差	1	2	3	4	5	6	7	8	9
1. 性别	1.387	0.488	—								
2. 年龄	3.463	1.105	−0.243**	—							
3. 受教育程度	4.840	1.017	−0.032	0.184**	—						
4. 权力需要	3.842	0.600	−0.064	0.073	−0.161**	(0.665)					
5. 情感承诺	3.877	0.694	−0.110*	0.309**	−0.020	0.421**	(0.814)				
6. 规范承诺	3.293	0.633	−0.130**	0.183**	−0.208**	0.368**	0.453**	(0.711)			
7. 持续承诺	2.698	0.623	0.015	0.083	0.057	−0.038	−0.028	0.148**	(0.614)		
8. 角色外行为	3.740	0.568	−0.220**	0.237**	0.000	0.503**	0.643**	0.425**	−0.041	(0.712)	
9. 组织文化	3.707	0.511	−0.219**	0.138**	−0.161**	0.631**	0.552**	0.428**	−0.067	0.660**	(0.914)

注：N = 401，** 表示 $p < 0.01$，* 表示 $p < 0.05$，下同；对角线为量表的信度系数（α）。

3.2 验证性因子分析结果

通过 SEM 的验证性因子分析模型，对本文所涉及的结构因子进行检验，检验结果如表 2 所示。表 2 中除持续承诺外，其余结构因子的 RMSEA 均小于 0.08 的较理想值，且其余拟合指数均达到理想水平，即 NNFI 与 CFI 大于 0.90，且 χ^2/df 基本在 2~5 范围内，表明结构模型拟合良好。而持续承诺模型的 RMSEA 为 0.84，属基本可接受范围，而且 NNFI 和 CFI 也均大于 0.90，且 $2 < \chi^2/df < 5$，可以说明模型拟合基本良好。由此可以看

出，所使用因子均达到了较好的拟合水平。

表 2 验证性因子分析结果

验证性因子分析模型	df	χ^2	RMSEA	NNFI	CFI
权力需要	5	13.66	0.065	0.95	0.98
情感承诺	9	10.60	0.019	0.99	1.00
规范承诺	9	20.30	0.054	0.97	0.98
持续承诺	9	35.95	0.084	0.90	0.94
角色外行为	9	22.43	0.061	0.96	0.98
组织文化	9	26.69	0.073	0.98	0.99

3.3 假设检验

首先，检验使用结构方程模型检验假设 1~假设 3。对于中介效应的检验，采用温忠麟等人推荐的检验程序，如图 2 所示。按照检验程序，首先验证权力需要和角色外行为的效应，即假设 1。在影响效应显著的情况下，方能继续检验。权力需要对角色外行为影响模型的检验结果如图 3 所示，拟合指数见表 3。模型拟合指数均达到较好的水平，而且权力需要对角色外行为影响的路径系数为 0.60，且在 0.01 水平上显著，由此说明假设 1 成立。

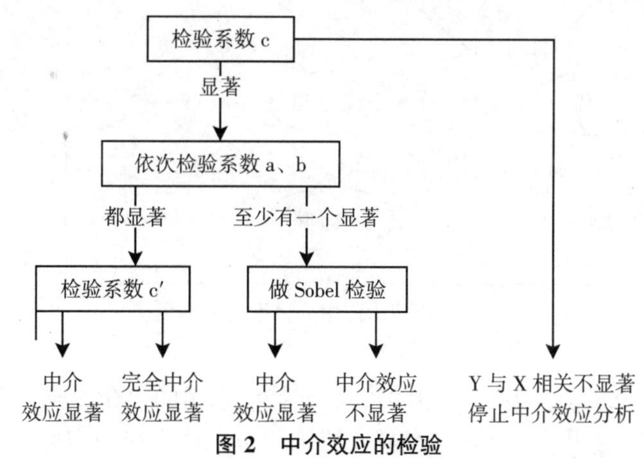

图 2 中介效应的检验

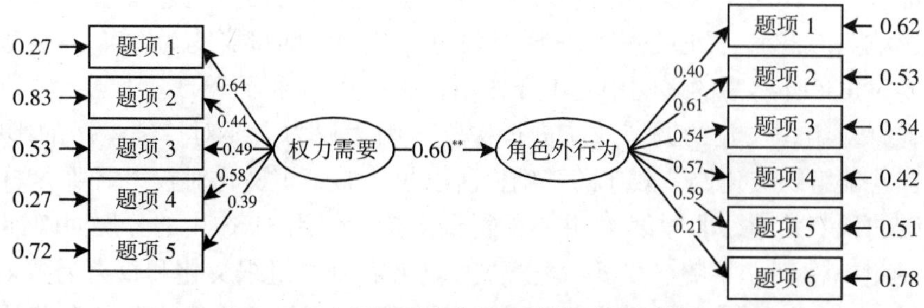

图 3 权力需要对角色外行为模型分析结果

表 3　结构方程模型分析结果

模型	df	χ^2	RMSEA	NNFI	CFI
权力需要 → 角色外行为	43	135.84	0.076	0.93	0.95
组织承诺中介模型	343	880.73	0.066	0.94	0.94

在此基础上构建组织承诺的中介模型，模型验证结果如图 4 所示，拟合指数见表 3。如表 3 所示，组织承诺的中介模型拟合指数也达到了良好的水平（即 $RMSEA < 0.08$，$NNFI > 0.90$，$CFI > 0.90$，且 $2 < \chi^2/df < 5$）。由图 4 所示的中介模型可知，对于情感承诺和规范承诺，权力需要影响的路径系数分别为 0.62、0.57，且在 0.01 水平上显著，由此假设 2a、假设 2b 得到验证。而权力需要对于持续承诺影响的路径系数仅为–0.06，且不显著，因此假设 2c 并未得到验证。而对于持续承诺，权力需要对其的影响为–0.06，但并不显著，而持续承诺对角色外行为的影响为–0.10，且在 0.05 水平上显著，按照检验程序需要进行 Sobel 检验来确定中介效应是否存在。因此，构造统计量 $Z = ab/\sqrt{a^2 s_b^2 + b^2 s_a^2}$，式中：a 为权力需要对持续承诺的影响（–0.06），b 为持续承诺对角色外行为的影响（–0.10），s_a^2 与 s_b^2 分别为对应的标准差（分别为 0.062 和 0.048）。

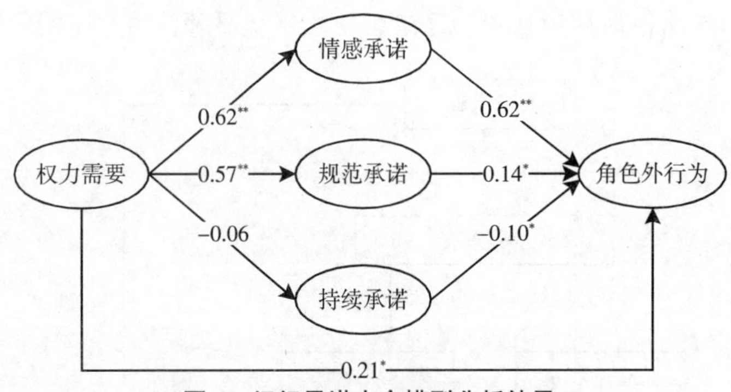

图 4　组织承诺中介模型分析结果

计算可得，$Z = 0.878 < 0.97$，$p > 0.05$，因此持续承诺的中介效应并不显著。

综合以上的检验结果可以得出，情感承诺与规范承诺在权力需要影响角色外行为的关系中起到部分中介作用，假设 3a、假设 3b 得到验证。权力需要通过情感承诺对角色外行为的间接影响为 0.384，而通过规范承诺对角色外行为的间接影响为 0.08。持续承诺并不在权力需要对角色外行为的影响中起中介作用，假设 3c 未得到验证。

其次，针对组织文化的调节效应进行检验。因为权力需要对持续承诺的影响并不显著，不存在验证组织文化调节效应的基础，所以仅检验组织文化对权力需要影响情感承诺和规范承诺的调节效应，即假设 4c 并不能得到支持。使用 SPSS 中的分层回归针对不同承诺将控制变量（性别、年龄、受教育程度）、权力需要、组织文化和权力需要×组织文化（即权力需要和组织文化的交互项）逐步放入回归模型来检验组织文化的调节效应。表 4

显示了组织文化调节权力需要影响情感承诺的检验结果。由表 4 可知，权力需要与组织文化交互项的系数并不显著（$\beta = -0.094$，$p > 0.05$），模型 4 未解释更多的 R^2，且并不显著。因此，组织文化对权力需要影响情感承诺的调节效应不显著，假设 4a 并未得到验证。运用同样的方法对组织文化调节权力需要影响规范承诺的效应进行检验，检验结果如表 5 所示。在此模型中，权力需要与组织文化交互项的系数显著（$\beta = 1.463$，$p < 0.01$），而且模型 4 显著且解释了更多的 R^2。因此对于权力需要对规范承诺的影响，组织文化的调节效应是存在的，故假设 4b 得到验证。

表 4　组织文化对权力需要影响情感承诺的调节效应检验结果

自变量	模型 1	模型 2	模型 3	模型 4
性别	–0.036	–0.015	0.062	0.062
年龄	0.315**	0.277**	0.246**	0.246**
受教育程度	–0.079	–0.006	0.032	0.032
权力需要		0.400**	0.124*	0.179
组织文化				0.509*
权力需要 × 组织文化				–0.094
R^2	0.103	0.256	0.375	0.375
ΔR^2	0.103	0.153	0.119	0.000
F	15.127**	81.509**	75.032**	0.056

表 5　组织文化对权力需要影响规范承诺的调节效应检验结果

自变量	模型 1	模型 2	模型 3	模型 4
性别	–0.091	–0.075	–0.029	–0.034
年龄	0.207**	0.178**	0.159**	0.154**
受教育程度	–0.250**	–0.193**	–0.170**	–0.176**
权力需要		0.316**	0.152**	–0.701**
组织文化			0.274**	0.488*
权力需要 × 组织文化				1.463**
R^2	0.102	0.198	0.241	0.262
ΔR^2	0.102	0.096	0.042	0.022
F	15.059**	47.234**	21.952**	11.521**

在此基础上，进一步检验了组织文化的二次调节效应，即权力需要 × 组织文化的平方项。对于情感承诺，将权力需要 × 组织文化的平方项加入调节模型后 $\Delta R^2 = 0.004$，并不显著，因此组织文化对权力需要影响情感承诺的二次调节效应并不显著。同理，对于规范承诺，权力需要 × 组织文化的平方项加入调节模型后 $\Delta R^2 = 0.001$ 也不显著，因此组织文化对权力需要影响规范承诺的二次调节效应也不显著。

4 讨论

经过检验分析，本文的假设大多得到了验证。首先，假设 1 表明，个体权力需要越强，其角色外行为越多。权力需要强的个体为了达成组织的目标更加勇于承担风险与压力。因此会为了组织的利益而表现出更多的角色外行为，从而以更好的表现期待在与组织的互动与融合中得到个体需要的满足。当然个体维护组织利益、实现组织目标与组织满足个体需要是一个不断循环且长时间的互动过程。根据 Stonner 等关于角色外行为的理论框架，个体变量和动机影响初期的角色外行为，而长期的、持续的角色外行为要在内外激励机制作用下使个体产生对角色和组织认同的基础上才会出现。假设 2a 与假设 2b 说明权力需要强的个体也更易对组织产生依附、认同和融入（情感承诺），并且对组织有更强的责任感（规范承诺）。也即权力需要强的个体更易于得到角色和组织的认同，由此会产生持续的角色外行为。同时也印证了 McClelland 与 Burnham 关于权力需要强的员工更具责任感、更重视组织和团队的结论。而对于持续承诺，假设 2c 并未得到支持，可能是因为从个体需要的角度来看，个体更加注重权力方面需要的满足，较少在意个体在组织中的单边投入，对离职成本的感知因更加关注需求的满足而较少，因此权力需要未对持续承诺有显著的影响。

而假设 3a、假设 3b 表明，对组织情感承诺和规范承诺强的员工会有更多的角色外行为，而且两者在权力需要和角色外行为的关系中起到了中介作用。Penner 等认为，在个体与组织不断互动产生角色认同和承诺进而产生持续角色外行为的过程中，个体动机和需求仍对角色外行为产生影响。而检验结果表明，在有情感承诺和规范承诺中介的基础上，权力需要对角色外行为的影响仍为 0.21，且在 0.05 水平上显著，两者起到了部分中介作用，这就证实了 Penner 等的观点。而对于持续承诺，虽然权力需要并不对其产生显著影响，但其仍会对角色外行为产生负向影响，这与 Chen 和 Francesco 的结论相同，表明感知离职成本越高的成员在工作中做出的角色外行为越少。持续承诺越高的人可能更倾向稳定不变的环境，在工作上更少有意愿付出更多的努力来产出更高的绩效，因此持续承诺较高的个体角色外行为会越少。

以上的结果表明，权力需要对角色外行为产生影响，并使个体在与组织的交互过程中产生对组织的多重承诺形式进而加强角色外行为。但在此过程中，组织的奖励与激励机制十分重要，建立和健全组织的奖励和激励机制能在个体权力需要强而产生角色外行为的基础上，激发员工对组织和角色的认同从而发展出组织承诺和持续的角色外行为。另外，组织的招聘和晋升环节需要将个体的权力需要加以考虑。传统观点中，中国人普遍不敢直面个人的需要，尤其是对权力的需要，认为让别人知道自己的权力欲望会被人鄙夷。而伴随“80 后”逐渐成为人力资源的主力军，他们具有更强的个性、更深刻的自我意识，表现出更明确的个人目标，权力需要逐渐由隐性演变为显性。而且权力需要强的个体表现出组织承诺强、角色外行为多、使命感强的特点。企业的管理者、人力资源实践者在选择/提拔组织成员的时候，要将个体权力需要作为重要影响因素加以考虑，选择/提拔那些希望成为优秀管理者的成员并对那些在管理职位上的管理者加以培训让他们充满信心。

对于组织文化的调节效应，仅假设 4b 得到了支持，也就是说组织文化能够调节权力需要对规范承诺的影响效应。这表明组织文化所表现出的激励性与公平性越强的时候，个体感受到激励性和公平性的氛围越强，权力需要越强的个体留在组织中为组织利益付出的责任感越强；相反，组织文化所表现出的激励性与公平性越差，权力需要与规范承诺的关系越弱。有趣的是，假设 4a 并未得到验证，即组织文化在权力需要对情感承诺影响关系中的调节效应不存在。可能是因为激励与公平的环境是每个成员都合意的组织环境，这可能会直接对成员的情感承诺产生影响，成为了情感承诺的影响因素而非情境因素。上述观点表明，组织需要加强文化建设，在理念、价值观层面，制度层面都体现激励与公平的特性，让成员感受到一种合意的氛围。在这样的氛围中，成员既会产生情感承诺又会加强个体权力需要对规范承诺的影响，进而加强个体的角色外行为。

诚然，由上述分析可知，高权力需要的个体会有较高的组织承诺水平和更多的角色外行为，但 McClelland 与 Burnham 提出，个体的权力需要通常要和个体其他的特质相结合，即更高的行为自制和较低的亲和需要，以期让其为组织利益做出更大贡献而非管理者个人的强化。这样，个体权力的运用更倾向于社会化，能更好地为他人和组织谋利，而非仅仅为聚焦于权力拥有者个人谋利。所以权力拥有者和权力需要强烈的个人应加强自我修养，提高自己行为自制的能力，摆脱中国文化下亲和需要强烈的束缚，才能更好地为组织服务和他人谋利，成为一个优秀的管理者。另外，也有研究认为，要将权力需要控制在一定范围之内，因为过度膨胀的欲望会导致很多的负面效应。这不仅要求个体加强自身修养，更要求组织也必须加强制度建设，通过更完善的制度和监督环境使高权力需要的个体在拥有更高承诺水平和更多角色外行为的基础上，运用权力趋向于利他主义。

5 结论与局限性

本文在以往研究的基础上，研究了权力需要对角色外行为的影响、三维度组织承诺（情感承诺、规范承诺、持续承诺）在权力需要影响角色外行为关系中的中介作用与组织文化在权力需要影响组织承诺关系中的调节作用。通过实证分析得出如下结论：第一，权力需要越强的个体在组织环境中会有更多角色外行为。第二，权力需要强的个体在与组织的交换与互动关系中发展出对组织的情感、规范承诺。第三，情感承诺、规范承诺部分中介个体权力需要对角色外行为产生正向影响；持续承诺中介权力需要虽不对角色外行为产生正向影响，但持续承诺本身对角色外行为产生负向影响。第四，基于激励性与公平性的组织文化调节权力需要对规范承诺有正向影响，即组织文化的激励性与公平性越强，权力需要对规范承诺的影响越强；反之则越弱。本文将前人关于个体需要和角色外行为的研究向前推进了一步，研究结论对于组织的制度建设、人力资源招聘和选拔晋升有一定的借鉴意义。

本文还不够完善，未来研究可以在以下方面进行加强。首先，样本数据代表性较为单一。企业样本大多来自陕西境内企业，没有在中国更为发达的地区，如珠三角、长三角等地区进行广泛抽样；个人样本方面更多的培训者也是来自陕西本地，因此结论的普适性会受到一定限制。未来研究应该在更加广泛的范围之内进行采样，在经济发展水平不同的地区进行抽样，从而获得普适性更强的结论。其次，本文仅探讨了 McClelland 高层次需求的一个方面即权力需要的影响作用，未来研究可以将亲和需要和成就需要都进行考量，研究需求组合对于组织成员态度和行为的影响。最后，本文仅探寻了个体需求对角色外行为影响的简单机制，并未更深入地讨论个体需求与组织承诺、组织承诺与角色外行为之间的影响机制，未来研究可以在这些方面做更多的工作。

参考文献

[1] 孙宝志，景汇泉. 大学生需要理论的二十年追踪研究 [J]. 心理科学，2001，24 (5)：608-609.

[2] 张松. 大一新生需要特点的调查研究 [J]. 心理科学，2009，32 (1)：251-253.

[3] Maslow A. H.. A Theory of Human Motivation [J]. Psychological Review，1943，50 (4)：370-396.

[4] Alderfer C. P.. Existence，Relatedness，and Growth：Human Needs in Organizational Settings [M]. New York：Free Press，1972.

[5] Mcclelland D. C.，Burnham D. H.. Power is the Great Motivator [J]. Harvard Business Review，2003，81 (1)：117-126.

[6] 堺屋太一. 组织的盛衰：从历史看企业再生 [M]. 吕美女，吴国祯译. 上海：上海人民出版社，2000.

[7] Katz D.. The Motivational Basis of Organizational Behavior [J]. Behavioral Science，1964，9 (2)：131-146.

[8] Van Dyne L.，Cummings L. L.，Parks J. M.. Extra-Role Behaviors：In Pursuit of Construct and Definitional Clarity (Abridge Over Muddied Water) [J]. Research in Organizational Behavior，1995 (17)：215-285.

[9] Bateman T. S.，Organ D. W.. Job Satisfaction and the Good Soldier：The Relationship between Affect and Employee "Citizenship" [J]. The Academy of Management Journal，1983，26 (4)：587-595.

[10] Organ D. W.. Organizational Citizenship Behavior：It's Construct Clean-up Time [J]. Human Performancem，1997，10 (2)：85-97.

[11] Brief A. P.，Motowidlo S. J.. Prosocial Organizational Behaviors [J]. The Academy of Management Review，1986，11 (4)：710-725.

[12] Near J. P.，Miceli M. P.. Organizational Dissidence：The Case of Whistle-Blowing [J]. Journal of Business Ethics，1985，4 (1)：1-16.

[13] Graham J. W.. Principled Organizational Dissent: A Theoretical Essay [J]. Research in Organizational Behavior, 1986 (8): 1-52.

[14] Borman W. C., Motowidlo S. J.. Task Performance and Contextual Performance: The Meaning for Personnel Selection Research [J]. Human Performance, 1997, 10 (2): 99-109.

[15] Stoner J., Perrewe P. L., Munyon T. P.. The Role of Identity in Extra-role Behaviors: Development of a Conceptualmodel [J]. Journal of Managerial Psychology, 2011, 26 (2): 94-107.

[16] 樊耘，邵芳，费菲. HRMP 与员工角色外行为关系的实证研究：以某国有银行省级分行为例 [J]. 软科学，2008，22 (11)：119-126.

[17] Penner L. A., Midili A. R., Kegelmeyer J.. Beyond Job Attitudes: A Personality and Social Psychology Perspective on the Causes of Organizational Citizenship Behavior [J]. Human Performance, 1997, 10 (2): 111-131.

[18] Podsakoff P. M., Mackenzie S. B., Paine J. B., et al. Organizational Citizenship Behaviors: A Critical Review of the Theoretical and Empirical Literature and Suggestions for Future Research [J]. Journal of Management, 2000, 26 (3): 513-563.

[19] 段锦云，钟建安. "大五" 与组织中的角色外行为之间关系研究 [J]. 心理研究，2009，2 (5)：49-53.

[20] Matzler K., Renzl B., Mooradian T., et al. Personality Traits, Affective Commitment, Documentation of Knowledge, and Knowledge Sharing [J]. The International Journal of Human Resource Management, 2011, 22 (2): 296-310.

[21] Peterson B. E., Stewart A. J.. Generaltivity and Social Motives in Young Adults [J]. Journal of Personality and Social Psychology, 1993, 65 (1): 186-198.

[22] Hofer J., Busch H., Chasiotis A., et al. Concern for Generativity and Its Relation to Implicit Pro-social Power Motivation, Generative Goals, and Satisfaction with Life: Across-cultural Investigation [J]. Journal of Personality, 2008, 76 (1): 1-30.

[23] 谭乐，宋合义，毛娜. 规则导向型组织文化下领导者动机组合对绩效的影响研究 [J]. 软科学，2008，22 (10)：100-105.

[24] 张永军，廖建桥，赵君. 国外组织公民行为与反生产行为关系研究述评 [J]. 外国经济与管理，2010，32 (5)：31-39.

[25] Meyer J. P., Stanley D. J., Herscovitch L., et al. Affective, Continuance, and Normative Commitment to the Organization: A Meta-Analysis of Antecedents, Correlates, and Consequences [J]. Journal of Vocational Behavior, 2002, 61 (1): 20-52.

[26] Porter L. W., Steers R. M., Mowday R. T., et al. Organizational Commitment, Job Satisfaction, and Turnover among Psychiatric Technicians [J]. Journal of Applied Psychology, 1974, 59 (5): 603-609.

[27] O'Reilly C., Chatman J.. Organizational Commitment and Psychological Attachment: The Effects of Compliance, Identification, and Internalization on Prosocial Behavior [J]. Journal of Applied Psychology, 1986, 71 (3): 492-499.

[28] Meyer J. P., Allen N. J.. A Three-component Conceptualization of Organizational Commitment [J]. Human Resource Management Review, 1991, 1 (1): 61-89.

[29] Bateman T. S., Strasser S.. A Longitudinal Analysis of the Antecedents of Organizational Commitment [J]. The Academy of Management Journal, 1984, 27 (1): 95-112.

[30] Mathieu J. E., Zajac D. M.. A Review and Meta-Analysis of the Antecedents, Correlates, and Cosequences of Organizational Commimtment [J]. Psychological Bulletin, 1990, 108 (2): 171-194.

[31] Mcclelland D. C., Watson R. I.. Power Motivation and Risktaking Behavior [J]. Journal of Personality, 1973, 41 (1): 121-139.

[32] 苏中兴. 中国情境下人力资源管理与企业绩效的中介机制研究：激励员工的角色外行为还是规范员工的角色内行为？[J]. 管理评论，2010，22 (8)：76-83.

[33] Ng T. H., Feldman D. C.. Affective Organizational Commitment and Citizenship Behavior: Linear and Non-linear Moderating Effects of Organizational Tenure [J]. Journal of Vocational Behavior, 2011 (48): 146-157.

[34] Podsakoff P. M., Mackenzie S. B., Paine J. B., et al. Organizational Citizenship Behaviors: A Critical Review of the Theoretical and Empirical Literature and Suggestions for Future Research [J]. Journal of Management, 2000, 26 (3): 513-563.

[35] Chen Z. X., Francesco A. M.. The Relationship between the Three Components of Commitment and Employee Performance in China [J]. Journal of Vocational Behavior, 2003, 62 (3): 490-510.

[36] Aumann K. A., Ostroff C.. Multi-level Fit: An Integrative Framework for Understanding HRM Practices in Cross-cultural Contexts [M]. London: Multi-level Issues in Social Systems (Research in Multi Level Issues, Volume 5), 2006.

[37] Chen X. P., Tsui A. S.. An Organizational Perspective on Multi-level Culture Integration: Human Resource Management Practices in Cross-cultureal Contexts [M]. London: Multi-level Issues in Social Systems (Research in Multi Level Issues, Volume 5), 2006.

[38] Goffee R., Jones G.. The Character of a Corporation: How Your Company's Culture Can Make or Break Your Business [M]. New York: Harper Business, 1998.

[39] 樊耘，余宝琦，纪晓鹏. 组织文化分类的演进与竞合（双 C）文化模型的提出 [J]. 管理评论，2009，21 (1)：100-106.

[40] Hofstede G.. Attitudes, Values and Organizational Culture: Disentangling the Concepts [J]. Organization Studies, 1998, 3 (19): 477-492.

[41] Chatman J. A., Polzer J. T., Barsade S. G., et al. Being Different Yet Feeling Similar: The Influence of Demographic Composition and Organizational Culture on Work Processes and Outcomes [J]. Administrative Science Quarterly, 1998, 43 (4): 749-780.

[42] 樊耘，阎亮，季峰. 基于权力动机的组织文化对员工组织情感承诺的影响 [J]. 西安交通大学学报（社会科学版），2010，30 (4)：37-43.

[43] Meyer J. P., Allen N. J., Smith C. A.. Commitment to Organizations and Occupations: Extension and Test of a Three-component Conceptualization [J]. Journal of Applied Psychology, 1993, 78 (4): 538-551.

[44] Brislin R. W.. Back-Translation for Cross-cultural Research [J]. Journal of Cross-cultural Psychology, 1970, 3 (1): 185-216.

[45] 樊耘，余宝琦，杨照鹏. 基于激励性与公平性特征的企业文化模式研究 [J]. 科研管理，2007，28 (1)：110-117.

[46] Hair J. F., Anderson R. E., Tatham R. L., et al. Multivariate Data Analysis (Sixth Edition) [M]. New York: PrenticeHall, 2006.

[47] Zhao X. D., Huo B. F., Flynn B. B., et al. The Impact of Power and Relationship Commitment on

the Integration between Manufacturers and Customers in a Supply Chain [J]. Journal of Operations Management, 2008, 26 (3): 368-388.

[48] 吴明隆. 结构方程模式 SIMPLIS 的应用（第二版）[M]. 台北：五南出版社，2008.

[49] 温忠麟，张雷，侯杰泰等. 中介效应检验程序及其应用 [J]. 心理学报，2004，36 (5)：614-620.

[50] Mackinnon D. P., Lockwood C. M., Hoffman J. M., et al. Comparison of Methods to Test Mediation and Other Intervening Variable Effects [J]. Psychological Methods, 2002, 7 (1): 83-104.

[51] 温忠麟，侯杰泰，张雷. 调节效应与中介效应的比较和应用 [J]. 心理学报，2005，37 (2)：268-274.

[52] 李一，沈春秋. 管理者激励机制中的权力因素探析 [J]. 科技和产业，2008，8 (7)：57-59.

[53] 陈勋教，徐国平. 领导者的权力欲望及其调节 [J]. 企业改革与管理，2006 (7)：38-39.

The Relationship among Need for Power, Organizational Commitment and Extra-role Behavior: The Moderating Effect of Organizational Culture

Fan Yun　Yan Liang　Ma Guimei

(The Key Lab of the Ministry of Education for Process Control & Efficiency Engineering, School of Management, Xi'an Jiaotong University, Xi'an 710049, China)

Abstract: Based on the researches before, the study focuses on influences of personal need of power on organizational commitment and extra-role behavior and the moderating effect of organizational culture with characteristics of stimulation and impartiality between need for power and organizational commitment. Through the SEM and hierarchical regression with the sample, the results indicate that, ①personal need for power has positive effect on extra-role behavior; ②personal commitment has positive effect on affective commitment and normative commitment, but non-significant effect on continuance commitment; ③affective and normative commitment partially mediate the effect of need for power on extra-role behavior and continuance commitment has negative effect on extra-role behavior; ④Organizational culture has the moderating effect between need for power and normative commitment, but does not have significant moderating effect between need or power and affective commitment. The conclusions could be helpful for organizational human resource practices and human resource selection and promotion.

Key Words: Need for Power; Organizational Commitment; Extra -role Behavior; Organizational Culture

组织创新文化、组织文化强度与个体员工创新行为：多层线性模型的分析*

陈卫旗[1,2]
（1. 中共广州市委组织部广州市企业经理人才评价推荐中心，广州，510050；
2. 广州大学教育学院心理系，广州，510006）

【摘　要】本研究通过对某大型电网公司 156 家供电局的 10856 名员工的问卷调查，检验了组织创新文化、组织文化强度及其交互作用对员工创新行为的影响效应。多层线性分析（HLM）结果表明，组织创新文化与员工创新行为有正向关联；而组织文化强度与员工创新行为有负向关联，但可以强化创新文化与员工创新行为的正向关系。研究结果表明，不仅是组织文化的内容，组织文化的强度对于员工创新也有重要的意义。引入组织文化的强度属性，可以更精确地理解组织文化与个体创新行为的关系。

【关键词】组织创新文化；组织文化强度；员工创新行为；多层线性模型

1　前言

在当今快速变革的时代，企业的竞争能力和最终生存都要依赖于企业创新产品和服务的能力。而组织必须依靠个体员工对流程、方法和运营进行变革创新（Shalley and Gilson，2004）。根据 Far 和 Ford 的定义，个体创新行为是指个体（在工作、群体或组织中）首创和引进新的和有益的观念、产品或流程的行为（De Jong and Den Hartog，2010）。个体创新被认为是组织创新过程中最重要的因素，是组织竞争力的关键（Shalley and Gilson，2004），是高绩效组织的基础（Scott and Bruce，1994）。因此，员工创新行为及其影响因素一直受到高度关注。其中，组织文化被认为是影响员工创新的最重要因素之一。

---

* 本文选自《心理科学》2013 年第 36 卷第 5 期。

但是，以往研究大多从组织文化的内容属性（即组织文化特征，如创新文化）角度去探讨组织文化与组织和员工创新行为之间的关系。而组织文化的另一个属性——组织文化强度（the Strength of Culture，指组织各单元，如个体、小组、部门等的成员共享价值观的程度，即组织成员价值观一致性程度）（Harris，1998）与员工创新行为的关系却没有受到足够的关注。另外，Saffold（1988）指出，要使组织文化有效影响绩效产出，除了组织文化要拥有独特的特征外，还需要有足够的强度。那么，组织文化强度是否会制约组织创新文化对员工创新行为的效应？以往文献中尚未有实证研究探讨这一问题。因此，本研究将着重探讨组织文化强度及其与组织创新文化的交互作用对员工创新行为的影响，从一个新的视角，探讨组织文化与员工创新行为的关系。

2 理论分析与研究假设

2.1 组织创新文化与个体创新行为

Jassawalla 和 Sashittal（2002）将组织创新文化描述为一种社会和认知环境，是在组织成员一贯行为模式中反映出来的对现实的共同认识、集体信仰和价值系统，它期望和引导员工创新、尝试和冒险。Shalley 和 Gilson（2004）指出，如果组织价值观看重创新结果，且员工也相信这是真的，他们就会积极寻求和实践创新观念，努力促成创新目标实现。

一些关于组织氛围与员工创新行为关系的研究也证实，组织对创新的支持可以促进员工的创新行为。例如，Scott 和 Bruce（1994）证实领导与下属的关系及对创新的支持可以提高员工创新行为。顾远东和彭纪生（2010）、刘云和石金涛（2010）等人也证实组织创新支持氛围对员工创新行为有积极的促进作用。基于上述理论和研究结果，本研究提出假设：

假设 1：组织文化越重视创新，员工会表现出更加积极的创新行为。

2.2 组织文化强度与个体创新行为

如前所述，组织文化强度是指组织各单元（如个人、小组、部门等）的成员共享价值观的程度（Harris，1998）。一些研究者认为，强势的组织文化可以协同组织成员的行动，降低沟通成本，促进目标统一，从而提高组织效能（Yilmaz and Ergun，2008）。

但是，过强的组织文化也会有消极的一面。在强势的组织文化中，员工价值观一致性可能会导致组织高度同质化，从而使得员工看问题的视角缺乏多样化，降低创造性。Kotter 和 Heskett（1992）指出，罔论其内容，高度共享的规范和价值观会阻止公开表达不同观点，妨碍寻求和运用新方法，从长远角度而言，会降低组织调适其系统、流程、信仰和行为以适应变化环境的能力。Jaskyte 和 Kisieliene（2006）的研究提供了间接的证据，

他们发现，组织文化规范对多样性的支持度可以促进员工的创新行为。

基于上述观点和相关研究证据，我们推测，组织文化强度，或说组织成员价值观一致性程度会抑制员工的创新行为。本研究假设：

假设 2：组织文化越强，员工创新行为越弱。

2.3 组织文化强度与组织创新文化交互作用对个体创新行为的影响

尽管组织文化强度本身可能不利于员工创造性，但另一方面，如 Saffold（1988）指出的那样，组织文化强度又是组织文化有效发挥作用的基础。Yilmaz、Alpkan1 和 Ergun（2005）检验了组织文化强度对公司客户导向与公司绩效之间的关系，结果发现文化强度可以强化公司客户导向与公司财务经营绩效的正向关系。Khazanchi、Lewis 和 Boyer（2007）也发现，员工与经理在灵活性价值观上越一致，组织创新绩效越好；但员工与经理在控制性价值观上的一致性与组织创新绩效并无关联。

这些研究提示我们，组织文化强度具有强化组织文化效应的作用，但是这种强化作用最终导致的效应方向可能取决于组织文化本身对组织效能的作用方向。例如，在上述 Khazanchi 等人的研究中，组织灵活性价值观有利于创新绩效，那么组织文化强度可以增进组织灵活文化与创新绩效的关系；而组织控制性价值观可能与创新绩效并无关联，组织文化强度则与创新绩效没有关联。

根据上述研究证据和理论分析，本研究认为，尽管组织文化强度本身可能会削弱员工创新行为（假设 2），但是，另一方面，它又可能强化组织创新文化与员工创新行为的正向关系。

假设 3：当组织文化价值观强调创新时，组织文化强度可以增强组织创新文化与员工创新行为之间的正向关联。

图 1 总结了本研究的理论假设模型。

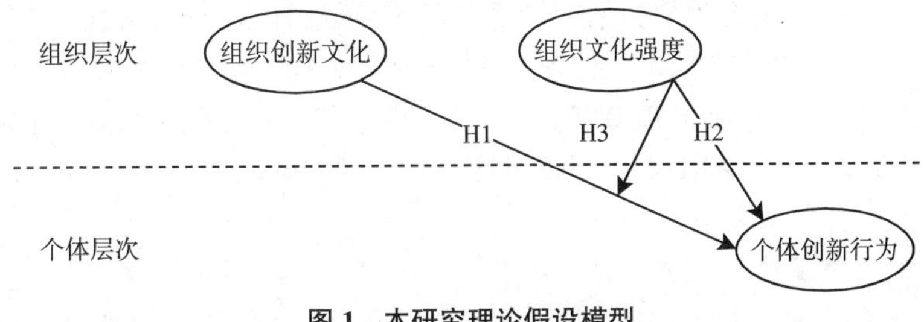

图 1 本研究理论假设模型

3 研究方法

3.1 研究样本

本研究样本来自某大型电网公司下属的172家供电局。研究通过党群部按照员工5%的比例随机抽取14000名干部员工，由各供电局政工部组织选定的员工在公司网络平台上进行无记名问卷调查。研究对数据进行核查，首先删除那些数据无变异（对所有项目均选择同一选项）的问卷979份，然后对组织创新文化和员工创新行为两个变量采用散点图结合茎叶图进行双变量偏离值检验，去除偏离值大于2个标准差的样本共1989人，再删除调查人数不足15人的16个单位176人，共保留了156个组织样本和10856个个体层面样本（平均各单位人数69.6人）。问卷有效率为77.5%。其中男性7615人，女性3241人；平均年龄32.31岁，标准差为10.28；平均工龄13.54年，标准差为9.34；专业技术岗位人员6063人，非技术岗位人员4793人。

3.2 变量测量

3.2.1 组织创新文化

问卷以Hurley和Hult（1998）测量创新文化的5个项目单维性问卷为主体，并增加了Scott和Bruce（1994）用以测量“资源支持”和“团队合作”成分的2个项目，共7个项目，采用Likert-5点量表形式。

由于组织文化是组织层面的变量，须将个体层面的员工知觉分数集聚（Aggregation）成组织层面的分数，即以各单位员工对组织创新文化的知觉分数求平均数来表征组织创新文化。为检验集聚统计是否可靠，研究计算了各单位的组内评价一致性rwg值，组内相关ICC(1)和均数可靠性ICC(2)值。结果，平均 $rwg = 0.94$，$ICC(1) = 0.12$，$ICC(2) = 0.82$。平均rwg和ICC(2)均高于临界值0.70，rwg最小的单位（最小值 = 0.81）也超过0.70，基于ICC（1）的方差分析（ANOVA）也表明存在显著组间差异（$F = 5.57$，$p < 0.001$），确认可以对个体数据进行集聚。

3.2.2 组织文化强度

本研究参照Chatman（1989）类似的做法，以公司各下属单位员工认同公司主导价值观的一致性程度表征组织文化强度。第一步，让员工对公司公开宣称的18种核心价值观（包括经营目标、团队、创新、规范、安全以及社会责任与服务6个方面）根据重要性进行排序，得到每个被试的价值观排序特征曲线。第二步，以各供电局为单位，计算各单位全体被试对组织价值观重要性的平均排序，用来表征该单位组织价值观特征曲线。第三步，计算每个被试价值观的排序特征曲线与所在单位的组织价值观特征曲线之间的相关系数（Q 值，分值范围在-1.00~1.00），即员工价值观与组织价值观的相似指数。第四步，再以各供电局为单位，计算员工的平均相似指数 Q 值，表征各单位组织文化强度。平均相似指数 Q 值越高，反映该组织员工接受组织价值观的程度越高，组织文化强度越强。

3.2.3 员工个体创新行为

员工个体创新行为问卷节选自 Kleysen Street（2001）编制的一项运用较广的个体创新行为量表。原量表共 14 个项目，分别测量寻找创新机会、产生想法、形成调查、创新支持以及应用 5 个维度的创新行为。但 Kleysen 和 Street 的原始数据表明，一些项目因素负荷较低，且各因素之间相关度均很高，区分效度欠佳。DeJong 和 Den Hartog（2010）及 Janssen（2000）的研究也表明，以多维构思测量个体创新行为时发现各维度间的区分效度往往难以满足。他们建议，个体创新行为是单维构思。因此，本研究在其 5 个维度中各选取 1~2 个因素负荷较高的项目，改编成 7 个项目的单维性员工个体创新行为问卷。问卷采用 Likert-5 点量表形式。

3.3 测量工具的信效度检验

研究按照奇偶数序号将样本分成两个样本。首先根据奇数序号样本对创新文化问卷和员工创新行为问卷所有项目进行探索性因素分析，结果抽取 2 个特征值大于 1 的因子（KMO =0.963，Bartlett 球形检验结果在 0.001 水平上显著）。所有组织创新文化问卷的 7 个项目聚合为一个因子，而个体创新行为问卷的 7 个项目聚合为另一个因子，均为单因素结构。创新文化因子和个体创新行为因子分别解释变异 38.03%和 38.60%，累积解释变异 76.63%。创新文化各项目因素负荷为 0.76~0.84，个体创新行为各项目因素负荷为 0.6~0.85。

然后，研究以偶数序号样本对两个问卷所有项目进行验证性因素分析。鉴于顾远东和彭纪生（2010）、卢小君和张国梁（2007）的研究发现，Kleysen 和 Street 的个体创新行为量表中可能包含两个因子——“创新观念产生”和“创新观念执行”。本研究分别建立了两个竞争模型（模型 1 包含单维构思的组织创新文化因子和单维构思的个体创新行为因子，模型 2 包含单维的组织创新文化因子和两维构思的个体创新行为因子）进行比较，结果见表 1：

表 1 测量模型拟合指数比较

模型	χ^2	df	χ^2/df	RMSEA	GFI	NFI	IFI	CFI	PNFI
模型 1	4083.09	76	53.73	0.070	0.947	0.972	0.973	0.973	0.812
模型 2	3704.06	74	50.06	0.067	0.952	0.975	0.975	0.975	0.793

从模型拟合指数来看，两个模型均可接受，模型 2 似乎略优于模型 1。但是，“观念产生”和“观念执行”两个因子之间的 φ^2（两个因子之间的标准化相关系数的平方，反映因子与因子之间的共同变异）高达 0.94，远大于两个因子的 AVE（Average Variance Extracted，反映因子与测量项目之间的共同变异；“观念产生”的 AVE = 0.76，“观念执

行”的 AVE = 0.74)，说明“观念产生”和“观念执行”两个因子之间缺乏足够的区分效度。因此，个体创新行为更可能是一个单维构思，模型 1 更合理。

模型 1 的因子负荷矩阵显示，组织创新文化各项目因子负荷均在 0.77~0.89，AVE = 0.72，员工个体创新行为各项目因子负荷均在 0.81~0.90，AVE = 0.74。两个因子的 AVE 均大于 0.50，表明两个因子构思均具有良好聚合效度。并且，两因子间的 $\varphi^2 = 0.49$，远小于两者 AVE，表明两者之间具有良好区分效度。探索性因素分析和验证性因素分析都证实组织创新文化问卷和员工个体创新行为问卷均具有良好构思效度。两个问卷的 α 系数均为 0.95，均具有良好的内部一致性信度。

3.4 共同方法偏差（同源变异）检验

为检验是否存在共同方法变异（如同源变异）偏差，研究进一步在上述模型 1 中加入一个共同方法变异因子（即设定各项目除负荷于理论设定的相应因子外，同时还全体负荷于一个共同方法因子）。结果拟合指数为：$\chi^2 = 3120.11$（df = 63，$p < 0.001$），GFI = 0.960，NFI = 0.979，IFI = 0.979，CFI = 0.979，RMSEA = 0.067。加入共同方法因子 χ^2 虽显著降低（$\chi^2 = 962.98$，$p < 0.001$），但各拟合指数只有 0.006~0.013 的改善，RMSEA 仅降低 0.003。说明共同方法变异偏差很小，不排除由于大样本导致 χ^2 过于敏感而达到显著性。

3.5 假设检验统计方法

研究采用多层线性模型（HLM）方法检验组织创新文化（组织层面变量）对员工创新行为（个体层面变量）的效应，统计采用 SPSS15.0、AMOS7.0 和 HLM6.06 进行。为了彻底消除共同方法变异（同源变异）偏差，本研究参照 Ostroff（1993）建议的方法，在每个供电局样本中根据样本序号奇偶数分别选取 50%的被试作为自变量测量样本，另外 50%的被试作为因变量测量样本，然后建立多层线性模型检验假设。为降低自变量间的多重共线性关系造成的偏差，研究对各自变量进行均数中心化处理。

4 研究结果

4.1 描述性统计与相关分析

表 2 研究变量的描述性统计及相关矩阵。

表 2 给出了研究的主要变量的描述性统计及各变量间的相关矩阵。其中，组织创新文化与组织文化强度的相关系数是在组织水平上计算的，而组织水平的创新文化及文化强度与个体水平的员工创新行为的跨层次水平相关通过 HLM 计算得到。

结果表明，组织创新文化与员工创新行为有较高的显著正相关；而组织文化强度也与

表 2 研究变量的描述性统计及相关矩阵

变量	M	SD	1	2
1. 组织创新文化	3.96	0.74		
2. 组织文化强度	0.53	0.37	0.29***	
3. 员工创新行为	4.12	0.69	0.56***	0.32***

注：*p < 0.05，**p < 0.01，***p < 0.001，双侧检验。

员工创新行为有显著正相关。

4.2 假设检验

研究首先建立零模型（不含任何预测变量的两层面水平分析模型，也叫方差成分模型）作为基准模型，估计各个层面的变量对因变量变异的相对贡献大小，确认层-2 水平的变量是否具有显著的效应（见表 3 中模型 1）。零模型检验结果表明，员工创新行为存在显著的组间差异（χ^2（155）= 1063.05，$p < 0.001$），可以进一步进行二层线性模型分析。根据层-1 随机变异 σ^2 和层-2 随机变异 τ_{00} 分析各层面变异，结果表明员工创新行为的变异中有 13.2%源自组织层面的因素，86.8%源自个体层面的因素。

接下来，研究建立二层线性模型检验组织创新文化和组织文化强度及其交互作用对员工创新行为的效应。首先，在层-1 模型中加入员工人口统计学变量作为控制变量（由于性别和岗位类别是类别变量，故我们将它们设置为虚拟变量：男性用 0 表征，女性用 1 表征；技术岗用 0 表征，非技术岗用 1 表征）；在层-2 模型中加入组织创新文化和组织文化强度作为自变量，以层-1 模型的截距作为因变量，在组织层面上估计组织创新文化和组织文化强度分别对员工创新行为的主效应（见表 3 模型 2）。然后，再在层-2 模型中加入组织创新文化和组织文化强度的交互项，以估计组织创新文化和组织文化强度的交互作用对员工创新行为的效应（见表 3 模型 3）。

表 3 组织创新文化、组织文化强度及其交互作用对员工创新行为的效应多层次分析

变量	模型 1（零模型）	模型 2	模型 3
层-1（n = 5428）			
截距	4.125 (0.019)***	3.920 (0.054)***	3.923 (0.054)***
性别		0.067 (0.015)***	0.066 (0.015)***
年龄		0.034 (0.019)	0.034 (0.019)
工龄		-0.001 (0.001)	-0.001 (0.001)
学历		-0.004 (0.001)	-0.005 (0.010)
岗位类型		-0.033 (0.009)***	-0.32 (0.009)***

续表

变量	模型 1（零模型）	模型 2	模型 3
层-2（n = 156）			
组织创新文化		0.623 (0.029)***	0.426 (0.128)**
组织文化强度		–0.349 (0.107)**	–0.391 (0.107)**
创新文化 × 文化强度			0.563 (0.234)*
层-1 随机变异 σ^2	0.440	0.428	0.428
层-2 随机变异 τ_{00}	0.067	0.009	0.002

注：带稳健标准误的估计；括号前为效应系数，括号内的是标准误；$^*p < 0.05$，$^{**}p < 0.01$，$^{***}p < 0.001$。

模型 2 数据表明，组织创新文化和组织文化强度对员工创新行为均有显著预测效应。其中组织创新文化与员工创新行为有正向关联（$\gamma = 0.623$，$p < 0.001$），而组织文化强度与员工创新行为有负向关联（$\gamma = -0.349$，$p < 0.01$）。二者共解释了员工创新行为总变异的 11.4%（占组织层面因素所解释变异量的 86.7%）。假设 1 和假设 2 均得到验证。

模型 3 数据表明，组织创新文化与组织文化强度具有显著交互作用（$\gamma = 0.563$，$p < 0.05$），交互项系数为正，表明组织文化强度可以强化组织创新文化与员工创新行为的正向关联。假设 3 也得到验证。加入交互项后，组织文化所能解释的员工创新行为总变异增加了 1.4%（占组织层面因素所解释变异量的 10.4%）。这样，组织创新文化、组织文化强度及其交互作用共解释了员工创新行为总变异的 12.8%（占组织层面因素所解释变异量的 97.0%）。

为了更直观地表达组织文化强度对组织创新文化与员工创新行为关系的调节效应，我们利用 HLM6.06 的绘图功能制作了图 2 所示的交互效应图（由于自变量均经过均数归零处理，故图中横坐标刻度值与问卷原始尺度不同）。图 2 显示出明显的交互效应：组织文

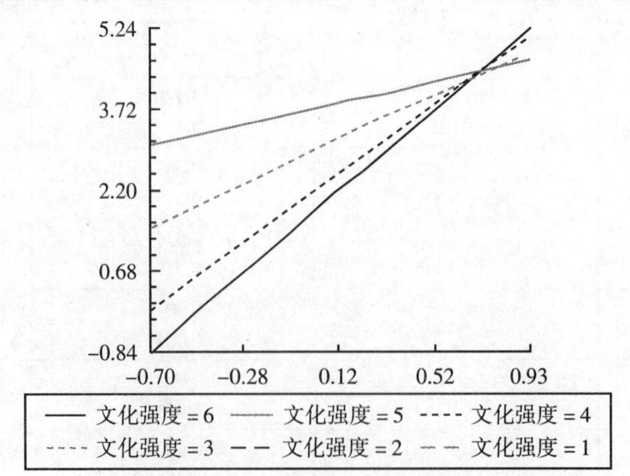

图 2 组织创新文化与文化强度交互作用预测员工创新行为

化强度越强（从较弱的 1 级到较强的 6 级），表征组织创新文化与员工创新行为关系的直线斜率越大。6 条直线呈现交叉。

5 讨论

5.1 研究结果及其理论意义讨论

本研究结果表明，组织创新文化和组织文化强度对于预测员工创新行为均具有重要的意义。尽管两者主效应及其交互作用一共只解释了员工创新行为总变异的 12.8%，但就由组织层面因素解释的变异中，它们就占了 97.0%，远大于所有其他组织因素能够解释的变异的总和（即残差部分，仅为 3.0%）。可见，组织文化是影响员工创新行为最重要的组织因素。

值得注意的一点是，表 2 相关系数显示，组织文化强度与员工创新行为有显著正相关，但是在多层线性模型分析中，当控制了组织创新文化变异后，组织文化强度与员工创新行为呈显著负相关（见表 3 模型 2 的系数）。Yilmaz 和 Ergun（2008）在研究组织文化与组织绩效关系时也发现类似的现象：独立看组织文化强度与多种组织绩效指标的配对关系时，它们具有正相关，但控制了其他文化特征变量后，组织文化强度与多种组织绩效指标的关系变为负相关。他们解释为是组织文化强度效应的两面性造成的。

我们认为，无论组织成员共享同一套什么样的价值观体系，其价值观体系都是有具体内容的，即组织文化强度实际上同时隐含着组织文化内容的信息，势必受到组织文化内容的制约。比如，某一组织主导的共享价值观强调灵活性，而另一个组织主导的共享价值观具有控制性特征，那么组织文化强度在这两个组织中就具有完全不同的意义。这也就是为什么 Khazanchi、Lewis 和 Boyer（2007）的研究发现员工与经理在灵活性价值观上越一致，创新绩效越好，而在控制性价值观上的一致性没有显著效应的原因。

本研究发现，单独看组织文化强度与员工创新绩效关系时呈现出正相关，可能是因为该电网公司的价值观非常重视创新。而当我们控制了组织文化的创新程度变异后，组织文化强度显现负效应。因此，探讨组织文化强度的真实效应，需要考虑组织文化价值观的内容。

研究也发现，组织创新文化和组织文化强度的交互作用对员工创新行为具有正效应。当组织文化强调创新时，组织文化越强，员工创新行为越强。这一结果表明，组织创新文化与员工创新行为的关系受到组织文化强度的调节。从另一个角度看，组织文化强度的一个作用在于强化组织文化特征的效应，组织文化强度对于员工创新的影响效应的具体表现与其组织文化特征的内容密切相关。

上述两个结果表明，组织文化强度对于员工创新行为而言并非都是消极的。一方面，组织文化强度可能会导致组织高度同质化而不利于员工创新。另一方面，组织文化强度可以增进组织文化的效应。当组织文化强调创新价值观时，组织成员高度一致认同组织价值观，却可以促进员工创新。

总之，研究结果表明，要全面理解组织文化与创新的关系，不仅要考虑组织文化的内容属性，还要考虑组织文化的强度属性，我们不应简单地以线性思维模式理解组织文化或组织文化强度的效应，还应当从组织文化内容和强度两种属性的交互作用来理解它们与员工创新行为的关系。诚如 Khazanchi、Lewis 和 Boyer 等指出的，在研究组织创新文化与创新绩效关系时，引入价值观一致性变量，可以使这种关系更精细化。这也是本研究结果最主要的理论意义所在。

5.2 研究的局限性与研究展望

尽管本研究得到了一些有价值的结果，但研究仍然存在不足，应当进一步改善和研究。

首先，与当前组织文化领域的研究一样，本研究主要关注组织创新文化及组织文化强度两种属性的效应，但是没有研究组织文化各种属性效应的中介过程机制。其次，本研究虽然研究了创新文化与组织文化强度两种属性交互作用对员工创新行为的影响，但许多可能制约组织文化效应的因素都还没有涉及。

此外，组织文化是组织层面的变量，组织的行业、规模、体制、历史，所处环境等背景变量差异往往非常大，许多因素难以控制。本研究采用某大型电网公司下属多个供电企业作为样本，虽然一定程度上控制了组织背景差异，但同时带来了另一方面的问题，即研究具有非常明显的行业特点和企业特定性，研究结论的生态效度受到制约。并且由于被试均来自同一个电网公司，组间差异较小，这也是本研究发现组织文化对因变量变异解释率较小（共解释员工创新行为总变异的 12.8%）的原因。将来的研究应当通过更大样本的研究，将更多组织背景变量纳入研究中，以获得具有更普遍适应性的研究结论。

6 结论

研究采用多层线性模型方法分析了组织创新文化、组织文化强度（即组织成员价值观一致性）及其交互作用对员工态度行为的效应。研究发现：①组织创新文化与员工创新行为有积极的关联；②在控制了组织文化的创新水平后，组织文化强度与员工创新行为具有负相关；③组织文化强度可以强化组织创新文化与员工创新行为的正向关系。研究结果表明，组织文化内容和强度两种属性对于员工创新行为都具有重要意义，引入组织文化强度变量，可以细化组织文化与员工创新之间的关系。

参考文献

［1］顾远东，彭纪生. 组织创新氛围对员工创新行为的影响：创新自我效能感的中介作用［J］. 南开管理评论，2010，13（1）：30-41.

［2］刘云，石金涛. 组织创新气氛对员工创新行为的影响过程研究：基于心理授权的中介效应分析［J］. 中国软科学，2010（3）：133-144.

［3］卢小君，张国梁. 工作动机对个人创新行为的影响研究［J］. 软科学，2007，21（6）：124-127.

［4］Chatman J.. Improving Interactional Organizational Research：A model of Person-organization Fit［J］. Academy of Management Review，1989，14（3）：333-349.

［5］De Jong，J.，Den Hartog，D.. Measuring Innovative Work Behaviour［J］. Creativity and Innovation Management，2010，19（1）：23-36.

［6］Harris L.. Cultural Domination：The Key to Market-oriented Culture?［J］. European Journal of Marketing，1998（32）：354-373.

［7］Hurley R.，Hult，G. T. M.. Innovation，Market Orientation，and Organizational Learning：An Integration and Empirical Examination［J］. Journal of Marketing，1998，62（3）：42-54.

［8］Janssen O.. Job Demands，Perceptions of Effort-reward Fairness，and Innovative Work Behavior［J］. Journal of Occupational and Organizational Psychology，2000（73）：287-302.

［9］Jaskyte K.，Kisieliene，A. Determinants of Employee Creativity：A Survey of Lithuanian Nonprofit Organizations［J］. Voluntas，2006（17）：133-141.

［10］Jassawalla A. R.，Sashittal，H. C.. Cultures that Support Product Innovation Processes［J］. Academy of Management Executive，2002，16（3）：42-53.

［11］Khazanchi S.，Lewis，M. W.，Boyer，K. K.. Innovation-supportive Culture：The Impact of Organizational Values on Process Innovation［J］. Journal of Operations Management，2007（25）：871-884.

［12］Kleysen R. F.，Street，C. T.. Towards a Multi-Dimensional Measure of Individual Innovative Behavior［J］. Journal of Intellectual Capital，2001（2）：284-296.

［13］Kotter J. P.，Heskett，J. L.. Corporate Culture and Performance［M］. New York：Free Press，1992.

［14］Ostroff C.. Comparing Correlations Based on Individual-level and Aggregated Data［J］. Journal of Applied Psychology，1993（78）：569-582.

［15］Saffold G. S.. Culture Traits，Strength and Organizational Performance：Moving Beyond "Strong" Culture［J］. Academy of Management Review，1988，13（4）：546-558.

［16］Scott S. G.，Bruce，R. A.. Determinants of Innovative Behavior：A Path Model of Individual innovation in the Workplace［J］. Academy of Management Journal，1994（37）：580-607.

［17］Shalley C. E.，Gilson，L. L.. What Leaders Need to Know：A Review of Social and Contextual Factors that can Foster or Hinder Creativity［J］. The Leadership Quarterly，2004（15）：33-53.

［18］Yilmaz C.，Alpkan L.，Ergun，E.. Cultural Determinants of Customer-and Learning-Oriented Value Systems and Their Joint Effects on Firm Performance［J］. Journal of Business Research，2005（58）：1340-1352.

［19］Yilmaz C.，Ergun，E.. Organizational Culture and Firm Effectiveness：An Examination of Relative Effects of Culture Traits and the Balanced Culture Hypothesis in an Emerging Economy［J］. Journal of World Business，2008（43）：290-306.

Organizational Innovative Culture, the Strength of Culture and Employee Innovative Behavior: A Multilevel Analysis

Chen Weiqi[1,2]

(1. Guangzhou Assessment and Recommendation Centre of Enterprise Executives, Guangzhou, 510050; 2. School of Education, Guangzhou University, Guangzhou, 510006)

Abstract: Numerous studies have been done to explore the direct relationships between organizational culture and individual innovative behavior, but little attention has been paid to the role of the cultural strength. We attempt to fill these voids by examining the joint effects of organizational innovative culture (content), and the strength of organizational culture, as well as their interactive effects, on individual employee innovative behavior. The main theses of the study are that, (a) all these organizational cultural attributions are related to employee innovative behavior in their own unique way, and (b) the strength of organizational culture moderates the effect of organizational innovative culture on individual employee innovative behavior.

10856 employees from 156 operating divisions of a large state-owned power grid company were surveyed. The sample size of each division is no less than 15 subjects, with a mean of 69.6. The subjects reported their perceptions of the organizational supportiveness to innovation on a 7-items scale adapted from Hurley and Hult (1998) and Scott and Bruce (1994). The employee innovative behavior is quanti? ed using seven items adapted from Kleysen and Street (2001). The subjects were also asked to rank 18 core company's values according to their importance, and thus the employee's value was measured. All the subjects' scores were averaged to represent the organizational values. The profile similarity (Q) between employees' values and organizational values were calculated to represent the value congruence between person and organization, and then averaged within each operating division to represent the cultural strength. The employees' perceptions of innovative culture were also aggregated to the organization (division) level for multi-level analyses purpose. ICC(1), ICC(2), and rwg had been calculated to justify the aggregation.

Using hierarchical linear modeling, individual employee innovative behavior was predicted using individual-level variables (i. e.demographic data) and the organization-level variables

(i. e. the content and the strength of organizational culture, as well as their interactive effect). Hierarchical linear modeling results reveal that organizational innovative culture fosters and facilitates employee innovative behavior, while the strength of organizational culture hinders employee innovation. Results also indicate that strong culture can strengthen the positive effects of organizational innovative culture. The main effects of organizational innovative culture and of the strength of organizational culture explain up to 11.4 percent of the total variance in the employee innovative behavior, and their interactive effect explains another 1.4 percent of the variance. The joint effect of the three organization-level predictors explains 97 percent of the variance which could be explained by the organization-level variables.

The results of the present study suggest that not only the content but also the strength of the organizational culture are crucial for employee innovation. We argue that a more sophisticated model should be adopted to understand the roles of organizational culture. Regardingthe strength of the culture can elaborate the understanding of the relationship between organizational culture and individual innovative behavior. More attentions should be paid to the direct, linear effect, as well as the moderating effect of organizational culture on employees' outcomes.

Key Words: Organizational Innovative Culture; the Strength of Organizational Culture; Employee Innovative Behavior; Hierarchical Linear Model

辱虐管理与团队绩效：团队沟通与集体效能的中介效应*

吴隆增[1]　刘　军[2]　梁淑美[3]　吴维库[4]

（1. 上海财经大学国际工商管理学院，上海　200433；2. 中国人民大学商学院，北京　100872；3. 香港浸会大学工商管理学院，北京　100872；4. 清华大学经济管理学院，北京　100084）

【摘　要】 辱虐管理是近年来备受国内外学术界关注的一种负向领导行为。已有的辱虐管理研究都集中在个体层面，侧重于关注辱虐管理对于员工心理健康、工作态度和工作行为的影响等，至今未有研究关注辱虐管理对于团队层面结果变量的影响。以我国 10 家制造型企业中的 95 个团队为实证研究对象，本文探讨了辱虐管理对团队绩效的影响，并以 Cohen 和 Bailey 提出的团队效能启示模型（Heuristic Model of Team Effectiveness）为基础，进一步分析了团队沟通及团队集体效能在其中所起的中介作用。层级回归分析结果表明，辱虐管理对团队绩效具有显著的负向影响，团队沟通和团队集体效能在辱虐管理与团队绩效之间的关系中起着完全中介的作用。

【关键词】 辱虐管理；团队沟通；团队集体效能；团队绩效

1　引言

随着组织与社会环境的变迁，组织的内在结构设计也在发生着深刻变革，过去强调员工个人奋斗的观念已逐渐被团队合作所取代，越来越多的组织选择运用团队来完成组织的目标，以提升组织效能和竞争能力。与此相对应，领导的角色也不再仅仅是领导和激励下属，还应该包括如何去领导和激励团队以达成团队的目标。领导行为对于团队绩

* 本文选自《管理评论》2013 年第 25 卷第 8 期。

效的影响是不言而喻的，在以往的相关研究中，大部分研究关注各种正向的领导行为（如变革型领导、授权型领导、伦理领导等）对于团队绩效的影响，却较少有研究关注负向领导行为（如辱虐管理、暴君行为及威权领导等）对于团队绩效的影响。然而，这些负向的领导行为却又广泛存在于各类团队中，深刻地影响着团队的运作过程和团队绩效。因此，研究各种负向领导行为对于团队绩效的影响及其影响的作用机制，对于深刻认识其本质，以及采取措施来预防或控制这些领导行为给团队带来不良的影响，具有十分重要的意义。

作为负向领导行为的一种类型，辱虐管理（Abusive Supervision）在近年来受到了越来越多的研究的关注。从以往的文献来看，已有的辱虐管理的研究大都集中在个体层面。相关的研究成果表明，辱虐管理会对下属的心理健康、家庭生活、工作态度和工作行为产生十分消极的影响，如会造成下属心灵上的创伤以及家庭关系的恶化，降低下属的工作满意度、组织承诺、工作绩效与组织公民行为，增强离职倾向，甚至可能会引起下属的反抗行为。与个体领域相关研究的蓬勃发展相比，辱虐管理对团队结果变量的影响则未受到足够的重视，至今未有相关的研究成果发表。事实上，辱虐管理作为一种负面的领导行为，既存在于个体层次，也存在于团队层次。因此，深入探讨辱虐管理对团队层次结果变量（如团队绩效）的影响将有助于拓展辱虐管理的研究领域，进一步丰富和完善辱虐管理的研究。

尽管辱虐管理可能会对团队绩效造成十分消极的影响，但辱虐管理与团队绩效之间的内在联系可能是复杂的，因而应当进一步考查其内在作用机制。以 Cohen 和 Bailey 提出的团队效能启示模型（Heuristic Model of Team Effectiveness）为基础，我们认为团队沟通作为一种团队过程（Team Process）变量以及团队集体效能作为一种团队状态（Emergent States）变量很可能是连接辱虐管理与团队绩效之间关系的重要中介变量。团队过程不同于团队状态，前者是指团队成员之间的互动过程，而后者是指团队的认知、动机或情感状态。相关研究指出，在探讨领导行为与团队后果变量之间的内在联系时，同时考虑团队过程及团队状态的影响将有助于更好地理解领导行为的内在作用过程，但到目前为止却极少有研究在同一个模型中一起分析团队过程及团队状态的影响（除文献［15］外）。因此，本文在探讨辱虐管理与团队绩效之间的关系时，将以 Cohen 和 Bailey 提出的团队效能启示模型为基础，同时考虑团队沟通及团队集体效能在辱虐管理与团队绩效之间的关系中所起的中介作用，这对于揭开辱虐管理与团队绩效之间的中介“黑箱”（Black Box）具有十分重要的意义。

2 理论基础和研究假设

在传统的团队相关的研究中，McGrath 提出的“输入（Input）—过程（Process）—输

出（Output）”模型（简称 IPO 模型）是最常被采用的框架，其中输入是指影响团队效能的因素，过程是指团队成员之间的互动过程，输出则是指团队效能。团队过程被认为是连接团队输入变量与团队输出变量之间的重要机制。近年来，团队领域的研究已经超越了单纯探讨团队过程的观点，而将反映团队认知、动机或情感的概念——团队状态纳入到团队输入与团队输出的机制研究中，从而拓展了团队的 IPO 模型框架。

在 Cohen 和 Bailey 的团队效能启示模型中，除外界环境外，还包含了 4 种重要的团队层次变量：①团队的任务设计（包括团队任务的自主性、相互依赖性等）、构成（包括团队大小、形成年限等）和情境（包括领导、奖励等）；②团队过程（包括团队冲突、团队沟通等）；③团队的心理特征（后来被 Marks 等定义为团队状态，包括共享的心智模型、群体规范等）；④团队效能（如团队绩效等）。团队沟通和团队效能是影响团队有效性的关键变量，根据团队效能启示性模型，我们认为辱虐管理作为团队的情境因素不仅会影响团队过程（团队沟通），也会影响团队状态（团队集体效能），并最终影响团队的绩效。本文研究模型如图 1 所示。

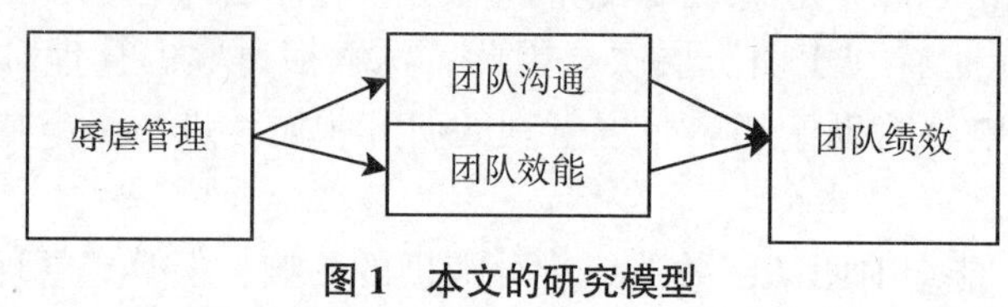

图 1　本文的研究模型

2.1　辱虐管理

辱虐管理是从早期“不恰当领导行为”的概念中逐渐发展起来的，如暴君行为、威逼行为及非身体性接触的攻击行为等。Ashforth 将暴君型的领导者描述为冷漠且专横运用权力来虐待下属的人。在 Ashforth 等的研究基础上，Tepper 提出了辱虐管理的概念，并将个体层次的辱虐管理定义为下属感知到的领导持续表现出来的言语或非言语性的敌意行为，但不包含身体接触。Ng 等学者进一步提出，辱虐管理概念不仅存在于个体层次，也存在于团队层次。他们并将团队层次的辱虐管理定义为团队成员感受到的领导持续表现出来的言语或非言语性的敌意行为，但不包含身体接触。

总体而言，团队层次的辱虐管理行为具有以下一些突出的特点：①成员共同的知觉，即辱虐管理是团队成员对领导形成的共同的知觉；②持续性，即辱虐管理行为是持续的，而非偶然发生的；③敌意性，即在团队成员的知觉中，领导的这种行为带有敌意；④非身体性接触，一些身体性接触的敌意行为，如打耳光、性骚扰、殴打等行为，并不包含在辱虐管理行为中。常见的辱虐管理行为包括公然嘲笑或指责下属、控制信息、胁迫下属、侵犯下属隐私、不守承诺及对下属撒谎等，尽管这些行为都带有敌意的色彩，但这些行为仍属于社会容忍范围之内。

2.2 辱虐管理对团队沟通和团队集体效能的影响

在团队的运作过程中，为了使团队各个阶段的工作能相互配合与衔接，团队必须透过其内部成员之间密切的互动过程来实现。团队沟通是反映团队成员之间互动过程的一个重要的概念，透过沟通的过程，使人与人之间的信息得以交流，并产生影响。从沟通的方式上看，团队沟通可以分为水平沟通与垂直沟通两大类，其中水平沟通是指团队成员之间的沟通，垂直沟通指的是团队领导者与团队成员之间的沟通。

尽管团队沟通的重要性已经获得了大家的认同，但要在团队中实现有效的沟通却并不是一件容易的事情。Srivastava 等指出，团队沟通和知识分享并不会自动在团队中发生，领导在促进或阻碍团队内部沟通方面发挥着重要的作用，如专制性的领导会抑制团队内部的沟通和知识的分享，而授权型的领导则会对团队内部的沟通和知识的分享产生促进的作用。尽管以往研究缺乏对于辱虐管理与团队沟通之间关系的探讨，但结合相关的文献，我们认为辱虐管理会对团队沟通产生负面的影响：①从团队内部的垂直沟通来看，以往的研究表明辱虐管理容易造成领导与团队成员之间互动关系的紧张，导致下属产生组织不公平的认知，进而会破坏领导与团队成员之间的社会交换关系，导致团队成员对领导信任的降低。而公平和信任是人际沟通的基础，低水平的公平认知和信任往往是与低水平的人际沟通相联系的，因此辱虐管理会对领导与团队成员之间的（垂直）沟通产生负向的影响。②从团队内部的水平沟通来看，辱虐管理也会对团队内部的水平沟通效果产生负向的影响。首先，辱虐管理型团队领导表现出的控制信息、胁迫、不守承诺及撒谎等敌意行为，不仅会破坏团队成员对团队共享目标的认同，也会降低下属的心理安全感。而目标认同和心理安全感是团队有效沟通的前提，因为只有这样团队内部才能创造一个具有共同语言、平等开放的良性沟通环境。其次，辱虐管理会影响到团队成员之间的相互信任。Tepper 等的研究发现，领导的辱虐管理行为会调节同事组织公民行为与目标员工工作满意度之间的关系，当领导的辱虐管理行为比较低时，同事组织公民行为会对目标员工的工作满意度产生正向的影响，而当领导的辱虐管理行为比较高时，同事组织公民行为则会对目标员工的工作满意度产生负向的影响。Tepper 等对此的解释是当领导不是辱虐型管理者时，团队成员之间的互动关系会倾向于和谐，员工对同事亲社会性行为的反应是良好的；而当团队领导是辱虐型管理者时，团队内部一些良性的社会互动（如团队成员之间的沟通）可能会受到破坏，员工则更倾向于将同事的亲社会性行为解释为一种不真诚的、刻意讨好领导的行为，并产生不良的反应。因此，辱虐管理破坏了团队有效沟通的基础——信任，进而降低了成员之间提出并交流不同观点以及共享信息的可能性。基于以上讨论，本文提出以下假设：

假设 1：辱虐管理对团队沟通具有显著的负向影响。

团队集体效能的概念源自于社会认知理论中个体自我效能的概念（Self-Efficacy），它是指团体成员对于团队能否成功完成特定任务或取得特定水平成就的共同信念。因此，团队集体效能并不是指团体本身的能力，而是团队成员对团体能力的知觉和评价。尽管

Bandura 起初是在个人层面上定义了自我效能，但后续相关研究指出这种信念同样可以发生在团队层面，属于团队状态的范畴。

根据社会认知理论，团队效能感与自我效能感的提升来自于过去的经验、榜样、口头说以及情绪唤起。团队效能感是团队成员对于集体完成特定任务能力的一致信心和共同信念，这种一致信心的培养和建立需要团队成员尤其是领导的鼓励和支持。如果团队成员感到被领导持续地敌意冒犯，会形成对以往工作经历的负面感知，严重挫伤团队成员的积极性，降低完成团队工作任务的信心。作为一种不公正的领导行为，辱虐管理会成为团队成员工作生活中的一种压力源。根据一般紧张理论，当团队成员感受到工作压力时，会产生愤怒、沮丧及挫败等负面情感，并伴随着自律意识和工作自我效能的下降以及角色模糊的上升。相关的实证研究也表明，当下属受到领导的辱虐时，通常会感受到工作上的压力、愤怒和挫败感，并降低工作自律意识和工作绩效。由于在团队中，领导行为所影响的对象不仅是团队成员对于自身的知觉，更包括团队成员对于整个团队的知觉，我们认为辱虐管理不仅会影响团队成员的自我效能感，而且还可能会通过影响团队成员对于团队目标的认同、信心和参与程度而影响团队的集体效能感。基于此，本文提出以下假设：

假设 2：辱虐管理对团队集体效能具有显著的负向影响。

2.3 团队沟通和集体效能对团队绩效的影响

McGregor 认为所有的社会互动都涉及沟通行为。Kahai 等也指出，团队沟通是非常重要的，影响团队运作失败的主要原因往往不是成员个人的专业技能问题，而是人与人之间的沟通协调问题。尤其是当团队的异质性很高时（如团队成员之间可能在年龄、性格、价值观和专业技能等方面存在很大的差异），团队成员之间的沟通与协作就成为了影响团队运作的关键因素。具体而言，我们认为团队沟通很可能会通过影响以下一些过程来提升团队的绩效：①促进团队学习和知识的分享，提升决策的质量。相关研究表明，团队沟通与团队学习及知识分享密切相关，它有助于扩充团队的知识基础，增进团队对于各种决策方案的理解，并进而提升决策的质量。②降低团队的冲突，促进团队内部的协调。Srivastava 等学者指出，团队成员之间密切的沟通和知识分享会促进团队产生共享的心智模型，这种共享的心智模型有助于强化团队成员对于团队目标的认同，降低人际间的冲突，促进团队目标的达成。Schroeder 也认为，团队内沟通顺畅可使团队成员在许多方面达成共识，从而促进团队成员间的协调与合作，提升团队的绩效。从以往探讨团队沟通与团队绩效之间关系的实证研究来看，绝大部分的研究结果表明团队沟通对于团队绩效具有显著的正向影响。基于此，本文提出以下假设：

假设 3：团队沟通对团队绩效具有显著的正向影响。

团队集体效能会影响成员对团队活动的选择、努力的程度以及在面临困难时坚持解决困境的意愿。一般而言，当团队成员对于团队成功执行任务有较高的信心时，他们往往会倾向于制定较高的团队目标，并在达成该团队目标之前，投入更多的时间和精力，并较少

表现出退缩行为；相反地，如果团队成员的集体效能感比较低，他们更倾向于制定较低的团队目标，在面对工作挫折时更可能会感到痛苦并表现出退缩的行为。因此，集体效能是团队的一种重要心理资源，它有助于团队获得高的绩效表现。以往相关的实证研究也表明，团队集体效能对团队绩效、团队满意度和团队承诺等都具有显著的正向影响。基于此，本文提出以下假设：

假设 4：团队集体效能对团队绩效具有显著的正向影响。

2.4 团队沟通和团队集体效能的中介效应

相关研究表明，在考虑团队外部环境因素后，领导行为对团队绩效影响的直接效应往往比较弱。出现这种现象的一个解释是领导很可能会通过影响与团队绩效更接近的变量，如团队的过程和/或团队的状态，来影响团队的绩效。这种观点与团队效能启示模型的"输入—过程/状态—输出"的观点是一致的。根据团队效能启示模型的中介机制的观点，领导行为作为团队情境因素，往往要通过影响团队过程和团队心理特质（即团队状态）来影响团队的效能。因此，我们认为辱虐管理作为一种负向的领导行为，其对团队绩效的影响也很可能是通过影响团队沟通和团队集体效能来实现的，即团队沟通和团队集体效能在辱虐管理与团队绩效的关系中起着中介的作用。结合前面的讨论分析，本文提出以下假设：

假设 5：团队沟通在辱虐管理与团队绩效之间的关系中起着中介的作用。

假设 6：团队集体效能在辱虐管理与团队绩效之间的关系中起着中介的作用。

3 研究方法

3.1 研究对象

为保证研究设计的严谨，本研究选取 10 家制造型企业中的生产作业团队作为研究样本，团队成员的规模在 3~13 人（平均值为 6.88 人）。调查研究对象分为团队领导与团队成员，为避免同源偏差（Common Method Variance，CMV），本调查研究将变量区分成不同的收集来源（团队领导与团队成员），并分 3 次收集数据。

数据收集是在各个公司人力资源部门的支持配合下完成的。调查前，研究者先与各人力资源专员一同确定调查对象。问卷采取配对的方式，分为团队领导问卷和团队成员问卷。第一次调查（T1）主要针对团队成员，我们从每个团队中随机抽取 3 名团队成员进行调查，调查的主要内容是团队领导的辱虐管理行为；第二次调查（T2，在第一次调查的 3 个月之后）依旧针对团队成员，我们从每个团队中随机抽取 3 名团队成员进行调查，调查的主要内容是团队的沟通和集体效能；第三次调查（T3，在第二次调查的 3 个月之后）主要针对团队领导，调查的主要内容包括领导个人背景信息、团队的背景信息和团队的绩效。问卷填完后，填答者将问卷封入信封，并由问卷填写者直接将问卷寄给研究者或交由各公司人力资源部门集中寄回给研究者。在第一次调查中，我们针对 113 个团队的 339 名团队成员进行了调查，我们共收回属于 105 个团队的 263 份团队成员问卷（已去掉团队成员少于 2 人的团队）；在第二次调查中，我们针对已经完成第一次调查的 105 个团队（315 名团队成员）再次进行调查，我们共收回属于 98 个团队的 248 份团队成员问卷（已去掉团队成员少于 2 人的团队）；在第三次调查中，我们的调查参与了前两次调查的 98 个团队的领导，共收回 95 份团队领导问卷。将三次调查的问卷进行匹配，我们共得到匹配的 95 个团队（包含 95 名领导、参与第一次调研的 240 名团队成员以及参与第二次调研的 242 名团队成员）的样本用于假设检验。在样本结构方面，团队领导以男性居多（占 54.7%），平均年龄为 37.03（SD=5.74）。在教育程度方面，5.3%的领导其学历为高中及以下，34.7%的领导具有大专学历，47.4%的领导具有大学学历，12.6%的领导具有研究生学历。

3.2 研究工具

辱虐管理——采用 Tepper 的量表来测量，该量表原本测量的是个体层次的辱虐管理，我们将问题项中的“我”修改成“团队成员”，从而实现对团队层次辱虐管理的测量，这种测量方法与以往文献对团队层次辱虐管理的测量方法是一致的。量表由 15 个问题项组成，由团队成员提供评价，该量表的测量信度系数（Cronbach’s α）为 0.95（大于管理学研究中常用的 0.70），这表明量表具有良好的信度。团队沟通——采用 Lester 等人的量表来测量，由团队成员提供评价，量表由 4 个问题项组成，信度系数为 0.85。团队集体效能——采用 Chen 等人的量表来测量团队集体效能，量表原本测量的是个体的自我效能感，我们将问题项中的“我”修改成“团队成员”，从而实现对团队集体效能的测量，这种测量方法与以往文献对团队集体效能的测量相同。量表由 4 个问题项组成，由团队成员提供评价，信度系数为 0.83。团队绩效——采用 Zellmerbruhn 和 Gibson 的 5 项目量表测量，信度系数为 0.88。

以往的研究表明，领导背景变量（年龄、性别和教育程度）和团队背景变量（团队大小）会影响团队过程、团队状态和团队绩效。因此，本研究将领导的年龄、性别和教育程度以及团队的大小作为控制变量处理。

4 数据分析和结果

4.1 数据汇聚性分析

本研究中，辱虐管理、团队沟通和团队集体效能等变量是由成员个体提供评价的，但由于本文研究的是团队层次的变量关系，所以在操作上我们需要将成员个体提供的评价汇聚到团队层次上。我们用平均值的方法进行汇聚。在汇聚之前，我们按照 James 等的方法计算并评估了数据的“可汇聚性”，结果支持我们将数据从个体层次向团队层次汇集（辱虐管理、团队沟通和团队集体效能的 ICC（1）分别为 0.53、0.51 和 0.42；辱虐管理、团队沟通和团队集体效能的 ICC(2) 分别为 0.74、0.73 和 0.62；对于大部分团队而言，辱虐管理、团队沟通和团队集体效能的 RWG 都大于 0.7）。以下分析均基于团队层次展开。

4.2 描述性统计分析

表 1 总结了变量的平均值、方差以及相关系数。从表 1 中我们可以看到，辱虐管理与团队沟通（$r = -0.34$，$p < 0.01$）、团队集体效能（$r = -0.33$，$p < 0.01$）及团队绩效（$r = -0.28$，$p < 0.01$）呈现出显著的负相关关系。同时，团队沟通与团队集体效能（$r = 0.54$，$p < 0.01$）和团队绩效（$r = 0.45$，$p < 0.01$）呈现出显著的正相关关系，团队集体效能与团队绩效（$r = 0.45$，$p < 0.01$）之间也呈现出显著的正相关关系。此外，领导年龄（$r = 0.10$）、领导性别（$r = 0.07$）、领导受教育程度（$r = -0.08$）、团队大小（$r = 0.10$）与辱虐管理都没有显著的相关关系，这表明辱虐管理在不同年龄、性别、受教育程度的领导中及规模不同的团队中差异不大。

表 1　各主要变量的均值、方差和相关关系

变量	1	2	3	4	5	6	7	8
1. 领导年龄	1.00							
2. 领导性别	–0.08	1.00						
3. 领导受教育程度	–0.01	0.11	1.00					
4. 团队大小	0.08	–0.40**	–0.16	1.00				
5. 辱虐管理	0.10	0.07	–0.08	0.10	1.00			
6. 团队沟通	–0.01	–0.16	0.27**	–0.09	–0.34**	1.00		
7. 团队集体效能	–0.11	–0.17	0.18	–0.08	–0.33**	0.54**	1.00	
8. 团队绩效	0.06	–0.10	0.21*	0.06	–0.28**	0.45**	0.45**	1.00
9. 平均值	37.03	0.45	2.67	6.88	1.89	3.52	3.65	3.72
10. 标准差	5.74	0.50	0.76	2.11	0.58	0.63	0.55	0.70

注：**$p < 0.01$，*$p < 0.05$。

4.3 假设验证

对于假设的检验，我们采用层级回归（Hierarchical Regression Modeling）的方法来进行：①对中介变量（团队沟通和团队集体效能）的影响。首先，我们引入控制变量，其次是自变量（辱虐管理）的影响，检验假设 1 和假设 2。②中介效应的检验。首先，我们引入控制变量，其次是自变量（辱虐管理）的影响效应，最后我们引入中介变量（团队沟通和团队集体效能），以检验假设 3、假设 4、假设 5 和假设 6。层级回归分析结果见表 2。

表 2 层级回归统计结果

解释变量↓ 因变量→	团队沟通		团队集体效能		团队绩效			
	M_1	M_2	M_3	M_4	M_5	M_6	M_7	M_8
控制变量								
领导年龄	−0.02	0.01	−0.11	−0.09	0.05	0.08	0.09	0.10
领导性别	−0.26**	−0.21*	−0.25	−0.21*	−0.10	−0.06	0.05	0.05
领导受教育程度	0.27**	0.25**	0.18	0.16	0.23*	0.21*	0.10	0.10
团队大小	−0.15	−0.11	−0.14	−0.10	0.05	0.09	0.14	0.15
自变量								
辱虐管理		−0.29**		−0.29**		−0.28**		−0.12
中介变量								
团队沟通							0.28*	0.26*
团队集体效能							0.31**	0.28*
R^2	0.13	0.21	0.10	0.18	0.07	0.14	0.30	0.31
F	3.32*	4.79**	2.45	3.85**	1.59	2.90	6.18**	5.55**
ΔR^2	0.13	0.08	0.10	0.08	0.07	0.07	0.23	0.17
ΔF	3.32*	9.40**	2.45	8.58**	1.59	7.67**	14.42**	10.62**

注：$^{**}p<0.01$，$^{*}p<0.05$。

从表 2 的结果可知，辱虐管理对团队沟通（M_2，$\beta=-0.29$，$p<0.01$）、团队集体效能（M_4，$\beta=-0.29$，$p<0.01$）和团队绩效（M_6，$\beta=-0.28$，$p<0.05$）都具有显著的负向影响，支持了假设 1 和假设 2。同时，团队沟通（M_7，$\beta=0.28$，$p<0.05$）和团队集体效能（M_7，$\beta=0.31$，$p<0.01$）对团队绩效都具有显著的正向影响，支持了假设 3 和假设 4。在加入中介变量团队沟通和团队集体效能后，辱虐管理对下属工作绩效的影响系数从显著（M_6，$\beta=-0.28$，$p<0.01$）下降为不显著，且团队沟通对团队绩效（M_8，$\beta=0.26$，$p<0.05$）及团队集体效能对团队绩效（M_8，$\beta=0.28$，$p<0.05$）都有显著的正向影响。因此，假设 5 和假设 6 也得到了数据的支持。综合以上分析结果，我们可以得到以下初步的结论：辱虐管理对团队绩效有显著的负向影响，团队沟通和团队集体效能在辱虐管理与团队绩效的关系中起着完全中介的作用。

为了进一步检验中介效应的显著性，我们采用 PRODCLIN 程序对中介效应的显著性进行了进一步的分析。分析结果表明，团队沟通和团队集体效能中介效应所处的 95%的置信区间分别为［−0.27，−0.08］和［−0.28，−0.06］，都不包括零。因此，团队沟通和团队集体效能的中介效应显著，假设五和假设六得到了数据的进一步支持。

5 讨论及结论

5.1 研究的结论和理论意义

辱虐管理是近年来一个新兴的研究议题，并因其会对下属的心理健康、家庭生活、工作态度和工作行为等造成十分消极的影响而备受学者们的关注。目前，辱虐管理的研究大都集中在个体层次，至今未有相关的研究探讨辱虐管理对于团队层次结果变量的影响。以我国 10 家制造型企业中的 95 个团队为实证研究对象，本文探讨了辱虐管理对团队绩效的影响，并以 Cohen 和 Bailey 提出的团队效能启示模型为基础，进一步分析了团队沟通及团队集体效能在其中可能起到的中介作用。

本研究首先证实了辱虐管理是中国企业背景下一个有着显著预测力的变量，它会显著地降低团队沟通、团队集体效能和团队的绩效。这表明，辱虐管理不仅会对个体层次的结果变量产生十分消极的影响，还会对团队层次的结果变量（团队绩效）产生显著的负面影响，这一研究结果是对辱虐管理后果研究的一个有力的拓展。除了团队绩效之外，团队后果变量还包括团队公民行为、团队创新、团队创造力、团队承诺和团队满意度等。因此，我们建议，未来的研究可以进一步地深入探讨辱虐管理对于这些团队后果变量的影响，从而更好地揭示辱虐管理在团队层次的影响后果。

其次，本文的实证结果表明，团队沟通及团队集体效能在辱虐管理与团队绩效的关系中起着完全中介的作用，且两者的中介作用大致相同。这一研究结果揭开了辱虐管理与团队绩效之间的“黑箱”，表明辱虐管理是通过影响团队沟通和团队集体效能进而影响团队绩效的。同时，本文在探讨辱虐管理与团队绩效之间的中介机制时，同时考虑了团队过程变量、团队沟通和团队状态变量、团队集体效能的影响，回应了 Marks 等所呼吁的未来团队中介机制的研究应该同时考虑团队过程和团队状态的倡议，这对人们全面而深入地认识辱虐管理的作用过程具有重要的意义。

最后，相对于其他研究，本文在研究设计上更加严谨，这种严谨性突出体现在以下两个方面：①本研究对于团队的工作性质、层次和规模等都进行了严格筛选，并在分析辱虐管理、团队沟通、团队集体效能和团队绩效之间的关系时，控制了领导背景变量（年龄、性别和年资）和团队背景变量（大小）的影响，因而令研究所得到的结论较少地受到影响；②以往辱虐管理的相关研究在其研究设计和研究方法的运用上大都存在着许多的不足，这种不足突出表现为横断面的研究设计（Cross-Sectional Design）以及大量同源性方差的存在。本研究采用了纵向追踪的研究设计和多重来源的数据收集方法，因而有效地避免了同源方差问题，从而有利于更科学地揭示这些变量之间的因果关系。

5.2 实践意义

本文研究结果对管理实践有重要的启示作用。首先，我们在提倡建设性领导行为（Constructive Leadership）的同时，也要重视破坏性领导行为“黑暗面”给团队造成的危害。组织应该制定相应的对策，在团队领导人员甄选环节，重业绩能力更要重伦理品德，避免有辱虐管理倾向的个体成为团队领导，成为“害群之马”；其次，可以通过领导力开发如心理测试、情境模拟、团队建设、换位思考等诸多手段，帮助团队领导者认识到辱虐管理行为方式的危害性，“以此为镜”，经常反省自己的管理方式，成为一个伦理型团队管理者；另外，在制度层面对团队管理者的辱虐管理行为进行约束也是不可或缺的，可以将管理伦理规范作为企业文化尤其是领导文化的一部分，并将其纳入到管理者的考核与晋升体系之中。

团队沟通和集体效能完全中介了辱虐管理对团队绩效的影响。因此，提高团队沟通水平和集体效能在某种程度上能减少辱虐管理对团队效能的不利影响。组织可以通过建立良好的沟通氛围、提升团队成员沟通技巧和相互信任以及建立开放的信息渠道等途径，提高团队沟通水平。团队集体效能感不仅与团队成员个体效能感有关，也与团队管理有关。例如在团队组建时，要注重挑选高自我效能的团队选手；管理过程中，要合理设置团队目标，给员工经历成功的机会；通过各种途径宣传团队成功经验，以提高团队成员的共同信心。建立团队共同愿景，增强团队互动，培养团队信任和合作精神，也都能有效提高团队集体效能。

参考文献

[1] Kozlowski S. W. J., Bell B. S.. Work Groups and Teams in Organizations [M]. In Borman W. C., Ilgen D. R., Klimoski R. I. (Ed.), Comprehensive Handbook of Psychology: Industrial and Organizational Psychology, New York: Wiley, 2003.

[2] Hackman J. R.. Leading Teams: Setting the Stage for Great Performance [M]. Boston: Harvard Business School Press, 2002.

[3] Bass B. M.. Leadership and Performance Beyond Expectation [M]. New York: Free Press, 1985.

[4] Conger J. A., Kanungo R. N.. The Empowerment Process: Integrating Theory and Practice [J]. Academy of Management Review, 1988, 13 (3): 471-483.

[5] Ashforth B.. Petty Tyranny in Organizations: A Preliminary Examination of Antecedents and Consequences [J]. Canadian Journal of Administrative Science, 1997, 14 (2): 126-140.

[6] Tepper B. J.. Consequences of Abusive Supervision [J]. Academy of Management Journal, 2000, 43 (2): 178-190.

[7] Yukl G.. Leadership in Organizations [M]. Upper Saddle River, NJ: Prentice Hall, 2002.

[8] Hoobler J., Brass D.. Abusive Supervision and Family Undermining as Displaced Aggression [J]. Journal of Applied Psychology, 2006, 91 (5): 1125-1133.

[9] Valle M.. A Preliminary Model of Abusive Behavior in Organizations [J]. Southern Business Review, 2005, 30 (2): 27-35.

[10] Zellars K. L., Tepper B. J., Duffy M. K.. Abusive Supervision and Subordinates' Organizational Citizenship Behavior [J]. Journal of Applied Psychology, 2002, 87 (6): 1068-1076.

[11] Tepper B. J., Duffy M. K., Shaw J. D.. Personality Moderators of the Relationships between Abusive Supervision and Subordinates' Resistance [J]. Journal of Applied Psychology, 2001, 86 (5): 974-983.

[12] Ng B. C. S., Chen Z. X., Aryee S.. Abusive Supervision, Silence Climate and Silence Behaviors: A Multi-Level Examination of the Mediating Processes in China [C]. Paper Presented at the International Association for Chinese Management Research Biennial Conference, Hong Kong, 2012.

[13] Cohen S. G., Bailey D. E.. What Makes Teams Work: Group Effectiveness Research from the Shop Floor to the Executive Suite [J]. Journal of Management, 1997, 23 (3): 239-290.

[14] Marks M. A., Mathieu J. E., Zaccaro S. J.. A Temporally Based Framework and Taxonomy of Team Processes [J]. Academy of Management Review, 2001, 26 (3): 356-376.

[15] Srivastava A., Bartol K., Locke E. A.. Empowering Leadership in Management Teams: Effects on Knowledge Sharing, Efficacy, and Performance [J]. Academy of Management Journal, 2006, 49 (6): 1239-1251.

[16] McGrath J. E.. Social Psychology: A Brief Introduction [M]. New York: Holt, Rinehart and Winston, 1964.

[17] Einarsen S.. The Nature and Causes of Bullying at Work [J]. International Journal of Manpower, 1999, 20 (1): 16-27.

[18] Neuman J. H., Baron R. A.. Aggression in the Workplace [M]. In Giacalone R. A., Greenberg J. (Ed.), Antisocial Behavior in Organizations, Thousand Oaks, CA: Sage, 1997.

[19] Kahai S. S., Sosilk J. J., Avolio B. J.. Effects of Leadership Style and Problem Structure on Work Group Process and Outcomes in an Electronic Meeting System Environment [J]. Personnel Psychology, 1997, 50 (1): 121-146.

[20] Aryee S., Chen Z. X., Sun L.Y., Debrah Y. A.. Antecedents and Outcomes of Abusive Supervision: Test of a Trickle-down Model [J]. Journal of Applied Psychology, 2007, 92 (1): 191-201.

[21] Bies R. J., Moag J. S.. Interactional Justice: Communication Criteria of Fairness [M]. In Lewicki R. J., Sheppard B. H., Bazerman M. H. (Ed.), Research on Negotiation in Organizations. Greenwich, CT: JAI Press, 1986.

[22] Jarvenpaa S. L., Leidner D. E.. Communication and Trust in Global Virtual Teams [J]. Organization Science, 1999, 10 (6): 791-815.

[23] Tepper B. J., Duffy M. K., Hoobler J. M., Ensley M. D.. Moderators of the Relationship between Coworkers' Organizational Citizenship Behavior and Fellow Employees' Attitudes [J]. Journal of Applied Psychology, 2004, 89 (3): 455-465.

[24] Bandura A.. Self-efficacy: The Exercise of Control [M]. New York: Freeman, 1997.

[25] Bandura A.. Social Foundations of Thought and Action: A Social-cognitive Theory [M]. Upper Saddle River, NJ: Prentice Hall, 1986.

[26] Bies R. J., Tripp T. M.. Two Faces of the Powerless: Coping with Tyranny [M]. In Kramer R. M., Neale M. A. (Ed.), Power and Influence in Organizations. Thousand Oaks, CA: Sage, 1998.

[27] Mazerolle P., Maahs J.. General Strain and Delinquency: An Alternative Examination of Conditioning Influences [J]. Justice Quarterly, 2000, 17 (4): 753-778.

[28] Schat A. C. H., Frone M. R., Kelloway E. K.. Prevalence of Workplace Aggression in the U.S. Workforce: Findings from a National Study [M]. In Kelloway E. K., Barling J., Hurrell J. J. (Ed.), Handbook of Workplace Violence, Thousand Oaks, CA: Sage, 2006.

[29] Harris K. J., Kacmar M., Zivnuska S.. An Investigation of Abusive Supervision as a Predictor of Performance and the Meaning of Work as a Moderator of the Relationship [J]. Leadership Quarterly, 2007, 18 (3): 252-263.

[30] McGregor D.. The Professional Manager [M]. New York: McGraw Hill, 1967.

[31] Stasser G., Titus W.. Pooling of Unshared Information in Group Decision Making [J]. Journal of Personality and Social Psychology, 1985, 46 (6): 1467-1478.

[32] Okhuysen G. A., Eisenhardt K. M.. Integrating Knowledge in Groups: How Formal Interventions Enable Flexibility [J]. Organization Science, 2002, 13 (4): 370-386.

[33] Schroeder R. G.. Operations Management, Decision Making in the Operations Function [M]. New York: McGraw Hill, 1991.

[34] Campion M. A., Medsker G. J., Higgs A. C.. Relations between Work Group Characteristics and Effectiveness: Implications for Designing Effective Work Groups [J]. Personal Psychology, 1993, 46(4): 823-850.

[35] Guzzo R. A., Yost P. R., Campbell R. J., Shea G. P.. Potency in Groups: Articulating a Construct [J]. British Journal of Social Psychology, 1993, 32 (1): 87-105.

[36] Burke C. S., Kevin C. S., Cameroon, K., et al. What Types of Leadership Behaviors are Functional in Teams? A Meta-Analysis [J]. Leadership Quarterly, 2006, 17 (3): 288-301.

[37] Kirkman B. L., Rosen B.. Beyond Self-Management: Antecedents and Consequences of Team Empowerment [J]. Academy of Management Journal, 1999, 42 (1): 58-74.

[38] Lester S. W., Meglino B. M., Korsgaard M. A.. The Antecedents and Consequences of Group Potency: A Longitudinal Investigation of Newly Formed Work Groups [J]. Academy of Management Journal, 2002, 45(2): 352-368.

[39] Chen G., Gully S. M., Eden D.. Validation of a New General Self-efficacy Scale [J]. Organizational Research Methods, 2001, 4 (1): 62-83.

[40] Zellmer-bruhn M., Gibson C.. Multinational Organizational Context: Implications for Team Learning and Performance [J]. Academy of Management Journal, 2006, 49 (3): 501-518.

[41] Chen G., Kirkman B. L., Kanfer R., Allen D., Rosen B.. A Multilevel Study of Leadership, Empowerment and Performance in Teams [J]. Journal of Applied Psychology, 2007, 92 (2): 331-346.

[42] James L. R., Demaree R. G., Wolf G.. Estimating within-group Interrater Reliability with and without Response Bias [J]. Journal of Applied Psychology, 1984, 69 (1): 85-98.

[43] MacKinnon D. P., Fritz M. S., Williams J., Lockwood C. M.. Distribution of the Product Confidence Intervals for the Indirect Effect: Program PRODCLIN [J]. Behavior Research Methods, 2007, 39 (3): 384-389.

[44] Tepper B. J.. Abusive Supervision in Work Organizations: Review, Synthesis, and Research Agenda [J]. Journal of Management, 2007, 33 (3): 261-289.

Abusive Supervision and Team Performance: Mediating Effects of Team Communication and Efficacy

Wu Longzeng[1] Liu Jun[2] Liang Shumei[3] Wu Weiku[4]

(1. School of International Business Administration, Shanghai University of Finance and Economics, Shanghai 200433; 2. School of Business, Renmin University of China, Beijing 100872; 3. School of Business Administration, Hong Kong Baptist University, Beijing 100872; 4. School of Economics and Management, Tsinghua Uninversity, Beijing 100084)

Abstract: Abusive supervision is increasingly receiving research attentions in Western academy of management. Existing studies of abusive supervision are all conducted at the individual level to investigate its influence on employees' psychological, attitudinal and behavioral outcomes. Up to now there have been no studies that focus on abusive supervision's effects on team level outcomes. Based upon data collected from 95 teams of ten manufacturing companies, the current study investigates the abusive supervision-team performance linkage. Enlightened by the heuristic model of team effectiveness, we further examine the mediating roles played by team communication and efficacy. Hierarchical regression modeling results show that abusive supervision has a negative effect on team performance, which can be fully mediated by team communication and efficacy.

Key Words: Abusive Supervision; Team Communication; Team Efficacy; Team Performance

模块化组织理论研究综述*

吴昀桥
（同济大学经济与管理学院，上海　200092）

【摘　要】模块化组织作为一种产生于新经济时代下的新型资源整合组织形态，对于企业实现跨越式发展具有非常重要的引导作用，在此背景下，模块化组织理论的研究日趋热潮，但理论体系尚未形成。本文从模块、模块化、模块化组织、理论发展路径四个层面，由浅入深，对国内外主流文献进行理论梳理与综述，并对当前研究的不足进行了剖析，致力于推动模块化组织理论的体系化进程。

【关键词】模块；模块化；模块化组织

20世纪末期开始，发生在企业战略与组织领域的巨大变革可谓触目惊心，传统组织管理理论中建立在有形边界基础上的实体组织战略及其结构模式开始被颠覆，取而代之的是实体企业之间能力与资源的交叉与融合。这一巨大转变使得企业可以大量利用外部资源，而将自身资源集中在少数核心领域，企业战略开始由纵向一体化转变为业务聚焦化。业务聚焦化在经营内容上表现为企业放弃原有多元化经营方式，而将精力集中于少数核心业务上，在组织结构上表现为模块化组织结构。企业由一体化向归核化的演进过程，就是组织模块化的过程。模块化组织理论强调以业务模块和设计规则来重组企业内部的组织结构，迅速反应和持续创新是模块化组织的核心理念。组织系统设计师通过制定设计规则，使组织边界模糊化，组织交易明朗化，稳定外生不确定性的同时，降低内生成本，并催生高效的模块化组织。对于模块化组织的内涵范畴，目前理论界存在两种理解，一种认为模块化组织只是生产协作系统中的一个节点企业，主流观点则认为模块化组织就是指整个按照模块化模式运作的生产协作系统。我们接受并采纳后一种观点。确切地说，模块化组织是指通过对组织结构、流程、职权等进行模块分割，并按照一定的设计规则将分割所得各子模块整合以实现资源优化配置的企业制度安排。与战略联盟、网络组织等组织形态相比，模块化组织表现出了独特的优势：一是模块化组织不仅强调企业间的关系，而且注重

* 本文选自《特区经济》2013年第4期。

企业与市场的融合，试图将市场机制引入企业以提高资源配置效率；二是模块化组织更加具有创新优势和协同优势，并且能够对市场变化做出更加迅速的反应。正是由于模块化对产业与组织领域的巨大冲击，美国《汽车工业》杂志将其与 20 世纪 30 年代的福特流水线相提并论，青木昌彦（2003）更是形象地将模块化生产模式称为“新产业结构的本质”。

从另一个角度来看，模块化组织理论可以被看作是虚拟组织理论的深化和拓展。虚拟组织运作模式强调将研发、生产、营销、设计、财务等功能中的非核心功能虚拟化，而仅保留其中最关键的功能。生产的虚拟化是组织降低运营成本、提高系统效率的重要手段，但虚拟组织运作模式没有解决的问题是，如何对生产过程的价值潜能进行深入挖掘，以提高“微笑曲线”的平缓度，而这恰恰是模块化组织理论的精髓。

在新经济时代的背景下，国内外学者对管理学研究的重心开始出现偏移，即从传统的企业内部管理能力研究向企业外部关系管理能力研究转移，而在组织管理领域，对企业组织形态的研究也同步转移到模块化组织形态的研究上。通过对国内外主流文献的梳理，可以发现，当前对模块化组织理论的研究已涵盖了模块化组织的各个方面，诸如模块的研究（Simon，1962；Baldwin and Clark，2000）、模块化的研究（Langlois，2002；Ulrich，1995）、模块化组织内在结构的研究（Sanchez and Mahoney，1996；Schilling，2001）、模块化发展路径的研究（Chesbrough，2003；郝斌、任浩，2007）等。可以说，学者们通过自己不同的研究视角切入，都取得了不错的研究成果。但是，从整体上分析，不难发现，目前针对模块化组织理论的研究呈现出较为分散的片状特点，还未形成一个系统的理论体系，学者们都是根据各自的关注点而展开研究工作，缺乏统一理论思想的指导，显然，这不利于模块化组织理论研究的深入与拓展。因此，笔者认为，在对模块化组织理论研究日趋热潮的当下，通过对主流文献的梳理，明晰现已取得的主要理论成果，厘清呈现块状研究成果之间的关联度，致力于模块化组织理论逐渐体系化，显得紧迫而且必要。

1 模块与模块化

1.1 模块

模块一词原本是计算机领域的专业词汇，意指在系统中承担独立功能的标准化单元或组成部分，或者用以组成更大系统的独立集合体。西蒙（Simon，1962）最早将其引入企业管理研究，用以化解生产中的复杂性。鲍德温和克拉克（Baldwin and Clark，1997）也认为，模块技术是在信息技术革命背景下，产业发展中逐步呈现出来的用于解决复杂系统问题的新方法。他们在随后合著的《设计规则：模块化的力量》一书中进一步指出，模块是一个单元，其结构要素紧密地联系在一起，而与其他单元中要素的联系相对较弱（Baldwin and Clark，2000）。这一定义阐明了模块的两个方面的特点：第一，模块本身作为一个子系统，其内部要素紧密地联系在一起，其中有些可以进一步分割，有些则构成了不可分割的最小单元；第二，模块是一个独立的单元，或者说一个半自律的子系统，与其他系统并不存在太强的联系，这也是模块作为一个独立子系统的必然要求，因为与外界的联系意味着本身独立性的下降，同时也会出现功能上的外部依赖性，以致影响其独立功能的实现。

模块其实是一个相对于系统的概念，不同的模块在系统内部按照某种事先约定好的规则有序地糅合在一起。模块只有嵌入系统中，才能发挥其功能和价值。系统则是作为模块的母体而存在，在其内部包含一切联系性。比如，汽车座椅可以被看作一个模块，因为它符合模块定义中所要求的各种条件：本身作为一个单元，具有驾驶中乘坐的功能，与汽车其他单元的联系相对较弱。但一旦座椅离开了汽车整车，将无法发挥其功能，或者说至少其价值无法得到充分的显现。单个模块也许可以继续再细分成更多的小模块，也许不可以，这需要考虑到细分的经济性。然而，在实际操作中，并不存在统一的模块划分标准，只能依靠专业人员的经验判断。

模块的内部结构可能相当复杂，但是从外部来看，模块之间的关系必须符合一套明确界定的联系规则，这种联系规则决定了模块之间的关联方式。有时这种规则被模式化为特定的界面，通过界面的连接，进一步简化模块之间的关系。另外，不断发展的模块标准化更加促进了模块的发展与创新，也增强了模块的“即插即用性”，使得模块之间可以形成不同的组合，参与模块化生产的企业可以在很短的时间内生产出不同类型的产品。同时，模块的研发是一种“允许浪费”的价值创造过程，赢者通吃的分配方式可充分激励各模块主体的创新精神，也确保了模块研发在价值创造上的有效性（李平，2006）。

1.2 模块化

模块化在技术和组织设计两个领域均被广泛使用（Langlois，2002）。典型的模块化最早产生于计算机行业，由冯·诺依曼首次提出模块化的设计构想，随后被 IBM 发展，用以设计并完成了第一个模块化计算机产品族：IBM360 系统。该系统的诞生，彻底解决了计算机的兼容性、不断扩展的复杂性以及由此引起的升级成本极高的问题。360 系统的诞生是一个具有里程碑意义的事件。作为第一台以模块化方式设计的商业计算机，IBM360 系统创造了巨大经济价值，也因此在经济系统中产生了波浪式的冲击效应。在遭遇由新计算机系统及其设计过程掀起的波澜之后，企业、市场和金融制度全都发生了变革（Baldwin and Clark，2000）。所有这些变革为产业发展开辟了新的演进道路，并由此改变了产业结构。

除了计算机行业，模块化还大量存在于汽车、软件、通信设备、生物医药工程、时装、金融服务等行业。在这些行业中，知识和信息作为技术创新和服务创新的关键要素，决定着企业的研发效率。通过引入模块化设计，一方面，增强产品系统兼容性；另一方面，提高创新速度，加快产品的更新换代。实践中，这些行业正在向能力要素的模块化转型，并在模块化过程中表现出了一些共同特点：不但可以在物质形态层面上拆分、更加专业化地生产，而且在信息交易层面和知识层面的模块化更能显示出某一模块的价值（徐宏玲，2006)。这也说明了模块化的应用更多地出现在知识密集型行业，而非传统的劳动密集型行业。

模块化在实践中的普及，引发了我们对于模块化内涵的思考。少数学者认为模块化是实现定制化和低成本的关键因素。从这个角度出发，派恩（Pine，1993）指出模块化是大规模定制化生产的要求。乌里齐（Ulrich，1995）认为模块化的应用能够帮助企业增加产品生产的多样性，并缩短送货周期。模块化的使用与大规模定制之间的关系如此明显，以致一位学者这样描述道："从某种程度上说，如果大规模定制产品没有模块化，他们将不得不被摒弃（Berman，2002)。"顺着这条思路，大规模定制的出现就意味着产品模块化，并且模块化的优势很可能被认为是大规模定制的产物。然而，简单地将模块化等同于大规模定制，不仅错误地理解了模块化的内涵，而且限制了模块化思想在企业管理中的应用以及模块化优势的发挥。

实际上，模块化是一系列用以管理大范围、相互依赖系统的基本设计范式。它涉及将系统分解为离散的子模块，这些子模块通过标准、界面、规则实现相互间的交流和协作(Langlois，2002)。这决定了模块化结构是一种嵌套的等级结构。基于此，鲍德温和克拉克将模块化定义为一个利用设计结构和设计参数相互依赖关系的知识来创造设计规则的过程，它是一种特殊的设计结构，其中参数和任务结构在单元（模块）内是相互依赖的，而在单元（模块）之间是相互独立的（Baldwin and Clark，2000)。麦克纳和加斯曼（Mikkola and Gassmann，2003）则将模块化总结为一种新的产品开发战略，其中，产品结构中的成员共享界面是具体化的、标准化的，以便允许产品家族中更大的可替代性。这一定义将模块化升级为一种战略，从战略角度界定模块化的功能。费克森（Fixson，2003）把模块化看作是一组产品特性的组合，而不是单个的特征，并且不同的学科和观点对这组元素各有侧重。斯其林（Schilling，2000）则认为，模块化涉及系统拆分与整合的程度。与以上学者的定义相比，青木昌彦的定义更多地被中国学者所采纳。他认为，模块化是指半自律的子系统通过和其他同样的子系统按照一定的规则相互联系而构成更加复杂系统的过程（青木昌彦，2003)。这一界定很好地揭示了模块化的本质，但同时存在着不足，体现在：模块化不仅代表着整合，同时也包括拆分，换句话说，它是一种双向互动的过程，并在这一过程中实现复杂系统的模块化。

综合以上观点，我们不难发现，模块化具有以下特点：首先，模块化是一个过程，这一过程不仅包括系统的分拆，还包括子模块的整合；其次，模块化一般发生于复杂性系统内，用以解决复杂性问题；再次，模块化需要相应的规则作为指导；最后，组成复杂系统的模块是半自律的，它们一方面受制于整体的规则，另一方面可以作为一个独立的个体而实现某些功能。因此，我们将模块化定义为：模块化是指按照特定的规则所进行的复杂系统的分拆与整合的设计过程，这一过程的结果是更多的半自律性子系统被创造出来，并且它们之间通过规则相互关联，共同组成一个整体的模块化系统。

2 模块化组织

为了迎合模块化的产品设计与制造，企业紧密的层级式结构将被松散的网络组织结构所取代，从而使企业的各个组成部分能够实现灵活的连接和不同形式的配置（Schilling and Steensma，2001）。这种松散的网络组织结构即模块化组织结构。随着模块化程度的加深，组织结构、流程以及组织边界等必须重新设计，以适应技术的不断演进，组织模块化因此而成为企业间生产协调与资源整合的新范式。组织模块化系统设计师通过制定系统规则，使组织边界模糊化，组织交易明朗化，稳定外生不确定性的同时，降低内生成本，并催生高效的模块化组织。

桑切斯和马哈利（Sanchez and Mahoney，1996）把为适应模块化生产而产生的松散企业组织形式称为"模块化组织"，而将模块化组织拆分成各个组成单元（或成员企业）或将各个组成单元集合成一个共同组织的行为称为"组织模块化"。组织在进行模块化时，一方面，关注模块分解的可行性与合理性；另一方面，考虑模块化组织未来运行的高效性。也就是说，模块化组织系统设计师必须具有相当的远见，能够根据环境变迁判断未来产业发展趋势及相适应的模块化组织运行情况。就好像设计师能够用眼睛看到未来情况的预演，并根据这一"观察"开展设计。

斯其林（Schilling，2001）认为模块化组织内部松散的耦合方式允许组织模块之间通过灵活的组合而形成不同的架构关系，这好比产品模块化的多样化功能组合模式。他以产业为切入点，分析了模块化组织的推动力问题，认为需求与投入的多样性是模块化组织形成的拉动力，它们共同创造了模块化组织的价值。虽然需求与投入的多样性会促进组织的模块化，但由于维持产业经济秩序的技术标准客观存在，主导企业往往会通过控制产业标准，保持自己的产业价值链高端地位，作为既得利益者以及组织惯性的作用，它们很可能成为组织模块化的主要力量（胡晓鹏，2005）。在这一背景下，斯其林（Schilling，2001）又提出了模块化组织的三种催化力，即标准可获得性、技术变化的速度和竞争强度。三种力量越强势，就越能推动模块化组织的发展与价值模块整合。并且他进一步指出，在各种力量的共同作用下，三种模块化组织模式得以产生：一是合同生产模式，二是可替换的工作安排，三是联盟形式（Schilling，2001）。在斯其林（Schilling，2001）的研究基础上，孙晓峰（2005）和胡晓鹏（2005）提出，推动模块化组织形成的还有公司能力的差异性、技术选择的多样性以及技术变革等推动力的作用。公司能力的差异性使得不同的组织需要取长补短、优势互补；技术选择的多样性则为组织的模块化整合提供了技术支持；而技术变革则是组织灵活性的根本保证。实际上，虽然组织模块化的程度受诸多因素的影响，但我们也需要看到，模块化组织的诞生一方面是组织形态演进的结果，另一方面是技术模块化的催动产物。

模块作为一个半自律的子系统，通过与其他子系统松散耦合，完成整个价值系统的整合与创新，使产品价值链实现价值增值。模块化组织运行的关键在于彻底打破原有组织资源整合模式，对原有组织要素进行重新组合，并形成两类主要的模块组织实体：核心企业模块与成员企业模块。核心企业模块是模块化组织中承担系统设计与集成的厂商，成员企业模块特指模块供应商，本文引入这两个概念，是为了突出模块化组织不同于一般虚拟企业的相对紧密的耦合结构模式。一般说来，在整个模块化组织的设计与运行中，核心企业模块扮演着系统设计师与模块集成商的双重角色。基于此，我们认为，模块化组织的内部运行是将原有组织分割为许多可以独立设计的、承担单个或多个模块生产的子系统（核心企业模块与成员企业模块），并利用主导规则进行子系统整合的过程。

模块化组织由不同的子系统组成，各子系统之间通过主导规则紧密相连。主导规则用以界定非对称关系中核心企业模块对成员企业模块的测试与选择、集成与联结、激励与惩罚等方面的标准或机制。除了作为"可见信息"的主导规则之外，模块化组织中还存在"隐藏信息"（Hidden Information），它作为一种内部规则机制，通过成员企业模块间的"背靠背"竞争，缩短产品创新周期、促进企业持续改进。模块化组织作为市场中一种新兴的制度安排，是随着模块化生产方式的不断深化而产生的资源配置形态，其最终目的是实现高效的生产协作。基于此，我们将模块化组织定义为：模块化组织是指由单个核心企业模块与众多半自律性的成员企业模块按照一定的主导规则相互联系而组成的生产协作系统。

与职能型组织相比，模块化组织更强调供应链上接口整合的高效性。从职能型组织到模块化组织的转变，正验证了切斯布鲁（Chesbrough，2003）"从相互依赖到模块化设计结构的技术演进过程"的观点。实际上，模块化组织作为新兴的网络组织，是一种因技术变革所引起的组织管理方式的改变而产生的资源配置模式（郝斌、任浩，2007）。模块化组织的本质是信息流与物质流在实体间的交互流动而产生协同效应，最终实现产业内多赢的新型组织模式。模块化协同不同于传统供应链协同的关键在于：传统供应链协同仅仅是一种建立在流程整合基础上的生产环节剔除，而模块化协同则是一种基于产业边界重构的要素再整合。在模块化组织内部，控制耦合、信息耦合、关系耦合等成员企业模块间的松散耦合方式进一步放大了协同效应，这取决于：一是松散耦合结构的灵活性；二是某个耦合节点出现问题时，不会波及其他成员企业模块。

3 模块化组织理论发展路径

切斯布鲁（Chesbrough，2003）认为模块化的发展路径是：技术模块化到市场模块化，再到组织模块化。从实践发展过程来看，用于产品革新的技术创新首先会带来产品在外形、功能以及生产方式等方面的变化。因此技术模块化的结果是产品模块化设计与生产方式的诞生。这种设计模式与生产方式的出现，导致原有产业结构的调整和新产业规则的产生，即产业模块化。此时，作为产业子元素的组织，必然会在结构和资源整合方式上进行相应的调整，组织模块化因此而成为组织适应环境变化、进行战略调整的有效手段。基于此，我们认为，模块化的发展遵循“技术模块化→产品模块化→产业模块化→组织模块化”的路径。

3.1 从技术模块化到产品模块化

技术的演进是从相互依存（Interdependency）状态向模块化设计结构转变，再返回到相互依存状态（Chesbrough，2003）。在技术从相互依存状态向模块化结构转变的过程中，产业内部存在对产品零部件进行功能区分的必要性，而这又决定于技术的可分裂性。在技术可分裂的前提下，更多的厂商参与到技术研发当中来，形成了以主导厂商为研发主体、追随厂商分别承担少数模块产品的研发工作的技术创新协作网络。这种技术创新网络是更高层次的技术战略联盟，它区别于传统联盟的关键在于，技术创新活动是以某个或少数厂商为中心而展开的，即技术模块化格局得以形成。换言之，在技术模块化网络内部存在着技术主导权，这种主导权决定了技术创新的方向和技术接口。从某种程度上说，技术模块化的产生源自知识外部性与分工创新。知识外部性不仅推动技术外溢，同时促进技术融合。技术外溢表现在 3 个层次上：企业内的技术外溢、企业间的技术外溢以及技术的复合外溢。技术外溢会诱导出技术的系列性创新并且进一步地形成外溢，从而促进新市场的形成。而新市场的形成又会为创新者带来利益，并推动新一轮的创新，由此形成了“创新—外溢—创新”的技术发展循环。技术融合其实是另一种形式的技术创新，即技术的组合创新。技术模块化更多地是将系统性技术进行分解，从而形成分散创新之势，而技术融合则通过将分解的技术融合在一起，以实现技术创新边界的重构。实际上，技术模块化不仅是系统技术的分解过程，同时也是分块技术的整合过程，而技术融合在很大程度上促进了这一整合。分工创新是指相对于传统分工模式的新的劳动分工模式。目前的分工创新主要体现在 3 个方面：一是产品内分工进一步细化，二是分工效益的分配呈现出非均衡性，三是在分工体系内形成了新的控制架构。细化的分工构成了技术模块化的基础，而新的控制架构和利益分配模式的形成则确保了各研发主体间技术分工的积极性和主动性。在实际的产品研发中，技术模块化有赖于相互协调技术的有效利用。然而，当相互协调技术应用的知识还不是很完善、无法便利地被传递和理解时，技术模块化可能导致进一步的“复杂性大灾难”。

技术模块化打破了企业原有的研发模式和生产方式，使产品的研发与生产不得不在多个厂商之间协作完成。由于厂商之间的生产独立性，产品将被分割为不同的子系统，系统之间的联系性被割断，取而代之的是系统设计师制定的主导规则。这样，技术模块化演变为产品模块化。我们认为，技术模块化向产品模块化的演进需要具备以下条件：一是主导者的协调。产品模块化生产的过程中，产品按照功能被分解为众多的子模块，子模块的生产与产品价值的实现之间由于生产商认识上的不同和各自利益驱使，会出现一定的偏差，

如果没有主导者的协调，产品模块化的过程将呈现出混乱局面。二是检验标准。检验标准一方面检验技术模块是否满足需要，另一方面检验产品技术模块划分的可行性。三是足够的市场容量。市场容量用以确保产品模块化的经济可行性。产品模块化需要相当的前期投入，其沉没成本同样很高，如果没有足够的市场容量作保证，产品模块化将不能够满足成本效益原则，其投入将无法获得相应补偿。四是充足的金融资本。模块化生产方式区别于传统生产方式的一大特点是，模块化具有期权价值（Baldwin and Clark，2000）。金融资本的介入是确保模块化期权价值得以实现的前提，如果缺少了金融支持，技术模块化将无法催生产品模块化。

3.2 从产品模块化到产业模块化

产品模块化的过程就是产品价值链的解构与整合的过程，其实质是复杂性系统的简单化。原有价值链的三段分割模式（供应商价值链、企业价值链与顾客价值链）转变为价值模块集群模式，产品价值链被划分为众多可组成完整系统的、具有独立功能的半自律性的子系统，即价值模块。这些价值模块可以通过标准的界面结构与其他功能的半自律性子系统相互联系而构成更加复杂的系统（朱瑞博，2003）。产品模块化生成的价值模块具有信息隐藏的特性，模块之间的研发和生产相互独立，每个模块所特有的信息及其处理过程都被包含在模块内部。总的说来，产品模块化包括了价值模块的研发、组合与剔除。从这个角度看，产品模块化有利于实现价值模块组合创新。

随着模块化优势的不断显现，产品模块化不断得以发展并开始向产业模块化过渡。产业模块化意味着产业内部分工表现出模块化格局，模块化技术开始重构产业结构。产品模块化向产业模块化进化需具备以下条件：一是产品模块化技术有助于推动产业演进；二是实现产品模块化的知识必须向企业外部的网络参与者扩散；三是需要有能够用来详细地而不是模棱两可地描述产品模块化技术特征和功能的共享语言。在产业模块化格局下，模块化生产网络开始形成，表现为多个主导企业和多个追随企业的充分竞争和高效匹配。产业模块化的出现，彻底打破了原有产业规则，改变了市场边界，同时也使得生产的连续性、稳定性与市场的多元化、个性化之间的悖论（李平，2006）得以内生性化解。

传统虚拟价值链建立在产品内分工的基础上，是一种基于产品模块化的产业价值传递结构。产业模块化的出现，促使了原有虚拟价值链的重构。边界清晰的组织生产方式被打破，取而代之的是模块化的生产网络，组织开始利用柔性边界和模块化生产方式，更加灵活地创新产品，为顾客提供价值。产业内部开始出现统一的生产规则，整个产业在这一规则指导下运作。在遵守规则的前提下，任何有实力的企业都可以加入产业的生产网络。追随企业之间通过不断竞争，有的升级为主导企业，有的则被产业规则所淘汰；主导企业不断努力以维护自己的市场地位，有的也会因为竞争不力而衰退，直至被淘汰出局。整条虚拟产业链表现出了动态性、竞争性、开放性、网络性等特性，产业内的组织不再仅仅注重一般意义上的价值创造，而是更多地关注基于产业边界重构的报酬递增。

3.3 从产业模块化到组织模块化

应该说，产业模块化是在企业层面技术标准化基础上，进一步将各个细化的产品模块按照功能原则重新聚合的过程（胡晓鹏，2005）。然而，在原有一体化模式下进行产品模块的聚合，不仅会带来资产专用性的变化，进而对组织革新提出要求，而且会导致组织内部治理成本的上升。在以下 4 种力量的共同作用下，产业模块化开始向组织模块化发展：①超越产品模块链主平台的催动力；②超越技术标准化而追求差异化的驱动力；③产品信息强度增大下市场转型的压力；④功能标准化的内在拉动力（徐宏玲，2006）。在这一发展过程中，一方面，产业规则开始向组织规则进化，体现为组织内部市场及其相应协调契约集的形成；另一方面，单个领导厂商超越了原有价值分配模式，形成对生产利润的垄断之势。原有产业被分割为一个个的子产业，产业内的企业竞争转变为子产业或者说模块化组织之间的竞争。

从组织发展的历史演变来看，组织模块化的形成不仅是技术推动的结果，同时也是组织形态演进的产物（郝斌、任浩，2007）。实际上，组织模块化的实质在于市场机制向组织内部的引入，虽然组织与市场的融合只是在组织内部完成，但这在某种程度上验证了拉森（Larsson，1993）的三级制度分析框架，斯密“看不见的手”与钱德勒“看得见的手”实现了“握手”。另外，组织模块化的价值还体现在对制度经济学的发展。威廉姆森（1985）等的三要素（资源专用性、交易频率和不确定性）因此而演变为包括“超市场契约有效性”的四要素，这进一步拓展了组织存在的本质以及组织边界的经济学内涵。

4 研究述评与展望

当前，在经济全球化、一体化趋势增强，传统资源配置方式、企业竞争模式和产业组织结构发生重大变化的背景下，模块化能够帮助企业实现快速发展，模块化的重要作用已被大家逐渐认识，此外，模块化理论的研究也已经引起学术界和企业界的普遍关注，相关研究和实践也在陆续开展，但总体上，我国在该领域的研究仍停留在概念层面和对国外研究成果的援引和借鉴阶段，专门针对模块化理论的深层次研究成果还十分匮乏。同时，传统研究侧重于产品设计和生产制造方面的模块化研究，相对疏于由模块化组织构成的复杂模块生产网络中网络结构、作用方式等的研究。可以说，对于模块化组织而言，组织内部的研究具有更大的理论和实践指导意义，其能对企业组织向模块化组织转型、企业组织在模块化组织中定位、模块化组织中核心企业模块培养与发展模式选择、模块化组织中核心企业模块同成员企业模块关系模式选择等提供重要的方法论，进而在很大程度上决定了模块化能否帮助企业组织有效地实现价值整合和价值创造的目标。因而，对模块化组织内部的深入研究势必成为该领域未来研究的重要取向。

综合来说，虽然有关模块化及模块化组织的研究已经覆盖了该理论的多个方面，并且达到了一定的深度。但以下问题仍有待学术界和实业界进一步深入：模块化组织的本质是什么？模块化组织给企业带来的价值如何评估？模块化组织内在结构及作用方式如何？模块化组织内各种关系处理方式如何展开？处于模块化组织网络中心的核心企业是如何形成并成长的？核心企业发挥着怎样的作用？其如何有效治理与节点企业的关系？等等。

参考文献

[1] C.Y. Baldwin and K. B. Clark. Managing in an Age of Modularity [J]. Harvard Bus.Rev., 1997, 75 (5).

[2] C. Y. Baldwin, K. B.Clark. Design Rules: The Power of Modularity [M]. Cambridge: MIT Press, 2000.

[3] Langlois. Modularity in Technology and Organization [J]. Econom Behavior Organ, 2002 (49).

[4] Langlois, Robertson N.. Transaction-cost Economics in Real Time [J]. Corporate and Industrial Change, 1992 (2).

[5] B. J. Pine, I. I.. Mass Customization: The New Frontier in Business Competition [M]. Boston, MA: Harvard Bus. Sch. Press, 1993.

[6] K.Ulrich. The Role of Product Architecture in the Manufacturing Firm [J]. Res. Policy, 1995, 24 (3).

[7] B. Berman. Should Your Firm Adopt a Mass Customization Strategy [J]. Bus. Horizons, 2002, 45 (4).

[8] J. H. Mikkola, O. Gassmann. Managing Modularity of Product Architectures: Toward an Integrated Theory [J]. IEEE Trans. Eng. Manage, 2003, 50 (2).

[9] Sendil K. Ethiraj, Daniel Levinthal. Modularity and Innovation in Complex Systems [J]. Management Science, 2004, 50 (2).

[10] Young K. Ro, Jeffrey K. Liker and Sebastian K. Fixson. Modularity as a Strategy for Supply Chain Coordination: The Case of U.S. Auto[J]. IEEE Transactins on Engineering Management, 2007, 54 (1).

[11] S. Fixson. The Multiple Faces of Modularity-A Literature Analysis of a Product Concept for Assembled Hardware Products Industrial &Operations Engineering [M]. Univ. Michigan, Ann Arbor, MI, Tech. Rep. 2003, 3 (5).

[12] M.A. Schilling. Towards a General Modular Systems Theory and Its Application to Interfirm Product Modularity [J]. Acad. Manage. Rev., 2000, 25 (2).

[13] Vincent Frigant, Damien Talbot. Technological-Determinism and Modularity: Lessons from Comparison between Aircraft and Auto Industries in Europe[J]. Industry and Innovation, 2005, 12 (3).

[14] Elisa Giuliani, Michiel H. Nijdam and Peter W. de Langen. Leader Finns in the Dutch [J]. Maritime Cluster Paper Presented at the ERSA, 2003.

[15] Lorenzoni G., Omati O.. A Constellations of Finns and New Ventures [J]. Journal of Business Venturing, 1988 (3).

[16] Alberto Rinaldi. The Milian Model Revisited: Twenty Years after Material Di Discussione Del Dipartimento Di Economia Politica [J]. 2002 (417).

[17] Owen Smithd, Powe H., W. W.. Knowledge Networks as Channels and Conduits: The Effects of Spillover in the Boston Biotechnology Community [J]. Organization Science, 2003.

[18] Ron Sanchez，Joseph T. Mahoney. Modularity，Flexibility，and Knowledge Management in Product and Organization Design [J]. Strategic Management Journal，1996 (17).

[19] Sanchez，R.. Strategic Flexibility in Product Competition [J]. Strategic Management Journal，1995 (16).

[20] Hansen. Knowledge Networks：Explaining Effective Knowledge Sharing in Muhiunit Companies [J]. Organization Science，2002，13 (3).

[21] Melissa A. Schilling，H. Kevin Steensma. The Use of Modular Organizational Forms：An Industry-level Analysis [J]. Academy of Management Journal，Dec，2001.

[22] Achrol，R. S.. Changes in the Theory of Interorganizational Relations in Marketing：Toward a Network Paradigm [J]. Journal of the Academy of Marketing Science，1997 (25).

[23] Lei，D.，Hitt，M. A.，Goldhar，J. D.. Advanced Manufacturing Technology：Organizational Design and Strategic Flexibility [J]. Organization Studies，1996 (17).

[24] Lapanini. Industrial Clusters，Focal Firms，and-Economic Dynamism：A Perspective from Italy [J]. Working Paper，1999.

[25] Morrlson，A.. Gatekeepers of Knowledge within Industrial Districts：Who They Are，How They Interact [J]. Working Paper，2004.

[26] Amaldo Camufo. Transforming Industrial District Large Finns and Small Business Networks in the Italian Eywear Industry [J]. Industry and Innovation，2003 (10).

[27] Simon H. A.. The Sciences of the Artificial [M]. Cambridge，Mass.：MIT Press，1969.

[28] 徐宏玲. 模块化组织价值创新：原理、机制及其理论挑战 [J]. 中国工业经济，2006 (3).

[29] 徐宏玲. 模块化组织研究 [M]. 成都：西南财经大学出版社，2006.

[30] 郝斌，任浩. 组织模块化及其挑战：组织形态演进的思考 [J]. 商业经济与管理，2007 (9).

[31] 郝斌，任浩，Anne-Marie Guerin. 组织模块化设计：基本原理与理论架构 [J]. 中国工业经济，2007 (6).

[32] 胡晓鹏. 从分工到模块化：经济系统演进的思考 [J]. 中国工业经济，2004 (9).

[33] 孙晓峰. 模块化生产网络研究 [J]. 中国工业经济，2005 (9).

[34] 徐宏玲，颜安，潘旭明，马胜. 模块化组织与大型企业基因重组 [J]. 中国工业经济，2005 (6).

[35] 罗珉. 大型企业模块化：内容、意义与方法 [J]. 中国工业经济，2005 (3).

[36] 雷如桥，陈继祥等. 基于模块化的组织模式及其效率比较研究 [J]. 中国工业经济，2004 (10).

[37] 青木昌彦. 比较制度分析 [M]. 上海：上海远东出版社，2001.

[38] 青木昌彦. 模块时代：新产业结构的本质 [M]. 上海：上海远东出版社，2003.

[39] 青木昌彦. 经济体制的比较制度分析 [M]. 北京：中国发展出版社，1999.

A Review of the Research on the Theory of Modular Organization

Wu Yunqiao

(School of Economics and Management, Tongji University, Shanghai 200092, China)

Abstract: Modular organization as a new form of organization in the new economic era, has a very important effect in guiding enterprises to achieve rapid growth. There are more and more study focused on the theory of modular organization, but the theoretical system has not been formation. In this context, from four levels of the module, modular, modular organization, theory development path, we summarize the current study and analyze the deficiencies, which is committed to promoting the theory of modular organization system processed.

Key Words: Module; Modular; Modular Organization

如何突破认知凝滞？管理认知变革的理论综述*

尚航标[1] 李卫宁[2] 蓝海林[2]

（1. 东北林业大学，哈尔滨 150040；2. 华南理工大学，广州 510640）

【摘 要】根植观和过程观是研究管理认知变革的两种不同理论逻辑。在鉴别管理认知的自然属性和社会属性的基础上，对根植观和过程观两种理论逻辑进行比较，总结这两类理论逻辑的基本假设和基本研究范式。基于对现有管理认知研究文献的评述提出未来研究展望。

【关键词】认知凝滞；认知变革；自然属性；社会属性；根植观；过程观

0 引言

企业管理认知的形成是一个自我增强的过程，具有相对稳定性和难以改变性，被学者称为管理认知的“认知凝滞”特性。管理认知的凝滞特性使企业战略决策者主动忽略环境中的变动信息，错误地理解信息的含义，使企业产生能力刚性和战略的路径依赖特性，限制企业战略变革的开展，成为企业动态适应环境变化的制约。例如，Gavetti 和 Levinthal（2000）指出，除非企业战略决策者管理认知做出改变，否则即使具备相关资源和能力，企业也不会对环境变化做出反应，企业能否适应环境变化受到战略决策者认知凝滞的约束。于是，“如何突破认知凝滞实现管理认知变革”成为实践工作者和理论工作者共同关心和亟待解决的热点问题。

本文通过文献分析，在鉴别管理认知自然属性和社会属性的基础上，总结管理认知变革的两类理论逻辑：①根植观。部分学者从管理认知的自然属性出发，探讨管理认知所根植的战略决策者的心理与生理特性对管理认知变革的影响。②过程观。部分学者从管理认

* 本文选自《科学学与科学技术管理》第 34 卷第 8 期。

知的社会属性出发，探讨管理认知形成过程中的绩效反馈、团队心理与团队构成对管理认知变革的影响。在系统厘清这两类理论逻辑的基础上，对根植观和过程观这两类理论逻辑进行比较，总结这两类理论逻辑的基本假设和基本研究范式。基于对现有管理认知研究文献的评述，提出通过跟踪性案例研究深入探索和完整归纳管理认知的动态演化过程，在探索和归纳管理认知动态演化过程的基础上构建跨越根植观和过程观两类范式的整合理论模型，进而对管理认知变革的前因后果进行大样本数据实证检验，是未来管理认知变革研究的发展方向。

1 管理认知与认知凝滞的概念界定

尽管不同学者对管理认知的称呼略有分歧（也有学者称之为认知结构、认知图示、认知模式等），但他们普遍认为，管理认知是企业战略决策者在进行战略决策时所用到的一组知识结构。Walsh（1995）、Porac 和 Thomas（1990）指出，企业战略决策者的这组知识结构是“一组相关信息的集合”，管理认知通过提供信息搜寻功能、信息解释功能和行动逻辑功能来影响企业战略决策，进而影响企业绩效并决定企业是否具有竞争优势。

随后，学者们逐渐认识到管理认知在本质上是一种模式，是企业战略决策者在长期经营过程中形成的主体对特定事物的已经基本成型并影响对象行为的心理特征，是主体对事物根深蒂固的信念、假设和概括，它影响着主体如何理解世界以及如何采取行动。管理认知模式经过长时间形成，存在于企业战略决策者的潜意识中，具有稳定的特征，只有经受巨大的冲击时才有可能发生改变。管理认知模式一旦形成，将以类推、试验、解释和认同等机制来帮助企业战略决策者构建战略问题、提供解释进而做出战略决策。

Hodgkinson（1997）以“认知凝滞”这一术语来表述管理认知模式难以改变的特性，他指出，战略决策者管理认知经过企业长期经营、不断地绩效反馈、沉积和内化所形成，比较稳定。管理认知模式形成后，战略决策者会过度地依赖这种思维模式去感知环境信息和解释环境信息，以至于忽略外界环境的变化，甚至当环境发生巨大变化或根本性的变化时，企业仍然感受不到这种变化，这就是管理认知的认知凝滞特性。

认知凝滞制约着企业战略行为对环境变化的动态适应。Heffernan（2003）、Winter（2006）研究指出，认知凝滞是企业战略路径依赖和能力刚性产生与存在的原因。陈传明（2002）认为，认知凝滞一旦形成将会阻碍企业战略决策者感知环境变化的敏感度。Tucker 和 Edmondson（2003）研究指出，认知凝滞会使企业战略决策者主动忽略环境中的变动信息和错误地理解信息的含义。Lamberg 和 Tikkanen（2006）通过案例分析发现，正是由于管理认知的凝滞特性制约了企业动态适应环境变化的战略变革过程。由此可见，认知凝滞限制了企业战略的适时变革，在动态环境下制约了企业对环境变化的动态适应，进而阻碍了企业竞争优势的维持和获取。

突破认知凝滞，实现管理认知变革，对企业塑造动态能力、把握新的机会和在危机中生存都有非常重要的意义，因此，如何突破认知凝滞实现管理认知变革成为理论界和实践界共同关注的问题。

2 管理认知的两种属性与管理认知变革的两种理论逻辑

2.1 管理认知的自然属性和社会属性

研究管理认知变革，首先需要明确管理认知的属性。一直以来，管理认知领域学者均继承了 Walsh（1995）的思想，将管理认知看作是战略决策者（CEO 或高层管理团队）所共有的一组知识结构。这类研究强调管理认知的自然属性，认为企业管理认知根植于战略决策者的潜意识中，战略决策者的自然属性会影响企业管理认知的特征和变革。而以 Smith 和 Semin（2004）为代表的研究则提出一类不同的观点，这类研究强调管理认知的社会属性，认为管理认知的形成和改变是一组社会活动的结果，战略决策者成员间的沟通背景、关系背景和文化背景等社会特性会影响企业管理认知的特征和变革。本文对这两类观点进行区分，认为这两类观点对管理认知属性的认识有本质差异，前者强调管理认知的自然属性，而后者强调管理认知的社会属性。

2.1.1 自然属性

管理认知的自然属性认为，管理认知是战略决策者在决策时使用的一组知识结构，它是企业战略决策者成员个体心智模式静态加总的结果，因此，管理认知根植于战略决策者，战略决策者成员的自然属性会影响管理认知的形成和改变。战略决策者成员的自然属性包括成员的人口统计学变量、知识结构、职业背景、行业任期、团队成员异质性、个体归类、身份、名声、责任和社会资本等。

2.1.2 社会属性

和管理认知的自然属性不同，管理认知的社会属性也认为，管理认知是战略决策者在决策时使用的一组知识结构，但是这组认知模式是企业在长期经营过程中形成的一组共有认知模式，是在企业的社会情境中发展、传递和维持的。它强调管理认知作为一组战略决策者共有的一组知识结构不是战略决策者成员个体心智模式简单加总，而是企业在长期经营过程中由企业所处的独特环境、战略决策者成员的个人信念、战略决策者持续沟通以及企业绩效的持续反馈而形成的对事物根深蒂固的信念、看法和假设，是战略决策者的一种思维模式和行为习惯，这组思维模式和行为习惯具有稳定性和情境依赖性特征，独立于战略决策者而存在。认知模式形成与变革过程受到企业社会情境的影响，企业社会情境包括战略决策者成员的社会背景（如权力构成、社会关系背景）和社会活动（如沟通过程、追求合法性和企业绩效反馈）等，它们是管理认知形成和变革的主要影响因素。

2.2 管理认知变革的两种理论逻辑

明确鉴别和区分管理认知的自然属性和社会属性是理解现有管理认知变革文献的基础。依据对管理认知属性认识的差异，将现有研究管理认知变革的理论观点划分为两类：从管理认知自然属性出发研究管理认知变革的理论观点本文称之为“根植观”，从管理认知社会属性出发研究管理认知变革的观点本文称之为“过程观”。

2.2.1 根植观

根植观从管理认知的自然属性出发研究管理认知变革问题，它认为管理认知是战略决策者成员所共有的一组知识结构，管理认知变革就是企业战略决策者所共有的这组知识结构的变化。管理认知根植于企业战略决策者，因而战略决策者的自然属性影响着管理认知的特征。根植观提倡从管理认知所根植的战略决策者自然属性出发来研究管理认知变革的本质和前因，如 Turner（2001）研究指出，CEO 的荷尔蒙差异是企业管理认知差异的主因，进而会影响企业对机会感知的能力。战略决策者心理特征（诸如企业战略决策者的认知风格、认知偏好等心理因素）和构成特征（企业战略决策者的异质性、社会资本等构成因素）等均是根植观用来解释管理认知变革前因的主要解释变量。

2.2.2 过程观

过程观则从管理认知的社会属性出发来研究管理认知变革问题。和根植观不同，过程观认为管理认知并非是个体认知简单加总的静态概念，而是一个动态过程的概念，是企业在长期经营过程中形成的一组共有认知模式，具有稳定性和情境依赖性特征，且独立于战略决策者而存在。

过程观继承卡内基学派的一般假设，认为企业在本质上体现为一组社会构建物，企业是由具有不同目标和期望的小团体组成的，企业通过解决冲突和不同小团体间的讨价还价来处理战略问题，管理认知的形成和改变是战略决策者成员间的一组社会活动。在管理认知的形成过程中，企业所处的环境，战略决策者成员的关系背景、沟通背景、沟通机制，特别是企业绩效的持续不断反馈，均影响着企业管理认知的形成和改变。例如，De Carolis 和 Saparito（2006）的研究强调团队成员的社会关系背景对管理认知塑造的重要作用；Cornelissen 和 Clarke（2010）研究指出，战略决策者成员间的沟通过程在管理认知形成和改变过程中起着非常重要的作用。因此战略决策者自然属性不是解释管理认知变革唯一有效的途径，绩效反馈、合法性、沟通机制、沟通背景和关系背景等社会因素是过程观用来解释管理认知变革前因的主要解释变量。

3 基于根植观的管理认知变革研究

根植观提倡从管理认知所根植的战略决策者自然属性出发来研究管理认知变革的本质和前因。战略决策者的两类自然属性对管理认知变革有重要影响，一类是战略决策者的心理特征，另一类是战略决策者的构成特征。前者基于认知心理学研究企业战略决策者的认知资源对管理认知变革的影响，后者基于高阶理论和社会资本理论研究企业战略决策者的构成因素对管理认知变革的影响。

3.1 战略决策者心理特征对管理认知变革的影响

管理认知理论源于认知心理学，认知心理学认为个人的知识、背景和经历等认知资源决定着个人的认知特征。基于根植观的管理认知变革研究继承了认知心理学的这种研究范式和理论逻辑来探索管理认知变革问题。此类研究强调战略决策者的知识禀赋、认知风格、认知偏好、决策方式等认知资源对管理认知变革的影响。

3.1.1 知识禀赋

知识在社会中不是均匀分布的，拥有较多知识禀赋的个人和团体可以获得独一无二的信息优势。Grégoire 等（2011）、Shepherd 和 De-Tienne（2005）等研究了企业战略决策者的知识禀赋对管理认知变革的影响，提出战略决策者的知识禀赋可以帮助企业鉴别新的机会，并把对新机会的表述和解释转化成管理认知中新的因果模式，进而推动管理认知变革。

3.1.2 认知风格

Hodgkinson 和 Healey（2011）提出，企业战略决策者的认知风格是促进管理认知变革、确保企业长期适应环境变化的心理机制。战略决策者的认知风格可以划分为“热认知”与“冷认知”，这两种认知风格对企业管理认知变革的作用是不同的，其中冷认知风格会使企业陷入认知凝滞，而热认知风格会使企业突破认知凝滞。企业依赖于热认知（目的在于通过情感支持机制来促进认知模式变革的工具和过程）来感知外界环境，将会轻易地避开认知盲点的欺骗和战略惯性；如果企业依赖冷认知（缺乏情感支持机制等工具和过程），企业将会容易受到认知盲点的欺骗，并使战略保持一定的惯性。

3.1.3 认知偏好

战略决策者的认知偏好也是管理认知变革的主要推动力量。Marcel 等（2010）、Eggers 和 Kaplan（2009）、Kaplan（2008）等研究均以大样本数据检验了认知偏好与管理认知变革之间的关系，指出管理者认知偏好的变化对企业战略变革有着直接的关系。Marcel 等（2010）提出，管理者的认知偏好中如果强调某一种类型的竞争行为，虽然可以使企业对此类竞争行为做出快速反应，但是长此以往将会造成管理认知的凝滞。Eggers 和 Kaplan

(2009) 通过光学产品行业的研究发现，认知偏好集中在新技术的企业将快速进入新产品领域，认知偏好集中在旧技术的企业将对技术的发展做出缓慢的反应。

3.1.4 决策方式

Busenitz 和 Barney (1997) 指出，启发式的决策方式对企业来讲是有利的。当企业在面对高度不确定性的环境和局面时，启发式的决策方式可以发现许多机会并通过信息的表述与解释来摒除企业惯例和传统的影响，进而对企业管理认知变革起到积极的影响。

3.2 高管团队构成特征对管理认知变革的影响

战略决策者的构成特征也是影响管理认知变革的重要因素。认知心理学关注的是个人的认知资源和认知之间的关系，但是管理认知却是一个团队的概念。学者逐渐意识到把战略决策者作为"单位个人"，忽略高管团队的团队特性成为研究管理认知变革问题的短板和不足。于是有学者借鉴战略管理中的高阶理论和社会资本理论，研究高管团队构成特征对管理认知变革的影响，有的基于高阶理论研究高管团队异质性特征对管理认知变革的影响，有的基于社会资本理论研究高管团队社会资本对管理认知变革的影响。

3.2.1 高管团队异质性特征

Hambrick 和 Mason (1984) 认为，企业战略的有效性取决于高管团队的价值观和认知水平，高管团队的构成特征能够反映并决定其价值观和认知水平，进而影响着管理认知的变革。异质性高的高管团队思考问题倾向于多样化，搜集的信息也会更加全面，由此对鉴别问题和搜集信息的效率产生正向影响。在差异性高的团队中，由于成员们思考问题的角度倾向于多样化，高管团队在试错过程中可以较为轻易地反思管理认知中的不足和错误，促使管理认知更加柔性化。陈传明 (2002) 指出，高管团队的异质性将会促进企业管理认知的柔性。

3.2.2 高管团队社会资本

高管团队的社会资本是高管团队成员的社会资本总和，高管团队通过其所根植的社会网络来获得信息、知识和其他资源。而管理认知变革就意味着企业战略决策者能够感知新的信息，或者对信息的表述、解释和评价发生变化，因而高管团队的社会资本对管理认知柔性与变革也会产生一定的影响。Haynes 和 Hiliman (2010) 将高管团队社会资本划分为"社会资本幅度"和"社会资本深度"两个维度。社会资本的幅度越大，管理认知的柔性就越高，企业越容易进行战略变革；社会资本的深度越强，管理认知的凝滞性就越高，企业就难以进行有效的战略变革。

4 基于过程观的管理认知变革研究

过程观认为，管理认知不是一组刚性的、静态的概念，而是一个基于社会构建的、动态的概念。管理认知的形成和改变是企业战略决策者、利益相关者之间社会活动的结果，企业绩效反馈和高管团队沟通以及企业所根植的制度环境等因素在不断地改变着管理认知模式。

4.1 绩效反馈对管理认知变革的影响

管理认知的形成是一个不断自我增强的过程，这个过程中绩效反馈具有非常重要的作用。企业绩效反馈可以帮助企业调整或加强之前关于相关因素的定义和解释，当企业达到预期目标时，企业战略决策者非常熟练地运用组织成功的绩效来支撑自己的观点进而形成管理认知的自我增强；而当企业没有达到其预定目标时，企业战略决策者将会反思管理认知中的错误，进而肯定或否定因果逻辑，最终促进管理认知变革。Danneels（2010）通过案例研究指出，企业的绩效反馈也许是管理认知变革的前因，尚航标和黄培伦（2010）通过万和集团的案例研究也指出，企业持续的绩效反馈是万和集团战略决策者反思企业发展主导逻辑，进而促进管理认知变革的主要决定力量。

4.2 沟通机制、沟通背景和关系背景对管理认知变革的影响

Grégoire 等（2011）、Kaplan（2008）、Kaplan（2011）等引入沟通理论的框架和解释来研究管理认知变革问题，他们认为管理认知模式的形成和改变是团队成员相互沟通的社会过程。Kaplan（2008）发现，高管团队中的成员会动员和自己拥有相同偏好的成员一起与具有不同偏好的成员进行沟通与调解，最终达成团队统一的集体性认知。Sarasvathy（2001）的研究也指出，高管团队成员之间成功分享一项新颖的观点是企业成功的关键。这说明高管团队的相互沟通是完成管理认知变革的关键影响因素。此类研究强调了团队成员的沟通机制、沟通背景和关系背景等团队沟通在管理认知变革过程中的作用。

4.3 合法性暗示对管理认知变革的影响

Mischel（1977）认为，企业战略决策者的认知结构具有社会构造的特性。当决策者对外部信息感知较为模糊时，就会追求社会认知的合法性。合法性暗示因此作为一种社会构造的认知框架对决策者的管理认知产生影响，当合法性暗示较强时，管理认知将难以发生改变；而合法性暗示较弱时，管理认知将比较容易发生改变。

5 研究评述与展望

5.1 研究评述

虽然学术界依据根植观和过程观的理论逻辑对这一问题进行了分析，但是尚处于起步阶段，主要表现在以下两个方面。

（1）根植观和过程观继承的是认知心理学和卡内基学派的理论逻辑，尚未针对管理认知变革的独特特征展开深入分析，特别缺乏管理认知动态演化过程的研究，这对构建和进一步发展管理认知变革理论造成了阻碍。现阶段对于管理认知变革的研究都建立在其他理论的基础上，这种拿来主义虽然有助于理解是哪些因素影响着管理认知变革，但是却不利于有效理解管理认知变革的过程。在没有系统厘清管理认知变革逻辑过程的前提下探讨影响管理认知变革的因素是有缺陷的。对管理认知动态演化过程理解的差异，是根植观和过程观产生分歧的主要原因。根植观和过程观对管理过程的理解差异产生于其所继承的认知心理学与卡内基学派理论逻辑的差异。

通过文献研究发现，根植观和过程观对“管理认知变革是一种什么样的活动”这一问题有截然不同的理解。根植观认为，管理认知变革就是管理认知自然属性的变化，即企业战略决策者所共有的知识结构的变化，其根源在于管理认知所根植的企业战略决策者特征，如果企业战略决策者自然属性发生了变化，企业管认知也会随着发生变化。在这种理论逻辑下，有实践者认为，只要简单地更换 CEO 或者更换高管团队成员就可以促使企业管理认知发生变化。而过程观则认为，管理认知变革是一组社会过程，且管理认知是独立于企业战略决策者而存在的。管理认知是经过企业长期经营而产生的，具有稳定性且不会随着高管团队成员的变化而变化，这也是企业战略模式较为固定的原因所在。管理认知的变革过程也是组织学习、绩效反馈、权力结构、沟通等社会活动的综合结果。

由于认知心理学和卡内基学派对于管理认知变革来说是舶来品，在揭示和解释管理认知变革问题时其效力必定有所欠缺，因而构建和进一步发展管理认知变革理论需要打开“黑箱”，系统厘清实践界管理认知变革的过程。

（2）管理认知变革的理论在发展过程中存在分裂的风险。根植观和过程观将管理认知的自然属性与社会属性分裂开来进行讨论，不利于全面地理解管理认知变革问题。管理认知具有自然属性也具有社会属性，不能将管理认知的这两类属性分裂开来。在管理认知变革的理论发展过程中需要警惕分裂的风险：将研究的注意力过度集中在某类战略决策者自然属性对管理认知变革的影响上，而忽略对管理认知变革过程的研究；或者将研究的注意力过度集中在管理认知变革的过程研究中，而忽略管理认知所根植的高管团队自然属性的研究。本文认为，管理认知的自然属性是它的构成特征，而管理认知的社会属性是它的存在特征。

第一，根植观继承了认知心理学的理论逻辑，同时也继承了认知心理学的理论前提。事实上，认知心理学研究个体的心智过程，而管理认知属于企业战略管理的概念，它的研究单元是组织。本文认为，个体认知和集体性认知研究层面之间的差别阻碍了根植观对管理认知变革的解释。企业战略决策者的共有知识结构并非高管团队成员个人知识的简单加总，这组共有知识结构是企业在长期经营过程中通过不断地试错学习、沟通等社会过程形成的相对稳定的知识结构，管理认知形成以后，将会脱离于现实世界以“模式”的特征而存在，因此管理认知是有别于个体认知的。集体性认知和个体认知的主要区别在于集体性认知受到团队成员的社会属性（如冲突和沟通等）和社会心理的影响，而根植观忽略了这一点。

第二，过程观继承了卡内基学派的理论逻辑，认为高管团队政治过程影响着管理认知的形成和变革。但它同样继承了卡内基学派的理论前提，忽略了管理认知形成与变革的心理基石，例如，高管团队的自我信念、乐观的态度、因果归因、有意的过滤等高管团队心理因素对管理认知变革的影响。

因此，离开自然属性谈社会属性，和离开社会属性谈自然属性都是片面的。需要兼顾管理认知的自然属性和社会属性，整合管理认知的根植观与过程观来研究管理认知变革问题。根植观和过程观是管理认知整合研究的理论基础。管理认知的整合研究理论基础如图 1 所示。

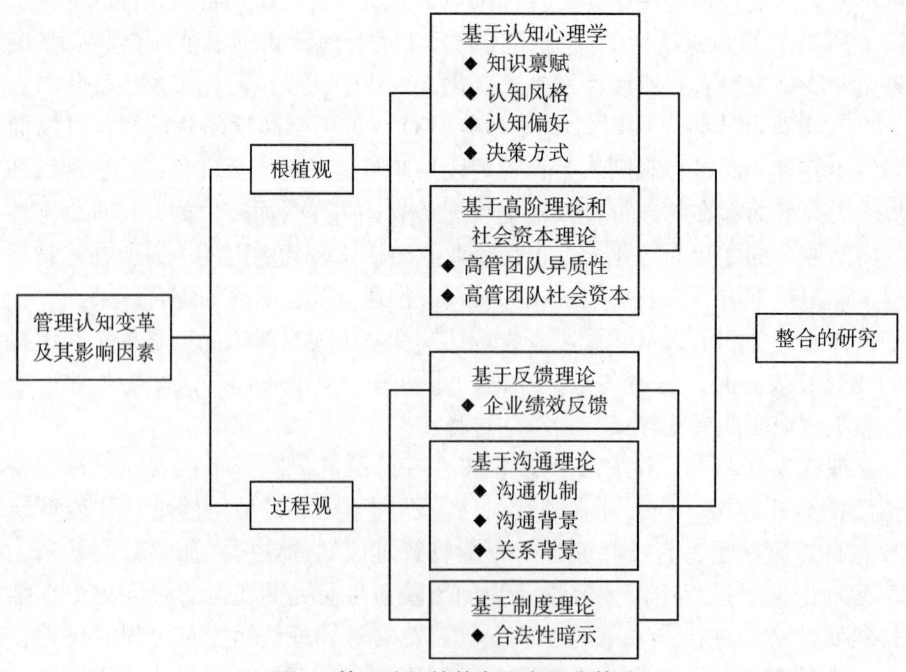

图 1 管理认知的整合研究理论基础

5.2 研究展望

通过跟踪性案例研究深入探索和完整归纳管理认知的动态演化过程，在探索和归纳管理认知动态演化过程的基础上，构建跨越根植观和过程观两类范式的整合理论模型，进而对管理认知变革的前因与后果进行大样本数据实证检验是管理认知变革研究的未来发展方向。

首先，对管理认知变革进行跟踪性的案例分析，探索和归纳管理认知的动态演化过程。未来的研究首先应致力于通过案例研究等科学的研究方法来探索和归纳管理认知的动态演化过程。虽然 Grégoire 等（2011）、Kaplan（2011）的研究已经显示管理认知变革是一个社会过程，但是却没有构建一个较为完整的管理认知动态演化理论模型。例如，管理认知变革是一个主动变革的过程还是一个被动变革的过程？管理认知变革经历了哪些阶段？在这个过程中个体认知如何扩展到集体认知？管理认知变革过程受到哪些因素的影响？这些问题的回答都需要用一个统一的理论作为基础来构建管理认知动态演化的理论模型。

本文认为，管理认知在性质上是群体性的试错学习过程。管理认知变革意味着企业战略决策者知识结构的解除、变化和再形成。解除是指企业战略决策者对知识结构中原有知识的主动遗忘；变化是指企业战略决策者将新知识主动纳入知识结构中形成新的知识结构；再形成是指企业战略决策者将新的知识结构固化和模式化。因此，从本质上讲管理认知变革的过程是一个知识遗忘、吸收和固化的试错学习过程。动态环境下，试错学习过程是一个群体的概念，因为试错学习过程中问题的鉴别、信息的搜集、新方案的拟定和知识的固化等是企业战略决策者成员间相互沟通和相互作用的结果。

其次，在探索和归纳管理认知动态演化过程的基础上，构建跨越根植观和过程观两类范式的整合理论模型，进而展开大样本数据实证检验。管理认知变革的研究主要受到根植观和过程观两类理论观点的制约。每种观点都坚持自己的研究范式，集中于探讨管理认知变革的某个方面。在过去的研究中，这两类范式的研究相对独立，分别强调战略决策者的自然属性、绩效反馈以及团队沟通等社会过程对管理认知变革的影响。Cornelissen 和 Clarke（2010）、Grégoire 等（2011）、Kaplan（2011）提倡进行跨范式的研究，从根植观和过程观的整合来打开认知过程的“黑箱”，即整合战略决策者自然属性和社会属性（绩效反馈、团队过程特征和团队心理特征等），研究它们之间的相互关系对管理认知变革的影响。此外，现有研究着重强调动态环境下认知凝滞对企业绩效的不利影响，忽略了在较为静态的行业环境下管理认知变革对企业绩效的影响，这限制了对在行业动态性低和行业动态性高两种行业环境中管理认知变革作用的理解。因此学者们应探讨管理认知变革和行业动态性的匹配对企业绩效的影响。

最后，虽然管理认知变革的重要性被广为认可，但是现有对管理认知变革的研究大都局限在理论方法的探讨上，尚缺乏基于数据的实证研究，学者们应在构建管理认知变革模型的基础上，通过大样本数据实证研究检验管理认知变革的前因与后果。

参考文献

[1] 陈传明. 企业战略调整的路径依赖特征及其超越 [J]. 管理世界，2002，18 (6)：94-101.

[2] North D. C.. Institutions，Institutional Change，and Economic Performance [M]. Boston：Harvard University Press，1990.

[3] Tucker A. L.，Edmondson A. C.. Why Hospitals Don't Learn from Failure：Organizational and Psychological Dynamics that Inhibit System Change [J]. California Management Review，2003，45 (2)：55-72.

[4] Tripsas M.，Gavetti G.. Capabilities，Cognition，and Inertia：Evidence from Digital Imaging [J]. Strategic Management Journal，2000 (21)：1147-1161.

[5] 邓少军，芮明杰. 组织能力演化微观认知机制研究前沿探析 [J]. 外国经济与管理，2009，31 (11)：38-44.

[6] Gavetti G.，Levinthal D.. Looking Forward and Looking Backward：Cognitive and Experiential Search [J]. Administrative Science Quarterly，2000，45 (1)：113-137.

[7] Walsh J. P.. Managerial and Organizational Cognition：Notes from a Trip Down Memory Lane [J]. Organization Science，1995，6 (3)：280-321.

[8] Porac J.，Thomas H.. Taxonomic Mental Models in Competitor Definition [J]. Academy of Management Review，1990，15 (1)：224-240.

[9] Gavetti G.. Cognition and Hierarchy：Rethinking the Microfoundations of Capabilities' Development [J]. Organization Science，2005，16 (6)：599-617.

[10] 石盛林，陈圻. 高管团队认知风格与竞争战略关系的实证研究 [J]. 科学学与科学技术管理，2010，31 (12)：147-153.

[11] Hodgkinson G. P.. Cognitive Inertia in a Turbulent Market：The Case of UK Residential Estate Agents [J]. Journal of Management Studies，1997，34 (6)：921-945.

[12] Johnson D. R.，Hoopes D. G.. Managerial Cognition，Sunk Costs，and the Evolution of Industry Structure [J]. Strategic Management Journal，2003 (24)：1057-1068.

[13] Heffernan G. M.. Path Dependence，Behavioral Rules，and the Role of Entrepreneurship in Economic Change：The Case of the Automobile Industry [J]. Review of Austrian Economics，2003，16 (1)：45-62.

[14] Winter S. G.. Toward a Neo-schumpeterian Theory of the Firm [J]. Industrial and Corporate Change，2006，15 (1)：125-141.

[15] Lamberg J. A.，Tikkanen H.. Changing Sources of Competitive Advantage：Cognition and Path Dependence in the Finnish Retail Industry 1945-1995 [J]. Industial and Corporate Change，2006，15 (5)：811-846.

[16] Smith E. R.，Semin G. R.. Social Situated Cognition：Cognition in Its Social Context [J]. Advances in Experimental Social Psychology，2004，36 (1)：53-117.

[17] Marcel J. J.，Barr P. S.，Duhaime I. M.. The Influence of Executive Cognition on Competitive Dynamics [J]. Strategic Management Journal，2010，32 (2)：115-138.

[18] Argote L.，Greve H. R.. A. Behavioral Theory of the Firm-40 Years and Counting：Introduction and Impact [J]. Organization Science，2007，18 (3)：337-349.

[19] Nadkarni S.，Barr P. S.. Environmental Context，Managerial Cognition，and Strategic Action：An Integrated View [J]. Strategic Management Journal，2008，29 (13)：1395-1427.

[20] Turner M.. Cognitive Dimensions of Social Science [M]. London: Oxford University Press, 2001.

[21] Rerup C., Feldman M. S.. Routines as a Source of Change in Organizational Schemata: The Role of Trialand-error Learning [J]. Academy of Management Journal, 2011, 54 (3): 577-610.

[22] De Carolis D., Saparito P.. Social Capital, Cognition, and Entrepreneurial Opportunities: A Theoretical Framework [J]. Entrepreneurship Theory and Practice, 2006, 30 (1): 41-56.

[23] Cornelissen J. P., Clarke J. S.. Imagining and Rationalizing Opportunities: Inductive Reasoning and the Creation and Justification of New Ventures [J]. Academy of Management Review, 2010, 35 (3): 539-557.

[24] Grégoire D. A., Corbett A. C., McMullen J. S.. The Cognitive Perspective in Entrepreneurship: An Agenda for Future Research [J]. Journal of Management Studies, 2011, 48 (6): 1443-1477.

[25] Hodgkinson G. P., Healey M. P.. Psychological Foundations of Dynamic Capabilities: Reflexion and Reflectionin Strategic Management [J]. Strategic Management Journal, 2011, 32 (13): 1500-1516.

[26] Simon M., Houghton S. M., Aquino K.. Cognitive Biases, Risk Perception, and Venture Formation: How Individuals Decide to Start Companies [J]. Journal of Business Venturing, 2000, 15 (1): 113-134.

[27] Shepherd D. A., De Tienne D. R.. Prior Knowledge, Potential Financial Reward, and Opportunity Identification [J]. Entrepreneurship Theory and Practice, 2005, 29 (1): 91-112.

[28] Eggers J. P., Kaplan S.. Cognition and Renewal: Comparing CEO and Organizational Effects on Incumbent Adaptation to Technical Change [J]. Organization Science, 2009, 20 (2): 461-477.

[29] Kaplan S.. Cognition, Capabilities and Incentives: Assessing Firm Response to the Fiber-optic Revolution [J]. Academy of Management Journal, 2008, 51 (4): 672-695.

[30] Busenitz L. W., Barney J. B.. Differences between Entrepreneurs and Managers in Large Organizations: Biases and Heuristics in Strategic Decision-making [J]. Journal of Business Venturing, 1997, 12 (1): 9-30.

[31] Sarasvathy S. D.. Effectuation: Elements of Entrepreneurial Expertise [M]. Cheltenham: Edward Elgar, 2008.

[32] Hambrick D. C., Mason P. A.. Upper Echelons: The Organization as a Reflection of Its Top Managers [J]. Academy of Management Review, 1984, 9 (2): 193-206.

[33] 鲁倩，贾良定. 高管团队人口统计学特征、权力与企业多元化战略 [J]. 科学学与科学技术管理，2009，30 (5)：181-187.

[34] Hillman A. J., Dalziel T.. Boards of Directors and Firm Performance: Integrating Agency and Resource Dependence Perspectives [J]. Academy of Management Review, 2003, 28 (3): 383-396.

[35] Haynes K. T., Hiliman A.. The Effect of Board Capital and CEO Power on Strategic Change [J]. Strategic Management Journal, 2010, 31 (11): 1145-1163.

[36] Danneels E.. Trying to Become a Different Type of Company: Dynamic Capability at Smith Corona [J]. Strategic Management Journal, 2010, 32 (1): 1-31.

[37] 尚航标，黄培伦. 管理认知与动态环境下企业竞争优势：万和集团案例研究 [J]. 南开管理评论，2010，13 (3)：70-79.

[38] Kaplan S.. Research in Cognition and Strategy: Reflections on Two Decades of Progress and a Look to the Future [J]. Journal of Management Studies, 2011, 48 (3): 665-695.

How to Renew Managerial Cognition? Theory Review and Research Agency of Managerial Cognition Change

Shang Hangbiao[1] Li Weining[2] Lan Hailin[2]

(1. Northeast Forestry University, Harbin 150040, China; 2. South China University of Technology, Guangzhou 510640, China)

Abstract: Past research has two different theory logic to the question of how to renew managerial cognition, they are embedded view and procedural view. This paper identifies the differences and relationships between embedded view and procedural view based on the natural characters and social characters of managerial cognition. Then this paper concludes the main hypothesis and main research pattern. In the discussion, we trace the implications of our study for research and practice.

Key Words: Cognitive Inertia; Managerial Cognition Renewal; Natural Characters; Social Characters; Embedded View; Procedural View

中央企业领导力模型的构建与应用
——以 H 集团公司为例 *

霍颖颖
（中国核工业集团，北京 100822）

【摘　要】本文在对比分析中粮集团、航天科技等中央企业领导力模型建设状况的基础上，构建了 H 集团公司的领导力模型，阐述了该模型的应用状况，其经验具有一定借鉴意义。

【关键词】中央企业；领导力模型构建；H 集团

管理学中的领导力是指可以达到高绩效的个体的内在特性或者行为表现，领导力模型则是这种内在特性或行为表现的集合，包括知识、技能、社会角色、自我形象、个性特点、动机、行为风格等方面（陈小平、肖鸣政，2011）。领导力模型与胜任力模型外延有所不同，前者与领导者密切相关，后者则适用于所有层级的工作人员，与工作岗位密切相关。

1　中央企业领导力模型构建与应用

世界上第一个胜任力模型形成于 20 世纪 70 年代，是 McClelland 在 1970 年和 McBer 咨询公司为甄选美国的国外服务信息官开发出来的（李明斐、卢小君，2004）。我国的中央企业开展领导力模型建设始于 2000 年。据不完全统计，截至 2013 年 7 月，国资委管理的 113 家中央企业中，有 27 家已建立了领导力模型（或胜任力模型），10 家正在建设，还有一些中央企业正在谋划此项工作。其中，中国航天科技集团公司、中国电信集团公司、中粮集团有限公司、宝钢集团有限公司、华润（集团）有限公司等的领导力模型建设取得了较大的影响。

* 本文选自《中国人力资源开发》2013 年第 17 期。

1.1 中央企业领导力模型构建的目的

研究发现，组织能力建设和提升组织竞争优势与领导力开发息息相关，在领导力开发方面投入越多，组织能力就越强，组织就越有效，组织绩效也就越高（陈小平、肖鸣政，2011）。这也解释了为何越是面向市场程度高、影响力大、行业带动作用明显的中央企业，越发率先开展领导力模型的构建工作。中央企业多处于关系国家安全和国民经济命脉的重要行业和关键领域，肩负国家经济社会发展、产业结构升级、履行社会服务的责任，有着做"强"做"优"的使命和责任。但目前很多中央企业源于国家部委和老的国有企业，仍沿用较多传统管理手段和工具。领导力模型构建有助于中央企业在人力资源管理的选拔、培养领域向现代企业管理的转变，实现两个目的：

一是搭建基于领导力模型的中央企业培训体系，培养一支符合企业战略需要的人才队伍。《2011 德勤中国企业领导力发展调研报告》中提到，七成中国企业的领导力发展处于初级阶段，成熟度亟待提高；领导力发展体系欠缺整合性和系统性，没有形成针对不同层级、不同发展需要的领导力培养体系（周晓新、谢册，2013）。领导力模型构建总结了中央企业经理人队伍最突出的能力素质要求，有助于建立分层分阶的培训课程体系，并通过人才培养、培训，逐步造就一支符合企业战略需要的人才队伍。二是选拔评价符合中央企业战略需要、能够适应市场竞争的经理人队伍。"领导"一词意味着企业的变革，有效的领导才能产生有效的变革，大量的变革需要高质量的领导（张秀林、王剑萍，2012）。中央企业作为共和国的脊梁，需要一批符合中央企业战略需要的、能够引领产业发展的、具有较强经营管理能力的经理人。由于很多中央企业的前身是国家部委，经理人选拔任用仍与国家党政干部使用同一标准，经理人的经营管理和市场拼搏能力没有得到充分体现。领导力模型的构建区分了优秀业绩者和普通业绩者，实现了中央企业打造经理人队伍的标准和需要。

1.2 中央企业领导力模型构建的现状

领导力模型构建的常用方法有战略演绎法和行为事件访谈法。战略演绎法适用于处于战略转型期的公司，主要通过明确公司愿景，确定公司战略，确定关键成功要素或商业驱动力，最后推导出领导力要素并构建模型。行为事件访谈法适用于处于战略稳定期的公司，主要通过选择内部标杆，进行行为时间访谈，确定优秀团队领导所具备的素质来构建领导力模型（徐菲，2012）。这两种方法最大的区别是：前者具有"未来导向"，建模时定性成分较多，缺乏现实依据；后者具有"过去导向"，具有较高信度和效度。

据不完全统计，在已建立领导力模型的 27 家央企中，15%采用战略演绎法，75%采用行为事件访谈法；83%认为"构建典型模型图并加大宣传力度对模型广泛适用大有裨益"。建模过程中，56%的央企引进了咨询公司，这其中又有 67%引进了国际咨询公司。领导力模型适用过程中，91%的央企适用于人员培训领域，44%适用于人员测评、选拔、评价领域。

表 1 部分央企领导力模型建设现状

中央企业	领导力模型构建方法	建模是否引进咨询公司	适用领域	创新性做法
中国航天科技集团公司	行为访谈法	否	人员培训	火箭型领导力模型图令人印象深刻
中国航空工业集团公司	行为访谈法	否	人员培训	体现了企事业单位、高管职能差异对模型的影响
中粮集团有限公司	战略演绎法	是（DDI）	人员选拔、培训、评价等	模型应用于后备人才队伍选拔取得了较好效果
中国电信集团公司	行为访谈法	是（HAY）	人员测评、选拔、培训	模型应用于人员测评取得了较好效果
宝钢集团有限公司	行为访谈法	否	企业文化建设、人员选拔和培训	形成了一本原创性的《宝钢领导力》教材
华润（集团）有限公司	战略演绎法	是（HAY）	人员选拔、培训、绩效管理、薪酬管理	模型应用范围最广，模型成为文化价值观的核心

1.3 中央企业领导力模型的应用与不足

随着领导力模型构建和适用的日臻完善，各中央企业普遍建立了基于领导力模型的人才培养培训体系。根据“管理自己—管理他人—管理团队—管理部门—管理组织”的领导力发展通道，各中央企业搭建了“准员工—新职工— 一线管理者—新任部门管理者—部门管理者骨干—经理人副职—经理人正职”的人才培养培训体系。第一层次开展基础领导力培训和初级领导力培训，侧重知识学习与应用的紧密结合。第二层次开展中级领导力培训和高级领导力培训，侧重于指导、引领能力的培养。第三层次为顶级领导力培训，侧重战略规划能力的培养，打造全球化的战略家和企业家（周晓新、谢册，2013）。

但是，各央企在适用领导力模型方面也存在明显不足。一是各中央企业领导力模型建设完成以后，适用情况是不平衡的。91%的央企搭建了基于领导力模型的人才培养培训体系，但仅有 44%的央企适用于人员测评、选拔、评价领域。领导力模型在央企的实践过程中并没有真正作为“内核”将人员选拔、培养、使用、评价、激励有机串联起来，形成内在统一的循环。中央企业的干部选拔任用具有一定的敏感性，领导力模型原本是为了解决经理人选拔任用与国家党政干部选拔任用标准混同的问题，但实际应用程度总体不高。二是领导力模型建设没有充分体现组织形式（企事业单位）、经理人分工给能力素质指标带来的不同。中央企业普遍下辖企业单位、事业单位，二级单位领导班子的构成也有不同的分工（一把手、经营管理、党群纪检、生产运行、基建建设等分工），领导力模型应当考虑其对能力素质指标带来的影响，但截至目前，仅有中国航空工业集团公司等少数几家央企考虑了这方面的因素。三是一些央企的领导力模型构建没有由央企总部牵头建设，而是由下属的企业大学（培训中心、干部学院）进行构建，导致该模型的推广能力、公信力、普遍适用性较低。

2 H集团公司领导力模型构建

H集团公司是经国务院批准组建、中央直接管理的国有重要骨干企业，主要从事某国防工业领域科研开发、建设和生产经营，以及对外经济合作和进出口业务，是国内该领域的骨干，2012年度主营业务收入600亿元，利润总额80亿元。H集团公司组织结构实施三级管理，即“集团总部—事业部—成员单位”，设10个事业部，下辖102家成员单位(其中企业单位52家，事业单位50家)，现有员工7.5万人。

2.1 领导力模型构建方法

领导力模型构建方法取决于企业是否处于战略转型期。H集团公司定位为国家某工业领域主力军，市场定位清晰，专业化经营的格局稳定，随着该领域向国际国内市场的不断开放，公司也在寻求主动变革。因此，公司将战略演绎法和行为事件访谈法共同作为建模方法，工作步骤主要包括：

第一步，成立领导小组，由集团公司董事长担任组长，公允选取咨询公司（优先从国际咨询公司选取）。

第二步，通过高层访谈、查阅资料理解企业领导人价值观，明确未来发展战略对经理人队伍素质发展的要求。通过由外到内的行业标杆分析，借鉴行业标杆最佳实践，提出企业发展需要的行为素质。通过对领导者岗位职责的分析，提出岗位职责对行为素质的要求。

第三步，根据H集团公司的绩效体系，选择高绩效领导者。采取行为事件访谈和问卷调查，对绩优者的成功事例和行为模式分析，提炼领导者的行为素质。

第四步，提炼上述行为素质，进行总结归纳。初步形成领导力模型：一级模型形成3~5项核心要素，二级模型对上述每一项核心要素再分解为2~4项典型要素，三级模型对上述每一项典型要素进行分解，最后形成1~3项能力素质项。

第五步，选取部分模型目标人群，对模型的准确性进行测试。根据测试结果，对模型进一步完善和定型。

第六步，以领导力模型图的方式对模型予以发布，对核心要素项、典型要素项、能力素质项含义进行阐述。加强领导力模型的宣传推广，促进领导力模型的深入应用。

2.2 领导力模型基本架构

通过上述高层访谈、查阅资料、问卷调查和行为事件访谈，对采集到的指标和数据采用SPSS13.0统计软件进行分析，并经过反复沟通讨论，H集团公司形成了“国家至上、市场导向、开拓创新、团队共赢”的领导力模型，如表2所示。

表 2　H 集团公司领导力模型

H 集团领导力模型（核心要素项）	典型要素项	能力素质项
国家至上	政治引领	□具有较高政治素质，将国家安全和利益置于企业最高境界
		□承担央企政治责任和社会责任，夯实某国防工业主力军地位
	大局意识	□着眼长远，为了国家利益不计较眼前得失，服从大局
		□放眼全球市场发展，厘清政策走向，果断进入或放弃产业链相关产业
	无私奉献	□把工作作为一项精神去热爱和完成，从点点滴滴中寻找乐趣，做好每一件事
		□把奉献作为承担央企社会责任的重要方面，履行好国家赋予的光荣职责
市场导向	市场思维	□以市场为导向，运用市场化手段抓改革、谋发展，运用市场机制增强发展活动
		□思想观念不断冲破束缚，建立与市场经济相适应的思维方式
	业绩导向	□树立"业绩上、薪酬上，业绩下、薪酬下"的理念
		□通过设定业绩目标、提供和配置金钱和设备，不断自我管理，实现战略目标
	竞争意识	□树立该领域国内外竞争正在加剧的意识，积极参与竞争
		□树立企业竞争公开化、透明化的意识，采取正当、诚实信用的原则开展竞争
开拓创新	主动变革	□以变革为手段，追求可持续增长，领导变革
		□以市场和客户为中心开展变革，将变革落实在理念、流程、运营、考核上
	创新牵引	□以科技创新为牵引，占据该领域国内创新制高点，引进消化吸收国外创新要素
		□以商业模式创新为根本，重新组织生产条件和要素，建立效率更高的运营体系
	学习成长	□打造学习型组织、增强员工的学习力，将学习力转化为竞争力
		□将学习成果积极用于实践，不断提高解决问题的能力，实现组织成长
团队共赢	团队建设	□打造具有士气的队伍，增强团队的吸引力、凝聚力和战斗力
		□共同的事业愿景、清晰的团队目标、互补的成员类型、恰当的考核激励锤炼队伍
	协同共赢	□以"开放、包容、合作、共赢"心态，利用集群中企业之间的相互协作共谋发展
		□打造产业发展良好环境，使集团内外产业链单位共同获得发展
	组织优势	□通过打造卓越个人和团队，逐步转化为整个组织的优势，支撑战略实现
		□发挥党组织、团组织的政治优势，增强企业的凝聚力和向心力

3　H 集团公司领导力模型的应用

鉴于各央企就领导力模型在人员培训方面的应用较为成熟，本文重点就 H 集团公司领导力模型在人员测评、选拔、评价环节的应用进行探讨。

3.1　模型在人员测评领域的应用

人员测评是指测评主体在较短时间内，采用科学的方法，收集被测评者在主要活动领域的表征信息，针对某一素质测评目标体系做出量值或价值的判断过程，或者直接从所收集的表征信息引发与推断某些素质特征的过程。测评方法主要有心理测验、面试与评价中心 3 种，还包括书面介绍信息分析、履历档案分析、工作取样、绩效考评等（朱伟俊，2008）。基于领导力模型的人员测评具有其特殊性：一是模型指标体系已经固定，测评目的精准指向领导能力强弱的判断；二是领导力测评是一种行为测评，即基于人们稳定行为方式进而预测其工作成功的可能性的测评，不涉及潜质测评，包括心理测试、性格测试等内容。根据以上判断，H 集团公司建立了自己的“领导力测评中心”，主要采用问卷调查、行为面试、评价中心（管理游戏、角色扮演）3 种方式开展领导力测评，详见表 3、表 4、表 5。

表 3　H 集团公司领导力测评问卷部分核心要素项举例

<table>
<tr><th>H 集团公司领导力模型核心要素项</th><th colspan="2">H 集团公司领导力模型典型要素项</th><th>自我评价
（权重 30%）</th><th>上级评价
（权重 30%）</th><th>同事评价
（权重 20%）</th><th>下属评价
（权重 20%）</th></tr>
<tr><td rowspan="6">市场导向</td><td rowspan="4">市场思维</td><td rowspan="2">能力素质项一</td><td>□A 级水准
□B 级水准
□C 级水准
□D 级水准</td><td>□A 级水准
□B 级水准
□C 级水准
□D 级水准</td><td>□A 级水准
□B 级水准
□C 级水准
□D 级水准</td><td>□A 级水准
□B 级水准
□C 级水准
□D 级水准</td></tr>
<tr><td>正面案例举例：
负面案例举例：</td><td>正面案例举例：
负面案例举例：</td><td>正面案例举例：
负面案例举例：</td><td>正面案例举例：
负面案例举例：</td></tr>
<tr><td rowspan="2">能力素质项二</td><td>□A 级水准
□B 级水准
□C 级水准
□D 级水准</td><td>□A 级水准
□B 级水准
□C 级水准
□D 级水准</td><td>□A 级水准
□B 级水准
□C 级水准
□D 级水准</td><td>□A 级水准
□B 级水准
□C 级水准
□D 级水准</td></tr>
<tr><td>正面案例举例：
负面案例举例：</td><td>正面案例举例：
负面案例举例：</td><td>正面案例举例：
负面案例举例：</td><td>正面案例举例：
负面案例举例：</td></tr>
<tr><td colspan="2">业绩导向</td><td>略</td><td>略</td><td>略</td><td>略</td></tr>
<tr><td colspan="2">竞争意识</td><td>略</td><td>略</td><td>略</td><td>略</td></tr>
</table>

表 4　H 集团领导力测评行为面试部分正面案例举例

<table>
<tr><th>H 集团公司领导力模型核心要素项</th><th colspan="5">提问：请举例您个人在“市场导向”这一核心素质项方面做得最卓越的案例</th></tr>
<tr><td rowspan="4">市场导向</td><td colspan="5">回答：我当时主要从事股东事务管理和董事监事管理工作。接受这项工作后，发现我们 H 集团在现代企业法人治理结构方面差得很远。因此，一方面从国际上现代企业法人治理结构的有关书籍、资料中寻找思路，另一方面积极与其他央企同行对标，创造性开展工作，搭建了“八个平台”和“六个支持单位”的股东事务体系，培养了一支出色的股东事务和董事监事队伍。从事这项工作两年后，我又与国内最一流央企对标，发现我们在这项工作方面已经位列央企前茅（TOP5），管理成效显著，很好支持了我们 H 集团战略的发展。这也是我最自豪的一件事</td></tr>
<tr><td>测评师一</td><td>测评师二</td><td>测评师三</td><td>测评师四</td><td>测评师五</td></tr>
<tr><td>□A 级水准
□B 级水准
□C 级水准
□D 级水准</td><td>□A 级水准
□B 级水准
□C 级水准
□D 级水准</td><td>□A 级水准
□B 级水准
□C 级水准
□D 级水准</td><td>□A 级水准
□B 级水准
□C 级水准
□D 级水准</td><td>□A 级水准
□B 级水准
□C 级水准
□D 级水准</td></tr>
<tr><td colspan="5">测评结果加权平均值：</td></tr>
</table>

表 5 H 集团领导力测评行为面试部分负面案例举例

提问：请举例您个人在管理工作中最不满意的一件事

回答：我刚被提任为部门管理者的时候，工作积极性和成就愿望过高，认为下属单位的业务能力、沟通协作水平与期望差距较大。有一次，下属单位以 H 集团名义洽谈国际合作，这本是我们集团层面的工作，“捞过界”了。于是我非常生气，拿起电话训斥了下属单位这名负责人，后面的一段时间里仍反复追责。后来我对这件事情非常后悔，认为自己当时表现得非常不成熟

	测评师一	测评师二	测评师三	测评师四	测评师五
所涉领导力模型核心素质项	□国家至上 □市场导向 □开拓创新 □团队共赢	□国家至上 □市场导向 □开拓创新 □团队共赢	□国家至上 □市场导向 □开拓创新 □团队共赢	□国家至上 □市场导向 □开拓创新 □团队共赢	□国家至上 □市场导向 □开拓创新 □团队共赢
水平测试	□A 级水准 □B 级水准 □C 级水准 □D 级水准	□A 级水准 □B 级水准 □C 级水准 □D 级水准	□A 级水准 □B 级水准 □C 级水准 □D 级水准	□A 级水准 □B 级水准 □C 级水准 □D 级水准	□A 级水准 □B 级水准 □C 级水准 □D 级水准

使用问卷调查方法：一是设计的问卷要紧密围绕领导力模型内容，避免内容泛泛，测评结果不聚焦；二是问卷调查要采取 360 度测评，并对不同维度赋予不同权重，所得结果才更准确、全面，必要时应辅以具体案例；三是要有一支能够科学、准确分析问卷调查结果的测评师队伍，善于对主观情况进行甄别、归类并赋予一定权重。

使用行为面试方法：一是行为面试过程更为主观、开放，人才测评师要引导被测评者充分表达其在以往工作中那些与所要求的胜任力有直接必然联系的具体事件、业绩与行为，从而准确判断其具备的胜任力程度；二是行为面试对正面案例举例的指示要明确、具体，可使用“请举例您个人在‘市场导向’这一核心素质项方面做得最卓越的案例”，对负面案例举例的指示要宽泛笼统，避免被测评人因明确测评目的而有所隐瞒，可使用“请举例您个人在管理工作中最不满意的一件事”；三是因行为面试方法的主观性，人才测评师必须要有多人参加面试，确保结果的信度和效度。

领导力测评最终要形成相应的测评报告（团体或个人），应用于组织人力资源管理的各主要过程和职能之中，实现基于胜任力的人力资源管理新体系（朱伟俊，2008）。

3.2 模型在人员选拔领域的应用

领导力模型适用于人员选拔要避免两种倾向：一是将领导力模型作为人员选拔的唯一标准。领导力模型关注的是隐藏在知识技能“冰山之下”的价值观、态度、个性品质和动机水平，但人员选拔必须要考虑岗位职责和职位需求，以此考察候选人是否具备必须的知识和技能。二是对领导力模型运用于人员选拔百般抵制，认为所谓“冰山之下”的东西有点“玄”，应用起来有难度，仍沿用传统的招聘选拔方法。

中央企业在干部选拔方面还有自身的特殊性。首先要遵循“党管干部”、“德才兼备、以德为先”原则，且无论是组织选拔、竞争上岗还是公开招聘方式，候选人都还要具备“群众认可”原则，而以领导力模型为唯一标准的选拔方式无法兼顾群众认可的要求。因

此，H 集团公司在领导力模型应用于选拔工作过程中坚持 3 个原则：一是“参考”原则，将领导力测评的结果作为干部选拔的参考，而不作为唯一标准；二是基于领导力模型，兼顾央企干部选拔标准、组织性质差异（企业单位和事业单位）、经理人职能差异（一把手、经营管理、党群纪检、生产运行、基建建设等分工）（王重鸣、陈民科，2002），形成一套 H 集团公司新的干部选拔标准（分 A、B、C、D、E 等不同情况）；三是“循序渐进”原则，鉴于大家对领导力模型有一个适应、接受的过程，因此先将领导力模型应用于干部选拔中的公开选拔，待时机成熟再逐渐推进到组织推荐、竞争上岗领域。

3.3 模型在人员评价领域的应用

领导力模型直接应用于人员考核评价领域是有误区的。领导力模型是基于“冰山以下”的价值观、态度、个性品质和动机水平而建立的，侧重于预测某人潜在的领导力表现。人员考核评价则涵盖了“德、能、勤、绩、廉”5 个方面的内容，侧重于根据岗位职责特点对考核内容进行量化分解，真实反映被考核对象的业务能力和工作实绩（张炳辉、李力涛，2008）。前者侧重潜在，后者侧重真实。因此 H 集团公司认为，领导力模型应用于人员考核评价领域的最好做法是，用于对照“预期表现”和“实际业绩表现”的差距，转而修正领导力模型。

4 H 集团公司领导力模型的应用效果及主要经验

H 集团公司领导力模型建成于 2012 年，实施以后，取得了较好的效果。一是重塑了基于领导力模型的企业文化，员工再次明确了“国家至上、市场导向、开拓创新、团队共赢”的核心追求，凝聚了精神和力量。二是通过领导力测评活动的开展，明确了公司对经理人队伍的选拔导向和要求，通过形成测评报告也使经理人明确了自身短板，便于自加压力自我进步。三是通过建设基于领导力模型的人员培训体系，使公司领导力培训覆盖面大幅提高，截至目前，56%的部门管理者以上干部接受了不同层次的领导力训练。四是经理人队伍对基于领导力模型的干部公开选拔接受度显著提高，2012~2013 年度，公司审慎谋划、精心组织了两次基于领导力模型的公开选拔，经理人队伍普遍感到，新的干部选拔标准扬弃了传统做法，更加侧重工作业绩、市场能力的考核，鼓舞了大家干事创业的热情。

H 集团公司领导力模型的建设和应用虽然时间不长，但是取得了一些直接经验，可供其他企业借鉴。

一是领导力模型工作务必要集团高层牵头、加强宣传。H 集团公司领导力模型建设和应用工作得到了集团董事长的高度重视，董事长亲自挂帅领导力模型建设小组组长，并亲自参与了咨询公司招标、行为事件访谈、核心素质甄别、模型图案定型、模型正式发布、模型应用动员等活动。领导力模型工作被作为集团优先工程去抓，获得了集团上下的高度

关注和重视。H 集团公司建模过程中非常注重宣传，在集团内网建立了领导力专栏，对重要进展及时予以发布，在核心素质甄别、模型图案定型阶段充分征求广大职工意见，使广大职工从建模伊始就熟悉和了解领导力模型。在模型发布阶段，H 集团公司举行了正式的发布仪式，并同步在集团报纸、杂志、官网、内网发布了领导力模型宣传材料，举办了以领导力模型为核心的知识竞赛、有奖征文、企业文化宣传，使领导力模型工作深入人心。

表 6　H 集团公司基于领导力模型的干部选拔标准

	单位正职	经营管理副职	生产运行副职	基建建设副职	党群纪检副职
中央企业干部选拔的优先原则	党管干部原则；德才兼备、以德为先原则；组织认可、出资人认可、群众认可、市场认可原则				
H 集团公司领导力模型	国家至上；市场导向；开拓创新；团队共赢				
组织性质差异	企业单位	前瞻力；感召力；影响力；决断力；控制力			
	事业单位	前瞻力；公益力；创新力；责任感			
经理人职能差异	战略决策力；激励指挥力；协调监控力；诚信正直、开拓创新	较强的经营管理能力；市场意识；风险意识	较强的生产运营能力；急争和安全意识；成本和质量意识	较强的基建管理能力；安全和质量意识；进度意识	党性至上；较强的政策理论水平；公正廉洁意识
H 集团公司干部选拔标准	A1（企业）；A2（事业）	B1（企业）；B2（事业）	C1（企业）；C2（事业）	D1（企业）；D2（事业）	E1（企业）；E2（事业）

二是领导力模型务必要实现在人力资源管理全过程的应用，才能确保模型实用且落地。在建模前，对为什么要建设领导力模型、建设领导力模型要达到什么样的目的进行了深入思考。领导力模型建设小组一致认为，领导力模型一定要实用、管用、好用，要通过领导力模型工作真正建设一支强有力的经理人队伍，并促进整个人力资源管理工作，进而支撑集团战略的实现。为此，领导力模型务必要在人员测评、选拔、培养、评价、激励全领域实现应用，实践证明，通过集团上下的共同努力，领导力模型应用成果斐然，经理人队伍和广大职工对此高度重视、积极实践和宣传，起到了很好的导向作用。

三是领导力模型适用务必要循序渐进、逐步推广。相较于适用于培训领域，领导力模型适用于测评、选拔领域会遇到一定的阻力，因为这是对中央企业一贯做法的一种调整，所确定的人员选拔标准是否合理也有待检验，广大职工对此持怀疑、观望、审视态度。为此，领导力模型的适用务必遵循“试点—完善—推广”的程序，特别是在人员选拔领域，可先适用于公开选拔或竞争上岗，在过程中不断总结完善，再推广到组织选拔领域。但是，切不可将领导力模型局限于某一个环节，这会降低领导力模型的普及率和使用率。

参考文献

[1] 陈小平，肖鸣政. 公共部门局处级领导领导力模型构建与开发实证研究 [J]. 领导科学，2011 (12).

[2] 李明斐，卢小君. 胜任力与胜任力模型构建方法研究 [J]. 大连理工大学学报（社会科学版），2004 (1).

[3] 张秀林，王剑萍. 组织变革视角下的管理人员领导力模型构建 [J]. 管理方略，2012 (7).

[4] 周晓新，谢册. 大型企业领导力培训体系构建模式初探 [J]. 中国人力资源开发，2013 (1).

[5] 徐菲. 领导力助力全产业链——中粮领导力模型建设足迹 [C]. 中央企业高级管理者领导力开发专题研讨会论文集，2012.

[6] 朱伟俊. 胜任力测评中心的设计与应用 [J]. 中国商界，2008 (6).

[7] 王重鸣，陈民科. 管理胜任力特征分析：结构方程模型检验 [J]. 心理科学，2002 (5).

[8] 张炳辉，李力涛. 国有企业领导人员考核评价体系研究 [J]. 工商管理，2008 (4).

The Construction and Application of Central Enterprise Leadership Model

—Take H Corporation as the Case

Huo Yingying

(China National Nuclear Corporation，Beijing 100822)

Abstract: This article comparise and analyse the present situation of the leadership enterprise model of COFCO and space science and technology as the central enterprise.By drawing on the successful experience and points out its insufficiency，and then construct the leadership model of H corporation，and summarize its application，in order to provide reference for other enterprises.

Key Words: Central Enterprise；Leadership Model Construction；H Corporation

德鲁克的创新理论与松下的创新实践比较研究*

周芳玲
(山西社会科学院，太原　030006)

【摘　要】松下经营哲学体系是在经营过程中，通过无数次的决策和实践，在不断总结经验的基础上产生和建立起来的，可以说是来自实践的智慧。而德鲁克管理哲学体系则是通过通用汽车公司的委托调查等，由内部经营管理和案例研究得出的结论，并非亲自从事经营实践活动产生的，也就是说从大处着眼看社会的变迁和企业存在的意义。依照德鲁克的管理哲学中的创新机遇，对松下电器的经营发展史以及松下所进行的创新事例进行分析，深层次探讨创新与实践的内涵。

【关键词】经营哲学；松下经营；德鲁克

1　引言

创新意识和企业家精神是成功企业家必须具备的特有素质。因为经营的好坏并不是以知识、技术这些方面来评价的，而是以企业家、经营者如何开创事业这方面进行评价。

按照德鲁克强调的七大创新机遇，即不可预期的成功、不可预期的失败等不可预期的事件出现的时候，现实中有的和应该有的之间出现距离的时候，需求存在的时候，产业结构发生变化的时候，人口结构发生变化的时候，观察、感受、想法有变化的时候，新知识出现的时候，验证松下的创新事例，即引进事业部制组织、炮弹型自行车灯的市场营销、与飞利浦的合作和电熨斗的开发。这些不同领域的创新活动，反映出松下企业家精神的特质。

* 本文选自《经济问题》2013 年第 10 期。

2 引进事业部制组织

事例1：1933年松下幸之助采用了事业部制组织。其把工厂分为3个“事业部”，无线电部门为第一事业部，照明、干电池部门为第二事业部，线路用具、合成树脂、电热器部门为第三事业部。各事业部在各自隶属部门，分别设有工厂和办事处，从产品的研发到生产销售、收支实施一贯制，是独立核算的事业体。

松下之所以要建立事业部制这样的分权组织，是因为：①明确责任，落实为责任经营；②使员工作为经营者成长起来。这被认为是日本事业部制组织最初始的形式。

2.1 创新的理由

事业部制组织最初是在美国诞生的。美国的经济史学大师钱德勒说，在20世纪20年代杜邦公司和通用汽车公司这些主要大型企业形成过程中，该组织形式有效地调动了几万名员工的积极性，作为最适当的组织形式被定格下来。而当时松下电器的员工人数仅有1500人，尽管如此，松下之所以下决心引进这种组织形式，是因为松下本人的坚定信念和理念。虽说组织的构成人员较少，但在各自的工作岗位上职责明确，能够自我开发才智、杀伐决断地开展工作。这种“自主责任经营”的想法，就是通过被委任，充分调动员工认真负责和向上的工作精神，同时也反映出松下对人心理的洞察力。对松下而言，仅仅只是自己所拥有、拘泥于自我的做法原本就考虑得很少。也可以这样解释，松下划时代地将自己作为企业之主拥有的重要信息，即公司的财务信息以及技术资料，一览无余地展现给员工。

这其中不可回避的是松下自身“体质弱”这一现实。这也是当人们问起松下电器成功原因的时候松下固定式的回答：力不从心。当松下26岁时，其双亲及所有兄弟都因疾病而先后逝去，松下也是所谓的蒲柳体质，超出常人几倍的劳动原本是不行的。也许正是这种命运状况所致，那种达观的心态早早就根植于心里。

正是具有这种自知之明的达观心态，才使事业迅速步入轨道，经营的电器产品种类也逐步扩大，远远超越自己的知识范围。松下根据实际状况，将不同的工作委任给适合的员工部下，而自己只是统管整体经营管理方法和实施经营决策。

总之，原本事业部制组织是为了有效发挥大规模组织功能，是企业发展壮大所必需的。而松下电器的事业部制组织可以说是源于松下虚弱体质这种生理状态、在“委任”给员工部下这种心理性特征的基础上成立的。正是松下幸之助这样一位经营者独特的思维，才引导企业组织结构全面改观。

通常认为事业部制组织是在两种意义功能上成立的：一种是垂直统合性，另一种是作为利润中心功能。

所谓垂直统合性就是从产品企划到研发、生产、销售完全包括在事业部内。而利润中心功能是指事业部成为利益管理单位。换言之，就是事业的统一性、平衡性这一问题。对上面两种功能性进行分析，以利润中心功能为主轴的、企业内部的康采恩色彩比较强烈。对此，松下电器的不同产品的事业部制组织无论在垂直统合性上还是利润中心功能上，在1933 年起步时就确立了。这样功能性极高的事业部制组织，通过经营者自身的理念以及有目的的引进，充分证明松下在组织战略方面思维新颖，是革新式的创造，所以足以被评价为创新人物。

2.2 德鲁克的评价

德鲁克在 1954 年出版的《现代经营》中，已经深刻认识到现代企业组织中，分权性是问题的关键所在。其优势在于：①责任明确化；②对事业的战略性评价容易；③目标管理容易；④有利于培养经营者；⑤对最低管理层的员工能力评价上也很容易。松下对事业部制组织的功能评价上注重的是①和④，所以也包括在德鲁克的考察研究中。根据德鲁克的“七大创新机遇”，分析由松下确立的事业部制，比较符合的是第 4 条“产业结构发生变化的时候”和第 6 条“观察、感受、想法有变化的时候”。

“产业结构发生变化的时候”是指战后家电热潮涌来的前期，这时家用电器开始出现在市场。电熨斗、被炉和冰箱等所有出现在市场的电器产品都是高价进口的。大部分老百姓买不起，便宜的国产品的需求逐渐高涨起来，其需求虽然还处于潜在化，但作为从 20 世纪 50 年代后期开始的家电热潮，正预示着不久就会遍地开花。所以在 1950 年，松下电器重组了由 3 个事业部组成的事业部制组织，迅速地搭乘上战后家电热潮的“飞船”。在家电行业，仿照松下电器，按不同产品形成的事业部制组织成为主流，但萌芽阶段却是在战前培育的。

“观察、感受、想法有变化的时候。”松下在引进事业部制组织前一年的 1932 年，在举行的第一次创业纪念仪式上，阐明了产业人的使命。松下电器的经营也表现为“理念经营”，但以自来水哲学为代表的理念基础的确立与事业部制组织引进是同一时间，未必是偶然。

3 炮弹型自行车灯的市场营销

事例 2：对创业不久的松下幸之助来说，打下经营基础的商品是自行车灯。利用在自行车店当学徒的经历，他确信自行车灯的需求前景广阔，而其他公司的现有产品有很大的改良余地，所以这成为他开始这项工作的动机。经过上百次试制，终于研发完成了具有超过以往 10 倍的持久力的炮弹型车灯。

但是电器产品批发商担心这种特殊电池灯相关的备用品难以配齐，所以不予以配合。

松下亲自到自行车店与批发商进行商谈，但由于受过去的电池车灯质量差的形象所影响，得不到信赖。商品、包装品的库存急速增大，必须尽快找到销路。松下直接去了零售店，免费赠送两三个车灯，委托连续点灯。为了在这个零售店做现场宣传，一个月就放了四五千个车灯，其质量迅速得到好评，一个月就得到 2000 份订单，扎扎实实地开拓了市场。通过积累这样的实战经验，与曾经一度拒绝推销的批发商之间的交易也陆陆续续地开展起来了。

3.1 创新机会的连锁

由于自行车灯的成功，松下电器经营的根基建立起来了。自行车灯成功的意义体现了松下在市场营销方面的创新，他是通过什么样的营销手段获得巨大成功的呢？首先必须明确的是，在商品开发阶段，他就已经发现了创新的机会。按照德鲁克的“七大创新机遇”中的第 2 条“现实中有的和应该有的之间出现距离的时候”进行比较分析，原来的蜡烛灯一遇到风就会熄灭，而其替代品乙炔灯用起来也很麻烦。旧式的电池灯也是点上两三个小时就消耗完了，所以完全不符合需求者的要求。这也验证了德鲁克的第 3 条“需求存在的时候”，因为当时自行车的普及扩大确实是已经预测到的。

这方面，松下在职业经历上的确是幸运的。因为松下在自行车店当学徒时，就幸运地接触到“豆灯泡”的发明技术。这非常偶然地符合德鲁克的“七大机遇”中的第 7 条“新知识出现的时候”。

这样，松下从产品企划、研发、生产上已经感觉到创新的机遇，同时还有时代的眷顾。不过其后松下的市场营销活动本身才是这一事业的重大创新，也就是松下独创的营销构想才更具重要意义。

3.2 创新成功要素

松下的市场营销也是完全符合德鲁克的创新原理的。德鲁克创新成功的行动原理主要有以下 5 个要点：①必须对“创新机会”从一开始就进行彻底分析；②所谓创新是理论上分析的问题，同时也是知觉上认识的问题，因此，进行创新之始，必须外出、观察、提问、打听；③必须紧紧围绕单纯且具体的事物，集中在一件事情上；④必须从小事做起，不可广泛大规模地进行；⑤必须从最初就瞄准最高位置。一开始没有设计瞄准最高位置的话，就不会称为创新，甚至连自立的事业也做不到。

松下自行车灯创新事例，可以说完全按照德鲁克创新成功行动原理①进行事业规划的。对于原理②也是贯彻始终。松下亲自走访批发商，在有些问题得不到解决的情况下，在踏踏实实认知的基础上，采取对策。紧紧围绕原理③也是一目了然的。松下觉得由于偏见所致，引以为豪的产品不被试用，甚至无法上市。对此想方设法，采取有效对策使市场认可产品的性能。由于松下独创的市场营销手段，自行车灯一举成为大受欢迎的产品。

松下成功的主要原因，首先是“不束缚于行业的流通渠道”，“不拘泥于批发→零售这样的流通”。而且“无偿放置车灯”也是重要的。当今社会把投放试用品当作宣传的手段

已习以为常，但在当时（1923 年），在商品委托销售之后再收回款额，确实有很大的风险。只有这样不束缚于行业、流通常识，且具有冒险精神，一心一意要得到市场的认同，才可以成为不断创新的源泉。炮弹型自行车灯的成功，靠的不仅仅是激进的销售策略本身，更核心的是这种策略背后的推动力，即松下电器始终秉持着对客户需求的高度敏感以及研发新科技来满足顾客需求，而焦点是针对可以被大量制造与销售的产品。

在此想着重提示的是，不断地创新、再创新才是企业家意志的体现，即企业家精神重要性所在。如果企业家的产品不能在市场上得到认可就不可能成为真正的企业家。“无偿体验”的创意体现了不断创新对企业家来说是极其重要的。

4 与飞利浦的合作

事例 3：1952 年 10 月，松下电器与荷兰的飞利浦公司签订了技术合作协议。同年 12 月与该公司共同出资的松下电子工业株式会社成立了。通过合作，松下电视机等事业的需求扩大了，没有滞后于事先所预见到的竞争激烈化的市场，松下电器夯实了今后发展的牢固基础。

选择与飞利浦合作的原因是该公司的技术力量雄厚强大，而当时日本其他具有竞争力的企业已经同美国的大型电子企业进行合作了，但松下不喜欢美国企业枯燥无味的管理方法，而飞利浦所在的荷兰在技术立国等国情方面接近于日本，具有亲切感。

但是双方在谈判过程中却困难重重。飞利浦要求在日本设立分公司，先要日方支付 55 万美元，持股 30%，享受技术援助费 7%。

前两项都还可以接受，但最后的技术援助费松下不能接受。对此，松下决定由松下电器方面承担经营责任，提出经营指导费。最后签订的协议飞利浦的技术援助费只占 4%~5%，松下电器的经营指导费占 3%。

通过这项合作诞生的松下电子工业，制造质量优良的真空管、显像管、半导体管等，那些高品质的器件将该公司的收音机、电视、音响这些影像、音响器械和照明用具的质量一举提升到世界水准。

4.1 创新的构想

上述事例对创新的本质解释，初看似乎是一些论理性的辩解。最初，由松下电器提出经营指导费的时候，飞利浦方面认为这是前所未有的要求，从而感到困惑。按照飞利浦方面理解，松下电器之所以不痛痛快快答应高额的技术援助费，提出经营指导费这一不合乎情理的要求，也许是为了与技术援助费相抵。

但事后仔细回味的话，经营指导费却是非常具有划时代意义的，因为这直接关系到经营的价值和本质。

针对飞利浦“遣技术负责人，履行具有责任的指导援助”的主张，松下这样反驳道：“如果那样的话，松下电器难道不会派遣经营负责人，对分公司的经营承担责任，进行指导支援吗？松下电器只有使分公司的经营取得成功，提高生产销售额，飞利浦才可以接收到技术支援费。如果飞利浦的‘技术支援’有价值的话，松下的‘经营之道’也应该有价值的。”不难看出松下所倡导的是自主性经营。

从电子工业的发展趋势看，东芝、日立、通用电气和 RCA 等，很早就有合作伙伴，所以松下电器和飞利浦的合作本身不是创新，但是在谈判中的“价值的发现”被认为是巨大的创新。

4.2 德鲁克的管理观

按照德鲁克的理解，“所谓管理源自对于成果责任的客观性功能。”因此，只有企业家或经营者才是该功能的执行者。结果只能用客观的标准来衡量该决断和行动造成的功能是否很好地发挥作用。

作为企业管理组织，虽然有事业部这一机构，但作为管理者的事业部部长没有意识到自己的责任和权限，不实施行动的话，组织就只是纸上谈兵，管理就不复存在。虽然有表现“社风”、“伦理”、“道德”、“效率性”等功能“状态”方面的标准，但是假如用数值化表示总体性管理质量，实际上是极为困难的事。

松下以自身的经验，强调松下电器在经营本身上具有价值，足以成为达成协议的条件。而飞利浦方面，也必然经过慎重的考虑，一方面仔细地观察，另一方面则抱一分期待，最后不得已接受了松下的要求。所以松下电器的经营价值是令人赞赏的。

一般而论，在考虑管理质量和价值上，应该注意的有两方面：一是比如说“00 公司的 00 经营”在管理方式中表现出的品牌化意义，虽然很好，但绝不是束缚于“形”的。品牌化也可以认为是僵硬化，因为经营、管理是日新月异的。因为领先于时代、具有新颖特征而品牌化的产品，只是维持在“形”上、失去关键性功能的事例也是很多的。

二是应该把原本就具有价值的经营、管理更加贴近个人或组织团体。这是松下或德鲁克都希望的。松下强烈地主张经营个人的人生，德鲁克则提出在未来的组织化社会中，所有的人都会成为各个群体的一分子，参与各种团体的运营，所以无论谁都有必要把管理作为一种技能，进行学习。他们两人都认为经营即管理会自然而然地成为大部分人的必要技能，是现代人生活中不可缺少的。

5 超级电熨斗的研发

事例 4：电熨斗从第一次世界大战后开始在日本国产化，当时加上进口产品，一年销售接近 10 万台。不过这些产品还是价格偏高，普及范围限于高收入者阶层。松下幸之助

决定把产品质量好且价格便宜“谁都能买得起的电热器”在一般普通老百姓家庭普及推广，而最初销售的产品就是超级电熨斗。

电熨斗研发时，松下严把质量关，同时要求价格要便宜 30%，一般的电熨斗以七八日元销售，松下以 3.2 日元出售，这是因为月产 1 万台的大量生产带来成本递减，同时在技术上也做出了贡献。1930 年被商工省评价为国产优质产品，博得超出预想的好评。

5.1 松下自身的变化

上述列举的改组组织结构、产品营销、技术合作 3 项创新，可以评价为松下在创新种类上的扩展。而在电熨斗这一事例上，又演绎了使生产和市场营销联动的创新。松下在技术领域曾亲自获得了 8 项专利，创新 92 项实用项目。尽管这些不全是松下个人的技术创新的结果，但松下从创业开始到某一阶段首先是作为技术者兼经营者的双层身份。而问题的关键是将技术者的职责委托给部下，在充分发挥企业家的作用上，正逐步发生变化。电熨斗上的创新，应该认为是松下自身变化的象征。

松下把电熨斗的试制研发全权委托给之后成为松下电器的副社长、最高技术顾问的中尾哲二郎。中尾虽然也想研发电熨斗，但无论是对电热器的“电”，还是对熨斗的“熨”都不了解。中尾开始博览有关电热器的参考书，一边分解电熨斗的现有产品，一边进行市场调查，把全部精力都投入到电熨斗的研发中。中尾改良常常断线的镍铬合金线，把备用加热器引进到结构中去，然后再加上自己独自的创意，从着手到投入生产仅仅用了 4 个月的时间。异乎寻常地快速完成了研发，就连松尾本人都觉得有点不可思议，其主要原因之一正是产品概念中，松下正确的启发所发挥的巨大作用。

中尾在自传中，披露了松下对电热器的想法：“……如果像现在这样的高价，让一般人使用电热这种便利的东西是不可能的。所以把电热通过合理的设计和生产、合理的销售，必须尽可能便宜一些。销售对象就是那些低收入群体。就是想生产这些人们有能力、轻松买得起的电热器。在电热器中，最经常使用的就是熨斗，但国产价格是七八日元，美国进口的大约是 15 日元。而低收入群体如果买的话，必须是 2.5 日元。”

这样，松下的电熨斗被定位在非常明确的顾客消费群中，目标是希望由大量生产带来成本递减。也许是因为一开始就讨论过根据不同生产原料进行选择，尽管有苛刻的附带条件，反而有效加快了研发进度。

松下把个人作为企业之主、作为一名技术者这种自身作用，上升到为了壮大事业这样的目的，在企业家的资格上，是谋求自身地位的创新。

5.2 创新机会的确实性

按照德鲁克的创新原理，首要条件是精心探索机会。但松下决定研发电熨斗的事例也似乎是按照德鲁克的教科书进行的。尤其是符合“现实中有的和应有的状态出现差距的时候”、“需求存在的时候”、“产业结构发生变化的时候”这样的机遇。

按照松下对市场销售电熨斗现实状况的观察，尽管家电产品明显地具有改变生活这样重要的要素，但对于大众来说不会高价去买，会出现“差距”和“需求”之间的矛盾。而且，趁其他同行公司还没有认识到未来家电市场会发生前所未有的结构变化的时候，构思了先发制人的不同产品类型的组织体制。对于其他电子公司来说，所从事的主要事业是重型电器，在家用电器的事业强化上，松下先见之明的才能是不容置疑的。

6 创新者

——松下幸之助

6.1 德鲁克评价的创新

通过上述 4 个事例，在分析松下幸之助作为创新者有哪些特征之前，首先介绍一下德鲁克对松下电器创新事例给予的评价。

在《创新与企业家精神》一书中，“利用不可预测的成功与失败”所涉及到的事例，就有与杜邦、IBM 并列的松下电器。书中介绍道，日本最大的家电厂家松下电器也有效地利用发展了不可预测的成功。在 20 世纪 50 年代初期，说起松下公司不是那么有名，在任何方面都远远落后于历史悠久且实力雄厚的行业巨头东芝、日立公司。松下当时与其他的家电厂家一样也看到“电视在日本的普及上还需要时间”。这是 1954 年或 1955 年时候的事，日本的某家电厂家的会长，在纽约的某次聚会上，甚至发表了“日本贫穷，买不起类似电视一样的高档品”的观点，但是松下却接受不了农家自身贫穷而连电视机都买不起的事实。农民只要明白了电视机能让自己和未知的世界相接触的事实，虽然经济上确实是困难的，他们还是愿意购买的，事实上也买了。当时，针对开发优质电视机的东芝和日立只在东京的银座和大城市的百货公司销售，松下却来到农村，开始实施挨家挨户推销电视机的策略。

德鲁克对当时日本市场的理解上有独特的地方，但把这个能否看作“不可预测的成功”另当别论。可以毫不夸张地评价，正因为是松下电器（即松下幸之助）的制造业，所以才会采取不拘泥于市场惯用的营销方法。

松下电器在家电行业，之所以被称作“经营的松下”，究其原因，也一定是创业者松下幸之助的人格所产生的巨大影响。特别是关于电视机，当初松下电器确实并不具备质量优势。于是松下快速设置为电视机普及的服务车，派往全国各地大张旗鼓地进行宣传，予以周到服务。最早建立家电流通网组织的松下电器，又在系列商店中，进一步制定了设置松下电视特约店的招牌和商号的制度。这些对于顾客来说，感到很亲切，引起了爆发性的普及。这实际上是商家的策略。而于松下来说，如果好的产品出现的话，让消费者知道其产品的存在是制造者的“义务”。必须站在所有一切都是为了顾客这一立场，这也是松下幼少年时期，从打工的自行车店的店员教育中滋长出来的人生观。

因此，如果把这种市场营销看作“不可预期的成功”的话，早在松下是大阪电灯公司

的职员的时候，就已经有了不同于常人的营销观念，在这里实际上潜藏着个人素养中的创新本质。

6.2 革新与确信

松下幸之助的创新是不是起源于商家的商人教育或者是与生俱来的天赋姑且不论。松下为谋求企业发展，开展了 3 项创新，即革新产品的观念创新、开发技术的工程创新以及包括流通在内的完成综合性商品化的体制创新。

在这些创新过程中，松下担当着多种角色，可以说松下是创新的总设计师。这种创新的特质不仅仅局限于事业，还表现在其晚年对 PHP 研究的倾注和对政治的主动积极建议，约翰·科特在《Matsushita Leadership》中有明确的评价。科特在论领导能力中，阐述了在无数的逆境中才造就了松下精神上的升华和成长。其决定性的契机是境遇带来的呢，还是由教育带来的呢？这值得人们去深思。但是，所有的理由，最根本的是松下树立起的崇高的企业家精神是毫无疑问的。

水野博之（原松下电器副社长）回想起在记者会见中，松下与记者颇有意味的交流，表现出企业家那种坚定的性格。在某次年初的例行记者会上，某记者对松下就新年度的业绩看法，使用“预测”一词，进行询问。对此问题，松下歪着头回答道“我没有进行预测”。

作为记者，自然是对松下电器 5 年计划这种事情充满好奇，所以想得到实现该计划可能性的答复。但因为是不合理的提问，为了封住记者的疑问，松下继续这样说：“那个（计划）并不是通过预测制定的。作为我们公司的愿望、想法，只是必须达到最低限度的数字而已。”

所谓企业家，并不是因为那个地方有鱼才下钓钩，而是先准备好鱼饵，再下钓钩，这样才能钓到鱼。正因为有这种强烈的认识和志向，也正是这种挑战性的意志才铸就了企业家精神。电熨斗的研发正是基于松下这样的想法，而追随松下巨大成功的其他厂家是看到有鱼之后，才下钓钩的。这一方面松下与其他人具有很大的差别。德鲁克说“所谓事业就是顾客的创造”，松下也持这种见解。

所谓创新是企业家感受到必然性，亲自设计、立刻着手开始的“革新”。但是，松下不仅是“感即动”，而且是没有丝毫犹豫，把感觉和行动贯彻始终。不只是预测和期待的水准，而是一直相伴着“应该这样”、“理应成为这样”、“必须是这样”这种强烈的意志。也就是松下所说的“创新和企业家精神”就是“革新”和“确信”。当然作为创新，各种不同的认识和决断被认为是必需的。然而，其本质“革新和确信”这种信念在企业家的人性中必须同时具备。在德鲁克的著作中，充满对未来社会变化的预测，因为这种气势已经在现实中出现了征兆，这也正是德鲁克的“确信”。

居于大处着眼的见解才是创新者。虽然发挥所见能力的方法不同，但德鲁克与松下在类型上可以说都同样具有与生俱来的“革新和确信”的特质。

参考文献

[1] 彼得·德鲁克. 创新与企业家精神［M］. 蔡文燕译. 北京：机械工业出版社，2007.

[2] 赵凡禹. 松下幸之助全传［M］. 武汉：华中科技大学出版社，2010.

Comparative Study on Drucker's Innovative Theory and Panasonic's Innovative Practice

Zhou Fangling

（Shanxi Academy of Social Sciences，Taiyuan 030006，China）

Abstract：Panasonic operating philosophy，which is considered as the wisdom from practice，is built up in the business process through numerous decisions and practice，based on constant experience to be learned. While Drucker's management philosophy is built up by the internal management and case studies through commissioned investigation of GM，and is not from involvement in business practice，that is to learn significance of social progress and corporate existence in the big picture. Analysis on Panasonic's operating history and cases of innovation is made according to Drucker's management philosophy of innovation opportunities，to discuss deep-seated connotation of practice and innovation.

Key Words：Operating Philosophy；Innovation；Enterprise

制造业中组织惯性、组织创新与组织绩效关系研究*

廖 冰 张 波 欧 燕
(重庆大学经济与工商管理学院，重庆)

【摘 要】本文以我国制造类企业为样本，对组织惯性、组织创新和组织绩效三者之间的影响机制和路径进行了实证研究。结果表明，制造业中组织惯性对组织创新和组织绩效，以及组织创新对组织绩效均有显著的正向影响，组织创新在组织惯性与组织绩效的关系中发挥中介作用；通过回归分析发现组织惯性的两个维度中只有“能力延伸”维度对组织创新具有显著的正向影响，而“变革限制”维度对组织创新的影响不显著，组织惯性的两维度对组织绩效都存在显著的正向影响。

【关键词】组织惯性；组织创新；组织绩效；中介作用；结构方程模型

在激烈的市场竞争中，企业的生存和发展受到学术界和企业界的广泛关注，诸多学者从不同角度对其进行了理论探讨及实证研究。组织变革是指企业组织根据外部环境的变化，及时调整和完善自身结构与功能，提高适应性，增强生存和发展所需的应变能力（濮泽飞、聂鹏晨，2006），变革的主要目标是使企业更加适应来自外部世界的压力（阿里德赫思，1998），为企业的生存和发展增加砝码。组织创新是企业适应外部环境的有效措施，符合外部环境和企业组织需要，能够提升企业价值的组织创新有助于企业成长，并使企业具有永久生命力（李莉，2005），企业进行的组织创新越具有价值、不可模仿、稀缺，绩效会越高（Victor，Francisc and Antoni，2006）。在组织理论研究中，组织惯性对组织绩效的影响存在两种截然对立的观点：基于资源观的理论认为，随着组织惯性的增强，企业将逐渐积累大量有价值、难以模仿的惯例，使企业获得竞争优势（Barney，1991）；而基于惰性观的理论则认为，组织惯性会降低企业对外部环境的适应能力，不能及时调整自身战略，从而降低组织绩效（刘海建等，2003）。目前，关于组织惯性的研究多集中在理论方面，相关实证研究较为缺乏。本文在综合国内外学者关于组织惯性和组织绩效关系研究成

* 本文选自《理论研究》2013 年第 11 期。

果的基础上进行量化处理，分析变量间的相互关系，探讨中国制造企业可持续发展的有效途径。

1 文献回顾与理论假设

20世纪60年代，Cyert和March（1963）注意到企业中普遍存在着各种形式的惯性，从此组织惯性的概念在组织理论和战略理论中得到广泛运用，用以描述组织结构、组织文化和组织行为等保持一致的趋势，或者重复过去行动和行动模式的趋势。在企业组织中，组织惯性被定义为对现有战略承诺的程度，反映了个人对于特定的运作方式、实施战略所利用的制度机制、投资和社会期望的支持程度（Huff，1992）。本文认为组织惯性是组织运行过程中所表现出来的固有属性，表现为对特定战略的承诺水平和认可程度，对组织制度和机制、运作方式和行为模式的认可和支持，以及企业在受到运营环境突变冲击时的反应和适应性等特征。组织管理理论中的惯性表现为结构惯性和竞争惯性。结构惯性是组织保持原有形态不变的一种状态，是组织追求合法化与合理化的产物，使组织内部元素按部就班，具有抵抗外界环境不确定性的特征，也表现为组织受到运行环境变化威胁时反应或行动滞后的特征（Hannan，1984）；竞争惯性反映了一个组织在试图吸引顾客和超越竞争对手时所做市场导向变化的大小（赵杨、刘延平、谭洁，2009），分为战略行动惯性和战术行动惯性。组织惯性的客观性、稳定性、累积性、可变性、路径依赖性、双向性、隐蔽性和变革滞后性等特点（李全喜、孙磐石，2011）决定了组织惯性与组织发展息息相关，对组织惯性进行深入研究有助于企业的长远发展。

美国经济学家熊彼特认为，创新是将从来没有过的关于生产要素的“新组合”引入生产体系。组织创新是在组织内推出新工艺、新产品、新思想的能力，创新的对象可以是产品、生产过程、服务、管理系统、组织结构等（Glynn，1996），其中影响创新的因素包括创新的背景和相关领域的知识、创新动机和相应的创造技能（Dong and Anne Wu，2003）；据国内研究，组织创新是指形成新的共同目的认同体和原组织认同体对其成员责、权、利关系的重构，目的在于取得新目标的进一步共识（Víctor，2007），以维持组织自身的均衡。在本文中，组织创新指组织的管理者或一般员工为了使组织适应外部变动的环境或满足组织内在需求的变动，在组织内形成新想法、新工艺、新产品，包括管理创新（比如政策、系统、服务、方案等）和技术创新（比如产品、设备、制造过程等），从而提高组织绩效。

作为组织内部固有属性的组织惯性对企业的生存发展有促进作用。但多数研究认为组织惯性对组织绩效的影响与环境的动态性有关，在环境比较稳定时，组织惯性对组织绩效有正向作用，在环境波动较大时，则有负向作用，原因是组织惯性阻碍变革，降低组织与环境的适应性，从而降低组织绩效。基于资源观的理论认为组织结构惯性足够大时，组织

就具有了核心竞争力，组织绩效得以保证（Barney，1991）；然而，基于惰性观的理论认为当组织具有结构惯性时，企业缺乏灵活性，不能适应环境的变化，从而降低组织绩效（Levinthal，1994），并随着企业生命周期的延伸，惯性的增加使组织内部的协调成本增加（Willamson，1985）；也有学者认为组织惯性与组织绩效之间的关系不是简单的促进或阻碍关系，组织结构惯性发展到一定阶段后存在一个拐点，拐点之上对企业发展具有促进作用，拐点之下具有阻碍作用（刘海建、陈传明、陈松涛，2003）。同时，还有研究认为组织惯性不利于组织发展，提出破解组织惯性的策略（任凤玲、彭启山，2005）。因此，本文提出如下假设：

H1：制造业企业中组织惯性对组织绩效有负向影响。

改革和创新是相互联系、相辅相成的，组织只有通过不断改革和创新才能在激烈的竞争中占有一席之地。目前，多数学者对组织惯性如何阻碍组织变革进行了深入研究，但鲜有学者研究组织惯性与组织创新的关系。有研究认为，组织惯性对组织变革有影响（桂波、李和林，2011），是变革的阻力（任凤玲，2003），应采取一定的措施克服组织惯性。也有研究表明，组织惯性对组织变革的影响不是单一的，而是双向的复杂过程，作用形式和作用结果受内外环境及组织惯性本身的影响而具有不确定性。组织结构惯性是一把“双刃剑”，一方面会阻碍变革，另一方面却给变革的成功提供了稳定的保障，无论从组织变革中的理想模式选择还是变革过程管理，组织惯性对组织变革的作用都是两面的，应采取辩证的态度来对待组织惯性（赵杨、刘延平、谭洁，2009）。因此，本文提出如下假设：

H2：制造业企业中组织惯性对组织创新有负向影响。

Michele Kremen Bolton 分析美国 74 所高新技术企业的数据发现，绩效较低下的企业更愿意较早地进行创新。企业进行的组织创新越具有价值、不可模仿、稀缺，则绩效会越高，组织创新的管理创新和技术创新两维度对组织绩效有显著的影响作用（朱颖俊、白涛，2011）；在制造业企业中，管理创新对组织绩效的影响比技术创新对组织绩效的影响要小。也有研究表明，组织创新对组织绩效有直接作用，且组织创新在知识管理与组织绩效的关系中起到了中介作用（温忠麟、张雷，2004）。基于以上分析，提出如下假设：

H3：制造业企业中组织创新对组织绩效有正向影响。

H4：制造业企业中组织创新对组织惯性与组织绩效的关系具有中介作用。

2 研究设计

2.1 研究结构

惯性与变革息息相关，而变革又与创新紧密相连，所以组织惯性对组织创新也有一定的影响。因此，本文以组织惯性为自变量、组织创新为中介变量、组织绩效为因变量。其中，组织惯性选取能力延伸和变革限制为衡量因素，组织创新选取技术创新和管理创新为衡量因素，组织绩效则采用财务绩效和非财务绩效为衡量因素，研究模型如图 1 所示。

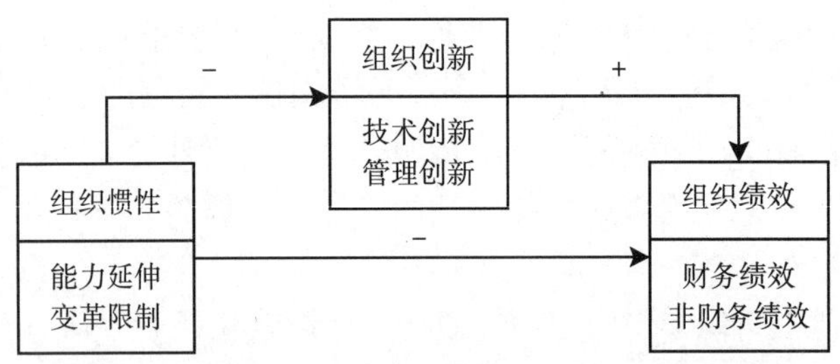

图 1　组织惯性、组织创新与组织绩效的关系模型

2.2　研究样本

本研究于 2011 年 10 月至 2012 年 1 月期间，采用问卷调查法对重庆制造企业进行调查，被调查者根据自己在单位的真实感受自愿填答。问卷共发放 500 份，有效问卷 275 份，有效回收率为 55%。在调查对象中，男性占 66.5%；年龄在 35 岁及以下占 77.2%；教育程度在大专及以下占 22.3%，本科占 57.8%，硕士及以上占 20%；工作 5 年及以下占 65.2%，6 年及以上占 34.8%；普通员工占 57.5%，基层管理者占 28.2%，中高层管理者占 14.3%；公司规模在 500 人及以上占 67.0%；公司成立时间在 5 年及以上占 82.9%。

2.3　变量测量

本文研究变量包括组织惯性、组织创新和组织绩效 3 个部分，均采用 Likert5 点量表测量方法。1 表示完全不同意，5 表示完全同意。

(1) 组织惯性。现有研究主要集中于组织惯性的概念、影响因素、动因、特征等，本文对组织惯性采取量化研究，将组织惯性分为能力延伸和变革限制 2 个维度进行测量，分别是 3 个和 8 个题项。

(2) 组织创新。本文将组织创新分为管理创新和技术创新，并参照谢洪明、季伟伟等学者测量组织创新的量表，根据专家的意见对指标的表述进行了修改，分别是 7 个和 6 个题项。

(3) 组织绩效。由于学者对组织绩效的看法不一致，运用的量表也存在差异，但包含两个主要指标：财务运营指标和满意度指标。本文结合前人的研究，联系制造业企业发展与员工和顾客满意度，将组织绩效分为财务指标和非财务指标 2 个维度，分别是 4 个和 6 个题项。

2.4　变量的因子分析和信度分析

利用 SPSS17.0 中的可靠性分析功能对组织惯性、组织创新和组织绩效 3 个变量进行信度分析。由表 1 可见，各变量的 Cronbach's 系数均大于 0.6，因子载荷系数也很高，表明问卷具有良好的信度。

表 1　本研究量表因子载荷与信度检验

	项目数	Cronbach's α	标准库子载荷	T 值
组织惯性		0.725		
能力延伸	3	0.603	0.651	—
变革限制	5	0.693	0.592	5.927
组织创新		0.868		
管理创新	7	0.832	0.893	—
技术创新	6	0.742	0.718	11.517
组织绩效		0.870		
财务指标	4	0.840	0.646	10.138
非财务指标	6	0.737	0.769	—

采用 AMOS18 软件对组织惯性、组织创新和组织绩效进行验证性因子分析（CFA），以确认其构建效度。由表 2 可知，各变量的效度检验结果良好。

表 2　各变量验证性因子分析结果

	卡方值	卡方自由度比	CFI	CFI	TLI	RMR	RMSEA
组织惯性	78.816	1.786	0.949	0.901	0.913	0.040	0.067
组织创新	17.259	1.687	0.936	0.931	0.916	0.038	0.066
组织绩效	142.070	1.803	0.930	0.913	0.901	0.049	0.070

2.5　研究结果

本文利用结构方程模型来分析组织惯性、组织创新和组织绩效等变量间的相互影响关系，采用 AMOS18 进行分析，结果见表 3 和表 4。

表 3　组织惯性与组织创新模型的路径系数及假设检验

假设	变量间关系	标准路径系数	显著水平	检验结果
H2	组织创新←组织惯性	0.443	0.000	不支持
拟合指数	绝对拟合指数	χ^2/df = 1.141（p = 0.286），GFI = 0.999，AGFI = 0.985，RMR = 0.004，RMSEA = 0.019		
	相对拟合指数	CFI = 0.999，IFI = 0.998，NFI = 0.996，TLI = 0.997，RFI = 0.978		
	简约拟合指数	AIC：理论模式 = 19.141，饱和模式 = 20.000，独立模式 = 320.638		

表 4　理论模型的路径系数与假设检验

假设	变量间关系	标准路径系数	显著水平	检验结果
H1	组织绩效←组织惯性	0.459	0.000	不支持
H2	组织创新←组织惯性	0.318	0.000	不支持
H3	组织绩效←组织创新	0.599	0.000	支持

续表

假设	变量间关系	标准路径系数	显著水平	检验结果
拟合指数	绝对拟合指数	χ^2/df = 1.660（p = 0.126），GFI = 0.992，AGFI = 0.971，RMR = 0.010，RMSEA = 0.041		
	相对拟合指数	CFI = 0.993，IFI = 0.993，NFI = 0.984，TLI = 0.983，RFI = 0.959		
	简约拟合指数	AIC：理论模式 = 39.957，饱和模式 = 42.000，独立模式 = 625.925		

表 3 和表 4 的结果显示，组织惯性和组织创新模型以及理论模型的绝对拟合指数 RMR 和 RMSEA 都小于 0.05，均达到可接受的范围；GFI 和 AGFI 都接近于 1，非常好；卡方自由度比都小于 2，且未达到显著水平；相对拟合指数都非常好，大于 0.9 接近 1；简约拟合指数都大于 0.05，基本可接受。从整体上看，模型的拟合度较好，可对本文的假设进行检验。

表 3 和表 4 的结构方程模型指数显示，H1 和 H2 的标准路径系数均为正值，且 P 值都小于 0.001，所以 H1 和 H2 没有通过检验；H3 通过了验证，即组织创新对组织绩效有显著的正向影响。按照温忠麟等对中介效应的辨别方法（在部分模型中，组织惯性对组织绩效有显著影响；在全模型中，组织惯性对组织创新有显著影响，并且组织创新对组织绩效有显著影响；在全模型中，若组织惯性对组织绩效有显著影响则组织创新起到部分中介作用，若组织惯性对组织绩效的影响不显著则组织创新起到完全中介作用），组织创新在组织惯性与组织绩效的关系中起到部分中介作用，通过检验可以接受假设 H4。根据上述分析调整变量间的影响关系，修正模型如图 2 所示。

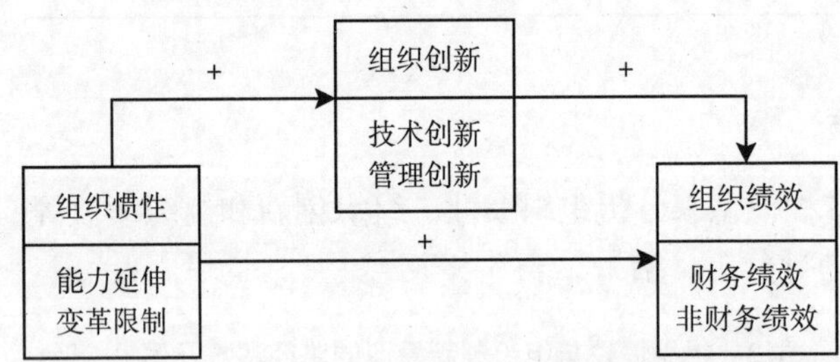

图 2 制造业中组织惯性、组织创新与组织绩效的关系模型

3 结论与讨论

3.1 在制造企业中，组织惯性对组织绩效有显著的正向影响

制造企业以获取更多利益为目标，以开源节流为主要措施（如降低成本和提高市场份

额），其用于生产的设备采购成本较高，服役年限一般也较长，相对于企业引进全新技术设备，一次性成本投资显著增加。在产品过剩及人力资源、原材料成本不断增加的情况下，目前的国内制造企业更愿意采取技术升级策略来降低成本，提高绩效，同时也可规避新技术带来的投资风险。制造企业提高市场份额的主要途径，是采取各类措施吸引客户消费。由于客户的消费行为本身具有惯性，即顾客在购买商品时具有选择熟悉产品的倾向，尤其在安全健康文化的倡导下，顾客选择熟悉产品的可能性比全新产品更高。对于制造企业而言，大部分产品与顾客的安全健康紧密联系，较为成熟的产品在市场上更容易受消费者青睐。规模较大、历史较为悠久的企业拥有技术积累和沉淀，具有较高的顾客满意度，故其对现有产品进行升级改造更容易得到市场认可，从而提高绩效。

3.2 在制造企业中，组织惯性对组织创新有显著的正向影响

组织创新主要体现在技术创新和管理创新两方面。技术创新主要来自于技术员工，有限的知识及流程化的工作可使普通员工更努力地去思考现有技术的不足，并设法采取措施改善现状，然而有限的知识也降低了他们对新技术的接受能力，通常需要较长的时间才能熟练掌握新技术。另外，以获取报酬为主要目的的普通员工更喜欢比较稳定、简单的工作，频繁变动的工作流程会增加工作难度和工作负担，可能导致员工情绪波动幅度较大而不利于新技术的产生，也可能造成员工大量离职，不利于技术创新。管理创新主要来自于管理者，相对完善的管理制度会限制管理者的思维，增加制度更新的难度，并且不能保证新制度是否能给企业带来效益，从而降低管理者更新制度的热情。另外，不稳定组织的管理制度频繁变动，易导致员工的抵触情绪，增加管理者开展工作的难度，不利于管理创新。所以对处于特殊环境下的制造企业，组织惯性对组织创新也具有一定的促进作用，企业可着眼于内部管理，采取稳定员工情绪、降低成本、提高质量等措施来提升市场竞争力，积极营造管理和技术创新的环境。

3.3 在制造企业中，组织创新在组织惯性与组织绩效的关系中起到部分中介作用

制造企业在实际经营管理中不可盲目照搬有关组织惯性的理论或观点，而应根据实际情况，辩证地看待组织惯性的作用。从目前制造企业的处境来看，组织惯性对组织绩效有着积极的促进作用，并且通过组织创新可间接地影响组织绩效。因此，企业不仅需重视组织惯性，更要注重组织的创新气氛培养，使企业成为产生管理和技术创新的摇篮，进而促进组织绩效的提高。本研究揭示了组织惯性对组织创新和组织绩效的影响机制和路径，扩展了组织惯性对组织创新和组织绩效作用的认识，丰富了现有的理论研究。但仍存在不足之处：本研究采用的是横截面数据，缺乏动态性，以后的研究可以把时间因素考虑进去；本文的研究仅针对制造企业，未对其他行业（如金融业、科研企业等）进行深入研究，今后可对不同行业进行横向对比，分析其共性和个性，以便得到更具说服力的研究成果。

参考文献

[1] 濮泽飞，聂鹏晨. 企业组织变革的系统思考 [J]. 经济论坛，2006 (3).

[2] 阿里德赫思. 长寿公司 [M]. 北京：经济日报出版社，1998.

[3] 李莉. 组织创新与企业成长 [J]. 西北成人教育学报，2005 (2).

[4] Victor J. Garcia-Morales, Francisc J. Llorens-Montes, Antoni J. Verdu-Jover. Antecedents and Consequences of Organizational Innovation and Organizational Learning in Entrepreneurship [J]. Industrial Management +Data Systems, 2006, 106 (1/2): 21-22.

[5] Barney J.. Firm Resource and Sustained Competitive Advantage[J]. Journal of Management, 1991, 17 (1): 99-120.

[6] Levinthal D., Myatt, J.. Co-Evolution of Capabilities and Industry: The Evolution of Mutual Fund Processing [J]. Strategic Management Journal (supplement s1), 1994 (15): 45-62.

[7] 刘海建，陈传明，陈松涛. 企业核心能力的刚性特征及其超越 [J]. 中国工业经济，2003 (11).

[8] Cyert R. March, J.. A Behavioral Theory of the Firm [M]. New Jersey: Prentice-Hall, 1963.

[9] Huff J., huff, A., Thomas, H.. Strategic Renewal and The Interaction of Cumulative Stress and Inertia [J]. Strategic Management Journal, 1992 (13): 55-75.

[10] Hannan M. T., Freeman, J.. Structural Inertia and Organizational Change [J]. American Sociological Review, 1984, 49 (2): 149-164.

[11] 赵杨，刘延平，谭洁. 组织变革中的组织惯性问题研究 [J]. 管理现代化，2009 (1).

[12] Miller D., Chen Ming-Jer. Sources and Consequences of Competitive Inertia: A Study of the U. S. Airline Industry [J]. Administrative Science Quarterly, 1994, 39 (1): 1-23.

[13] 李全喜，孙磐石. 质量管理与组织创新、组织绩效的关系 [J]. 科技进步与对策，2011 (6).

[14] Glynn M. A.. Innovative Genius: A Framework for Relating Individual and Organizational Intelligences to Innovation [J]. Academy of Management Review, 1996, 21 (4): 1081-1111.

[15] Dong I. Jung, Chee Chow, Anne Wu. The Role of Transformational Leadership in Enhancing Organizational Innovation: Hypotheses and Some Preliminary Findings[J]. The Leadership Quarterly, 2003, 14 (4): 525-544.

[16] Víctor J. García-Morales, Francisco Javier Lloréns-Montes, Antonio J. Verdú-Jover. Influence of Personal Mastery on Organizational Performance through Organizational Learning and Innovation in Large Firms and SMEs [J]. Technovation, 2007, 27 (4): 547-568.

[17] Shu-hsien Liao, Wu-Chen Fei, Chih-Tang Liu. Relationships between Knowledge Inertia, Organizational Learning and Organization Innovation [J]. Technovation, 2008, 28 (4): 183-195.

[18] 温忠麟，张雷. 中介效应检验程序及其应用 [J]. 心理学报，2004 (5).

[19] Willamson D. E.. The Economic Institutions of Capitalism [M]. New York: The Free Press, 1985.

[20] 王龙伟，李垣，王刊良. 组织惯性的动因与管理研究 [J]. 预测，2004 (6).

[21] 任凤玲，彭启山. 组织惯性的影响及对策研究 [J]. 统计与决策，2005 (5).

[22] 桂波，李和林. 组织学习、组织惯性与企业战略变革 [J]. 中国商贸，2011 (20).

[23] 任凤玲. 组织变革阻力：组织惯性分析 [J]. 管理观察，2003 (10).

[24] Michele Kremen Bolton. Organizational Innovation and Substandard Performance When is Necessity the Mother of Innovation? [J]. Organization Science, 1993, 4 (1): 57-75.

[25] 朱颖俊，白涛. 差错管理文化对组织绩效的影响——以组织创新为中介变量 [J]. 科技进步与对策，2011 (16).

A Study on the Relationship among Organizational Inertia, Organizational Innovation and Organizational Performance of Manufacturing Industry

Liao Bing Zhang Bo Ou Yan
(College of Economics and Business Administration of Chongqing University, Chongqing)

Abstract: Through literature review and theory analysis, the paper builds a research frame and a structural equation model among organizational inertia, organizational innovation and organizational performance in order to study their influence mechanism and route.It conducts an empirical research with Chinese manufacturing enterprises. Results show that organizational inertia exerts obviously direct impacts on organizational innovation and organizational performance, so does the organizational innovation on organizational performance, meanwhile, organizational innovation acts as a medium between organizational inertia and organizational performance. Only the dimension of capacity extension influences directly in organizational innovation, and the two dimensions of organizational inertia can have obviously direct infl uence on organizational performance.

Key Words: Organizational Inertia; Organizational Innovation; Organizational Performance; Intermediary Role; Structural Equation Modeling

控制机制、组织双元与组织创造力的关系研究*

刘新梅[1] 韩 骁[1,2] 白 杨[1,2] 李沐函[1,2]

(1. 西安交通大学管理学院，陕西西安 710049；2. 西安交通大学过程控制与效率工程教育部重点实验室，陕西西安 710049)

【摘 要】基于动态能力理论，借鉴“投入—过程—产出”范式，本文构建了“组织控制—组织双元—组织创造力”的概念模型，分析了三者之间的作用关系。运用283份有效问卷，对所提出的研究假设进行了验证。研究结果表明，组织双元的联合对于组织创造力的提升具有积极的促进作用，在资源有限的条件下，过分强调组织的双元学习平衡反而不利于组织创造力的发展；结果控制和过程控制不仅对组织创造力具有直接的正向影响，而且会通过组织双元平衡和双元联合对组织创造力产生不同的影响。研究结论对于指导我国中小企业的创造战略实施具有一定的实践意义。

【关键词】控制机制；组织双元；创造力；组织创造力

1 引言

经济全球化和竞争动态性的日益显著，迫使中国企业实施自主创新战略，以增强自身的竞争优势。而组织创造力作为新颖的和有用的想法的产生能力[1]，它是创新的前提和基础，是企业提升竞争优势的动力和源泉，也是实现自主创新战略的重要保证。

建立学习型组织，不断地开展内外部学习来获取专业知识和领域技能[2]，是众多企业实现创新所达成的理论共识，但是实施效果却并不尽如人意。一些企业利用性学习投入过多，拘泥于对内部现有资源的开发和利用，造成了“知识刚性”；而一些研发型企业过

* 本文选自《科研管理》第34卷第10期。

多依赖于探索性学习，倾向于对外部新颖资源的搜寻和获取，最后承担了过高的研发成本和结果风险。实践表明，学习方式单一，不利于自主创新活动的实施。因此，双元型企业逐渐成为一种流行的组织形式。但市场环境的不确定性使得双元型企业的创造活动和学习活动无所适从，因而，组织需要设计相应的机制来调节看似矛盾的双元行为[3]。同时，双元学习在对结果变量产生作用的过程中，会受到组织情境这一重要的前因变量的影响[4]。遗憾的是，控制机制作为重要的组织情境变量，它对组织探索与利用的双元学习的调和过程尚不明确。另外，关于控制机制既可能消极阻碍组织创新[5-8]又可能正向促进创新绩效[8-11]的矛盾的研究结论也暗示着，控制机制与组织创造力之间的关系存在着极大的不确定性。目前，企业多采用结果控制的模式来追求创造成果的数量和等级，而对于具体的创造过程不作过多的关注。这种以结果考核为主的控制机制是否有利于创造力的激发？控制机制与组织双元学习如何协调匹配，才能使组织的创造效果最高？这是每个企业必须要面对和解决的难题。

因此，本文围绕“不同的控制机制如何影响组织创造力”这一研究主线，基于动态能力理论，借鉴组织双元的 IPO 范式（投入—过程—产出），构建“组织控制—组织双元—组织创造力”的概念模型，试图揭示控制机制与组织双元的匹配关系，以及控制机制与组织双元对组织创造力的作用规律。

2 理论与研究假设

2.1 组织双元

Tushman 和 O'Reilly 首次对“组织双元”进行了定义，认为组织双元是组织能够同时完成渐变和创新两个挑战的过程[12]，He 和 Wong[13]以及 Lubatkin 等[14]认为“双元组织”应能够同时进行探索和利用两种活动，而 Cao 等从竞争优势的角度提出组织双元是指既能利用现有的优势又能开发新的机会来提升组织绩效和竞争力[15]。本文基于 He 和 Wong 以及 Cao 的定义，认为组织双元是指组织能够同时进行探索性学习和利用性学习，既能利用现有优势又能探寻新的机会来提升组织的竞争力。

随着双元研究的深入，学者们认为应该通过区别和整合两种视角来研究组织双元这一概念[15-17]。本文在 He 和 Wong[13]的研究基础上，借鉴 Cao 等[15]的研究结果，将组织双元划分为探索和利用的平衡维度以及两者的联合维度。组织双元平衡关注组织在探索和利用两种活动之间保持一种相对平衡的状态，即探索和利用的绝对差异，表示为“|探索—利用|”，两者得分越接近，说明组织的双元平衡程度越高；组织双元联合是指组织同时进行探索和利用两种活动的联合状态，即探索和利用的交互作用，表示为“探索×利用”。两者的乘积越大，组织双元联合程度则越高。

2.2 控制机制

组织控制是一种确保企业活动达到预期目标的管理方式。按照不同的分类，控制机制可以分为结果控制与过程控制[18, 19]、战略控制与财务控制[20]、正式控制和非正式控制等[21, 22]。本文按照 Anderson 和 Oliver 对控制机制的定义及分类，将其分为结果控制和过程控制[23]。结果控制以财务经营指标为考核标准，关注企业的经营绩效；过程控制则主要关注企业经营行为或战略执行过程与原定的工作程序是否一致[6, 18, 20]。当管理、评价和奖励员工时，结果控制反映的是组织对结果的强调程度，根据成员的业绩是否达到既定目标来决定他们的薪酬；过程控制反映了组织对过程和行为活动的重视程度，主要监控成员对既定工作程序的遵循和掌握程度[23]。

2.3 组织创造力

以往学者对组织创造力的定义，大致从 4 种视角分析：基于过程的视角、基于结果的视角、基于系统的视角和基于能力的视角。尽管学者们在不同的研究视角下定义组织创造力，但基本都认可组织创造力具有的新颖性和有用性的本质特点。本文基于系统的视角，将组织创造力定义为：在一个复杂的社会系统下，组织产生一系列新的有价值的想法，形成与新产品、新服务、新工艺、新过程、新方法等有关问题的解决方案[24]，它包括创造过程、创造环境、创造动机和创造产品四个方面的互动[1, 25]。

2.4 控制机制与组织创造力

为应对快速变化的竞争形势并获取持续的竞争优势，企业需要不断地打破陈旧的组织惯例，不断地产生新想法、开发新产品、重塑新流程，进而提升自身的动态能力[26]。组织创造力作为一种极其重要的动态能力，其培养过程具有高度的风险性和复杂性，企业需要设计一种有机的组织管理机制来对相关活动进行有效控制[27]，以保证预设目标的顺利实现。

首先，采用结果控制机制的组织，能够根据快速变化的市场需求和产品更新速度，及时调整创造活动的目标，控制创造性行为的方向，处理创造性活动的风险。其次，结果控制有利于提升组织的创造动机。当组织确定了倾向于创造性成果的工作任务目标，并根据该目标的实现程度对员工进行奖励时，某种程度上也就表明组织认可了员工的工作能力，那么，员工感受到的外在激励与作为创造力关键组成部分的内部动机就会产生协同作用[2]，进而促进创造力水平的提升。最后，结果控制能够促进组织创造性环境的培养，增强员工对组织支持和信任的感知，以及对工作自由程度的感知。结果控制是一种分权式的管理模式[23]，在这种模式下，成员之间存在较弱的工作关系，能够接触更多的非冗余信息和想法，因而，有利于员工创造力水平的提升[28]，促进组织整体创造水平的提高。

相反，首先，采用过程控制的组织通常会对其创造过程和创造环境做出明确的规定，及时反馈过程中出现的偏差和不确定性。正面反馈能够对组织创造过程产生至关重要的作

用[8]，有利于创造力水平的提高[29]。其次，采用过程控制的组织，能够通过面对面的互动来影响员工的创造行为和过程[8]，监督员工对创造工作程序的遵循程度和掌握程度，保证组织创造过程的顺利开展。另外，实施过程控制的组织更加注重对创造行为和创造过程的评价，主动承担创造活动中可能出现的绩效风险。不管最终的创造性成果如何，只要员工按照规定积极地开展与创造相关的活动，组织就会大力鼓励。这样的氛围，有利于调动员工进行创造性活动的积极性，减少创造过程中风险规避的情绪。由于组织营造了良好的创造性氛围，从而有利于新颖的和有用性想法的提出。基于以上分析，本文提出以下假设：

假设 1：结果控制与组织创造力正相关。

假设 2：过程控制与组织创造力正相关。

2.5 控制机制与组织双元

2.5.1 结果控制与组织双元

组织双元是指同时兼顾探索性学习和利用性学习的过程[13-15]。由于组织双元的平衡过程和联合过程所反映的学习方式不同，组织需要选择不同的组织控制机制来推动和支持组织双元过程。

结果控制是一种弹性的管理机制，其所具有的管理柔性的特点，可以保证不同的部门根据各自的职能分工或者任务类型偏重探索或者利用某一种[30]，比如生产部门可以更多地进行探索活动，而财务部门则倾向于利用性活动；结果控制有利于形成弹性、支持、信任的组织氛围，这种氛围能够促进组织双元活动的共同开展[3]；在这种控制机制下，员工们能够充分调动自身获取资源的积极性，并根据自己的岗位需求或者任务类型，自主地选择合适的或者擅长的资源获取方式。在共同目标的约束下，不同岗位的员工相互学习、共同探讨，实现知识共享。由此可见，结果控制能够促进组织双元联合水平的提高。

然而，结果控制也有可能导致组织双元活动的不平衡。众所周知，结果控制关注具体的绩效目标，管理者为追求短期利益可能更愿意去进行利用性学习，以规避探索性活动带来的绩效风险；在这种环境下，部门之间、员工之间往往缺少协调合作，缺乏组织整体学习的意愿，各自按照自身的需求去选择学习方式，或者更注重探索性学习，或者更倾向于利用性学习。由于思维惯性和能力僵化，探索活动会引发更多的探索，利用则会导致更多的利用[31]，两者一高一低，越来越无法平衡发展。因此，本文提出：

假设 3：结果控制与组织双元平衡负相关。

假设 4：结果控制与组织双元联合正相关。

2.5.2 过程控制与组织双元之间的关系

过程控制主要是监控员工对工作程序的遵循程度、掌握程度和员工完成任务的途径和方法[32]。当组织采用过程控制时，管理者能够随时发现员工在学习过程中存在的问题，并纠正探索和利用不平衡给组织带来的负面影响；同时，过程控制能够避免为追逐短期绩效而对利用性一元学习活动过多地投入，从而降低了双元不平衡的状态发生的可能性。因此，过程控制有利于维持组织双元的平衡过程。

然而，组织要想实现探索和利用两种活动的联合发展，则需要灵活的组织设计[3]和充足的资源，以及大量的管理成本来支持。当组织采用过程控制时，其对工作流程、任务处理方式等的规定相对严格，致使组织的内部一致性较强，灵活性和机动性相对较低，这些都不利于探索和利用两种竞争性活动的交互，也就限制了组织双元学习的联合交互。基于此，本文提出以下假设：

假设 5：过程控制与组织双元平衡正相关。

假设 6：过程控制与组织双元联合负相关。

2.6 组织双元与组织创造力

传统观点认为，探索和利用的适度平衡有利于组织保持自身的竞争优势[13, 31, 33]。然而，Cao 等发现组织双元平衡对组织绩效的正向作用并不显著[15]，这是因为双元平衡包括双元学习水平均高的平衡和双元学习水平均低的平衡。目前中国大多数企业处于自主创新的初期，研发投入不足、组织内部知识水平较低、员工工作技能培训不够，组织开展双元学习的水平较低，一般低于理想状态。此时组织的双元学习虽然处于平衡状态，但是它是一种低水平的平衡。这种平衡很难获取足够多的知识和资源来保障组织创造过程的顺利开展。在资源有限的条件下，越是追求低水平的双元平衡，资源配置就越分散，造成每种学习所获得的资源十分紧缺，分散和短缺的资源不利于组织创造力水平的提升。由此，本文提出以下假设：

假设 7：组织双元平衡与组织创造力负相关。

探索是对新产品、新市场或新选择的定位，可被看作是增加组织资源的广度；而利用是对现有知识的扩展和挖掘，可以看作是增加组织资源的深度[34]。探索性学习和利用性学习相互补充、共同配合，使得组织拥有的知识资源既广泛又深入，组织双元学习的联合乘积效应愈加显著，因而会增强各自对组织绩效的影响效果[13]。

当利用性学习水平较高时，探索性学习和组织创造力的正向关系变强。利用活动的实施，增加了复杂知识的储备，使相关知识基础更为丰厚。这些都为组织消化新知识和寻找新机会提供了有力的知识支撑；另外，在进行利用活动时，组织会改进现有的创造流程，这对于提高组织新获取知识的消化能力与吸收效率、提高组织的创造支持能力并加快组织创造的整合进程是十分有益的。同样，随着探索性学习的推进，新知识的不断积累与原有知识的相互碰撞和融合，为创新性想法的形成提供了更多的素材，提高了知识创造的能力。因此，利用性学习和探索性学习的交互作用会对组织创造力产生正向的作用。基于上述分析，本文提出：

假设 8：组织双元联合与组织创造力正相关。

根据上述分析，本文借助组织双元的 IPO 范式建立的概念模型如图 1 所示。

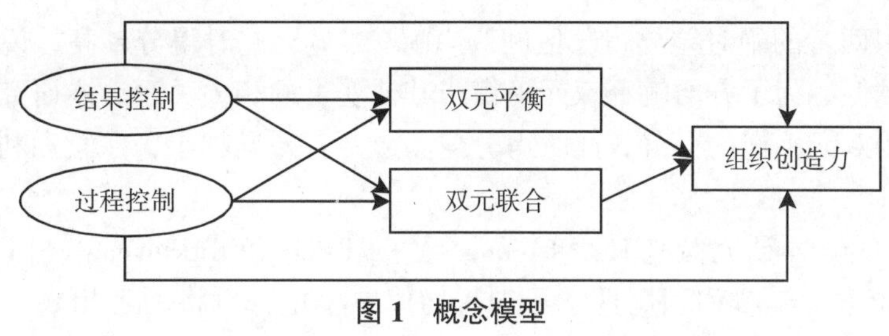

图 1　概念模型

3　研究方法

3.1　样本选取与数据收集

本研究对陕西、上海、河南、深圳、山东等省市的多个行业内的企业中高层主管进行问卷调研。此次调研涉及制造、通信、零售、IT、咨询、金融、建筑等行业。原因在于这些行业的竞争比较激烈，企业必须迅速地获取外部信息，灵活调整内部结构，具备较高的创造能力。在研究过程中为了减小同源方差的影响，采用了 A、B 两份问卷，A 卷为组织创造力的测量，B 卷为控制机制和组织双元学习的测度。两份问卷要求企业中不同的中高层管理者填写。截至目前，本次调研共发放问卷 418 份，回收 318 份，其中有效问卷 283 份。国有企业占 45.6%；公司的规模在 1000 人以下的中小企业占到 65.1%。

3.2　变量的测量

为了保证信度和效度，初始测度指标的形成参考了国内外较为成熟的研究量表，然后，对初始问卷在西安地区进行了预调研。根据被测人员的反馈意见，对相关指标的内容描述进行了修正，最后形成了正式调研的最终问卷。本研究各个变量的测度方法如下：

组织创造力：本研究借鉴 Woodman 等的研究成果[1]，从创造环境、创造过程、创造结果等方面对组织创造力进行测度，结合本文的研究目的和研究情景，对原始量表 5 个题项的部分题项进行了适当的修改。

控制机制：本研究采用 Atuahene-Gima 和 Li[32] 对结果控制和过程控制两种方式的测量量表，共由 15 个题项构成。其中结果控制的测量由 7 个题项构成，过程控制的测量由 8 个题项构成。

组织双元：组织双元是在探索性学习和应用性学习测量的基础上完成的。两种学习方式的测量借鉴了 Jansen[35] 以及 Lichtenthaler[36] 的研究，分别采用 4 个题项对其进行测量。

组织双元平衡：本研究遵循 He 和 Wong[13] 以及 Cao 等[15] 的操作方式，探索性学习和利用性学习两者的绝对差异得分区间为（0，2.75），此时得分越高，说明双元差异越大，平衡程度越低。为了方便解释双元平衡与其他变量的相关关系，本研究用 7 减去两者的绝对差异作为双元平衡的得分，此时得分越高，两者差异越小，探索和利用的平衡程度越高。

组织双元联合：本研究借鉴 He 和 Wong [13]、Gibson 和 Birkinshaw [3] 以及 Cao 等 [15] 的方法，先对探索性学习和利用性学习进行均值中心化，再将两者相乘，从而消除多重共线性。

控制变量：借鉴 He 和 Wong [13]，以及 Cao 等 [15] 的相关研究，本文选取企业性质、企业规模、成立年限三个控制变量。其中，企业性质作为两个虚拟变量 CP1、CP2 进行控制，国有企业表示为（1，0），民营企业表示为（0，1），外资企业表示为（0，0）。企业规模采用企业员工数量进行衡量，并且在调研过程中已经按照 7 级 Liket 量表进行编码；而企业成立年限则经过自然对数转化后加入到关系模型中。

3.3 数据分析

3.3.1 信度效度检验

信度分析中，采用 Cronbach's α 对各个变量的内部一致性进行了估计检验，其中各个变量的 α 值分别为：组织创造力 0.876，结果控制 0.928，过程控制 0.914，探索性学习 0.917，利用性学习 0.880。各个变量的 Cronbach's α 系数均大于 0.70 的标准，表明各个变量均具良好的内部一致性。各变量的信度分析结果见表 1。

表 1 变量的信度效度分析结果

变量	题项	因子载荷	α 值
探索性学习	我们对技术环境进行长期关注	0.899	0.917
	我们深入调查技术发展的趋势	0.935	
	我们密切注意新技术的外部来源	0.873	
	为了获取新技术，我们经常将技术知识向组织内转移	0.721	
利用性学习	组织成员能够共享他们开发新产品的经验	0.825	0.880
	我们常常思考怎样更好地利用技术	0.831	
	我们很容易就能将技术运用于新产品中	0.831	
	组织中哪个成员能够更好地利用新技术是众所周知的	0.736	
结果控制	组织根据成员的业绩是否达到既定目标来决定他们的薪水与奖励	0.829	0.928
	组织对成员业绩的评估主要取决于其工作的结果	0.786	
	组织根据成员对组织设置的具体目标的实现程度来决定他们的薪水提升与奖励	0.820	
	如果成员没有完成目标业绩，组织会要求他们解释原因	0.757	
	组织会监控成员对业绩目标的完成程度	0.849	
	组织会向成员反馈他们对业绩目标的完成程度	0.838	
	组织为成员确定了具体的业绩目标	0.758	
过程控制	根据成员对工作程序的遵循程度来决定他们的薪水与奖励	0.766	0.914

续表

变量	题项	因子载荷	α值
过程控制	组织会评估成员完成任务的程序	0.813	0.914
	组织会监控成员对既定工作程序的遵循程度	0.820	
	组织根据成员对工作程序的掌握程度来决定他们的薪水与奖励	0.814	
	如果无法达到预期结果，组织会对工作程序进行修改	0.707	
	组织会对成员完成任务的途径与方法做出反馈	0.800	
	组织对成员业绩的评估主要取决于他们工作过程中的行为	0.724	
	不管组织成员实现怎样的结果，组织都要求他们对自己的工作行为负责	0.603	
组织创造力	制定了具体可行的奖励办法以奖励创造行为	0.662	0.876
	能创造性地解决客户或企业内部的问题	0.742	
	绝大多数成员都加入到创造过程当中	0.757	
	能将员工的新想法整合成有用的方案	0.858	
	为有价值的新想法的实施制定详细的计划和安排	0.832	

量表的聚合效度主要通过因子分析的方法进行检验。通过因子分析方法得到的各个变量的聚合效度检验结果见表 1。从表 1 中可以看出，除过程控制一项指标为 0.603 和组织创造力一项指标为 0.662 外，其余变量的各项指标的因子载荷均大于 0.70，说明各个变量整体上具有比较满意的聚合效度。

各变量的区分效度主要通过 AVE（平均误差抽取量）的方法进行检验，检验结果见表 2。在采用 AVE 进行区分效度检验的过程中，每个变量 AVE 的平方根应该要大于该变量与其他任何一个变量之间的相关系数。从表 2 中可以看出，各个变量 AVE 的平方根均满足这一要求，表明各个变量之间具有良好的区分效度。

3.3.2 描述性统计

各个变量的均值、标准差以及各变量之间的相关系数见表 2。从表 2 中可以看出，各个变量之间在 $p<0.05$ 的水平上均存在着显著的相关关系，且相关系数均小于 0.7。为避免各变量之间存在严重的线性相关，本研究采用方差膨胀因子（VIF）对变量之间的多重共线性问题进行检验。经检验，各自变量的 VIF 均小于 4，表明不存在严重的多重共线性问题。

表 2 变量描述性统计及相关系数

变量	均值	方差	组织创造力	探索性学习	利用性学习	过程控制	结果控制
组织创造力	4.44	1.19	**0.773**				
探索性学习	4.78	1.30	0.556**	**0.861**			
利用性学习	4.50	1.23	0.611**	0.618**	**0.807**		
过程控制	4.56	1.04	0.602**	0.620**	0.617**	**0.759**	
结果控制	5.09	1.11	0.532**	0.456**	0.435**	0.654**	**0.806**

注：a. 样本数 N = 283；统计结果为 Pearson 相关系数；b. **p < 0.01，***p < 0.001；c. 下三角给出相关系数矩阵；主要变量的 AVE 的平方根加粗显示，位于对角线上。

3.4 假设检验

本研究采用多元线性回归方程模型对提出的假设进行检验。检验的结果见表 3。

表 3 模型的拟合结果

变量	组织创造力		组织双元平衡		组织双元联合		组织创造力	
	模型 1	模型 2	模型 3	模型 4	模型 5	模型 6	模型 7	模型 8
控制变量								
企业性质								
CP1	–0.129	–0.031	0.044	0.046	0.186*	0.170*	–0.129	–0.109
CP2	–0.076	–0.010	0.088	0.079	0.140+	0.144+	–0.076	–0.066
企业规模	0.077	0.014	–0.119	–0.110	–0.056	–0.061	0.077	0.080
成立年限	–0.053	–0.030	0.093	0.085	0.084	0.092	–0.053	–0.050
解释变量								
结果控制		0.240***		–0.135*		0.165**		
过程控制		0.442***		0.138*		–0.262*		
双元平衡								–0.126+
双元联合								0.085*
模型统计量								
调整后 R^2	0.003	0.385	0.005	0.011	0.018	0.051	0.003	0.017
F 值	1.198	87.270***	1.334	4.820**	2.313	5.813**	1.198	3.105*

注：a. N = 283 b. +p < 0.10，*p < 0.05，**p < 0.01，***p < 0.001。

模型 1 和模型 2 以组织创造力为因变量。在模型 1 中，本研究仅加入了控制变量，对它们和组织创造力的关系进行了回归，结果表明，控制变量对组织创造力的影响效果并不显著（模型的 F 值=1.198，p>0.1）；在模型 2 中，本研究将结果控制和过程控制作为自变量加入回归方程中，可以看出结果控制与组织创造力的正向关系显著（b=0.240，p<0.001），且过程控制与组织创造力的正向关系也是显著的（b=0.442，p<0.001）。相较于模型 1，引入结果控制和过程控制的模型 2 的 AD–R^2 显著性提高了 0.382，说明加入结果控制和过程控制后，模型整体的解释度有所提升。因此，假设 H1 和假设 H2 都得到了支持，即结果控制、过程控制与组织创造力存在正向作用。

模型 3 和模型 4 以组织双元平衡为因变量。在模型 3 中引入解释变量“结果控制”和“过程控制”后模型 4 的 R^2 有所提高（p < 0.01，变动值为 0.011），可见引入结果控制和过程控制这两个解释变量使得模型的解释程度升高。从模型 4 可以看出，结果控制与组织双元平衡的负向关系显著（b = –0.135，p < 0.05），过程控制与组织双元平衡的正向关系显著（b = 0.138，p > 0.10）。因此，假设 H3、假设 H5 均得到支持，即结果控制与组织双元平衡存在负向作用；过程控制与组织双元平衡的正向关系显著。

模型 5 和模型 6 中以组织双元联合为因变量。在模型 5 中，仅加入了控制变量，对它们和组织双元联合的关系进行多元回归。结果表明，企业的所有权性质对组织双元联合有

着显著的影响。其中，国有企业背景下，组织双元联合的效果更为明显，这进一步验证了 Cao 等[15] 从企业资源的视角所提出的，双元联合更适合于容易获取内外部资源的组织。在模型 6 中，本研究将结果控制和过程控制作为自变量加入回归方程中，可以看出结果控制与组织双元联合的正向关系显著（$b = 0.165$，$p < 0.01$），且过程控制与组织双元联合的负向关系是显著的（$b = -0.262$，$p < 0.05$）。相较于模型 5，引入结果控制和过程控制的模型 6 的 AD-R^2 显著性地提高了 0.033，说明加入结果控制和过程控制后，模型整体的解释度有所提升。因此，假设 H4 和假设 H6 都得到了支持，即结果控制与组织双元联合存在正向作用，过程控制与组织双元联合存在负向作用。

由表 3 可知，模型 8 的 F 值在 $p < 0.05$ 的显著性水平显著，说明模型 8 的回归方程是成立的。相较于模型 7，引入组织双元平衡和组织双元联合的模型 8 的 AD-R^2 提高了 0.014，说明加入组织双元后，模型整体的解释度有所提升。从模型 8 可以得出，组织双元平衡与组织创造力的负向关系显著（$b = -0.126$，$p < 0.1$），组织双元联合与组织创造力的正向关系显著（$b = 0.085$，$p < 0.05$）。因此，假设 H7 得到支持，即组织双元平衡与组织创造力存在负向作用；假设 H8 得到支持，即组织双元联合与组织创造力存在正向作用。

4 讨论与启示

双元型企业如何开展学习活动，以及在双元学习过程中应选择何种控制方式才能有效地提高企业的创造力是学术界和企业界亟须解决的重要问题。本研究基于动态能力理论，研究了不同的控制机制通过组织双元平衡和联合过程影响组织创造力的作用路径。实证研究发现：①不同的双元学习活动对组织创造力的影响效果不同。其中，组织双元的联合能够正向地影响组织创造力，而组织双元的平衡对组织创造力具有负向的影响效果。这一研究结论进一步支持了 Cao 等的分析论断，即探索和利用在低水平状况下达到的平衡效果并不理想[15]。②结果控制和过程控制对组织创造力均有直接的正向影响，然而，不同的控制方式对组织双元的作用规律不同，最终导致对组织创造力的影响效果不同。过程控制会削弱组织双元联合，加重组织双元平衡，从而不利于组织创造力的发展；相反地，结果控制则会增强组织双元联合，抑制组织双元平衡，从而更有利于提升组织创造力。以上研究结论对于指导我国中小企业的创造战略实施具有一定的实践意义。

第一，研发企业和科研院所应该采用结果控制的方式，促进探索和利用两种学习活动在组织中的协调与联合，从而更为有效地保障和提升组织的创造力水平。

第二，在资源有限的条件下，企业不应过分强调组织双元，而应根据自身的资源状况进行选择。特别是中小型企业，由于受到资源限制较多，盲目地开展双元学习活动不一定能够促进组织创造力的发展。相反，如果在采用一元学习方式的同时，适当补充另外的学习方式，可能会带来更好的企业绩效，更快地积累自身的竞争优势。

第三，在自主创新初期，中国企业的管理者应该大力推进探索性学习和利用性学习的联合交互，加强探索性学习（利用性学习）对利用性学习（探索性学习）的辅助支持能力建设，促进不同知识和资源的相互弥补与相互融合，为组织创造力的提升奠定良好的知识基础和提供充足的资源保证。

参考文献

[1] Woodman R. W., Sawyer J. E., Griffin R. W.. Toward a Theory of Organizational Creativity [J]. Academy of Management Review, 1993, 18 (2): 293–321.

[2] Amabile T. M., Conti R., Coon H., et al. Assessing the Work Environment for Creativity [J]. Academy of Management Journal, 1996, 39 (5): 1154–1184.

[3] Gibson C. B., Birkinshaw J.. The Antecedents, Consequences, and Mediating Role of Organizational Ambidexterity [J]. The Academy of Management Journal, 2004: 209–226.

[4] Raisch S., Birkinshaw J.. Organizational Ambidexterity: Antecedents, Outcomes, and Moderators [J]. Journal of Management, 2008, 34 (3): 375–409.

[5] Amabile T. M.. A Model of Creativity and Innovation in Organizations [J]. Research in Organizational Behavior, 1988 (10): 123–167.

[6] Ouchi W. G.. The Relationship between Organizational Structure and Organizational Control [J]. Administrative Science Quarterly, 1977: 95–113.

[7] Abernethy M. A., Stoelwinder J. U.. The Role of Professional Control in the Management of Complex Organizations [J]. Accounting, Organizations and Society, 1995, 20 (1): 1–17.

[8] Li Y., Liu Y., Zhao Y.. The Role of Market and Entrepreneurship Orientation and Internal Control in the New Product Development Activities of Chinese Firms [J]. Industrial Marketing Management, 2006, 35 (3): 336–347.

[9] Andriopoulos C., Lowe A.. Enhancing Organisational Creativity the Process of Perpetual Challenging [J]. Management Decision, 2000, 38 (10): 734–742.

[10] Handzic M., Chaimungkalanont M.. Enhancing Organizational Creativity through Socialisation [J]. Electronic Journal of Knowledge Management, 2004, 2 (1): 64–74.

[11] Jensen M. C.. A Theory of the Firm: Governance, Residual Claims, and Organizational Forms [M]. Harvard Univ Pr, 2003.

[12] Tushman M.L., Anderson P.. Technological Discontinuities and Organizational Environments [J]. Administrative Science Quarterly, 1986: 439–465.

[13] He Z.L., Wong P. K.. Exploration vs. Exploitation: An Empirical Test of the Ambidexterity Hypothesis [J]. Organization Science, 2004, 15 (4): 481–494.

[14] Lubatkin M.H., Simsek Z., Ling Y., et al.Ambidexterity and Performance in Small–to Medium–sized Firms: The Pivotal Role of Top Management Team Behavioral Integration [J]. Journal of Management, 2006, 32 (5): 646–672.

[15] Cao Q., Gedajlovic E., Zhang H.. Unpacking Organizational Ambidexterity: Dimensions, Contingencies, and Synergistic Effects [J]. Organization Science, 2009, 20 (4): 781–796.

[16] Jansen J. J. P., Van Den Bosch F. A. J., Volberda H. W.. Exploratory Innovation, Exploitative

Innovation, and Performance: Effects of Organizational Antecedents and Environmental Moderators [J]. Management Science, 2006: 1661-1674.

[17] Taylor A., Helfat C. E.. Organizational Linkages for Surviving Technological Change: Complementary Assets, Middle Management, and Ambidexterity [J]. Organization Science, 2009, 20 (4): 718-739.

[18] Hill C. W. L., Jones G. R.. Strategic Management: An Integrated Approach [M]. South-western Pub, 2007.

[19] Eisenhardt K. M.. Control: Organizational and Economic Approaches [J]. Management Science, 1985: 134-149.

[20] Hitt M. A., Hoskisson R. E., Johnson R. A., et al. The Market for Corporate Control and Firm Innovation [J]. Academy of Management Journal, 1996: 1084-1119.

[21] 任峰，李垣，刘晓敏. 动态环境中不同控制方式对创新选择的影响 [J]. 科学学研究，2004，22 (1)：136-140.

[22] Jaworski B. J.. Toward a Theory of Marketing Control: Environmental Context, Control Types, and Consequences [J]. The Journal of Marketing, 1988: 23-39.

[23] Anderson E., Oliver R. L.. Perspectives on Behavior-Based Versus Outcome-Based Salesforce Control Systems [J]. The Journal of Marketing, 1987: 76-88.

[24] 刘新梅，白杨，张蕊莉. 组织创造力研究现状与展望 [J]. 西安交通大学学报(社科版)，2010，30 (3)：35-40.

[25] 刘新梅，白杨，张蕊莉. 组织创造力的内涵及测度 [J]. 软科学，2011，25 (4)：60-62.

[26] Wang C. L., Ahmed P. K.. Dynamic Capabilities: A Review and Research Agenda [J]. 2007: 9, 31-51.

[27] Rindova V. P., Kotha S.. Continuous "Morphing": Competing through Dynamic Capabilities, Form, and Function [J]. Academy of Management Journal, 2001: 1263-1280.

[28] Perry-Smith J. E.. Social Yet Creative: The Role of Social Relationships in Facilitating Individual Creativity [J]. The Academy of Management Journal, 2006, 49 (1): 85-101.

[29] Zhou J., Shalley C.. Handbook of Organizational Creativity [M]. London: Psychology Press, 2008.

[30] Benner M. J., Tushman M. L.. Exploitation, Exploration, and Process Management: The Productivity Dilemma Revisited [J]. Academy of Management Review, 2003, 28 (2): 238-256.

[31] March J. G.. Exploration and Exploitation in Organizational Learning [J]. Organization Science, 1991, 2 (1): 71-87.

[32] Atuahene-Gima K., Li H.. When does Trust Matter? Antecedents and Contingent Effects of Supervisee Trust on Performance in Selling New Products in China and the United States [J]. The Journal of Marketing, 2002: 61-81.

[33] O'Reilly C. A., Tushman M. L., Harvard B. S. D. O.. Ambidexterity as a Dynamic Capability: Resolving the Innovator's Dilemma [M]. Graduate School of Business, Stanford University, 2007.

[34] Gupta A. K., Smith K. G., Shalley C. E.. The Interplay between Exploration and Exploitation [J]. The Academy of Management Journal Archive, 2006, 49 (4): 693-706.

[35] Jansen J. J. P., Van Den Bosch F. A. J., Volberda H.W.. Exploratory Innovation, Exploitative Innovation, and Performance: Effects of Organizational Antecedents and Environmental Moderators [J]. Management Science, 2006: 1661-1674.

[36] Lichtenthaler U.. Absorptive Capacity, Environmental Turbulence, and the Complementarity of Organizational Learning Processes [J]. The Academy of Management Journal, 2009, 52 (4): 822-846.

Control Mechanisms, Organizational Ambidexterity and Organizational Creativity: An Empirical Study

Liu Xinmei[1] Han Xiao[1,2] Bai Yang[1,2] Li Muhan[1,2]

(1. School of Management, Xi'an Jiaotong University, Xi'an 710049, China;
2. Key Lab of Ministry of Education for Process Control and Efficiency Engineering, Xi'an Jiaotong University, Xi'an 710049, China)

Abstract: Based on the Dynamic Capability Theory, this paper constructs a framework including organizational control, organizational ambidexterity and organizational creativity under the input-process-output pradiagram. First, this paper analyzes the relationships among control mechanisms, organizational ambidexterity and organizational creativity. A total of 283 valid samples are used to test the theoretical hyphotheses and the results show that the integration of organizational ambidexterity has a positive impact on promoting the organizational creativity while on the condition of limited resources, focusing too much on the balance of organizational ambidexterity may hinder the organizational creativity. The results also indicate that the outcome control and the process control could not only influence directly the organizatoinal creativity positively, but also have an indirect effect on the organizational creativity through the combination and balance of organizational ambidexterity. The conclusions of this study is meaningful to guide the practices of the creativity strategy for medium and small-sized enterprises in China.

Key Words: Control Mechanisms; Organizational Ambidexterity; Creativity; Organizational Creativity

和谐管理理论视角下战略领导力分析*

李鹏飞[1] 席酉民[1,2] 韩 巍[3]
（1. 西安交通大学管理学院；2. 西交利物浦大学；3. 深圳大学管理学院）

【摘 要】对战略领导力研究进行评述，指出现有研究在一定程度上存在战略领导力核心内涵未达成共识、研究缺乏系统性和动态性、学术研究和管理实践存在脱节3个缺陷。以和谐管理理论对领导的诠释为基础分析战略领导力内涵，指出战略领导力具有强调“提供引导”和“调配资源”两个维度的耦合、研究定位于组织层面、强调组织长期可持续发展、基于未来方向配置当前资源4个特点。和谐管理理论可以在一定程度上弥补现有战略领导力研究的缺陷，促进战略领导力研究的发展。

【关键词】领导力；战略领导力；和谐管理理论

在复杂、快变、模糊和不确定的环境中，组织管理面临着因果链无法追踪、整体性割裂和快速应变等挑战[1, 2]。随着经济全球化的加剧、工艺技术的日益更新、组织间竞争的愈加激烈，组织获得竞争优势的模式正在发生改变，联盟、低成本等传统模式也已逐渐失效，不能获得真正的竞争优势。为更好地应对当前环境带来的管理挑战，获得真正的竞争优势，领导者需要对所在组织进行系统的、动态的战略反思。

越来越多的学者认为领导力是解决一系列棘手问题的关键[3]。伴随组织环境的“复杂、快变、模糊和不确定”，领导者的作用变得更为重要和凸显。与此同时，关于领导力的模型和理论大多倾向忽略领导者所在的层级，也就是假定领导力过程在高层和底层是相同的[4]。然而实践中并非如此，研究者应当对领导力层级进行区分，并说清楚不同层级领导力研究的特点。相对于底层领导者，高层领导者在获取和支配组织信息、资源等方面具有优势，能够对组织产生更大更深远的影响，其作用也更加重要。然而关于领导力的研究文献只有不到5%关注高层管理者的领导力[4]。虽然近年来关于高层管理者的研究有一定的增长，但相对于高层领导力的重要性而言，关注高层领导者的研究还远显不足。需要有更多的研究关注高层领导者，同时说清楚所研究的类型化的领导力的特点。

* 本文选自《管理学报》第10卷第1期。

Lauda认为理论的目的就是为问题提供适当的答案[5]。管理学作为一门实践学科，科学性的求真只是其一部分而非全部。MINTEBER认为管理不是科学，而是一种实践，是经验的积累[6]。管理实践本质上是一种技术活动，其最终目的应当是致用[7]。管理研究应当旨在改善管理实践[8]，而现有领导力理论似乎难以兑现其解决组织领导力实践中问题和挑战的承诺[4]。从管理学科本身的特点、管理理论的目的和领导力研究的现状来看，领导力领域需要更加有效的、理论与实践相结合的研究。

战略领导力作为战略功能和领导力功能的结合，其研究关注于高层领导者，要求战略领导者具有一个系统的、整体的、动态的、广阔的战略性视野，采取一系列有实质意义的过程和结果导向并重的决策活动，衔接企业的过去、现在和未来[9]。战略领导力的研究应当有效地应对组织所在环境的复杂多变，应当关注高层领导者号召并在一定程度上实现领导力理论和实践的结合。然而，当前的战略领导力研究在一定程度上存在战略领导力核心内涵未达成共识[10-13]、研究缺乏系统性和动态性[12, 14-16]、学术研究和管理实践存在脱节[15-17] 3个缺陷。基于和谐管理理论对领导的诠释，能够对战略领导力内涵进行一定程度的廓清，将和谐管理理论引入现有战略领导力研究，可以在一定程度上弥补现有研究的缺陷。

1 战略领导力研究评述

纵观战略领导力文献可以发现，现有研究分为两类。

1.1 第1类研究

第1类研究以Hitt、Ireland、Boal等为代表。其中大部分研究集中于战略领导力的内涵探索；少部分研究关注于战略领导力类型、战略领导力发挥作用的过程和途径；还有些研究关注战略领导力和其他领域或理论的结合。从方法上来讲，绝大部分研究都是思辨研究，大部分是基于质性资料的经验研究，少部分是量化研究。

现有研究分别从战略领导力概念区分和界定、战略领导力本质的探索、有效战略领导力的组成部分以及战略领导者应当关注的方面或遵循的准则几个方面对战略领导力的内涵进行探索（见表1）。这些研究分别将战略领导力解读为提供愿景、推动愿景实现、引导整个组织战略形成和实施、重视组织道德伦理、转换整个组织的能力和目标、发展核心竞争力、维持有效组织文化和氛围、有效化组织人力资本和社会资本、认知和行为复杂性以及管理睿智等内容中的一个或几个的结合[10-13, 18, 19]。

还有少部分研究者关注战略领导力的类型、过程阶段等：Shrivastava等[14]用最小间距分析技术，以领导的具体化、影响的来源、领导—成员关系、领导力角色导向、分析群体、领导力系统导向、领导行为结构化7个方面的17条标准对27个商业案例进行分析，

表 1　现有研究对战略领导力内涵的理解

关注方面	文献来源	内容
概念区分	[20]	在某种意义上，督导理论（Supervisory Theories）的领导力涉及组织中的领导力（Leadership in Organizations），而战略理论的领导力则涉及组织的领导力（Leadership of Organizations）
	[11]	战略领导力不只是对当前不确定性的规避，还有对企业长期发展面临环境变化的探索
	[3]	强调应当对组织中的领导力和组织的领导力进行区分，并辨识了 3 个关于战略领导力的关键问题：结构/关系问题、功能问题及合法性问题
	[21]	战略领导力按照定义就是将战略功能和领导力功能结合；战略领导力定义组织的道德意图（Moral Purpose）和愿景并将其操作化，包含为组织建立方向的能力以及使组织实现其方向转移和变动的能力；战略领导者在思维上的关键在于他们逃离细节的操作视野，从而发展出一个整体的、广阔的组织观
概念界定	[18]	战略领导力作为一个多层次的概念，涉及以下功能：①将社会伦理融入到组织伦理；②领导角色理念、社会角色理念和组织角色理念的形成和校准；③组织随公共权力和社会影响的调整
	[10]	战略领导力涉及一个对引导组织综合性战略的形成、实施的战略方向及目的的整体性感知；战略领导者负责随环境、组织资源和管理态度的变化而持续调整的，从形成、实施到绩效，然后再返回到形成阶段的综合性战略过程
	[12]	战略领导力是一个人进行预期，想象、维持柔性，战略性思考，以及发起改变为组织创造可行未来的能力
	[13]	对战略领导力领域研究进行回顾后将战略领导力定义为领导者在系统分析利益相关者、自我和战略情境的基础上提出并全力推动愿景实现的能力
本质探索	[22]	提出战略领导力的显著标记是其涉及组织整体的能力和目标的转变和演化
	[11]	战略领导力的本质是基于认知复杂性、行为复杂性以及社会智能形成的吸收能力、适应能力和管理睿智
	[19]	以资源观为基础，认为战略领导力的本质是有效化组织的人力资本和社会资本；战略领导者必须有机敏的人际交往能力，除此之外还应该能够识别隐性知识需求，评价和发展隐性知识，在组织内建立和维持信任和合作氛围
	[23]	人力资本是企业竞争优势的核心资源，也是战略领导者关注的核心
	[24]	企业长期可持续发展必然和企业行为道德有关联；接受和认同此观点，并在此观点指导下行动是战略领导力最本质的特征
有效战略领导力构成部分或战略领导者应当如何有效发挥作用	[14]	战略领导力概念暗含了对方向、组织增长速度和长期目标实现的控制；它必须对动荡的环境有适应能力，并在柔性和非结构化的环境中运作
	[12]	有效战略领导力由决定战略方向、探索和维持核心竞争力、发展人力资本、维持有效的组织文化、强调道德实践、平衡组织控制几个组成部分
	[15]	以 350 个大学人事部职员为样本，用问卷调查的方式总结出战略领导力的主要构成因素有战略性思考、团队合作、创新、愿景、创造企业文化、员工授权
	[16]	通过对以学校领导为对象的研究，提出有效战略领导者的 7 条准则：战略领导者是未来导向并有一个未来的应对战略、战略领导者是基于数据的调研引导决策者、战略领导者是行动实践者、战略领导者开启新天地、战略决策者保持灵活性、战略领导者造就好的合作者、战略领导者做下一个正确的事

将战略领导力分为企业家型、官僚型、政治型、专家型 4 类。Davies 等[21]在研究中将战略领导力过程划分为想象、结合、表达、实施和监控 5 个阶段，提出战略领导力有战略意图、浮现的战略、战略规划 3 种方法，战略领导者具有战略思想者、战略学习者、价值赋予者等个人特质，其活动集包括创造愿景和未来方向、施加战略影响、天才战略规划

者、平衡战略和运营。另外，还有一些研究将战略领导力和复杂自适应系统[25]、非营利组织[26]、组织学习[27]、企业家组织[28]等相联系，在此就不展开论述。

1.2 第2类研究

第2类是以Hambrick等提出的高阶理论为基础发展起来的战略领导力学派。文献[29]声称高层管理者会对面临的情境和选择做出高度个性化的诠释，且以此为基础采取行动，所以在某种程度上组织成为高层管理者的反映，并认为应当以高管团队作为一个整体，其研究采用人口统计学变量作为高层管理者认知和价值观的代理变量。Hambrick等[30]在高阶理论中引入经理自主权作为调节变量，并引入高管团队行动一致性[31]概念。在此基础上的实证研究大多也采用人口统计学变量作为高层管理者认知和价值观的代理变量，给予该理论一系列的实证支持[17]。但对此流派的批判也很多，比如Priem等[32]质疑高阶理论的相关研究用人口统计学变量作为高层管理者认知和价值观的代理变量的构念效度，认为不能将测量信度凌驾于构念效度之上。Hambrick等自己也在文章中说，他们并没有能更好地直接检验高层管理者特征及其行为之间的心理学和社会学过程，急需数据以揭示个人（和团队）在战略决策情境中真实的信息处理行为[17]。从方法上来讲，绝大部分是思辨研究和量化实证研究，质性方法研究相对较少。国内学者对此类研究也有涉及，汪金爱等[33]对国外源自高阶理论的战略领导力理论在揭示人口学背景黑箱的新研究进展进行了介绍，并对这些研究存在的不足提出了相关建议。现有实证研究在如下方面展开：高管（团队）人口背景特征与企业绩效[34]、战略选择多元化[35]以及高管离职[36]的关系检验，CEO过度自信与组织绩效的关系检验[37]，大陆和台湾高阶管理人员决策风格的偏向对比[38]，高层管理团队领导行为对团队绩效的影响机理探索[39]等，绝大部分国内研究还没有关注到数据易获性造成的人口学背景黑箱问题[33]。

1.3 现有研究存在的缺陷

基于以上回顾，可以看出两个流派的研究各自形成一个相对独立的研究领域，但综合两个流派可以发现其存在诸多缺陷。

1.3.1 战略领导力核心内涵未达成共识

现有研究基本上认同组织中的领导力和组织的领导力存在区别，并认同战略领导力应当类属于组织的领导力，也认同战略领导力更多地体现在组织高层领导者上[20, 21]。然而，现有研究对战略领导力内涵的理解存在诸多版本（见表1）。可以看出现有研究并没有对战略领导力的内涵达成共识。虽然研究者大多都有自己对战略领导力的理解和解读，但却均未能系统说清战略领导力的核心内涵。造成此状况的重要原因可能是学者们对战略领导力的中心语“领导力”的概念还未形成普遍的共识。虽然战略领导力概念定义的宽泛性和开放性有助于其自身内涵的不断发展，但笔者认为还是需要对战略领导力内涵进行必要的辨识，以便对战略领导力内涵的核心内容达成共识，方便研究的可累积性，才有利于战略领导力的进一步研究。对战略领导力内涵进行界定也就是要确立战略领导力研究的合

法性，为此首先需要澄清战略领导力和领导力本身的区别和联系，以及现存的各种类型化领导力研究的区别和联系。因为如果战略领导力和领导力没有区别，就不必要建构出这样一个标签化的新词，否则只会给纷杂的领导力研究制造更多的困惑；如果战略领导力和领导力的确有区别，那么说清楚这些区别则有助于系统清晰地界定战略领导力的核心内涵，同时也为战略领导力的进一步研究指明方向。说清楚战略领导力和领导力本身的联系也利于战略领导力研究从广泛而丰富的领导力理论中汲取营养，加快战略领导力研究自身的发展。

1.3.2 现有研究在一定程度上缺乏系统性和动态性

现有文献或基于作者自己对战略领导力内涵的理解提出战略领导力的本质包含的一个或几个内容，并就所提出的内容分别进行论述[11, 19, 23, 24]；或根据质性资料或案例提出战略领导者应当注意的或构成有效战略领导力的一个或几个构成部分，并对这些方面分别进行论述[12, 14-16]。虽然少数文献声称所提出的因素不是孤立的，但均不同程度地存在片面强调某些要素、不同程度上人为地割裂了因素之间的联系、忽略了要素之间的综合效应等缺陷，未能给出一个战略领导者在当今复杂多变的环境中，对组织进行系统性战略思考的完整画面。更为重要的是，现有研究大部分思索关注于战略领导者本身，并没有对战略领导者和所处组织及环境的互动进行深入的分析。

同时，现有研究虽然提出了战略领导力的本质、有效战略领导力的构成及战略领导者应当注意的方面，但并未考虑这些因素或内容随情境的转变，也未考虑这些因素的重要性程度随组织所处阶段不同的动态变化，以及战略领导力以组织作为整体的系统性战略思考如何随所处环境的变化进行动态调整。现有研究对如何协调组织长期发展和短期存活虽有部分涉及，但多数只是强调战略领导力应当追求组织的长期发展，给出了要维持组织长期发展应当注意的方面（注重道德规范、建立有效组织文化氛围等），并没有对组织短期利益给予同样的重视，同时忽略了组织长期发展和短期利益并不总是一致这个在管理实践中已经得到验证的假定。总体来讲，现有研究对如何协调组织长期发展和短期利益停留在一种呼吁上，在一定程度上割裂了组织长期利益和短期利益的内在统一，并没有深入综合讨论如何协调组织长期利益和短期利益。

1.3.3 学术研究和管理实践存在一定程度的脱节

从学术研究和管理实践相结合来看，第 1 类研究主要侧重于战略领导力内涵、概念和本质探索[23, 24]，以及通过案例分析有效战略领导力的构成[15, 16]；第 2 类研究侧重于探索战略领导者的哪些方面对组织有影响，并通过量化实证研究验证战略领导者对组织的影响[17, 19]。第 1 类研究倾向于忽略情境地分析战略领导力应当如何，即关注于应该是什么的问题；第 2 类研究倾向于用量化研究验证不同变量之间的关系，即关注于验证什么和与什么有关系。两类研究各自成为一个相对独立的领域，但均缺少对实际情境中战略领导者影响组织的途径和过程的探索，更缺少基于战略领导者对组织影响过程的心理学和社会学分析，从而造成两个流派的研究均和管理实践存在一定程度的脱节。对管理实践中战略领导者对组织影响过程的考察将有利于战略领导力研究和管理实践相结合，有利于两类相对独立的战略领导力研究流派互相借鉴进而融合，促进战略领导力研究的进一步发展。

2 战略领导力内涵分析

现有战略领导力研究对战略领导力核心内涵的理解存在分歧，其重要原因在于研究者对领导力的理解存在分歧。本部分先介绍和谐管理理论对领导的诠释，再在此基础上对战略领导力内涵进行分析。

2.1 和谐管理理论对领导的诠释

和谐管理理论[40]认为在组织管理中，“不确定性”是指无论从作为组织参与者的复杂个体，还是基于个体间关联的共同体，都无法超越由于人类之必然无知所造成的“意愿—行动—结构”的不一致；并给出了一个组织不确定性来源的全景式图谱，认为组织的不确定性主要来自于环境和战略（和谐主题）之间的差距、战略和组织群体之间的差距、组织群体和结构之间的差距、组织结构和机制之间的差距，以及预期和结果之间的差距。领导就是面对“不确定性”，存在“选择”时最终“决定”了该个体/群体采取特定行为方式的“支配性力量”。支配权同时对人和事物起引导和控制两个作用。支配权不仅因为被支配者面临的“不确定性”才具有正当性（必要条件），还必须能应对不确定性，解决问题来确立支配权的合法性（充分条件）。本文认同上述观点，从更加全面的角度来看，支配权的正当性不仅仅局限于应对不确定性。复杂性、快变性、模糊性等都能给支配权提供一定的正当性。甚至在特殊时期，支配权的正当性来源仅仅是因为方便群体和外界的交流沟通。总体来讲，支配权的正当性来源可以更为一般地归结为解决问题，而问题的解决又为支配权提供了合法性。

本文对应于支配权包含的“引导和控制”这两个作用，提出问题导向下以“支配权”为核心的领导诠释，包括“提供引导”和“调配资源”两个作用维度。其中提供引导就是识别问题并指出解决问题的方向和途径，包括对“做什么事情”和“如何做事情”两个方面的探索。例如，组织愿景和使命的提出、和谐主题的提出、组织战略的规划、组织资源调配方式的提出等。调配资源就是为解决“提供引导”提出的“做什么事情”，按照“提供引导”中“如何做事情”的指导配置组织资源。Wernerfelt[41]将组织资源定义为一切被认为可以给组织带来优势或劣势的东西，更具体地讲就是在既定时间隶属于组织的有形资产和无形资产的总和。Ocasio[42]提出了一个基于注意力的组织运行观，认为注意力（时间）是有限的，组织不可能同时关注所有事情，组织注意力（时间）的分配对组织行为及组织结果有影响。正是组织注意力把组织运行实际所用的资源从组织可用资源筛选出来，组织注意力（时间）也是组织运行所必须依赖的资源之一，所以从某种意义上来讲组织所拥有的注意力（时间）也应当隶属于组织的资源。本研究在Ocasio对组织资源定义的基础上，把组织所拥有的注意力（时间）归入组织资源的范畴，将组织资源定义为组织进行生产、销售、服务等一系列实质活动所依赖的物质、能量、信息、关系、时间等的有形和无形的资源。调配资源的实例包括组织结构和流程（包括反馈机制和流程）的设立，企业文化和氛围的培养，对组织演化的人为诱导、组织时间（注意力）的分配等。值得注意的是，“调配资源”中的“调配”既可以通过组织正式权力的运用达成，也可以通过引导和诱导等途径达成。在中国情景下，资源的“调配”更多地暗含着组织权力的运用。

从直面实践的角度来看，领导者应当是“做正确的事”和“正确地做事”两个功能的有机结合，实现组织目标，引领组织走向未来。“提供引导”中对“做什么事情”的探索保证了领导者能够做正确的事，“提供引导”中对“如何做事情”的探索以及围绕“提供引导”的“调配资源”则保证领导者正确地做事。

从另一个角度来看，将领导（力）划分为提供引导和调配资源两部分也符合领导力作用发挥的过程。学术界对领导力的定义众说纷纭，远没有达成相对一致的看法。比如，领导力是在充满冲突的竞争环境下，由领导者和追随者独自或共同承担的，将具有特定动机和价值观的人、经济资源、政治资源以及各种各样其他资源进行互惠动员达成目标的过程[43]；领导力是不仅依靠领导者而且依靠变革者、企业家和思考者，依靠一系列可用资源，依靠对价值的质问和社会凝聚力等的群体目标所达成的结果[44]；全球领导力和组织行为效力研究项目于 1994 年在国际会议上经过全球 56 个国家 84 位社会学家和管理学者广泛讨论将领导力界定为一种影响个人、激励他人并使之努力提高所在组织效力和业绩的能力；Winston 等[45]以涉及领导力定义的 26000 篇文章为基础，对领导力给出了一个综合的定义，认为领导者是一个或多个……从而达成组织使命和目标的人。然而，这些对领导力的理解和解读均强调领导力是有其特定目的的，即领导力是为了达成一定的目标，更通俗地说领导力从本质上讲就是为了解决问题。承认领导力是为了解决问题，按照解决问题的过程思维，领导力就应当划分为问题的识别、解决问题途径的探索和围绕问题的解决 3 个步骤。我们将问题的识别和解决问题途径的探索解读为“做什么事情”和“如何做事情”，并将其归总为“提供引导”。围绕问题的解决一定是通过对资源的调配实现的（维持现状不变也是一种资源的调配方式），对应于“调配资源”。

所以“提供引导”和“调配资源”不但是领导力包含的两个作用维度，也是领导力发挥作用的两个过程维度。值得注意的是，“提供引导”和“调配资源”这两个维度的活动并不是割裂的。“提供引导”和“调配资源”之间的关系见图 1。

“提供引导”包含“做什么事情”以及“如何做事情”，“调配资源”则对应于“做事情”。从组织发展演化过程来看，组织在每阶段初最关注的问题就是组织在现阶段应该做什么事情。为此，组织会通过搜集信息、投入组织注意力进行分析等一系列实际的资源调配去辨识组织在当前阶段需要做什么事情，也就是说组织对“做什么事情”的辨识建立在“做事情”的基础上（如箭头①）。随“做什么事情”得到逐渐的明晰，组织会进一步探索通过什么样的途径做这件事情，也就是关注于“如何做事情”。组织对“如何做事情”的

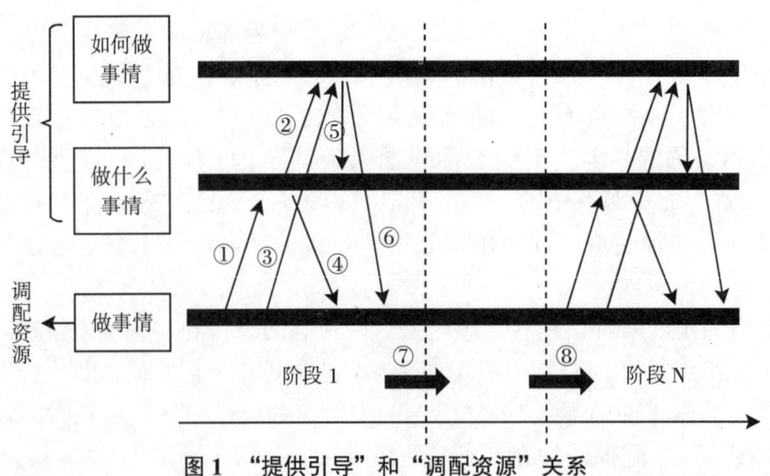

图 1 “提供引导”和“调配资源”关系

探索一定围绕当前阶段应该做的事情，即“如何做事情”受到“做什么事情”的指导（如箭头②）。同样，组织对“如何做事情”的探索也一定是建立在搜集信息、投入组织注意力进行分析等实际所做事情的基础上（如箭头③）。而组织对“如何做事情”的探索则是为组织提供可操作的解决问题的方法（如箭头⑤）。当明晰了组织在当前阶段应该做的事情和如何做这件事情的时候，组织就会在“做什么事情”和“如何做事情”的指导下调配组织资源“做事情”，“做什么事情”为“资源调配”提供了围绕的中心（如箭头④），“如何做事情”为组织提供了资源调配的途径（如箭头⑥）。需要说明的是，组织的实际运行并不一定严格按照上述顺序进行，更多的时候上述过程并非随组织演化的串行，而是融合在一起的并行（如图 1 中 3 个矩形所示）。调配资源伴随着组织的整个演化过程，可以说组织的整个演化过程是由一系列组织资源的调配完成的。每阶段组织应该“做什么事情”和“如何做事情”则随资源调配过程逐渐明晰（如图中每阶段初矩形颜色从灰到黑的渐变所示），当资源调配活动积累到一定程度，组织才能够明晰应当“做什么事情”和“如何做事情”（如图中矩形的黑色阶段所示，正常来讲组织明晰“做什么事情”应当早于“如何做事情”），之后组织也会在“做事情”的过程中对“做什么事情”和“如何做事情”做进一步的修正（图中每阶段末矩形的灰色部分所示）。组织前阶段的“引导提供”和“资源调配”会对组织后阶段的“引导提供”和“资源调配”提供指导（如箭头⑦、箭头⑧）。通过对“提供引导”和“调配资源”两个维度的关系分析可以看出，贯穿整个组织演化过程的是组织资源的调配，而引导的提出则是资源调配积累效应的结晶和显现，并进一步指导组织资源的调配。从某种意义上来讲，“提供引导”在本质上是“调配资源”的结果，是一种标志性活动而不是一种实质性活动，引领组织演化的所有实质性活动只有组织资源的调配。

2.2 战略领导力和领导力

从战略领导力和领导力的联系来看，战略领导力隶属于领导力研究的分支，其构成部分和领导力一样，由“提供引导”和“调配资源”两部分组成，同时强调两个组成部分之间的关联和耦合。然而战略领导力作为“战略”和“领导力”的结合，也有其自身的特点。

第一，战略领导力更多的是从组织作为一个整体的角度出发，通过系统的战略性思维，引领组织走向未来。这就需要战略领导者跳出具体细节的束缚，从更高的层次思索组织的走向。如果说领导力研究更多的是关注组织内领导力，那么战略领导力研究则关注于组织层面的领导力。也就是说战略领导力研究层次的定位在组织层面。战略领导者是站在整个组织的角度，全面了解组织所面临的环境，进行系统的战略性思考，辨识组织发展的长短期目标和组织达成目标的途径，同时时刻关注组织所面临的环境以及组织自身的变化，调整组织目标及达成目标的途径。战略领导力研究的层次决定了战略领导力更多地体现在组织的 CEO 及高层领导者身上，战略领导力的研究应当关注组织的高层领导者。战略领导者对组织方向和长期目标的思索更多地体现在组织的愿景和使命上，对组织短期目标和组织长短期目标达成的思索更多地体现在组织的战略选择上。相对于基层领导者，战略领导者花费在提供引导上的精力更多。虽然战略领导者把大部分精力放在了组织目标的辨识以及达成组织目标途径的思索上，并没有太多精力涉及组织管理最基础琐碎的部分，但是并不是说战略领导不关注组织资源的调配。原因在于：①战略领导者会通过对组织方向和目标以及达成组织目标途径的设定影响和引导组织资源的调配。②战略领导者更关注组织宏观基本层面的资源调配（方式），比如组织基本结构、流程的优化设定，组织文化氛围的诱导培养等。在微观层面上，战略领导者一般只关注组织关键资源的调配。③战略领导者更愿意选择合适的人进行授权而不是亲力亲为。这也决定了战略领导者需要进行良好的信息共享、团队合作和授权。战略领导者正是通过对组织目标及达成目标途径的设定，实现对组织根本资源及关键资源的配置；通过对被授权人的选择，间接影响、诱导和控制了整个组织的资源配置，从而确保组织资源配置围绕组织目标的达成。相对于调配资源，战略领导者更关注组织方向的选择，关注为整个组织提供前进的方向和目标以及达成目标的途径，但这并不是说调配资源不重要。需要指出的是，提供引导和调配资源相辅相成、缺一不可，没有方向的调配资源必然使得组织驻足不前，没有资源调配的支撑组织目标也只能是空想。

第二，战略领导力多了一个时间维度上的关注，通过对组织长期利益（发展和长期效益）和短期利益（存活和短期效益）的协调，强调组织的可持续发展。组织的长期利益一定是建立在组织短期利益的基础之上的，没有组织的存活根本谈不上组织的长期发展，没有组织短期效益的积累也达不成组织的长期效益。过分强调组织长期利益而不重视组织的短期利益的积累，会使组织陷入一种空有梦想而不知道如何去实现梦想的境地，使得组织慢慢丧失前进的动力，必然导致组织发展不断陷入困境，梦想也只能沦为空想。组织短期利益的维持一定需要组织的长期发展来支撑，没有组织的长期发展，组织得到的必然只是短暂的繁荣。过分强调组织短期利益而不重视组织的长期利益，会使组织陷入一种不知道走向哪里的境地，使得组织发展不断走弯路，也必然导致组织发展陷入困境。鉴于此，战略领导者必须兼顾组织的短期利益和长期利益，使组织能够持续地发展。然而组织的短期利益和长期利益并不总是一致的。在复杂多变的环境中，战略领导者采取行动达成短期预定目标时，往往会产生一系列的连带效应，这些效应有些在预料之中，但还有一些在预料之外。这些连带效应，特别是预料之外的连带效应对组织的长期利益有什么样的影响往往难以确定，使得组织短期利益的达成可能会损害到组织的长期利益。比如经济危机时的大规模裁员，虽然能够迅速降低组织成本，有利于改善组织短期利益，但从长远来看，却可能造成组织士气低落或组织人力资本不足，妨碍组织长期发展。同时由于组织长期利益往往难以准确衡量，而领导者考核标准也往往片面重视组织的短期利益等原因，使得领导者甚至有意地采取一些提升组织短期利益的行动，这些行动却严重损害了组织的长期利益。比如安然事件、三鹿事件中，领导者过分追求组织的短期利益，最终导致了组织的消亡。正因为组织的短期利益和长期利益并不总是一致，战略领导者在考虑组织的短期利益和长期利益时决不能先规划组织的短期利益再规划组织的长期发展，或者先规划组织的长期发展再规划组织的短期利益，而应当综合考虑、同时规划组织的短期利益和长期利益。组织的长期利益和短期利益不应当是串行，而应当是相互促进的并行[20]。战略领导者正确的做法是同时着眼于组织的短期利益和长期利益，并将组织的短期利益很好地融进长期发展（利益）的规划中，从而实现组织的长期可持续发展。

第三，战略领导力更多的是着眼于未来方向，配置组织的当期资源，而不是配置组织的当前资源，规划组织的未来。管理工作具有工作量大、工作节奏快，工作活动短暂、多样、零碎，以及要求及时应对等特征[46]。面对这些巨大的管理压力，领导者（管理者）容易陷入只能肤浅地处理大部分工作的困境，如何在管理压力巨大的时候深入管理成为管理难题中最基本的难题[6]。马奇[47]也指出，由于利用的回报一般比探索的回报更确定、更快、更近，组织一般倾向于选择利用而非探索，导致组织专注于现有能力的进一步利用，精于现有能力而获得短期回报，但从长期发展来看却可能造成其他领域适应能力的衰退，陷入特长陷阱，给组织长期发展带来灾难。若组织通过配置当前组织资源，规划未来发展，就很容易陷入肤浅综合征，使组织驻足不前，或者陷入特长陷阱，给组织长期发展带来危机。所以战略领导者应当首先对组织未来长期发展方向或目标进行选择，然后着眼于未来方向和目标配置组织资源，实现组织的长期发展。同时需要指出的是，对组织未来长期发展方向和目标的选择必须考虑组织现有资源和能力，但决不能囿于组织现有资源和能力。

3 和谐管理理论对战略领导力研究的促进作用

和谐管理理论致力于探讨在现实管理活动高度不确定的背景下组织如何实现应变管理[48]，为系统廓清复杂的组织管理现象提供了一种可能[49]。高层领导者在和谐理论给出的行为模式与刻画出的组织图景中居于关键地位，高层领导者运用和谐理论来指导其

决策与实践，所形成的恰是某种战略领导力[50]。将和谐管理理论引入现有战略领导力研究在一定程度上能够较好地体现战略领导力自身的特点，弥补现有战略领导力研究的缺陷。

3.1 引入和谐管理理论可以较好体现战略领导力特点

（1）围绕和谐主题的和则、谐则及其耦合机制是和谐管理理论最为动态的主张之一。其中，和谐主题对应于“提供引导”，和则、谐则及其耦合对应于“调配资源”。和谐管理理论中和谐主题的识别需要基于环境、组织和领导三者之间的特征分析。和谐主题的提出则为和则、谐则及其耦合提供了围绕的中心，和则、谐则及其耦合机制则是为了实现组织的和谐主题，而和谐主题的实现推动组织从现有主题漂移到下一主题。也就是说在和谐管理理论体系下，组织方向的提出建立在调配资源的基础上，方向的提出也为资源调配提供了围绕的中心。调配资源本身就是为了实现组织目标，而组织现阶段目标的实现又为下一阶段目标的提出提供了基础。和谐管理理论强调“提供引导”和“调配资源”两个战略领导力作用维度的相互耦合。

（2）和谐管理理论的起点就是将组织作为一个整体分析其特征，并以此为基础识别组织的和谐主题，由此决定了战略领导者从开始就将组织作为一个整体进行思索。和谐主题作为组织特定阶段为实现组织长期目标所要解决的核心问题或要完成的核心任务，使得战略领导者对组织的关注跳出了具体细节的束缚，从整个组织未来走向的层次上思考整个组织面临的核心问题。

（3）和谐主题的辨识受到组织愿景和使命的引导，和谐主题的提出是为了实现组织长期目标，也就是说组织短期利益识别受到组织长期利益的引导，而组织短期利益的积累则是为了实现组织的长期利益，由此使得战略领导者能够同时考虑组织的短期利益和长期利益（并行而非串行）。组织不同发展阶段的和谐主题及其漂移构成了组织由当前状态达成组织长期目标的演化路径，保证了不同组织发展阶段的短期利益能够很好地融入组织长期发展的规划中。

（4）和谐主题的辨识受到组织愿景和使命的引导，组织演化路径上一系列的和谐主题及其漂移是为了实现组织长期目标，使得战略领导者对组织问题的关注着眼于未来方向。和谐主题作为组织特定发展阶段实际面临的核心问题或任务，而组织不同发展阶段的和则、谐则及其耦合均是紧密围绕组织所在阶段面临的和谐主题，从而使得战略领导者对组织资源的配置是基于组织实际情况出发的。运用和谐管理理论的思想，让战略领导者能够着眼于未来方向，配置组织当前资源，在一定程度上避免了肤浅管理和特长陷阱。

3.2 引入和谐管理理论有利于促进战略领导力研究的系统性和动态性

和谐管理理论的引入着眼于现实管理活动中的复杂结构，意图探讨的是同时包含人与物的动态变化的规律[51]。和谐管理理论的哲学基础就是承认人们知识的永恒局限（有限理性），根据具体的管理问题，采取“建构”与“演进”二元耦合方法，既追求基于目的的“人之行动的结果”，又追求遵循规则的“人之计划的结果”[8]。组织、环境和领导特征的分析是和谐管理理论研究的起点；和谐主题的辨识，以及围绕和谐主题的和则、谐则及其耦合是和谐管理研究的重点[52]。其中，和谐主题是组织在特定的发展时期和情境下，为实现组织长期目标所要解决的核心问题或要完成的核心任务。和谐管理的首要任务就是在特定的环境、组织和领导情境下，辨识对执行阶段性的战略目标最为关键和重要的和谐主题。在和谐主题确定之后，围绕主题的实现，谐则主要着眼于行为路线的事先规定和安排，以形成一种在相对确定性下进行理性设计和优化的控制机制[53]，其所要解决的核心问题是通过制度、流程、结构以达到组织投入要素的协调匹配和整体优化，使员工（群体）行为遵照组织设计的既定路线[54]；和则是实现环境诱导下行为主体自主演化的基本原则，是对人的行为及人际关系进行协调与控制的管理机制，其所要解决的核心问题在于依据行为主体的智能性特点，在组织中营造一种氛围并搭建人能够发挥作用的平台，影响行为主体选择组织所期望的行为，并最终使组织能够自主地根据环境的变化来适应和调节[49]。谐则的核心是“优化设计的控制机制”，谐则的核心是“能动致变的演化机制”[54]。和谐耦合体现了和则与谐则围绕主题在不同条件下、不同层次间的相互作用、相互转化及系统整体的涌现特性[53]。和谐耦合包含了策略性思考、程序及步骤思考、文化及人际思考、系统性思考 4 个逻辑环节[55]，是一个不间断的螺旋式推进过程[53]。和谐管理理论主张“两条腿”走路——如果把“和则”与“谐则”、“不确定性利用”与“确定性下的优化”比作“两条腿”的话，那么和谐耦合就是要解决如何才能做到“两条腿”之间步调一致、协调有序[52]。和谐管理理论将自身定位为依赖于环境的围绕和谐主题、基于和则与谐则双规则运用的问题解决学，开辟了一个全新的对管理现象的认识途径[49]。和谐管理理论可以使战略领导者对组织核心问题的把握既关注局部，又关注整体；既用还原论的方法去认识问题的局部特征，又用整体论的方法去考察问题的整体结构和功能[54]，进而使得战略领导者有效地对组织进行系统性反思。

同时，组织管理问题如果不能随时间而做适宜的调整，就不能满足组织在发展演化进程中所必需的动态性要求，一个一成不变的主题必定使得组织管理陷于僵化，无法实现组织的长期可持续发展。当组织当前需要完成的核心任务或要解决的核心问题发生改变，就会出现和谐主题的漂移。和谐主题的漂移使得组织能够很好地动态适应组织面临环境或自身特征的变化。和谐主题漂移可能是由于上一主题已经得到解决，也有可能是组织或组织面临的环境发生变化。一旦组织的和谐主题发生漂移，组织资源的调配方式也将发生改变，也就是说围绕旧主题的和则、谐则及其耦合机制也将调整为围绕新主题的和则、谐则及其耦合机制。在组织的发展过程中，和谐主题不断被识别、不断被实现、不断进行漂移，使得组织经历不同主题下的动态演进过程，产生了组织特有的生命线[8]。组织实现长期发展的路径选择依赖于领导者基于组织环境和组织自身特征辨识出来的和谐主题。在特定组织发展阶段，领导者辨识出来的和谐主题不同，将导致组织沿着不同的路径向前发展。和谐管理理论随环境和组织本身的不断发展变化，既关注为某一时点的既定管理问题寻找当前的最优解决方案，又关注其发展演化趋势寻求问题的最终的优化结果[54]，使得

战略领导者能够有效地对组织进行动态性反思。

可见，和谐管理理论把组织运行解读为围绕和谐主题的和则、谐则及其耦合过程与和谐主题及围绕和谐主题的资源调配方式的动态漂移过程，符合组织内在的运作规律，给战略领导者理解组织运行提供了一个系统、动态的视野。和谐管理理论并没有陷入分析有效战略领导力构成部分或有效的战略领导者应当关注的方面，而是另辟蹊径基于对管理哲学的反思，通过将组织视为一个整体对其特征进行分析，对整个组织核心问题或任务的辨识，围绕和谐主题的和则、谐则及其耦合机制与和谐主题的动态漂移等主张为战略领导者提供了一整套的方法论架构和系统、动态的组织管理操作模式，从而有效应对外部环境的不确定性、模糊、复杂和快变。

3.3 引入和谐管理理论有利于促进战略领导力研究与管理实践相结合

当前组织管理面临的因果链无法追踪、整体性割裂和快速应变等挑战，使得组织全局的优化和长期的计划变得越来越难。在此高度不确定、模糊、复杂和快变的环境下，组织可以没有战略或难以明晰的战略，但组织在任何时段无论不确定性多大都有相对清晰的工作重心（和谐主题）[2, 56]。首先，和谐主题主张通过阶段性的相对认知与设计，以及全局的诱导演化来逼近全局最优，为组织管理提供了一个可以操作的着手点，在为组织的具体决策和行为提供明确、具体的基准和依据方面具有优势[57]。其次，和谐管理将组织运行解读为主题下的双规则耦合机制，符合实际组织的运行规律，也符合战略管理者解决组织实际问题的习惯，将其引入战略领导力研究有助于揭示战略领导者作用发挥过程的黑箱，从而有效促进现有战略领导力研究流派的融合。战略领导者识别的组织发展阶段的和谐主题同是实践者和研究者共同关注的焦点，能够有效地促进学术问题和实践问题相互对话和融合。将和谐管理理论和战略领导力研究相结合，能有效地促进战略领导力研究和管理实践的结合。

4 结论和展望

本文首先对现有战略领导力研究进行评述，指出现有研究在一定程度上存在战略领导力核心内涵未达成共识、研究缺乏系统性和动态性、学术研究和管理实践存在脱节 3 个缺陷。其次从和谐管理理论对领导的诠释出发，将领导者作用分为“提供引导”和“调配资源”两个相互关联的维度，并以此为基础对战略领导力核心内涵进行廓清，认为战略领导力属于类型化的领导力研究，强调“提供引导”和“调配资源”两个维度的耦合，同时战略领导力研究相对于领导力研究具有 3 个特点：①战略领导力研究定位于组织层面，战略领导力更多的是站在整个组织的角度，通过系统的战略性思维，引领组织走向未来。战略领导者更关注整个组织前行的方向和目标以及组织达成目标的途径，并通过组织方向和目标以及达成目标途径的设定、对组织根本资源和关键资源的配置、对被授权人的选择影响整个组织资源的配置。②战略领导力多了一个时间维度上的关注，通过对组织长期利益和短期利益的协调，强调组织的可持续发展；为维持组织的长期可持续发展，战略领导者应当恰当地将组织短期利益融入组织长期发展规划。③战略领导力更多的是着眼于明天的方向，配置组织当期资源，而不是配置组织当前资源，规划组织的未来，从而在一定程度上避免肤浅综合征和能力陷阱。最后，本文分析提出将和谐管理理论引入现有战略领导力研究在一定程度上可以更好地体现战略领导力核心内涵的几个特点，更好地促进战略领导力研究的系统性和动态性，促进战略领导力学术研究和管理实践的结合。

可以看出，首先，本文基于和谐管理理论为战略领导力内涵的廓清提供了一种解释，分析了将和谐管理理论引入战略领导力研究的优势，但具体怎么将和谐管理理论应用于战略领导力研究以及在战略领导力领域引入和谐管理理论的可行性和应当注意的问题还需要进一步的研究。其次，本文提出战略领导力相对于领导力而言具有3个重要特点，但并未探讨这些特点以及战略领导力包含的两个作用维度随组织（组织规模、所处生命周期阶段等）以及组织面临情境（不确定程度、快变性程度、复杂性程度）的变化。比如，由于组织方向模糊不清，创业期或衰退期的组织相对于成熟期的组织，战略领导力可能更关注为组织提供引导。环境不确定性程度低时，战略领导力调配企业资源更倾向于优化设计；环境不确定性程度高时则更倾向于人为诱导下的自主演化……未来研究需要进一步考虑组织自身特点以及面临环境的不同对战略领导力特点、战略领导力作用发挥、战略领导力作用方式和途径的影响。最后，未来研究需要通过对战略领导者作用发挥过程的实际观察对“提供引导”和“调配资源”两个作用维度及之间关系进行验证和修订，并探讨这两个作用维度具体包括哪些重要的活动（如战略领导者的注意力分配），并进一步考察战略领导者作用发挥过程的内在机制。

参考文献

[1] 席酉民，张晓军. 挑战与出路：东西方管理智慧整合的方法论探索 [J]. 管理学报，2012，9 (1)：5-11.

[2] 席酉民，张晓军. 从不确定性看管理研究逻辑及和谐管理理论的启示 [J]. 管理学报，2010，7 (1)：1-6.

[3] Story J.. What Next for Strategic-level Leadership Research [J]. Leadership，2005，1 (1)：89-104.

[4] Zaccaro S. J.，Horn Z. N. J.. Leadership Theory and Practice：Fostering an Effective Symbiosis [J]. Leadership Quarterly，2003，14 (6)：769-806.

[5] 黄光国. 社会科学的理路 [M]. 北京：中国人民大学出版社，2006.

[6] Mintzberg H. Managing [M]. San Francisco：Berrett-Koehler Pub，2009.

[7] 吕力. 管理学如何才能“致用”——管理学技术化及其方法论 [J]. 管理学报，2011，8 (6)：796-804.

[8] 席酉民，韩巍，葛京. 和谐管理理论研究 [M]. 西安：西安交通大学出版社，2006.

[9] Boal K. B.. Strategic Leadership [M]. Encyclopedia of Leadership [J]. Thousand Oaks，CA，Sage，

2004：1497–1504.

[10] Hosmer L. P. T.. The Importance of Strategic Leadership [J]. The Journal of Business Strategy, 1982, 3 (2)：47–57.

[11] Boal K. B., Hooijberg R.. Strategic Leadership Quarterly [J]. 2000, 11 (4)：515–549.

[12] Ireland R. D., Hitt M. A.. Achieving and Maintaining Strategic Competitiveness in the 21 (st) Century：The Role of Strategic Leadership [J]. Academy of Management Executive, 2005, 19 (4)：63–77.

[13] 中国科学院领导力课题组，霍国庆，苗建明. 战略领导力模式研究 [J]. 领导科学，2009 (4)：4–7.

[14] Shrivastava P., Nachman S. A.. Strategic Leadership Patterns [J]. Strategic Management Journal, 1989, 10 (S1)：51–66.

[15] Hamidi Y.. Strategic Leadership for Effectiveness of Quality Managers in Medical Sciences Universities：What Skills Is Necessary [J]. Australian Journal of Basic & Applied Sciences, 2009, 3 (3)：2563–2569.

[16] Quong T., Walker A.. Seven Principles of Strategic Leadership [J]. International Studies in Educational Administration Commonwealth Council for Educational Administration & Management (CCEAM), 2010, 38 (1)：22–34.

[17] Hambrick D. C.. Upper Echelons Theory：Origins, Twists and Turns, and Lessons Learned [M]. Great Minds in Management：The Process of Theory Development [M]. New York：Oxford University, 2005.

[18] Summer C. E.. Strategic Behavior in Business and Government [M]. Boston：Little, Brown & Company Limited, 1980.

[19] Hitt M. A., Duane R.. The Essence of Strategic Leadership：Managing Human and Social Capital [J]. Journal of Leadership &Organizational Studies, 2002, 9 (1)：3–14.

[20] Hunt J. G.. Leadership：A New Synthesis [M]. Sage Publication, Inc, 1991.

[21] Davies B., Davies B. J.. The Nature and Dimensions of Strategic Leadership [J]. International Studies in Educational Administration (Commonwealth Councilfor Educational Administration & Management (CCEAM)), 2010, 38 (1)：5–21.

[22] Selznick P.. Leadership in Administration：A Sociological Interpretation [M]. London：University of California Pr, 1984.

[23] Memon M. A., Mangi R. A., Chandan L. A. L. R.. Human Capital a Source of Competitive Advantage "Ideas for Strategic Leadership" [J]. Australian Journal of Basic & Applied Sciences, 2009, 3 (4)：4182–4189.

[24] Bartles D. L.. Strategic Leadership of Ethical Behavior in Business [J]. Academy of Management of Executive, 2004, 18 (2)：56–66.

[25] Boal K. B., Schul T. Z. P. L.. Storytelling, Time, and Evolution：The Role of Strategic Leadership in Complex Adaptive Systems [J]. Leadership Quarterly, 2007, 18 (4)：411–428.

[26] Phipps K. A., Burbach M. E.. Strategic Leadership in the Nonprofit Sector：Opportunity for Research [J]. Journal of Behavior &Applied Management, 2010, 11 (2)：137–154.

[27] Vera D., Crossan M.. Strategic Leadership and Organizational Leadership [J]. Academy of Management Review, 2004, 29 (2)：222–240.

[28] Daily C. A., Mcdougall P. P., Covin J. G., et al. Governance and Strategic Leadership in

Entrepreneurial Firms [J]. Journal of Management, 2002, 28 (3): 387-412.

[29] Hambrick D. C., Mason P. A.. Upper Echelonsthe Organization as a Reflection of Its Top Managers [J]. Academy of Management Review, 1984, 9 (2): 193-206.

[30] Hambrick D. C., Finkelstein S.. Managerial Discretion: A Bridge between Polar Views of Organizational Outcomes [J]. Research in Organizational Behavior, 1987, 9 (2): 369-406.

[31] Hambrick D. C.. Top Management Groups: A Conceptual Integration and Reconsideration of the "Team" Label [J]. Research in Organizational Behavior, 1994 (16): 171-213.

[32] Priem R. L., Lyon D.W., Dess G.D.. Inherent Limitations of Demographic Proxies in Top Management Team Heterogeneity Research [J]. Journal of Management, 1999, 25 (6): 935-953.

[33] 汪金爱，宗芳宇. 国外高阶梯队理论研究新进展：揭开人口学背景黑箱 [J]. 管理学报，2011，8 (8)：1247-1255.

[34] 孙海法，姚振华，严茂胜. 高管团队人口统计特征对纺织和信息技术公司经营绩效的影响 [J]. 南开管理评论，2007，9 (6)：61-67.

[35] 陈传明，孙俊华. 企业家人口背景特征与多元化战略选择 [J]. 管理世界，2008 (5)：124-133.

[36] 张龙，刘洪. 高管团队中垂直对人口特征差异对高管离职的影响 [J]. 管理世界，2009 (4)：108-118.

[37] 饶育蕾，王建新. CEO 过度自信，董事会结构与公司业绩的实证研究 [J]. 管理科学，2010，23 (5)：2-13.

[38] 林子铭，施永裕，张金隆等. 战略决策支持系统设计与高阶主管决策风格的差异：大陆与台湾之比较研究 [J]. 管理学报，2011，8 (12)：1842-1846.

[39] 曹仰锋. 高层管理团队领导行为对团队绩效的影响机制：案例研究 [J]. 管理学报，2011，8 (4)：504-516.

[40] 韩巍，席酉民. 不确定性—支配权—本土化领导理论：和谐管理理论的视角 [J]. 西安交通大学学报 (社会科学版)，2009，29 (5)：7-17，27.

[41] Wernerfelt B. A.. Resource-based View of the Firm [J]. Strategic Management Journal, 1984, 5 (2): 171-180.

[42] Ocasio W.. Towards an Attention-based View of the Firm [J]. Strategic Management Journal, 1997, 18 (1): 187-206.

[43] Burns J. M. G.. Leadership [M]. New York: Harper&Row, 1978.

[44] Gardner J. W.. On Leadership [M]. New York: FreePr, 1990.

[45] Winston B. E., Patterson K.. An Integrative Definition of Leadership [J]. International Journal of Leadership Studies, 2006, 1 (2): 6-66.

[46] Mintzberg H.. The Nature of Managerial Work [M]. New York: Harper & Row, 1973.

[47] 马奇·J. 马奇论管理 [M]. 于丹译. 上海：东方出版社，2010.

[48] 席酉民，肖宏文，王洪涛. 和谐管理理论的提出及其原理的新发展 [J]. 管理学报，2005，2 (1)：23-32.

[49] 席酉民，葛京，韩巍等. 和谐管理理论的意义与价值 [J]. 管理学报，2005，2 (4)：397-405.

[50] 席酉民，刘鹏，孔芳等. 和谐理论：起源、启示与前景 [J]. 管理工程学报，2013，27 (2).

[51] 席酉民，韩巍，尚玉钒. 面向复杂性：和谐管理理论的概念、原则及框架 [J]. 管理科学学报，2003，6 (4)：1-8.

[52] 和谐管理研究课题组. 和谐管理理论的研究框架及主要研究工作 [J]. 管理学报，2005，2 (2)：145-152.

[53] 席西民，曾宪聚，唐方成. 复杂问题求解：和谐管理的大脑耦合模式 [J]. 管理科学学报，2006，9 (3)：88-96.

[54] 席西民，尚玉钒，井辉等. 和谐管理理论及其应用思考 [J]. 管理学报，2009，6 (1)：12-18.

[55] 刘鹏，席西民. 基于和谐管理理论的多变环境下可持续竞争优势构建机理研究 [J]. 管理学报，2010，7 (12)：1741-1748.

[56] 尚玉钒，席西民，赵童. 愿景、战略与和谐主题的关系研究 [J]. 管理科学学报，2010，13 (11)：4-11.

[57] 王亚刚，席西民，尚玉钒等. 复杂快变环境下的整体性应变工具：和谐主题 [J]. 管理学报，2011，8 (1)：19-27.

Strategic Leadership Based on HeXie Management Theory

Li Pengfei[1]　Xi Youmin[1,2]　Han Wei[3]

(1. School of Management，Xi'an Jiao Tong University；

2. West University of Liverpool；3. School of Management，Shenzhen University)

Abstract：On the review of the strategicleadership，the paper clarifies three noticeable drawbacks of the extant research：the confused definitions of the strategic leadership，lacking of being systematic and dynamic and irrelevance of academic researches and management practice. Based on the interpretations of leadership by the HeXie Management Theory，we propose the definition of strategic leadership，which emphasizes the coupling of the "providing guidance" and "allocating resources"，locates on the organizational level，emphasizes the long-term sustainable development if the organization and deploys current resoures based on the future orientation. Finally，it argues that the introduction of the HeXie Management Theory can offset the drawbacks of the extant researches to some extent and accelerates the development of the strategic leadership research.

Key Words：Leadership；Strategic Leadership；HeXie Managemet Theory

网络关系、内外部社会资本与技术创新关系研究*

程　聪[1]，谢洪明[1,2]，陈　盈[3]，程宣梅[2]

（1. 浙江工业大学中国中小企业研究院，浙江杭州　310023；
2. 浙江工业大学经贸管理学院，浙江杭州　310023；
3. 浙江省哲学社会科学重点研究基地“技术创新与企业国际化研究中心”，浙江杭州　310023）

【摘　要】在对企业社会资本进行回顾的基础上，将网络中企业社会资本划分为内部社会资本与外部社会资本两种类型，以此构建了“网络关系—内外部社会资本—技术创新”理论模型，并以珠三角地区4个产业园区的916家民营企业为调查对象进行了实证研究。研究发现，网络关系对内外部社会资本和企业技术创新都有显著的正向影响，内外部社会资本在网络关系和技术创新绩效之间均起到部分中介作用。此外，研究还探讨了企业规模和研发投入对于网络关系、内外部社会资本与技术创新之间的关系的影响，并讨论了相关理论贡献与实践启示。

【关键词】网络关系；内部社会资本；外部社会资本；技术创新

1　引言

大量的企业创新实践已经表明，企业内部的技术创新活动由于受到资金紧张、研发惯性以及技术锁定等因素的影响，迫使企业必须更加重视在技术创新活动过程中的合作与协调，即通过企业外部研发资源与技术的获取来提升技术创新的产出效益[1]。在当前市场不确定性日益增加的情况下，加强企业在技术创新过程中的合作是企业维持技术创新产出

* 本文选自《科研管理》第34卷第11期。

效益的重要措施之一。而产业技术发展趋势的多样化以及各种产品市场需求的差异性，则为企业技术创新目标确定、技术创新活动规划提供了丰富的信息，这些信息的获取与企业所嵌入的网络高度相关[2]。近年来，大量研究均证实了企业网络内部成员间的连接关系对于以技术创新为核心的企业能力培养与提升的重要促进作用[3, 4]。一般来说，网络内部紧密的连接关系有利于市场、技术、信息等资源在不同企业间的高效流动，知识来源的多元化能够有效推动企业创新活动。但也有研究表明，网络内部企业间知识的高效分享与交流过程需要借助于网络中企业社会资本的推动，具体表现为企业间高水平信任关系的建立、经营理念的高度一致以及高效的关系互动等促进企业间经验分享、认知学习以及价值传递等知识交流活动的实现[5, 6]。然而，既往的研究在分析社会资本在网络关系与创新活动中所起到的作用时，主要从企业所处网络位置所形成的结构优势、网络嵌入性资源以及企业自身的资源获取能力等角度展开，并未形成系统的网络社会资本分析框架[7]。

事实上，对于处于特定网络范式中的企业来说，企业社会资本在企业技术创新活动中的作用主要体现在企业自身资源获取能力与网络嵌入性资源两方面，企业资源获取能力往往是企业内生性的社会资本，而嵌入网络中的各种形式的资源则是企业外部社会资本。单从外部社会资本视角通常不能很好地解释处于同一网络范式中的企业在技术创新活动产出方面所表现出的差异，而从企业内部社会资本的角度去分析则能够较好地弥补上述研究的不足。那么，网络中的企业内外部社会资本具体包括哪些内容？其与企业网络关系强度及技术创新活动又有何关系？其在企业网络关系与技术创新之间到底起到怎样的中介作用？这些问题都有待进一步的回答。基于此，本文拟通过对社会资本理论的系统回顾，梳理出网络中企业内部社会资本的内涵，并以此构建我国企业网络关系、内外部社会资本与技术创新之间的理论模型，并以珠三角地区的高新技术企业为研究对象进行实证分析。

2 理论基础和研究假设

2.1 网络中内外部社会资本的划分

社会资本最早是作为制度经济学研究领域中的社会嵌入机制而引起学者们的注意的，到了 20 世纪七八十年代，法国社会学家 Bourdieu[8] 则将局限于经济学领域的社会资本引入到社会学其他领域的研究中，此时的社会资本范畴涵盖了人力资本、文化资本以及政治资本等诸多资本形态。在 Bourdieu 的研究基础之上，Coleman 正式提出社会资本的概念，他将社会资本定义为嵌入在具有紧密连接关系及行为规范的社会网络中的各种资源的总称[9]。然而，这种资源说由于无法解释网络中行为主体资源获取与创新行为的低效率而遭到了学者们的质疑，此时，以 Portes[10] 为代表的学者提出了以资源获取能力为核心的社会资本内涵，即行为主体通过网络关系获取稀缺资源的能力。但这种观点的不足之处也是显而易见的，因为处于社会网络中的行为主体其资源获取能力不仅受到自身状态的影响，而且与其所处的网络结构、网络关系地位密切相关。正是出于以上考虑，以 Burt[11] 为主要代表的学者提出了社会资本网络化的观点，他们将伴随网络关系而形成的成员间信任、规范等作为社会资本的累积源泉，其中，尤以“结构洞”理论最为经典。

通过对社会资本理论发展脉络的梳理，我们不难发现，Bourdieu 和 Coleman 将社会资本当作一种嵌入于制度网络中的资源，本质上是一种外部社会资本。这种社会资本是网络内部普遍存在的，主要以基础知识、行为规范和价值理念等形式存在的嵌入性资源。对于网络内部成员来说，这种资源获取较为容易而且方便，但其缺点也非常明显：即资源的同质性容易导致成员间信息交流的重复和冗余。以 Portes 为代表的社会资本能力观则强调社会资本是一种网络成员从网络中获取资源的能力，因此，网络成员状态（例如学习动机、学习能力）的不同导致了彼此之间资源获取效率的差异。由于学习能力视角的社会资本更重视网络成员能动性在资源获取中的作用，因此，本文将其视为内部社会资本。而以 Burt 为代表的社会资本网络化观点则是影响最大、最受关注的一种观点。Burt 等人不仅充分认识到社会网络作为一种资源承载对象的重要性，同时也对网络中企业所处的网络状态进行了分析，并将企业网络位置、关系结构等纳入企业资源获取的禀赋之中。因此，在 Burt 等人的社会资本网络化研究中，其实已经涵盖了企业的内部社会资本和外部社会资本两方面，但遗憾的是，他们并未在其相关研究中进行详细的阐述与梳理。根据上述理论分析，本文梳理了网络中企业的内外部社会资本，如图 1 所示：

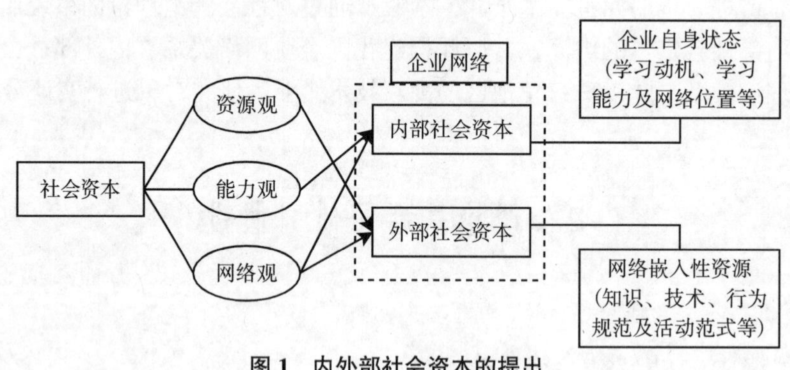

图 1　内外部社会资本的提出

2.2　网络关系与技术创新

网络关系是各种行为主体之间在资源交换、信息传递活动过程中建立的各种关系总和，这种关系通常是介于市场与内部组织间的一种混合交易模式。处于网络中的企业通过网络关系形成专业化分工、资源互补的合作关系，进而实现获取资源、改善竞争地位的目标。由于网络关系能够较好地反映企业之间的技术合作以及知识交流的特征与状态，因此，一直在企业技术创新活动中扮演重要角色[12, 13]。学者们关于网络关系对于技术创新的影响主要是从关系持久度、关系质量以及关系强度 3 个维度展开分析。

一般来说，长时间的合作关系能够提升企业间的关系质量及互动频率，进而促进双方的资源分享效率。在较早的网络关系研究中，Granovetter [14]、Uzzi [15] 等分别从弱连接与强连接的角度分析了网络关系强度对企业工艺流程创新的影响。总体上来看，持弱连接优势论的学者大都认为，企业间保持较弱的连接关系可以传递稀缺的知识，同时避免知识冗余，从而具有更高知识传递效率。而持强连接的学者则认为，企业之间的频繁来往有利于网络中知识的扩散与共享，并且在当前外部不确定性逐渐增加的背景下企业间关系的维护成本也较低 [16]。随着网络关系理论研究的不断深入，也有学者从企业间的合作模式及关系类型视角对企业创新行为进行了分析，例如 Tomlinson [17] 通过对英国五大制造业基地企业的实证研究发现，网络中企业间的水平连接关系与垂直连接关系均对企业创新产生显著的影响。邬爱其 [18] 则进一步总结了企业间长期合作关系能够促进信息共享、沟通合作以及降低冲突几率，进而维持企业技术创新持续进行。基于此，本文提出以下假设：

H1：网络关系对企业技术创新具有显著的正向影响。

2.3 网络关系与内外部社会资本

2.3.1 网络关系与内部社会资本

通过内部社会资本企业可以拓宽与其他行为主体间的交流渠道，增加获取稀缺性资源的机会，因此，网络中的企业内部社会资本也被称为桥梁（Bridging）式的社会资本 [19]。在网络中，企业的网络位置对于企业获取网络资源的影响非常明显，例如处于结构洞位置的企业在资源交易过程中往往具有优势。此外，企业网络中的连接关系不仅为企业构建最优合作模式提供了条件，也能够促进企业学习能力的培养。通过增强网络关系还可以提高企业间的忠诚度和责任感，从而减少资源交易过程中的不确定性 [20]。因此，本文提出以下假设：

H2：网络关系对内部社会资本产生显著的正向影响。

2.3.2 网络关系与外部社会资本

外部社会资本是企业利用嵌入性资源及网络关系所取得的资源总和 [21]，外部社会资本的获取必然要以网络关系为基础，而外部社会资本的价值也需要通过网络关系来实现，因此网络关系对企业外部社会资本的获取和利用具有重要影响。Roland 和 Goran [22] 指出，在复杂的网络环境中，企业通过良好的网络关系获取必需的知识，并将其进一步整合成高附加值的社会资本。从组织层面上看，外部社会资本的获取深受组织内部网络的关系特征、关系状态以及合作模式的影响 [5]。Jeffrey 等 [23] 指出，企业通过网络关系可以将员工认知、制度完善以及利益分配等异质性资源要素整合起来，形成企业重要的社会资本。基于上述分析，本文提出以下假设：

H3：网络关系对外部社会资本产生显著的正向影响。

2.4 内外部社会资本与技术创新

2.4.1 内部社会资本与技术创新

网络中企业内部社会资本主要通过企业获取资源的能力与企业在网络中的地位来反

映。由于难以准确把握技术发展趋势，企业的创新过程往往充满了不确定性，这就需要企业通过不断获取外部信息以维持企业技术创新活动与市场导向的一致性，而企业是否能够有效获取对自身技术创新活动的关键外部资源则取决于企业学习能力、关系维护以及网络位置等。研究表明，具有丰富内部社会资本的企业，其利用网络中各种连接关系的能力也越强[24]。而对于网络中各种关系模式的充分、合理利用，意味着企业能够获得合作伙伴的高度信任，进而提高嵌入于网络中隐性知识的转移效率，促进企业产品创新的成功[21]。此外，企业所处的网络位置在企业获取网络资源过程中也起到非常重要的作用，例如结构洞位置的企业往往在信息交流、知识获取上具有显著优势。因此，本文提出以下假设：

H4：内部社会资本对企业技术创新产生显著的正向影响。

2.4.2 外部社会资本与技术创新

企业外部社会资本对于技术创新的促进作用主要体现在企业对于网络中嵌入性资源的有效利用方面。Coleman[9]指出，社会资本最主要的功能在于通过网络的紧密连接关系，网络成员可以得到及时、必要的信息资源，进而改善自身拥有信息的质量。外部社会资本存在于企业自身以外的所有其他网络成员及其所构建的网络之中，因此，为了推动企业技术创新活动的展开，企业需要与网络中其他成员进行互动，获取更为广泛的外部知识以维持创新活动的高效率[25]。网络中高速流动的知识与持续累积的创新资源是企业技术创新合作开展的重要基础之一，为了达到外部社会资本的高效利用，企业必然会不断提升自身的学习能力，提高组织学习的欲望，从而促进企业技术合作效率的提升。基于上述分析，本文提出以下假设：

H5：外部社会资本对企业技术创新产生显著的正向影响。

通过上述理论分析可以发现，网络中的社会资本主要划分为内部社会资本与外部社会资本，而网络关系中的网络关系持久度、关系质量和关系强度则以内外部社会资本为中介，对企业产品创新与工艺创新产生影响，基于此，我们构建了本文的理论模型，如图2所示：

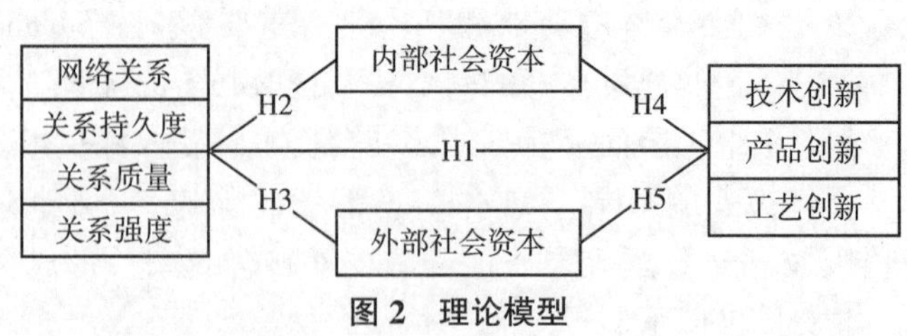

图2 理论模型

3 研究设计

考虑到本研究中变量之间存在的潜在复杂因果关系，我们将采用结构方程模式来对上述各变量之间的关系进行验证。结构方程模式是一种采用实证数据来验证理论模型的统计方法，它融合了因素分析（Factor Analysis）和路径分析（Path Analysis）两种统计技术，是当代社会科学量化研究中应用普遍的统计方法之一。通过结构方程模式不仅能够对数据的测量误差进行评估，还可以分析潜在变量之间的结构关系。

3.1 样本获取

本文以珠三角地区 4 个产业园区的 916 家民营企业为调查对象，主要通过邮寄调查问卷与电子邮件两种方式进行问卷调查。本次调查共发放问卷 1000 份，收回问卷 482 份，其中填答不全的问卷 24 份，本次调查的有效问卷 458 份。有效回收率为 458/1000=45.8%。调查时间为 2010 年 9~12 月。本文主要使用频数分配等方法对样本的基本特性进行统计分析，包括企业对新产品的研发投入、与同行相比的规模等，具体如表 1 所示。

表 1 企业规模和研发投入分布

基本特性	类别	企业数量	百分比（%）	累积百分比（%）
企业规模	大规模	120	26.2	26.2
	中等规模	293	64.0	90.2
	小规模	43	9.4	99.6
	未填答	2	0.4	100
研发投入	0~6.9%	256	55.9	55.9
	6.9%以上	18	0.4	96.1
	未填答	18	3.9	100

注：在本文中我们以员工数量作为企业规模划分标准，其中，人数小于 10 的为小规模企业，人数在 10~30 的为中等规模企业，而人数大于 30 的则为大规模企业。

3.2 变量测度

本文所使用的测量条目主要来自于发表在国内外顶级期刊上的文献中应用较为成熟的量表。其中，关于网络关系的测量，在当前的主流测量量表中主要划分为关系持久度、关系质量和关系强度 3 个维度，本文主要参考了谢洪明等[16]、Caner[26]和张世勋[27]的研究成果。关于内部社会资本的测量，我们主要依据关键词“企业学习动机”、“企业学习能力”等进行文献搜索，在获得了相关文献后进行了整理、分析，最终主要借鉴了谢洪明等[16]，Gómez、Lorente 和 Cabrera[28]等的成果。而外部社会资本的测量，同样通过搜索关键词“网络资源”、“网络知识”等进行文献搜索、整理和分析，在参考了 Gnyawai、Madhavan[29] 和谢洪明等[12] 的研究成果后形成测量问卷。而关于技术创新中我们主要考查工艺创新与产品创新两个维度，并参考了谢洪明[3] 和谢洪明等[16] 的研究成果。本文采用 Likert 七点打分法，总共采用了 22 个问题条目分别对上述变量进行了测度。

3.3 样本信效度

本文以 Cronbach's α 和因素分析累计解释量来检验各变量的信度，经检验各个指标都在可接受的范围之内，并且各变量的问题条目体现出较高的内部一致性，问卷具有较高的信度。而关于效度检验，由于本文的测量条目主要来自于过去学者所使用过的有效问卷，而且通过了相关专家的认定，所以本问卷具有可靠的内容效度，但为了保险起见以及考虑文化等因素的影响和本土适用性问题，本文仍以验证性因素分析来验证各量表的建构效度，各项指标如表 2 所示。

表 2 变量的信度和效度

变量	因素	Cronbach's α	因素分析累计解释量	GFI	CFI	RMR	RMSEA	χ^2/df
网络关系	关系持久度	0.70	0.43	0.980	0.955	0.068	0.065	1.04
	关系质量	0.69	0.41					
	关系强度	0.80	0.52					
社会资本	内部社会资本	0.77	0.49	0.977	0.966	0.023	0.076	1.90
	外部社会资本	0.75	0.43					
技术创新	产品创新	0.87	0.57	0.932	0.940	0.029	0.091	2.03
	工艺创新	0.81	0.73					

4 实证分析

4.1 计量模型

本文首先采用 Singh 等[30] 所使用的研究方法，通过建立“网络关系—技术创新”直接关系模型和“网络关系—内外部社会资本—技术创新”中间变量模型，并对两个模型的显著性差异进行分析来检验中间变量的中介作用。此外，在对中间变量模型进行分析时，还加入了企业规模和研发投入两个控制变量。控制变量的具体划分标准为在舍去未填规模的企业之后，将样本企业分为大规模企业（121 家）、中等规模企业（293 家）和小规模企业（43 家）；在舍去未填研发投入的企业之后，将样本企业研发投入分为 0~6.9%和 6.9%以上两大类型。最后，运用结构方程模式来检验变量间的影响关系。

4.2 模型检验

在模型检验中，我们首先对直接关系模型进行了分析；其次，在直接关系模型中加入了内外部社会资本变量后分析了中间变量模型检验结果；最后，则是分别以企业规模和研发投入作为控制变量加入到中间变量模型中进行了实证检验，检验结果如表 3 所示。

表 3 各模型检验结果

假设路径	直接关系模型 Model1	中间变量模型 Model2	控制变量（企业规模）Model3			控制变量（研发投入）Model4	
			大规模	中规模	小规模	研发投入 0~6.9%	研发投入 6.9%以上
WLGX→JSCX（H1）	0.630***	0.237**	0.237**	0.275**	0.119*	0.206**	0.298**
WLGX→NBSC（H2）		0.265**	0.104	0.188*	0.290**	0.169*	0.203**
WLGX→WBSC（H3）		0.238**	0.347***	0.189*	0.069	0.275**	0.213**
NBSC→JSCX（H4）		0.314***	0.213**	0.201**	0.193*	0.101	0.211**
WBSC→JSCX（H5）		0.196**	0.231**	0.123*	0.042	0.201**	0.209**
各模型的拟合度指标							
χ^2	286.164	433.481	959.019			666.240	
df	101	204	612			408	
χ^2/df	2.83	2.12	1.57			1.63	
GFI	0.925	0.920	0.849			0.879	
CFI	0.930	0.932	0.898			0.921	
RMSEA	0.063	0.050	0.035			0.038	

注：路径系数为标准化值；*** 表示 $p < 0.001$，** 表示 $p < 0.01$，* 表示 $p < 0.05$；此外，WLGX 表示网络关系，NBSC 表示内部社会资本，WBSC 表示外部社会资本，JSCX 表示技术创新。

从表 3 中我们可以看到，各模型的拟合度指标中，χ^2/df（标准卡方值）最大值为 2.83，小于 3；GFI 最小值为 0.849，略小于 0.90；CFI 最小值为 0.898，略小于 0.90；RMSEA 最大值为 0.063，略大于 0.06。从整体上来看，本研究中的各模型的拟合度较好，模型的整体适配度指标都达到了可接受的范围，可以对假设进行进一步的检验。在 Model1 中，网络关系对技术创新具有显著的正向影响（路径系数为 0.63，p 值小于 0.001），H1 获得实证支持；在 Model2 中，网络关系对于技术创新与内外部社会资本均产生显著正向影响（路径系数分别为 0.237、0.265 和 0.238，p 值均小于 0.01），假设 H1、假设 H2 和假设 H3 都获得实证支持，同时，内外部社会资本对技术创新也产生显著的正向影响（路径系数分别为 0.314 和 0.196，p 值分别小于 0.001 和 0.01），假设 H4 和假设 H5 也得到实证支持。在 Model3 中，规模较大的企业中的网络关系对于内部社会资本的影响作用不再显著（路径系数为 0.104，p 值大于 0.05）；而在小规模企业中，网络关系对与外部社会资本的影响作用不再显著（路径系数为 0.069，p 值大于 0.05），同时，外部社会资本对于技术创新的影响作用不再显著（路径系数为 0.042，p 值大于 0.05）。Model4 中企业研发投入小于 6.9%的情况下，内部社会资本对于技术创新的影响作用不再显著（路径系数为 0.101，p 值大于 0.05）。

5 主要研究结论

本文以企业网络关系为基础，探讨了网络中企业内部社会资本与外部社会资本的内涵与功能，并以此为基础构建了理论模型并进行了实证分析，主要结论如下：

第一，网络关系对企业技术创新具有显著的影响，并且内外部社会资本在网络关系与企业技术创新之间起到部分中介作用。对于有志于通过加强企业与其他组织机构间合作来提高技术创新绩效的企业来说，一方面，需要构建长远的企业网络关系合作发展战略，通过与网络内部其他成员、研究所等构建长期、稳定的合作关系，提升彼此间的信任水平，强化合作机制以提升技术创新效率[12]。另一方面，在动态的产业网络集聚情境下，企业也需要不断培养自身的网络关系适应能力和学习能力，既要充分重视网络嵌入性资源的发掘与利用，同时在资源获取导向上，也要能够从大量、复杂的网络资源中甄别出附加值高的资源，实现资源获取的“专与精”，即高效获取对企业非常重要的稀缺性、战略性资源。

第二，大规模企业中网络关系对于内部社会资本没有显著的影响。规模较大的企业往往处于网络的中心位置，扮演着资源交易掮客的角色，其对于网络内部知识的流通具有主导作用，因此，大规模企业并不强调通过网络关系来积累内部社会资本。而在小规模企业中，外部社会资本在网络关系与技术创新之间没有中介作用。我们认为，小规模企业在网络中通常没有区位优势并且其对网络关系的影响程度也非常有限，因此，小规模企业很难改变其在合作中处于被动地位的局面，从而影响到其技术创新活动。此外，在研发投入小于6.9%的企业中，内部社会资本对于技术创新也不再产生显著的影响。研发投入小的企业以小规模企业居多，由于小规模企业自身实力的局限，与其他组织开展合作的资本较少，从而获得稀缺性资源的概率较小，其技术创新活动的效益也较低。

本文至少在以下两方面进行了创新：一方面，本文将企业网络关系中的社会资本进行了梳理与整合，将网络中的社会资本划分为内部社会资本与外部社会资本两大类，强调企业通过对网络资源的选择性发掘与利用来促进企业技术创新。另一方面，为了进一步探究网络中不同地位的企业利用社会资本进行技术创新活动可能产生的差异，本文通过控制企业规模和研发投入两个变量进行了比较分析。相关研究结果表明，网络中不同规模和研发投入下的企业在利用社会资本进行技术创新活动所产生的创新效果确实存在较大的差异。这说明，本文的研究结论不仅具有丰富的理论意义，而且对于指导企业制定富有针对性的技术创新活动方案也具有深刻的参考价值。

参考文献

[1] Puranam, P., Singh, H. and Zollo, M.. Organizing for Innovation: Managing the Coordination-Autonomy Dilemma in Technological Acquisitions [J]. Academy of Management Journal, 2006, 49 (2): 263-280.

[2] Yamin M. & Otto J.. Patterns of Knowledge Flows and MNE Innovative Performance [J]. Journal of International Management, 2004, (10): 239-258.

[3] 谢洪明，陈盈，程聪. 网络密度、知识流入对企业管理创新的影响 [J]. 科学学研究，2011，29 (10)：1542-1549.

[4] 谢洪明，赵丽，程聪. 网络密度、学习能力与技术创新的关系研究 [J]. 科学学与科学技术管理，2011，32 (10)：57-63.

[5] Kok-Yee Ng, Chua R. Y. J.. Do I Contribute More When I Trust More? Differential Effects of Cognition-and Affect-based Trust [J]. Management and Organization Review, 2006, 2 (1): 43-66.

[6] 杨建君，马婷. 不同维度信任对企业技术创新活动的影响 [J]. 科学学研究，2009，27 (3)：466-472.

[7] Smith D. A., Lohrke F. T.. Entrepreneurial Net Work Development: Trusting in the Process [J]. Journal of Business Research, 2008, (61): 315-322.

[8] Bourdieu P.. The Forms of Capital [A]. Richardson J. G .Handbook of Theory and Research for the Sociology of Education [M]. New York: Greenwood, 1986.

[9] Coleman J.. Social Capital in the Creation of Human Capital [J]. American Journal of Sociology, 1988 (94): 95-120.

[10] Portes A.. Social Capital: Its Origins and Applications in Modern Sociology [J]. Annual Review of Sociology, 1998, (24): 1-24.

[11] Burt R. S.. Structural Holes: The Social Structure of Competition [M]. Cambridge MA: Harvard University Press, 1992.

[12] 谢洪明，张霞蓉，程聪，陈盈，陈贤耿. 网络互惠程度对企业技术创新绩效的影响：外部社会资本的中介作用 [J]. 研究与发展管理，2012，24 (3)：49-55.

[13] 潘松挺. 网络关系强度与技术创新模式的耦合及其协同演化 [D]. 浙江大学硕士学位论文，2009.

[14] Granovetter M.. The Strength of Weak Tie [J]. American Journal of Sociology, 1973, (78): 1360-1380.

[15] Uzzi B.. Social Structure and Competition in Inter-firm Networks: The Paradox of Embeddedness [J]. Administrative Science Quarterly, 1997, 42 (1): 35-67.

[16] 谢洪明，张霞蓉，程聪，陈盈. 网络关系强度、企业学习能力对技术创新的影响研究 [J]. 科研管理，2012，33 (2)：55-62.

[17] Philip R. Tomlinson. Co-operative Ties and Innovation: Some New Evidence for UK Manufacturing [J].Research Policy, 2010, 39 (6): 762-775.

[18] 邬爱其. 集群企业网络化成长机制研究——对浙江三个产业集群的实证研究 [D]. 浙江大学硕士学位论文，2004.

[19] Adler P. S., Kwon S.. Social Capital: Prospects for a New Concept [J]. Academy of Management Review, 2002 (27): 17-40.

[20] Adegoke Oke, Moronke Idiagbon-Oke, Fred Walumbwa. The Relationship between Brokers' Influence, Strength of Ties and NPD Project Outcomes in Innovation-driven Horizontal Networks [J]. Journal of Operations Management, 2008, 26 (5): 571-589.

[21] Nahapiet J., Ghoshal S.. Social Capital, Intellectual Capital, and the Organizational Advantage [J].

The Academy of Management Review, 1998, 23 (2): 242-266.

[22] Roland B., and Goran R.. The Importance of Intellectual Capital Reporting: Evidence and Implications [J]. Journal of Intellectual Capital, 2007, 8 (1): 7-51.

[23] Jeffrey P. Carpenter, Amrita G. Daniere, Lois M. Takahashi. Cooperation, Trust, and Social Capital in Southeast Asian Urban Slums [J]. Journal of Economic Behavior & Organization, 2004, 55 (4): 533-551.

[24] Gulati R.. Alliances and Networks [J]. Strategic Management Journal, 1998 (19): 293-317.

[25] Yli-Renko H., Autio E., H.J. Sapienza. Social Capital: Knowledge Acquisition, and Knowledge Exploitation in Young Technology-based Firms [J]. Strategic Management Journal, 2001, 22 (6-7): 587-613.

[26] Caner T.. Geographical Clusters, Alliance Network Structure and Innovation in the US Biopharmaceutical Industry [D]. Unpublished Doctoral Dissertation Paper of University of Pittsburgh, 2007.

[27] 张世勋. 产业集群内厂商之网络关系对其竞争力影响之研究——新竹科学园区之实证 [D]. 台湾：朝阳科技大学企业管理系硕士学位论文，2002.

[28] Gómez P. J., Lorente J. C. and Cabrera, R. V.. Organizational Learning Capability: A Proposal of Measurement [J]. Journal of Business Research, 2005, 58 (6): 715-725.

[29] Gnyawai D., Madhavan R.. Cooperative Networks and Competitive Dynamics: A Structure Embeddness Perspective [J]. Academy of Management Review, 2001, 26 (3): 431-445.

[30] Singh J., Goolsby J. R. Rhoads G. K.. Behavioral and Psychological Consequences of Boundary Spanning Burnout for Customer Service Representatives [J]. Journal of Marketing Research, 1994 (31): 558-569.

The Relationship among Network Relation, Internal and External Social Capital and Technical Innovation

Cheng Cong[1] Xie Hongming[1,2] Chen Ying[3] Cheng Xuanmei[2]

(1. China Institute for Small and Medium Enterprise, Hangzhou 310023; 2. College of Economy and Management of Zhe Jiang University of Technology, Hangzhou 310023; 3. Research Center for Technological Innovation and Enterprise Internationalization, Zhejiang Provincial Key Research base of Philosophy and Social Science, Hangzhou 310023)

Abstract: In reviewing the social capital theory, the paper divides the social capital in the network into the internal social capital and the external social capital, and builds up the theoretical model of "network relation-internal and external social capital-technical innovation" while conducting an empirical research based on the survey of 916 SMEs in four clusters of

Zhujiang River Delta region. The results indicate that the network relation has a positive impact on the internal and external social capital and technical innovation, and the internal and external social capital play partly an intermediary role between the network relation and the technical innovation. In addition, the results propose that the firm size and R&D investment also have an impact on the relationship among the network relation, internal and external social capital and technical innovation. Finally, the theoretical contribution and practice implication are also discussed in this paper.

Key Words: Network Relation; Internal Social Capital; External Social Capital; Technical Innovation

第二节

英文期刊论文精选

题目： 项目管理资产和项目管理绩效结果：探索性因素分析

Title： Project Management Assets and Project Management Performance Outcomes：Exploratory Factor Analysis

期刊： 管理研究综述

Periodical： Management Research Review

作者： 基塔·马修尔，卡姆·贾戴夫，冯德盛

Author： Gita Mathur，Kam Jugdev，Tak Shing Fung

卷（期）： 2013，36（2）

Vol.（issue）： 2013，36（2）

摘要： 研究目的——本文目的是通过研究项目管理资产和项目管理绩效结果的特点，进而探索资产价值之间少量又独特的联系，以及如何获得组织支持和竞争优势。

研究方法——本文数据来源于对 198 位北美项目管理协会成员的在线调查。运用探索性因素分析法确定项目管理资产的特点及项目管理绩效的结果。

研究结论——总的来说，共有 6 个因素包含项目管理资产的特点，3 个因素包含项目管理资产的组织支持，2 个因素包含项目管理绩效的结果。

研究局限——这项研究的局限性包括样本量、响应速度和报告的自我偏倚性，未来的研究需要更大的样本量。这项研究是探索项目管理资产和绩效结果之间相互联系的重要步骤。

研究意义——这项研究能够引起管理层对项目管理资产竞争优势来源的关注，通过利用以企业资源为基础的观点，获得资产的竞争优势。

创新点——目前很少有论文能利用企业资源为基础的观点来探索项目管理能力的竞争优势来源。本文有助于推进以企业资源为基础的观点，也有助于加深对项目管理的理解程度。

关键词： 资产；竞争优势；性能结果；项目管理；项目管理资产；项目管理资源；资源基础观；资源管理；战略资产；战略资源

Abstract： Purpose—The purpose of this paper is to examine characteristics of project management assets and project management performance outcomes as a step towards exploring the link between assets being valuable，rare，inimitable，and having organizational support and the achievement of competitive advantage.

Design/Mthodology/Approach—This paper analyzes data from responses to an online survey by 198 North American Project Management Institute ® members. Exploratory factor analysis is used to identify characteristics of project management assets and project management performance outcomes.

Findings—In total，six factors that comprised the characteristics of project management assets，three factors that comprised organizational support for project management assets，and two factors that comprised the project management performance outcomes were extracted.

Research limitations/implications—Limitations of this study include sample size, response rate, and self-report bias, calling for a larger sample in ongoing research. This study is a step towards making the link between project management assets and performance outcomes.

Practical implications—This study draws managerial attention to project management assets as sources of competitive advantage, applying the resource based view of the firm that assets are sources of competitive advantage if they add economic value, are rare, are difficult to imitate, and have organizational support.

Originality/Value—Few papers have applied the resource based view of the firm to examine project management capabilities as a source of competitive advantage. This paper contributes to the literature on the resource based view of the firm and contributes to an improved understanding of project management as a source of competitive advantage.

Key Words: Assets; Competitive Advantage; Performance Outcomes; Project Management; Project Management Assets; Project Management Resources; Resource Based View; Resource Management; Strategic Assets; Strategic Resources

题目： 内部供应链整合的测量

Title： The Measurement of Internal Supply Chain Integration

期刊： 管理研究综述

Periodical： Management Research Review

作者： 楚达·巴斯奈特

Author： Chuda Basnet

卷（期）： 2013，36（2）

Vol.（issue）： 2013，36（2）

摘要： 研究目的——内部供应链指的是在一个公司内部的活动链，其中包含提供产品给客户的过程。这个过程包括公司的销售、生产和分销等多个功能。显然，一个公司的表现会因为这些功能的整合而得到优化。然而，目前还没有关于如何定义和测量供应链整合的共识。本文的目的就是探索一种内部供应链整合的测量方法。

研究方法——通过阅读目前的文献，以一家新西兰制造商为样本，对测量方法进行了统计分析，并得到了验证。

研究结论——定义了 3 个整合的维度，即协调、沟通和情感关系。本文在促成理解和测量整合结构的共识方面做出了贡献。

研究局限——测量项目的选择和排除遵循了调查研究的原则，但可能会受到作者个人偏见的影响。虽然研究中的每一次尝试都极尽捕捉全部内容，但仍然会有一些遗漏。本次调查的样本来源于新西兰的企业数据库，因此研究结果的适用范围仅限于这些企业所代表的企业人员。另外，关于从业者的定义和测量方法的整合，缺少历史的调查和案例研究。

研究意义——作者希望在从业者和研究人员之间达成对内部供应链整合的定义和测量的共识。对从业者来说，这种测量方法为内部供应链整合提供了自我评估工具，这有助于他们进一步鉴别可改善的领域。

创新点——本文的贡献是：发展了内部供应链整合的定义，验证了测量的标准，识别了 3 个方面的整合，即沟通、协调和情感关系。本文的独创性在于将“情感关系”作为内部供应链整合的测量维度。

关键词： 沟通；人力资本；知识管理；组织文化；变革型领导力

Abstract： Purpose—Internal supply chain refers to the chain of activities within a company that concludes with providing a product to the customer. This process involves multiple functions within companies such as sales, production and distribution. It is obvious that a company's performance would be enhanced by the integration of these functions. However, there is no consensus yet on how integration is to be defined and measured. The purpose of this paper is to present research that was conducted with the goal of developing an instrument for the measurement of internal supply chain integration.

Design/Methodology/Approach—Scale items were identified from current literature and the resulting survey instrument was sent out to a sample of New Zealand manufacturers. Statistical analysis was conducted to purify and validate the instrument.

Findings—In total, three dimensions of integration were identified which are labelled coordination, communication and affective relationship. This paper makes a contribution towards developing a consensus in the understanding and measurement of the integration construct.

Research limitations/implications—The selection and exclusion of measurement items for the survey have followed established principles of survey research, but may have been affected by the personal bias of the author. While every attempt has been made to comprehensively capture the state of the research up to the time of the study, there may be some omissions. The sample for the survey was drawn from a database of New Zealand businesses, thus the results are generalizable only to the extent that these businesses represent the population of all businesses. Another limitation is that no prior survey/case studies were carried out to collect practitioner's definitions/measures for integration.

Practical implications—The authors hope to have made a contribution here towards building a consensus among practitioners and researchers in defining and measuring internal supply chain integration. For practitioners, the measurement instrument offers a self-assessment tool for internal supply chain integration. This should help them in identifying areas for improvement.

Originality/value—The contribution of this paper consists of development of an instrument for the measurement of integration, validating the instrument against a criterion, and the identification of three dimensions of integration—communication, coordination and affective relationship. The unique contributions of this paper are the validation of the instrument against a criterion and the identification of "affective relationship" as a dimension of internal supply chain integration.

Key Words: Communications; Human Capital; Knowledge Management; Organizational Culture; Transformational Leadership

题目：从心理方向简析家族企业管理中的继承

Title：Psychological Aspects of Succession in Family Business Management

期刊：管理研究综述

Periodical：Management Research Review

作者：马蒂亚斯·菲塞，萨沙·克劳斯，马克·斯特凡

Author：Matthias Filser，Sascha Kraus，Stefan Märk

卷（期）：2013，36（3）

Vol.（issue）：2013，36（3）

摘要：研究目的——在某些研究领域中，家族企业是一个具有吸引力的话题。其中最重要的话题还是继承过程中可能存在的障碍和差距。本文旨在把研究重点放在心理层面，总结研究的结果和影响，为潜在的研究差距提出建议。

研究方法——本文基于两个阶段的研究设计。第一阶段，文献综述。收集和分析了1997~2011 年所有发表在家族商业评论上的相关文章。第二阶段，将上述知识理论应用于心理方面的深入分析。

研究结论——心理因素经常与其他因素一起研究利用。即使社会、政治和其他方面的因素往往与心理因素混合在一起，以致难以分别探讨，作者还是强烈建议视其为个体化且高度复杂的话题来研究。分别研究这些因素将有助于研究者们以更清晰的方式得出结论。

研究局限——本文的主要限制在于研究方法本身，为了从继承的角度详细阐述一个心理学模型，文献综述部分完全集中于专门研究心理学方面继承问题的实证论文。同时，家族企业的系统因素也在研究范围内。最后，文献综述虽然通常被视为事后工作，但本文也为家族企业体系提供了一个清晰明了的定义。作者建议要增加简明的研究问题，而不是普通的研究方法。

研究意义——如果想在继承的过程中成功，家族企业就应该密切关注 3 个领域（个人、人际关系和组织），以及容易发生冲突的 3 个阶段（准备、转让/收购和继承）。

创新点——本文提供了对仅存文献的综述，并提出了心理因素在家族企业继承过程中的影响。此外，本文还明确了继承过程中发生冲突的综合和分类。

关键词：家族企业管理；家族企业；心理因素；继任规划；继承过程

Abstract：Purpose—Family firms appear to be an attractive topic in a number of research areas. Probably the most important topic is still the succession process combined with possible hurdles and gaps. This paper aims to focus on the special variable of the psychological dimension. It attempts to summarize findings and implications as well as suggestions for where potential research gaps are.

Design/Methodology/Approach—The paper is based on a two-stage research design. The first step is a literature review. All articles published in the Family Business Review（FBR）between 1997 and 2011 were collected and analysed regarding their topics， findings and implications. As a second step, this knowledge has been applied to conduct a thorough literature analysis on psychological aspects of succession.

Findings—Psychological aspects are often used together with other constructs. The authors strongly recommend handling them as an individualized, highly complex topic, even if social, political and other aspects are often mixed with psychological aspects and therefore difficult to discuss and separate. A separation of these factors will help researchers present findings in a much clearer way.

Research limitations/implications—The main limitation of the article lies in the methodology itself, as the literature review solely concentrates on empirical papers that exclusively investigate psychological aspects with regard to succession. Nevertheless, the aim was to elaborate a focused psychological field model in terms of succession. Likewise, critical aspects considering the family business system have been taken into consideration. Finally, a literature review is commonly seen as a post-work "dead body". However, the implications show a clear, directed focus within family business research. The authors recommend an increase in the number of concisely formulated research questions instead of generic approaches.

Practical implications—Businesses should closely heed three imperative problem areas (individual, interpersonal and organizational) as well as the stage in which conflicts arise (preparation, transfer/takeover and continuation), if they want to be successful in the succession process.

Originality/Value—The paper offers an overview of the limited number of existing articles and their implications that address the psychological aspects of the succession process. Furthermore, the psychological issues identified that cause conflicts during succession are consolidated and categorized.

Key Words: Family Business Management; Family Firms; Psychological Aspects; Succession Planning; Succession Process

题目：车间沟通与过程管理：质量管理的实证分析

Title：Shop-floor Communication and Process Management for Quality Performance：An Empirical Analysis of Quality Management

期刊：管理研究综述

Periodical：Management Research Review

作者：曾京，安潘齐，松井良树

Author：Jing Zeng，Phan Chi Anh，Yoshiki Matsui

卷（期）：2013，36（5）

Vol.（issue）：2013，36（5）

摘要：研究目的——本文实证检验了车间沟通在过程管理实践中的效果。涉及 4 种车间沟通（小团体问题解决、反馈、指导沟通和监督互动的便利）和 3 个过程管理方法（过程控制、预防性维护和家政管理）。

研究方法——利用方差分析和回归分析来测试虚拟的关系。通过在 8 个国家的 238 个制造工厂进行问卷调查，制定可靠且有效的操作管理测量尺度。

研究结论——统计结果表明，车间沟通对过程管理实践有积极影响。同时，不同类型的车间沟通会以不同的方式产生影响。

创新点——现有文献强调了沟通与信息管理在质量管理中的重要性，很少详细研究具体沟通类型对质量管理实践的影响。本文将沟通类型分为 4 种，并提供了具体的实证分析以证实不同沟通类型与过程管理实践和质量绩效的关系。

关键词：沟通；实证研究；过程管理；质量管理；质量绩效；车间

Abstract：Purpose—This study empirically examines the effect of shop-floor communication on implementation effectiveness of process management practices，and on the corresponding quality performance gained through process management implementation. It deals with four types of communication on the shop floor（small group problem solving，feedback，instructive communication，supervisory interaction facilitation）and three process management practices（process control，preventive maintenance，housekeeping）.

Design/Methodology/Approach—Analysis of variance（ANOVA）and regression techniques were used to test the hypothesized relationships. Data were collected from 238 manufacturing plants through a questionnaire survey conducted in eight countries to develop reliable and valid measurement scales for operations management.

Conclusions：Statistical results showed that the workshop communication had a positive impact on the process management practices. At the same time，different types of workshop communication will have an impact in a different way.

Innovation：the existing literature emphasized the importance of communication and information management in the quality management，and seldom emphasizes the effect on specific types of communication quality management practice. This paper will be divided into 4 types of communication, and provides an empirical analysis to confirm the relationship between the different communication type and process management practices and quality performance.

Key Words: Communication; Empirical Study; Process Management; Quality Management; Quality Performance; Shop Floor

题目： 近观员工影响：从承诺形式和影响源分析组织承诺关系

Title： A Closer Look into the Employee Influence：Organizational Commitment Relationship by Distinguishing between Commitment forms and Influence Sources

期刊： 员工关系

Periodical： Employee Relations

作者： 托马斯·琼森，汉斯·捷普·杰普森

Author： Thomas Jonsson，Hans Jeppe Jeppesen

卷（期）： 2013，35（1）

Vol.（issue）： 2013，35（1）

摘要： 研究目的——综合考虑个人和团队、情感和规范，以多维的研究方法探讨员工感知影响和组织承诺之间的关系。

研究方法——在 4 家不同行业和类型的丹麦公司中进行问卷调查，732 名员工中共有 526 名参与（72%的回复率）。

研究结论——引导调解的分析结果表明，团队的感知影响和情感承诺之间的关系完全以感知个体的影响为中介。多元回归分析结果显示团队和个人之间的影响呈正相关，与规范承诺呈负相关。结果表明，如果员工个人的规范承诺不高，团队的影响力可能会刺激员工的个人影响力，并反过来影响他们的情感承诺。

研究局限——要谨慎对待文化影响的泛化结果，同时需要进一步研究阐明变量间的因果关系。

创新点——作为识别变量的规范承诺可能会阻碍员工的团队体验和个人自由的提高。结论表明，员工需要感知到他们受益于团队的影响力，组织的团队工作可能影响员工的态度。

关键词： 协和控制；丹麦；员工参与；员工关系；规范管理；组织承诺；团队精神

Abstract： Purpose—The purpose of this study is to elucidate the relationship between perceived employee influence and organizational commitment by applying a multidimensional approach that includes influence perceived to stem from the individual and the team，as well as affective and normative commitment.

Design/Methodology/Approach—A total of 526 out of a population of 732 employees（72 percent reply rate）from four Danish companies in different industries and with different types of teams participated in the questionnaire study.

Findings—Results of bootstrapping mediation analyses reveal that a relationship between perceived influence of the team and affective commitment is fully mediated by perceived individual influence. Results of multiple regression analyses show a positive relationship between team and individual influence，and that normative commitment moderated the relationship negatively. The results are to suggest that influence of the team may stimulate employees' individual influence, and in turn their affective commitment, if their normative commitment is not very high.

Research Limitations/Implications—Generalization of the results to cultures, which are dissimilar to the Danish should be cautiously considered and further studies are needed to elucidate causality between the variables.

Originality/Value—The identification of normative commitment as a variable that can potentially hinder that employees experience their teams to enhance their individual freedom elucidates the conditions that may be behind different current findings in the literature. The finding that suggests that employees need to perceive that they benefit from their team's influence in order to feel more affective committed to their organization adds to knowledge about team work's possible effects for employee attitudes.

Key Words: Concertive Control; Denmark; Employees Participation; Employees Relations; Normative Control; Organizational Commitment; Teamwork

题目：绩效管理中的商业分析框架
Title： A Framework for Business Analytics in Performance Management
期刊：国际生产力与绩效管理杂志
Periodical： International Journal of Productivity and Performance Management
作者：马登·舒拉福克，里卡多·希尔维，克劳斯·默勒
Author： Marten Schläfke，Riccardo Silvi，Klaus Möller
卷（期）： 2013，62（1）
Vol.（issue）： 2013，62（1）

摘要：研究目的——越发激烈的商业竞争要求更快、更复杂的信息数据分析，这些要求对绩效管理如何有效支持决策过程提出了挑战。商业分析是一个新兴的领域，有可能会扩展绩效管理的研究范围，使其了解更全面的业务动态并提供更好的决策。本文目的是以绩效管理分析为绩效管理研究和实践的延伸，阐明在绩效管理的背景下，业务分析的可应用领域和优势。

研究方法——本文采用了文献分析法，在此基础上形成论点，构建了商业分析模型，用于进行未来的研究。

研究结论——本文阐明了在组织绩效管理的背景下，商业分析的未来应用领域和优势。

创新点——本文提供了利用商业分析了解组织绩效的证据，为管理统计研究与教育领域提供了几点启示。

关键词：商业分析；决策制定；管理控制系统；绩效管理；绩效管理系统；绩效测量

Abstract： Purpose—Increased business competition requires even more rapid and sophisticated information and data analysis. These requirements challenge performance management to effectively support the decision making process. Business analytics is an emerging field that can potentially extend the domain of performance management to provide an improved understanding of business dynamics and lead to a better decision making. The purpose of this positional paper is to introduce performance management analytics as a potential extension of performance management research and practice. The paper clarifies the possible application areas of business analytics and their advantages within the context of performance management.

Design/Methodology/Approach—The paper employs a literature based analysis and from this a conceptual argument is established. Finally，a business analytical model is presented to be used to undertake future research.

Findings—The paper clarifies the possible application areas of business analytics and their advantages within the context of organizational performance management.

Originality/value—The main implication is that the paper provides evidence of the use of business analytics for understanding organizational performance. Several insights are provided for management accounting research and education.

Key Words: Business Analytics; Decision Making; Management Control Systems; Performance Management; Performance Management Systems; Performance Measurement

题目：英国信息与通信技术组织的领导力和知识管理

Title：Leadership and Knowledge Management in UK ICT Organisations

期刊：管理发展杂志

Periodical：Journal of Management Development

作者：贝简·大卫·安纳罗伊，克莱尔·汉纳·多勒瑞特，莎莉·萨姆布鲁克

Author：Bejan David Analoui，Clair Hannah Doloriert，Sally Sambrook

卷（期）：2013，32（1）

Vol.（issue）：2013，32（1）

摘要：研究目的——众所周知，领导力在建立有效的知识管理活动中发挥着重要作用，相对鲜为人知的是领导风格起着最关键的作用。本文通过调查英国信息与通信技术组织中的主要知识管理人员，探索 Avolio 和 Bass 提出的领导力维度（变革型、交易型和被动回避型），以及 Maier 和 Mosley 提出的组织知识管理活动维度。

研究方法——本文采用定量分析方法，调查了英国信息与通信技术组织中的 111 个主要知识管理人员。

研究结论——组织的主要知识管理者采用转换和交易型领导风格对知识管理活动的增加有显著影响。作者认为，组织必须认识到知识管理者采取的变革型领导与交易型领导风格对组织内的知识管理的重要性。

创新点——本文分析了两个著名的领导风格和全方位的知识管理活动，为从业者和学者提供了见解。

关键词：知识管理；领导力；领导风格；交易型领导；变革型领导

Abstract：Purpose—While it is well known that leadership can play an important role in engendering effective knowledge management activity，relatively little is known about which styles of leadership are most appropriate for this task. The purpose of this paper is to contribute to theory by exploring dimensions of leadership as presented by Avolio and Bass（Transformational，Transactional and Passive-Avoidance Leadership）and the dimensions of organisational knowledge management activity as presented by Maier and Mosley through a survey of primary knowledge managers from information and communications technology（ICT）organisations in the UK.

Design/Methodology/Approach—The paper presents the results of a quantitative survey of 111 primary knowledge managers from ICT organisations in the UK.

Findings—The organization's main knowledge managers have a signiticant impact on the inchease of knowledge management activities by adopting the transformational and transactional leadership styles. The Outhors consider that the above stylesplays an important role on organization's knowledge management.

Originallty/Value—The paper analyzes two famous leadership stylesand all-wave knowledge management activity, and provides insights for practitioners and scholars.

Key Words: Knowledge Management; Leadership; Leadership Styles; Transactional Leadership; Transformational Leadership

题目：办公室恋情的管理：一种更“体贴”的方法

Title：Managing Human Resource Romance at Work：Towards a “Considerate” Approach

期刊：管理发展杂志

Periodical：Journal of Management Development

作者：伊莱斯，冯

Author：P. Iles，Y. Feng

卷（期）：2013，32（1）

Vol.（issue）：2013，32（1）

摘要：研究目的——本文综合考虑目前用来解决“办公室恋情”的各种管理方法，以确立一种现实且具有建设性的方法，来解释这种不为人知的组织现象。

研究方法——鉴于相关主题的“禁忌性”和伦理性，通过定性分析来研究 3 个案例。上述 3 个案例的评价导致第三种方法的出现，即“体贴”，它反映了企业战略背景下，人力资源管理的战略管理优势。

研究结论——由于公平合理，“体贴”被看作管理办公室恋情最合适的方法。它包含潜在的风险和回报，综合考虑了组织、环境和战略业务目标，是具有现实意义的方法。

研究局限——目前的研究基于多个现实生活中的案例分析，未来的研究应采用“现实主义”方法，纳入业务环境之中。

研究意义——采用“体贴”的做法能帮助人力资源从业者制定最适合组织和业务战略的策略，有效管理办公室恋情。

创新点——本文首次研究探讨在人力资源战略的背景下如何管理办公室恋情。此外，研究得出的概念框架可以帮助从业人员管理办公室恋情。

关键词：员工行为；人力资源管理；办公室恋情

Abstract：Purpose—The purpose of this paper is to consider various managerial approaches hitherto adopted to address “workplace romance” and to determine a realistic and constructive approach to explain and manage this least known organisational phenomenon.

Design/Methodology/Approach—Consideration of the “taboo” nature of the subject and related ethical issues led to the development of three case studies，based on the qualitative data collected for analysis. The evaluation of the above cases led to the emergence of the third approach，namely，“considerate” which reflects the merits of strategic management of human resource management in the context of business strategy of the organisations.

Findings—It is concluded that the “considerate” is the most appropriate approach to manage workplace romance because it is perceived by employees as fair and well-justified. It accounts for potential risks and rewards，thus recognising the need for a realistic policy which takes into account the organisation，its environment and its strategic business objective.

Limitations/Implications—Whilst reliability of the present study is based on the analysis of multiple real-life case studies, future studies ought to adopt "realism" as a means to bridge perception and business context in which these acts are considered.

Practical implications—The adoption of the proposed "considerate" approach may help HR practitioners to develop a strategy for managing workplace romance that is the most suitable for their organisation and its business strategy.

Originality/Value -This first—time study explores managing workplace romance in the context of strategic HR. Moreover, the developed conceptual framework enables practitioners to manage romance at work.

Key Words: Employees Behaviour; Human Resource Management; Office Romances

题目：基于补偿的激励、企业资源计划和交付表现：从生产和改进的角度分析

Title： Compensation-based Incentives， ERP and Delivery Performance： Analysis from Production and Improvement Perspectives

期刊：国际运营与生产管理杂志

Periodical：International Journal of Operations & Production Management

作者：乔凡尼·J.C.大西尔韦拉，布伦特·斯奈德，杰迪·巴拉科瑞斯南

Author：Giovani J.C. da Silveira，Brent Snider，Jaydeep Balakrishnan

卷（期）：2013，33（4）

Vol.（issue）：2013，33（4）

摘要：研究目的——本文目的是探讨以补偿为基础的激励机制在企业资源规划和交付绩效之间的关系。

研究方法——本文从替代角度研究了企业资源规划系统、激励和绩效：①激励约束与经常性生产活动、与竞争对手相比的交付性能优势的关系；②激励约束与绩效改善、交付性能改进的关系。对 22 个国家中 698 个金属加工制造商的数据进行统计分析，提供了一个全球产业的横截面视图。

研究结论——研究表明，使用企业资源规划系统对交付优势和交付改进有积极影响。此外，奖励改进措施有利于交付绩效的完善，能直接地调节企业资源规划系统与绩效的关系。

研究意义——研究结果表明，企业资源规划系统可以被看作一个基本的代理现象，激励机制影响绩效结果。激励约束的改进措施能促进员工参与新的企业计划，带来更高的交付绩效。

创新点——首次探索企业资源计划系统的主要代理问题，分析其与替代表现视角下激励机制之间的关系。研究结论对企业绩效和激励机制之间相互作用的研究贡献了相关理论知识。

关键词：薪酬激励；交付绩效；企业资源计划；人力资源管理；过程改进

Abstract：Purpose—The purpose of this paper is to investigate the role of compensation-based incentives in relationships between enterprise resource planning（ERP） usage and delivery performance in manufacturing.

Design/Methodology/Approach—The authors carry out two studies exploring links between ERP，incentives，and performance from alternative perspectives：first，of incentives tied to regular production activities，and their relationship with delivery performance advantage over competitors；second，of incentives tied to improvement activities and their relationship with delivery performance improvements. Statistical analysis is carried out on data from 698 metal-working manufacturers from 22 countries，giving a broad cross-sectional view of a global industry.

Findings—The studies indicate that ERP usage relates positively with both delivery advantage and delivery improvements. Furthermore, incentives tied to improvement initiatives may explain delivery improvements, both directly and as moderators in the relationship between ERP and performance.

Research limitations/implications—The results suggest that ERP adoption can be framed as a principal-agency phenomenon where performance outcomes are partially influenced by incentives. The results imply that incentives tied to improvement initiatives may foster employee engagement with the new ERP, leading to stronger delivery performance benefits.

Originality/Value—To the best of the authors' knowledge, this is the first research to explore ERP usage as a principal-agency problem, and to analyse its relationships with incentives under alternative performance perspectives. The results may significantly contribute to the knowledge of ERP-performance relationships and the role of incentives.

Key Words: Compensation-based Incentives; Delivery Performance; Enterprise Resource Planning; Human Resources Management; Process Improvement

题目： 识别高性能供应链质量管理的关键推动者和途径

Title： Identifying Critical Enablers and Pathways to High Performance Supply Chain Quality Management

期刊： 国际运营与生产管理杂志

Periodical： International Journal of Operations & Production Management

作者： 林其诺，归储华，柴康伟

Author： Chinho Lin，Chu-hua Kuei，Kang-Wei Chai

卷（期）： 2013，33（3）

Vol.（issue）： 2013，33（3）

摘要： 研究目的——本文目的有三：第一，探究供应链质量管理的内容；第二，确定供应链质量管理的结构；第三，挖掘改进机会，探索将个别机构的资源或行动整合成集体绩效的方法。

研究方法——为了实现研究目标，运用溯因推理和两种定性方法，即内容分析法和形式概念分析法。原始数据来源于台湾的原始设计制造商和原始设备制造商。

研究结论——根据定性实证研究，现代企业需要关注两个途径，即合规方法和自愿方法。对于前者，将 3 个战略内容变量定义为培训计划、国际标准组织和供应商质量审核程序。对于后者，现代主导公司需要将“动机”运用到供应链质量体系。

研究意义——基于溯因模型，研究结果揭示了众多的战略、战术手段和关键因素，这些因素能够推进企业摆脱现状、实现目标，实现整个供应链的质量系统设计。

创新点——本研究为供应链决策者、运营商及其所在公司和渠道合作伙伴等提供了巨大价值。积极利用作者提出的研究成果对有效的供应链质量规划不可或缺。

关键词： 内容分析；形式概念分析；供应链管理；供应链质量管理；供应链质量体系；台湾

Abstract： Purpose—The aim of this paper is threefold：first，to examine the content of supply chain quality management（SCQM）；second，to identify the structure of SCQM；and third，to show ways for finding improvement opportunities and organizing individual institution's resources/actions into collective performance outcomes.

Design/Methodology/Approach—To meet the goals of this work，the paper uses abductive reasoning and two qualitative methods：content analysis and formal concept analysis（FCA）. Primary data were collected from both original design manufacturers（ODMs）and original equipment manufacturers（OEMs）in Taiwan.

Findings—According to the qualitative empirical study，modern enterprises need to pay immediate attention to the following two pathways：a compliance approach and a voluntary approach. For the former，three strategic content variables are identified：training programs，ISO，and supplier quality audit programs. As for initiating a voluntary effort，modern lead firms need to instill "motivation" into a supply chain quality system.

Practical implications—The findings based on the abductive model reveal numerous strategic and tactical enablers, key sequences to move firms from their current situation to their preferred one, and critical opportunities for supply chain-wide quality system designs.

Originality/Value—This study will be of great value to supply chain policy makers, supply chain operators, and decision makers in lead firms in a supply chain setting and their channel partners. The proactive use of the authors' proposed research procedure is indispensable to effective supply chain quality planning.

Key Words: Content Analysis; Formal Concept Analysis; Supply Chain Management; Supply Chain Quality Management; Supply Chain Quality System; Taiwan

题目：知识型企业的战略分析：知识管理与领导力的关系

Title：Strategic Analysis of Knowledge Firms：The Links between Knowledge Management and Leadership

期刊：知识管理杂志

Periodical：Journal of Knowledge Management

作者：阿诺希拉凡·麦拉特，达米恩·博

Author：Anooshiravan Merat，Damien Bo

卷（期）：2013，17（1）

Vol.（issue）：2013，17（1）

摘要：研究目的——本文目的是探索和解释在知识密集型企业中，知识管理和领导力之间的联系。

研究方法——本文采用了案例研究的方法，调查 4 家知识密集型企业，探索知识管理和领导力的联系。数据来源于定性访谈、对公司管理人员的直接观察以及公司员工的定量数据问卷调查。

研究结论——本研究确定了知识管理和领导系统的组合，这些组合是个性化的分布和编纂集中化的体现。本文也对其他理论上可能的组合进行了讨论，得出它们不可行或不经济的结论。

研究局限——同大多数定性案例研究论文一样，本研究集中于少数案例，这种局限性不允许作者将统计泛化，但允许分析概括。本文的局限性包括所有案例都隶属一个国家，所有人都或多或少是信息技术领域的相关人员。

研究意义——本文对于管理者和公司策略师的实际影响在于与相关领导系统有关的战略管理。

创新点——很少有研究旨在探索知识管理和领导力之间的关系，以及研究这种关系如何导致公司内部知识能力的增加。本研究解决了这个问题，并对这一关系提出了理论上的支持。

关键词：分布式领导；知识管理；知识观；领导力；战略管理

Abstract：Purpose—The purpose of this paper is to explore and explain the links between knowledge management（KM）and leadership in knowledge-intensive firms.

Design/Methodology/Approach—This study employs an instrumental case-based study on four knowledge-based firms to explore KM and leadership approaches，and the links between them. Data were primarily collected through qualitative interviews with firm managers and direct observations，as well as quantitative data by questionnaire from the firm employees.

Findings—The study identified two combinations of KM and leadership systems. These combinations are personalization-distribution and codification-centralization；which are explained within the theoretical framework of this paper. Other theoretically possible combinations were discussed and argued to be non-viable or non-economical.

Research limitations/implications—As with most qualitative case-based research papers, this research was focused on study of a small number of cases; a limitation that does not allow the authors to claim a statistical generalization but nevertheless allows analytical generalization to be made. Limitations of this paper include the fact that all cases were located in one country and all were more or less involved with the field of information technology.

Practical implications—Practical implications of this paper for managers and company strategists involve alignment of their KM strategy with a relevant leadership system.

Originality/Value—There has been little research aimed at finding links between KM and leadership in firms, and how this link may lead to increased knowledge exploitation capability for the firm. The present study addresses this issue and presents an evidenced and theoretically supported explanation for this link.

Key Words: Distributed Leadership; Knowledge Management; Knowledge-based View; Leadership; Strategic Management

题目：知识管理学科的智力核心和影响

Title：The Intellectual Core and Impact of the Knowledge Management Academic Discipline

期刊：知识管理杂志

Periodical：Journal of Knowledge Management

作者：赛伦克

Author：Serenko

卷（期）：2013，17（2）

Vol.（issue）：2013，17（2）

摘要：研究目的——本文有两个目的：探讨知识管理学术学科的知识核心，测试它是否具有一个参考标准；分析该学科的理论影响和实践影响。

研究方法——分析研究发表在知识管理杂志上最有影响力的文章，及相关被引用作品。

研究结论——知识管理学科：相关知识主要建立于英文研究报告；成功传播于英文和非英文出版物；没有表现出有问题的自引行为；研究知识理论发展的书籍和专业期刊；将经验知识转化为学术知识。以上并不是一个参考学科，也不是一种科学风尚，但对实践产生了有限的直接影响。

研究意义——知识管理的研究人员需要了解和使用出版在非英文出版物上的知识理论。鉴于知识管理是一门应用学科，研究人员非常有必要继续利用非同行资源来进行学术研究。知识管理者应促进知识传播超越于学科界限。关于知识管理是否应该成为一个参考学科的问题，需要进一步讨论。

创新点——这项研究从参考学科的角度分析了知识管理。

关键词：学术研究；图书；引文分析；期刊；知识管理；语言；参考学科；相关性；研究；文献计量学

Abstract：Purpose—The purpose of this paper is two-fold：to explore the intellectual core of the knowledge management（KM）academic discipline in order to test whether it exhibits signs of a reference discipline；and to analyze the theoretical and practical impact of the discipline.

Design/Methodology/Approach—The most influential articles published in the Journal of Knowledge Management were selected and their cited and citing works were scientometrically analysed.

Findings—The KM discipline：builds its knowledge primarily upon research reports published in the English language；successfully disseminates its knowledge in both English and non-English publications；does not exhibit a problematic self-citation behavior；uses books and practitioner journals in the development of KM theory；converts experiential knowledge into academic knowledge；is not yet a reference discipline，but is progressing well towards becoming one；exerts a somewhat limited direct impact on practice；and is not a scientific fad.

Practical implications—KM researchers need to become aware of and use knowledge published in non-English outlets. Given the status of KM as an applied discipline, it is critical that researchers continue utilizing non-peer reviewed sources in their scholarly work. KM researchers should promote the dissemination of KM knowledge beyond the disciplinary boundaries. The issue whether KM should strive towards becoming a reference discipline should be debated further.

Originality/Value—This study analyzes the KM field from the reference discipline perspective.

Key Words: Academic Research; Books; Citation Analysis; Journals; Knowledge Management; Languages; Reference Discipline; Relevance; Research Work; Scientometrics

题目：知识管理中的调整策略和过程：一个框架

Title：Aligning Strategies and Processes in Knowledge Management：A Framework

期刊：知识管理杂志

Periodical：Journal of Knowledge Management

作者：瑞切尔·博苏阿，克利施纳·温基塔卡拉姆

Author：Rachelle Bosua，Krishna Venkitachalam

卷（期）：2013，17（3）

Vol.（issue）：2013，17（3）

摘要：研究目的——知识管理已成为组织绩效的关键驱动力。现有文献表明，许多组织未能成功地将知识管理与知识流程有机结合。现有相关管理文献在组织的知识管理战略与知识管理过程是如何相结合方面，存在理解的误差。本文的目的是说明知识管理结合的重要性，揭示它如何改进组织知识管理过程。

研究方法——利用定性的个案研究方法，研究组织中知识策略和流程之间的关系。通过 3 个不同行业的案例，探讨企业如何调整策略和工作流程。

研究结论——本研究对校准关键战略与组织知识管理过程，提出了一个战略框架。

研究局限——本文建立的框架，虽然在不同校准方法上提供了宝贵的见解，但是并没有明确定义不同方法的有效性和效率。作为校准方法的一部分，这项研究的重点是战略和知识管理过程之间的关系，未来的研究需要进一步探讨。

创新点——本研究表明，组织可以通过调整知识管理策略和知识管理过程的关系，来提高知识管理水平。这种方法在缺乏知识管理的情况下也同样适用，这种情况下需要更深层次的检查过程。本研究还确定了校准知识管理战略与知识管理过程关系的具体方法。

关键词：结盟；结盟的推动者；人工网络；知识管理；战略管理；组织；社会网络

Abstract：Purpose—Knowledge management（KM）has become a key driver of organisational performance. The existing literature suggests that many organisations fail in their attempts to align their KM strategies with knowledge processes within their organisation. Based on the management literature on alignment，there is a gap in the understanding of how an organisation's KM strategy and KM processes in workgroups can be aligned. The purpose of this paper is to illustrate that alignment in terms of KM is important and underpins the improvement of KM processes in organisations.

Design/Methodology/Approach—A qualitative case study research approach was used to examine alignment between strategy and processes of knowledge in organisations. In total，three case organisations representing different industry sectors were chosen to examine how organisations align their KM strategies with workgroup knowledge processes.

Findings—This study proposes a Strategic-Workgroup Alignment Framework that explains the key alignment enablers and different alignment approaches required to align KM strategy with workgroup KM processes in organisations.

Research limitations/implications—The authors acknowledge the limitations of this paper. Although the proposed framework provides valuable insights with respect to different alignment approaches, it does not specify how each alignment approach can be assessed in terms of effectiveness and efficiency. As part of the alignment approaches, this study's focus was between strategy and processes of knowledge: further research could bring to light new alignment options of knowledge and the associated implications.

Originality/Value—This study illustrates that organisations can improve the management of knowledge through alignment between KM strategies and KM processes. Such an improvement is also possible in the absence of a KM strategy emphasis, where alignment would require a deeper examination of workgroup knowledge processes. This study also identifies specific alignment enablers to align KM strategy and KM processes.

Key Words: Alignment; Alignment Enablers; Artefact Networks; Knowledge Management; Management Strategy; Organizations; Social Networks

题目：多样性公平管理模式：整合组织公平和多样性管理

Title：Towards a Diversity Justice Management Model：Integrating Organizational Justice and Diversity Management

期刊：社会责任杂志

Periodical：Social Responsibility Journal

作者：藤本由相，卡尔麦恩·哈尔特，法拉·阿兹马特

Author：Yuka Fujimoto，Charmine E.J. Härtel，Fara Azmat

卷（期）：2013，9（1）

Vol.（issue）：2013，9（1）

摘要：研究目的——当代组织越来越关注将多样性管理方法纳入组织系统，从而促进少数群体的社会责任和公平就业。本文目的在于综观多样性的管理文献，整合组织公平原则。

研究方法——借鉴现有文献对劳动力多样性和组织公平的研究，作者在规范原则的基础上建立了一个模型，研究以组织公平正义为基础的多样性管理过程和结果。

研究结论——本文提出，有效的多样性管理的决策过程，符合组织公平的规范原则（即互动公平、程序公平和分配公平）。本文介绍的多样性公正管理模式，为建立更加道德且公正的工作场所提供了重要的理论和实践意义。

研究局限——作者没有测试多样性公正管理模式的概念框架，建议未来进一步研究。而好处是，人们不论出身背景，都可以在负有社会责任的工作场所中获得平等的机会，在工作中施展才华。

研究意义——多样性公正管理模式为管理者提供了组织公平的客观基准，不同的利益相关者能由此不断提高实际和感知的管理结果。本文的社会意义在于，有利于减少劳动力的边缘化，建立社会责任组织，使那些被边缘化的人（如残疾人士）可以有效地组织工作。

创新点——本文首次建立了一个多样性公正管理模式，其中包括多样性管理的过程和结果。

关键词：多元化经营；公正；社会责任；劳动力多元化

Abstract： Purpose—Contemporary organizations are increasingly paying attention to incorporate diversity management practices into their systems in order to promote socially responsible actions and equitable employment outcomes for minority groups. The aim of this paper is to seek to address a major oversight in diversity management literature，the integration of organizational justice principles.

Design/Methodology/Approach—Drawing upon the existing literature on workforce diversity and organizational justice，the authors develop a model based on normative principles of organizational justice for justice-based diversity management processes and outcomes.

Findings—The paper proposes that effective diversity management results from a decision-making process that meets the normative principles of organizational justice (i.e. interactional, procedural and distributive justice). The diversity justice management model introduced in this article provides important theoretical and practical implications for establishing more moral and just workplaces.

Research limitations/implications—The authors have not tested the conceptual framework of the diversity justice management model, and recommend future research to take up the challenge. The payoff for doing so is to enable the establishment of socially responsible workplaces where individuals, regardless of their background, are given an equal opportunity to flourish in their assigned jobs.

Practical implications—The diversity justice management model introduced in this paper provides organizational justice (OJ) -based guidelines for managers to ensure that OJ can be objectively benchmarked and discussed amongst diversity stakeholders to continuously improve actual and perceived OJ outcomes.

Social implications—The social implication of this conceptual paper is reduction of workforce marginalization and establishment of socially responsible organizations whereby those marginalized (e.g. people with disabilities) can effectively work in their organizations.

Originality/Value—This is the first attempt to establish a diveristy justice management model, which incorporates normative principles of organizational justice into diversity management processes and outcomes.

Key Words: Diversity Management; Justice; Social Responsibility; Workforce Diversity

题目：跨职能团队的有效性：对团队内部环境、共享领导力和凝聚力影响的考察

Title：Cross –functional Team Effectiveness：An Examination of Internal Team Environment，Shared Leadership，and Cohesion Influences

期刊：团队绩效管理

Periodical：Team Performance Management

作者：乔什·达斯皮特，贾斯泰斯·提尔曼，南希·博伊德，维克多利亚·麦克基

Author：Josh Daspit，C. Justice Tillman，Nancy G. Boyd，Victoria Mckee

卷（期）：2013，19（1）

Vol.（issue）：2013，19（1）

摘要：研究目的——现有研究对哪些因素有助于跨职能团队的成功表述不清。因此，本文目的是研究团队的内部因素（即内部的团队环境、共享领导和凝聚力）和各因素对跨职能团队有效性的影响。

研究方法——利用结构方程模型进行实证检验，从本科生样本中收集数据。样本群体共同完成一个复杂的任务，其中需要分功能领域的专业知识团队合作。

研究结论——研究结果表明，团队内部环境通过共享的领导和凝聚力影响有效性。但是，跨职能团队具有独特性，团队内部环境与共享的领导和凝聚力没有直接关系，而是间接影响效果。

研究意义——本研究结果可用于扩展跨职能团队有效性的模型。此外，通过研究团队的内部动态（例如团队内部环境），研究人员能够更好地解释跨职能团队间的巨大差异。间接影响团队效能的管理者应该确保整个团队建立清晰的目标，并让成员互相支持，乐于为团队贡献。

创新点——本文提供了提高跨职能团队有效性的方法，对已有的研究进行了扩展，增强了研究人员和管理人员对内部因素如何独特地影响跨职能团队的理解。

关键词：凝聚力；跨职能团队效能；团队内部环境；领导；分享领导；团队合作

Abstract：Purpose—Current research remains unclear on what factors contribute to cross-functional team（CFT）success. Thus，the primary purpose of this investigation is to examine internal factors of the team（namely internal team environment，shared leadership，and cohesion）and the influence of each factor on CFT effectiveness.

Design/Methodology/Approach—Structural equation modeling is used to empirically examine the data collected from an undergraduate student sample. Teams worked competitively on a complex task requiring functional area expertise.

Findings—Results from the study indicate internal team environment influences effectiveness through shared leadership and cohesion as found in other forms of teams. However，unique to CFTs，internal team environment is not directly related to effectiveness，and shared leadership does not directly influence cohesion. The findings suggest that in CFTs，internal team environment indirectly influences effectiveness.

Research limitations/implications—The findings of this study can be used to expand current models of CFT effectiveness. Additionally, by examining the internal dynamics of the team (e.g. internal team environment) researchers will be better able to account for the previous vast differences found in CFT outcomes.

Practical implications—Managers interested in influencing team effectiveness are encouraged to focus on the internal dynamics of CFTs. To indirectly influence team effectiveness managers should insure teams establish a clear purpose and that members support one another and feel comfortable making contributions to the team.

Originality/Value—This investigation offers understanding of how CFTs can be structured to influence effectiveness and provides insight into previously inconsistent findings. Both researchers and managers will benefit from an enhanced understanding of how internal factors uniquely influence CFT effectiveness.

Key Words: Cohesion; Cross-functional Team Effectiveness; Internal Team Environment; Leadership; Shared Leadership; Team Working

题目：管理团队绩效：言论和支付

Title： Managing Team Performance：Saying and Paying

期刊：国际组织分析杂志

Periodical： International Journal of Organizational Analysis

作者：卡罗琳·若兰德

Author： Caroline Rowland

卷（期）： 2013，21（1）

Vol.（issue）： 2013，21（1）

摘要：研究目的——动荡的经济环境以提高生产率和降低成本为特点，绩效管理在确保竞争优势方面具有更重要的作用。专注于团队合作几乎已成为现代组织绩效管理的普遍特点。重要的是，关于团队和奖励的信息是明确且公正的，员工的自发努力是获得竞争优势的关键。本文目的在于探讨员工对绩效管理系统的看法对团队绩效的有效性是否具有影响。

研究方法——本文采用公平和动机的概念，探索当代组织团队合作的结果、程序和实施过程。本文从哲学和社会科学中借鉴了一系列理论框架，检查了当前的做法和经验，提出未来的趋势。实证研究包括对管理者进行的 10 年的研究，在两个大制造业和服务业组织进行问卷调查和深度访谈。

研究结论——研究表明，支持团队合作必要性的理论通常自相矛盾。这经常会造成实际的不公正，加剧组织和管理绩效之间的紧张关系。

研究意义——本文表明组织发送的混合信息会造成紧张的局势，从而影响生产力。

创新点——本研究评估了团队合作对实现组织目标的贡献度，可应用于绩效管理的实践。

关键词：竞争优势；员工态度；公平；激励；绩效管理；绩效工资；团队工作；团队

Abstract： Purpose—In a turbulent economic climate，characterised by pressures to improve productivity and reduce costs，performance management has a more central role in helping to ensure competitive advantage. A focus on teamwork has become an almost universal feature of performance management in modern organizations. It is essential that messages concerning teamwork and rewards are clear and seen to be fair if they are to bring about commitment to discretionary effort，which is increasingly a key feature in gaining competitive advantage. The purpose of this paper is to focus on whether employee perceptions of the fairness of performance management systems have an impact on the effectiveness of team performance and discretionary effort.

Design/Methodology/Approach—This paper uses the concepts of equity and motivation to explore the outcomes，procedures and implementation of teamwork in contemporary organizations. It draws on a range of theoretical frameworks from both philosophy and social science, examines current practices and experiences and considers future trends. Empirical research includes a ten-year study of practising managers and also ethnography, questionnaires and interviews in two large manufacturing and service organizations.

Findings—Investigations show that the espoused theory of organizations concerning the need for teamwork is often at odds with their theory in use. This frequently creates both actual and perceived injustice in organizations and a tension between managing performance and encouraging engagement, which is dependent on perceptions of fairness.

Practical implications—The paper shows that organizations are sending out mixed messages that are causing tensions which may affect productivity.

Originality/Value—This research opens a debate that seeks to assess the contribution of teamwork to the achievement of an organization's goals and how this may be applied in the practice of performance management.

Key Words: Competitive Advantage; Employees Attitudes; Fairness; Motivation; Performance Management; Performance Related Pay; Team Working; Teams

题目：金融服务业的领导和组织公民行为（OCB）：阿联酋

Title：Leadership and Organizational Citizenship Behavior（OCB） in the Financial Service Sector：The Case of the UAE

期刊：亚太商务管理杂志

Periodical：Asia-Pacific Journal of Business Administration

作者：艾布巴克尔·苏利曼，汉纳·艾尔—欧白伊德利

Author：Abubakr Suliman，Hanan Al Obaidli

卷（期）：2013，5（2）

Vol.（issue）：2013，5（2）

摘要：研究目的——本研究旨在调查在阿拉伯世界金融服务领域的领导行为对组织公民行为的影响，以及探讨组织公民行为对工作结果的影响。

研究方法——本研究主要包括两个核心概念：领导行为与组织公民行为。这项研究的样本人口来自150名在阿联酋伊斯兰银行工作的员工。将两个核心概念相结合，形成调查问卷。

研究结论——结果显示，变革型和交易型领导风格往往对员工的组织公民行为发挥重要的作用，主动或被动回避的领导风格则不起作用。研究结果对服务业如何管理领导行为与组织公民行为具有实际意义。

创新点——首次探讨阿联酋伊斯兰银行业的领导行为与组织公民行为之间的联系。

关键词：银行；公民行为；智力刺激；伊斯兰银行；领导；服务业；阿拉伯联合酋长国

Abstract：Purpose—This research aims at investigating，for the first time in the Arab world，the influence of leadership behaviors on organizational citizenship behaviors（OCB） in the Islamic banking sector. Also，it explores the role of OCB in affecting work outcomes.

Design/Methodology/Approach—The study consists of two core concepts：leadership behaviors and OCB. The sample population for the study was drawn from 150 employees working for several Islamic banks in the United Arab Emirates（UAE）. A self-administered questionnaire was developed by combining two instruments.

Findings—The findings revealed that transformational and transactional leadership styles tend to play a significant role in employees' OCB. Nonetheless，passive/avoidant leadership style plays no role of statical evidence in the relationship.

Practical implications—The theoretical and managerial implications of the findings are discussed in the paper，together with some recommendations for managing leadership and OCB in the service sector.

Originality/Value—The paper examines for the first time the links between leadership and OCB in the Islamic banking sector of the UAE and the Arabic context.

Key Words：Banking；Citizenship Behaviors；Intellectual Stimulation；Islamic Banking；Leadership；Service Sector；United Arab Emirates

题目：现代与后现代管理：科学管理的发展
Title：Modern to Postmodern Management：Developments in Scientific Management
期刊：管理史杂志
Periodical：Journal of Management History
作者：林奇·凯姆普
Author：Linzi J. Kemp
卷（期）：2013，19（3）
Vol.（issue）：2013，19（3）

摘要：研究目的——本文目的是通过后现代主义的视角来证明科学管理的发展。

研究方法——通过一种后现代视角解构科学管理的 4 项原则，通过分析现代管理实践探索科学管理的发展指标。

研究结论——科学管理的原则存在于现代管理实践、知识生产测量、授权、全面质量管理和团队合作之中。在后现代主义的解构视角下，发现科学管理随着时间的推移而不断发展。

研究局限——本研究的局限性在于利用后现代和后现代管理的精确定义来证明一切推论。

研究意义——管理从业者可以采用后现代主义的原则来修正大量的管理方法。

创新点——本文的贡献是证实科学管理的原则起源于现代和后现代管理的发展。

关键词：授权；管理史；现代；近代史；后现代主义；科学管理；泰罗制；全面质量管理

Abstract：Purpose—The aim of the paper is to evidence the development of scientific management through the lens of postmodernism.

Design/Methodology/Approach—The four principles of scientific management are deconstructed through a postmodern lens. Current management practices are analyzed for indicators of development in scientific management.

Findings—The principles of scientific management are found within current management examples；measurement of knowledge production；empowerment；total quality management；teamwork. Scientific management，when deconstructed through the lens of postmodernism，is discovered to have developed over time.

Research limitations/implications—The limitation to this study is a precise definition for postmodernism and postmodern management against which to " prove" any findings. The implication is to extend research on the development of scientific management in postmodern management.

Practical implications—A practical implication for management practitioners is to apply a tenet of postmodernism to management，i.e. there are a myriad of managerial approaches that work.

Originality/Value—The paper's contribution is that the principles of scientific management originated in modern times and are developed in postmodern management.

Key Words: Empowerment; Management History; Modern; Modern History; Postmodern; Scientific Management; Taylorism; Total Quality Management

题目： 创新在现代组织管理中的作用

Title： The Role of Management Innovativeness in Modern Organizations

期刊： 创业社区杂志：全球经济中的人与地区

Periodical： Journal of Enterprising Communities：People and Places in the Global Economy

作者： 泽拉特科·奈戴克，福杰克·坡托坎

Author： Zlatko Nedelko，Vojko Potocan

卷（期）： 2013，7（1）

Vol.（issue）： 2013，7（1）

摘要： 研究目的——本文主要目的是强调管理创新对创新工作和组织及其员工行为发展的重要地位和作用。

研究方法——管理文学曾指出造成组织发展水平差异的原因。许多理论工作者和实际工作者曾一致认为，组织之间的发展水平差异源于创新，即创新工作和员工表现的水平。本文基于以下观点，即管理层认为创新力对增加组织的创新水平至关重要。

研究结论——增加组织中的创新水平是非常重要的。基于适当的工作和管理行为，把员工和组织视为一个整体，建立和保持适当的创新工作条件。本文证实，管理创新在创新组织能力提高过程中起着核心作用。

创新点——本文为研究组织的管理创新水平提供了全面的方法，提出管理创新典型的驱动力存在于组织框架中，并为未来的研究提供了实证研究框架。

关键词： 创新驱动力；创新；创新力；管理；组织文化；组织

Abstract： Purpose—The main purpose of this paper is to emphasize the role and importance of management innovativeness for development of innovative working and behavior of organization and its employees.

Design/Methodology/Approach—General management literature quotes a plethora of reasons for the differences in organizations development level. Many theorists and practicians have unified opinion that the differences between low and high developed organizations are also due to the low innovativeness，i.e. the level of innovative working and behavior of all employees. This paper is based on the foundation that management attitudes towards innovativeness are crucial for increasing innovativeness in organization.

Findings—Increasing the level of innovativeness in an organization is importantly dependent upon appropriate working and behavior of management，which must create and maintain appropriate conditions for innovative working and behavior of organization as a whole and its employees. This contribution confirms that management readiness for innovating has a central role in organizations' shift from low to high innovative organizations.

Originality/Value—The paper provides a comprehensive approach for considering the role of management innovativeness in low and high innovative organizations. Typical drivers of management innovativeness are outlined in framework of low and high innovative organizations. A framework for future empirical investigation is proposed.

Key Words: Drivers of Innovativeness; Innovation; Innovativeness; Management; Organizational Culture; Organizations

题目：管理咨询领域的商业化专业精神

Title：Commercialized Professionalism on the Field of Management Consulting

期刊：组织变革管理杂志

Periodical：Journal of Organizational Change Management

作者：斯达范·弗鲁斯登

Author：Staffan Furusten

卷（期）：2013，26（2）

Vol.（issue）：2013，26（2）

摘要：研究目的——本文的目的是探索和构建一个模型，探讨在当代社会中专家授权的作用。

研究方法——本文应用定性分析的方法，采访 70 位工作于瑞典中小型管理咨询公司的咨询顾问，以及他们所服务的公共组织。假设数据能够代表更普遍的专家授权机制，如管理顾问专家。以现场叙述的访谈形式，寻找模式和分类标准。

研究结论——像管理顾问这样的专家内部专业化系统，并不遵循传统的专业理论。成功的商业化意味着，在市场上专家的角色授权遵循着另一个系统。授权的基础是信任，构建信任的方法是强调单一的专家和组织能够代表多功能性、可用性、相关性和分化性。

研究影响——在当代社会中，专业化工作的数量和涉及的领域越来越多，重要性也在不断提高。本研究提供了一个解释相关现象的模型。如管理顾问这种形式模糊的专家在市场中不断增多，形成了许多个人和组织当前所面临的挑战。越来越多的人在咨询条件下工作，越来越多的组织倾向于根据临时需要而雇用外部专家，专家组织的数量和规模不断扩大。

创新点——很少有人关注并解释专家授权的构成和设定，本研究提供了一个解释的相关模型。

关键词：商业化；专业知识；管理咨询；新专业主义；信任

Abstract：Purpose—The purpose of this paper is to explore and construct a model for the mechanisms for authorization of actors in contemporary society performing in the role of the expert.

Design/Methodology/Approach—The study used qualitative analyses of about 70 interviews with management consultants in small/middle-sized nationally based（in Sweden）consultancies, and with buyers in public organizations of their services. The data are，however，expected to represent more general tendencies of the mechanisms for authorization of experts such as management consultants. The interviews were seen as narratives from the field and interpreted qualitatively in order to search for patterns and categories.

Findings—Systems for professionalism in practice among experts such as management consultants do not follow the routes suggested by traditional theories of professions. It is another

system for professionalism where success in commercialisation means authorization in the role of the expert on the market. The mechanism for authorization is trust and the way to construct this is that the single expert and the organizations he or she represents emphasize versatility, availability, relevance and differentiation in their practice as experts.

Research limitations/implications—There is a growth in numbers, competence areas and importance of these forms of expert work in contemporary society. Understanding this is necessary and this study offers a model that explains this.

Practical implications—Markets for vague forms of experts, such as management consultants, are emerging. These are challenges faced by many individuals and organizations today.

Social implications—More individuals work under consulting conditions, more organizations tend to hire more external experts of various kinds on temporary bases instead of employing them, and the number of expert organizations is emerging and their size is increasing.

Originality/Value—Little attention has been devoted to explanations of how authorization in practice is constructed and achieved among the new experts. This study offers a model for how this can be understood.

Key Words: Commercialism; Expertise; Management Consulting; New-professionalism; Trust

第三章　管理学学科 2013 年出版图书精选

第一节

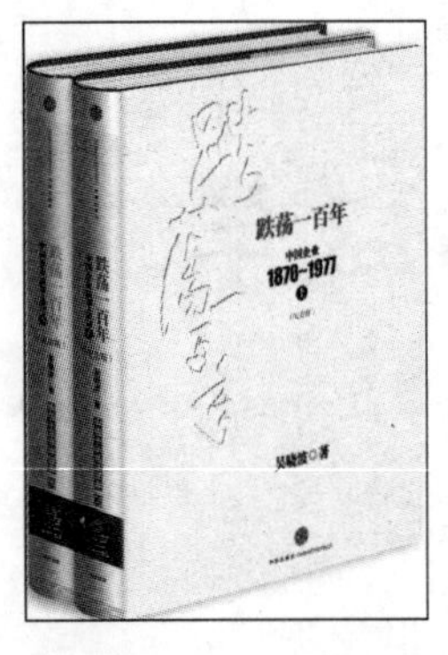

中文书名：跌荡一百年：中国企业 1870~1977（上、下）
英文书名：Unconventional 100 Years：1870-1977 Chinese Enterprises
作者：吴晓波（Wu Xiaobo）
出版社：中信出版社（China Citic Press）
出版时间：2013 年 12 月 1 日（December 2013）

书籍简介：《跌荡一百年：中国企业 1870~1977》为《激荡三十年》姊妹篇，继《激荡三十年》之后，吴晓波溯流而上，再写中国企业 100 年。了解中国百年崛起，这是一部不容错过的史诗般作品。上卷叙述 1870~1937 年的中国企业变革。作者希望从历史中找到答案：当今中国企业家的成长基因及精神素质是怎么形成的？它是 30 年的产物，还是应该放在一个更为悠长的历史宽度中进行审视？在 30 年乃至百年的中国进步史上，企业家阶层到底扮演了一个怎样的角色？从曾国藩、李鸿章、盛宣怀、郑观应，到张謇、荣家兄弟、孔宋家族，寻找中国商业进步的血脉基因。作者从一个特殊角度记录中国企业的发展历史，既有文献价值，又有生动故事……洋溢着理想主义的光芒、英雄主义的魅力和浪漫主义的情怀！

下卷，重新梳理了 1938~1977 年的中国企业史和商业变革。作者按照编年体的形式记述了中国抗日战争时期、抗日战争胜利以后、解放战争时期以及新中国成立后，直至中国改革开放时期之前 40 年的中国商业史。作者试图在这些特定的历史背景下探寻中国商业人物和企业的成长基因、精神素质以及发展脉搏。在悠长的历史宽度中如何审视中国的商业发展？在百年的中国进步史上，企业家阶层到底扮演了一个怎样的角色？

作者吴晓波是著名畅销书作家，他的《大败局》被评为“影响中国商业界的二十本书”之一，销量应有 50 万册以上。《激荡三十年》销量也在 30 万册以上。作者对这一题材的驾驭能力非常强，人物、事件、环境都不是孤立的，他在查阅了大量资料的基础上，将整个历史生动地再现出来，可读性非常强。在中国诡谲多变的商场里，企业起起落落乃是常态，能经得起时间淬炼的企业必有值得称道之处，然而外人对于中国企业的兴衰常有雾里看花之感。吴晓波的企业史作品无疑替我们开启了一扇门，以一个又一个商业（公司）发展与挣扎的细节，道尽了中国企业所拥有的无限契机，以及发展道路上的崎岖。

中文书名：工匠精神：向价值型员工进化
英文书名：Craftsman Spirit
作者：付守永（Fu Shouyong）
出版社：中华工商联合出版社（Chinese Chamber of Commerce and Industry Publishing House）
出版时间：2013 年 6 月 1 日（June 2013）

书籍简介：2016 政府工作报告首倡工匠精神。“鼓励企业开展个性化定制、柔性化生产，培育精益求精的工匠精神，增品种、提品质、创品牌。”——2016 年 3 月 5 日，李克强总理在第十二届全国人大四次会议上的政府工作报告。

《工匠精神：向价值型员工进化》是首部让精益求精、创新突破的工匠精神成为员工信仰的著作。以中国传统深邃的内涵，打造企业成长理想的参考书。千锤百炼铸就百年名企，精雕细琢传承工匠精神！企业为我们搭建了实现价值的平台，你为投身于这个群体而感到荣耀与自豪吗？你清楚地知道拿什么回报你的企业吗？你拥有所有通向辉煌道路的优秀品格吗？

《工匠精神：向价值型员工进化》主要讲的是工匠平静、安适、充实、愉悦、幸福，活在当下，强在内心；打工者焦躁、忧郁、惶恐，永远为看不清的明天奔忙，外表强悍，内心空虚。工匠精神，是美国家族企业历经百年而不倒的秘诀，是瑞士品牌屹立世界之巅的利器，更是一种生命态度。其价值在于精益求精，对匠心、精品的坚持和追求，其利虽微，却长久造福于世。如果你希望改变现状、打造一个与众不同的自己，成为被需要、被尊重、众望所归的成功者，就从当下的事情做起，成为一个充满魅力的工匠。拥有工匠精神，拥有内外丰盛的人生！

《工匠精神：向价值型员工进化》共分为 4 章：第 1 章为生命的觉醒——树立正确的工作观；第 2 章为工匠之魂——工作是一种修行；第 3 章为工匠之道——正念引领生命新航道；第 4 章为工匠之术——用对方法，创造价值。从魂、道、术的多维立体角度，从国内外成功企业的立场全面深刻地阐述了工匠精神的来历、立论和实践应用，揭示了成功的本源。于企业家百年企业的梦想，于经理人成功阶梯再造，于财经工作者再研究，本书都提供了深刻精辟的见解。

中文书名： 平台战略：正在席卷全球的商业模式革命

英文书名： Platform Strategy: Business Model in Revolution

作者： 陈威如（Chen Weiru），余卓轩（Yu Zhuoxuan）

出版社： 中信出版社（China Citic Press）

出版时间： 2013 年 1 月 1 日（January 2013）

书籍简介： 现在最火的商业模式是什么？——平台战略！互联网的发展给“平台”插上了翅膀，让古老的“平台”冲破了时间和空间的束缚，成为霸气十足、极具统治力的商业模式。平台战略正在席卷全球，苹果、亚马逊因平台而繁荣，阿里、腾讯因平台而成为中国最具价值的公司。

平台是什么？平台如何打造？

尽管一些互联网大佬言必称平台，但平台到底是怎么生长起来的？如何才能打造一个富有生命力的平台？在《平台战略：正在席卷全球的商业模式革命》出版之前，还没有一本书系统、全面地讲述过这个问题，所以，以中欧国际工商学院同名课程为基础而创作的《平台战略：正在席卷全球的商业模式革命》是一个创新。《平台战略：正在席卷全球的商业模式革命》既是解析平台战略的手术刀，可以用来解读 3Q 大战，判定阿里和腾讯的未来走势；也是实施平台战略的施工图，创业企业按图索骥可以实现平台梦想。

平台商业模式的精髓，在于打造一个完善的、成长潜能强大的“生态圈”。它拥有独树一帜的精密规范和机制系统，能有效激励多方群体之间互动，达成平台企业的愿景。纵观全球许多重新定义产业架构的企业，我们往往就会发现它们成功的关键——建立起良好的“平台生态圈”，连接两个以上群体，弯曲、打碎了既有的产业链。

平台生态圈里的一方群体，一旦因为需求增加而壮大，另一方群体的需求也会随之增长。如此一来，一个良性循环机制便建立了，通过此平台交流的各方也会促进对方无限增长。而通过平台模式达到的战略目的，包括规模的壮大和生态圈的完善，乃至对抗竞争者，甚至是拆解产业现状、重塑市场格局。

《平台战略：正在席卷全球的商业模式革命》系统性地探讨了“平台”这个改变人类商业行为与生活方式的概念，并且创新性地研发出了系统框架，解释平台战略的建构、成长、进化、竞争、覆盖等战略环节。《平台战略：正在席卷全球的商业模式革命》立足于本土，以中国本土的互联网企业作为案例研究分析的对象，对腾讯、阿里、起点中文网、世纪佳缘、拉卡拉、维络城、大众点评等企业从平台战略的角度进行了解析和点评，对于企业管理者和创业者都极具启发意义。

中文书名：赢在顶层设计：决胜未来的中国企业转型、升级与再造之路

英文书名：To Win in the Top-level Design：Upgrading and Reconstruction Transformation，Winning the Future Road of the Enterprise China

作者：高建华（Gao Jianhua）

出版社：北京大学出版社（Peking University Press）

出版时间：2013 年 9 月 1 日（September 2013）

书籍简介：未来 10 年，经济增速整体放缓，市场环境由大众化消费向小众化市场转变，这种外部环境与内部环境的悄然改变，决定了中国企业的转型升级已经迫在眉睫。然而，由于缺乏顶层设计，众多企业发展方向不明、经营战略缺失，导致转型升级陷入“不转型是等死、转型是找死”的困境。作者明确指出，中国企业唯有注重顶层设计，在对未来趋势前瞻性预判的基础上，进行系统性、体系化的战略规划，并把战略和利益分配挂钩，把战略与管理部门职能转变挂钩，把战略与企业文化再造挂钩，才是实现企业转型升级、打造智慧企业的出路。

作者结合自身多年国际化经理人的职业经历，以及为众多知名企业“把脉开方”的咨询管理经验，直击顶层设计的三要素——动力、能力、方法论，并提出企业转型的四个层面，即企业家思维转型、战略转型、管理体系升级与企业文化转型，为中国企业如何成功转型升级提供了确切的路径，同时为高层管理者如何领导企业走向未来给出了颇具特色的意见。

全书具体分为 6 章。第 1 章介绍了中国企业的顶层设计严重缺失；第 2 章介绍了注重顶层设计，实现企业转型升级；第 3 章点出了企业转型从企业家转型入手；第 4 章详细介绍了战略转型是企业转型的关键；第 5 章介绍了企业转型需要管理体系的全面升级；第 6 章阐述了文化转型，打造智慧型企业。

中文书名：管理就是走流程：没有规范流程，管理一切为零

英文书名：Management is the Process：no Standard Process，All Zero

作者：石真语（Shi Zhenyu）

出版社：人民邮电出版社（Post & Telecommunication Press）

出版时间：2013 年 12 月 1 日（December 2013）

书籍简介：为什么企业拥有完美的战略，一线执行却没有力量？为什么员工执行力低下，工作拖拉，处于养病状态？为什么总有下属在“坐、等、靠、要”，不能自动自发完成工作？为什么老板总处于“急、忙、累”的糟糕状态？

造物之前先造人，造人必定有流程。一套好流程，可以帮你培养人、训练人、改造人，打造一线完美执行力，彻底解放管理者！《管理就是走流程：没有规范流程，管理一切为零（附光盘）》集理念、方法、工具于一体，目的是帮助企业建立一套行之有效的流程系统，规范企业管理，提振企业经营力，提升全员执行力！

不错位，不缺位，不越位，规范管理靠流程。

流程对企业管理者来说并不陌生，特别是随着各种管理新理念、新技术、新方法的不断涌现，企业管理已逐步从职能管理转向流程管理。很多企业都从流程管理中受益，并最终发展壮大、脱颖而出，比如联想、海尔、华为、TCL、中兴……很多活跃在经济舞台上的中国企业，都是从流程再造开始获得生机、活力与发展基础的。

海尔董事长张瑞敏曾请麦肯锡团队以 5000 美元一个流程的价格为海尔再造 2000 个流程；麦当劳的员工从入职到独立上岗仅需 6 小时，最重要的原因就是麦当劳将所有的工作都规范地做成了简单实用的流程；万科公司的员工即使是新人，也能够很快地掌握工作要求，并把工作做好，原因也在于万科拥有一套标准完善的工作流程……

任何一家企业的运营都离不开流程。科学、适宜的流程管理能够将管理者从烦琐的事务当中解放出来，也有助于企业员工在具体的执行过程中更加明确、清楚地知道自己什么时候该做什么事，应该先干什么、后干什么，做事情要达到怎样的标准，等等。合理高效的流程能够消除企业部门壁垒，消除职务空白地带，解决执行不力的顽疾，这无疑是提高企业效能的关键，也是企业降低成本、增强竞争力的基础。

反过来，如果员工做事没有规范，彼此之间职责不清，错位、越位、缺位现象严重，那么企业整体效率就无从谈起，又何来竞争力呢？

所以，无论是管理人员，还是饱受企业内诸多问题困扰的老板，都应明确认识到企业规范管理少不了流程管理，流程管理是企业在市场上赖以生存和发展的关键之一。

华为总裁任正非说过这样一句话：“一个新员工，看懂模板，会按模板来做，就已经标准化、职业化了。你三个月就掌握的东西，是前人摸索几年、几十年才形成的，你不必

再去摸索。”这句话切切实实道出了流程管理和标准化管理的好处。这也是那些重视流程管理的公司变得更加卓越优秀的原因。

流程管理也是提升企业执行力和员工执行力的有效工具。一个缺乏规范化、标准化、流程化管理的公司，即使天天强调执行力的重要性，员工的执行力也难以得到有效提升。所以，业界才有一句话：“执行就是走流程。”按流程执行是提升企业和个人执行力的最佳“药方”。

流程对于企业管理的好处是毋庸置疑的，它是现代企业进行规范化管理的主要内容和重要手段。很多企业已经认识到流程管理的重要性，但遗憾的是，在流程管理方面还存在着很多问题。著名流程管理专家舒化鲁教授在他的书中总结了 14 条企业缺乏流程竞争力的表现，这些问题是导致企业流程管理失败的主要原因，企业要想像华为、联想一样迅速成长壮大，就要一一解决这些问题，继而提升企业流程执行力。

本书正是基于此目的，着眼于提升企业执行力、降低企业运营成本，以增强企业竞争力，采用简约文字与清晰图表相结合的方式，通过对流程的意义、目标、标准及原则等方面的说明和阐述，解放管理者思想，让企业的管理更高效、执行更有力。

中文书名：战略管理：新视野、新思维、新进展

英文书名：Strategic Management

作者：宝贡敏（Bao Gongmin）

出版社：中国经济出版社（Chinese Economy Press）

出版日期：2013 年 1 月 1 日（January 2013）

书籍简介：《战略管理：新视野、新思维、新进展》把中国传统经典战略智慧与现代企业战略管理实践有机结合，使人们更清楚地理解与透视企业战略实践。并且把战略管理研究的最新成果展现给读者，使读者可以跟上时代步伐，在战略思维上与时俱进。

《战略管理：新视野、新思维、新进展》总结了中国企业的战略成功经验，结合我国经济发展特点与趋势，关注我国企业家、政治家、专业人士关注的战略议题，是以我国改革开放以来的企业战略实践为基础的、适合我国国情的战略管理专著。凝结作者长期进行战略管理咨询、研究、教学的成果，针对中国企业家、政府官员、学者面临的战略问题，针对国人对战略的特殊理解与需求，克服了洋学讲不懂中国国情、理论不适用的问题，为国人解决好与管理好自己的战略问题提供了理论基础。

全书系统归纳了经典竞争战略、经典竞争模式等，为各类企业、组织、个人针对自己的实际情况制定适合于自己的战略提供了方便。并以提高读者的战略管理能力为目标，强调读者对战略思想、战略分析工具的理解与运用，为读者灵活运用战略思想与战略工具制定战略提供了方便。

全书共分为 16 章：第一章——引论；第二章——战略管理中枢的武器：战略思想；第三章——避免战略性陷阱；第四章——战略：平衡与发展之道；第五章——企业成长的主题：做大与做强；第六章——经典竞争模式；第七章——经典竞争战略；第八章——综合性种类战略；第九章——战略性环境分析；第十章——企业资源与能力分析；第十一章——战略定位：成长的起点，发展的目标，成功的通道；第十二章——业务战略；第十三章——业务组合战略；第十四章——全球战略；第十五章；战略规划；第十六章——战略执行。对于有志于战略管理研究、实践的政府官员、企业家、专业人士，《战略管理：新视野、新思维、新进展》是一本经典的随身携带必读书。

中文书名：华为你将被谁抛弃（肌体三要素模型分析华为兴衰）

英文书名：Huawei Will Be Abandoned by Who

作者：张运辉（Zhang Yunhui），赵国壁（Zhao Guobi）

出版社：知识产权出版社（Intellectual Property Publishing House）

出版时间：2013 年 6 月 1 日（June 2013）

书籍简介：2010 年，一篇《华为，你将被谁抛弃——华为十大内耗浅析》，曾经引起巨大影响。时隔 3 年，作者怀着一颗真诚的心，再次出发。结合身在华为的多年亲身工作经历，大量调研，补充资料，拓展细节，以华为为例，详细分析华为成功之路的关键因素到底是什么，华为面临经济大势，到底遇到了哪些困难，这些困难究竟该如何解决？世界在变，华为也在变，不管是主动还是被动。本书希望借助华为这个载体，从华为的过去、现在，乃至未来之中总结出一些规律，能为其他企业和管理者参考借鉴。对也罢，错也好，但希望能抛个砖，带来更多的思考，为更多中国企业助力！

当今的华为不仅是中国企业的一个符号，而且甚至已成为中国企业的一个图腾，所有人都会觉得华为是一个优秀的企业。很多人都想从符号和图腾里汲取点仙气，华为的一举一动也都震颤着中国企业界的神经。可真正能汲取到仙气，把华为学到位的则凤毛麟角。

在华为内部，任正非总是提醒大家，务必时刻保持危机意识。所以在所有人都膜拜地昂着头，竭尽全力翻来覆去为华为唱赞歌的时候，也许更需要有人能冷静下来观察和思考。《华为你将被谁抛弃：肌体三要素模型分析华为兴衰》的作者在华为工作多年，试图避开一些已有的视角，从一个普通资深员工的角度，客观来看华为这片天。通过亲身经历，在点滴细节和思考中描述华为，展现出不同的视角和观点，总结一些共性的东西，包括一些管理理论的提炼，既能帮助大家认识华为，也能帮助大家分析判断自己所在企业的状况。

作者从细节和案例中来，但不拘泥于细节，从华为中来，但不唯华为。既有微观事实，也有宏观总结。写的既是华为，也是普罗大众的企业。

本书首先总结提炼了华为成功的几大战略要素：改革开放初期中国的通信大市场，走出国门后的固定低汇率，屌丝们的艰苦奋斗。时势造英雄，也是英雄捕捉了历史机遇，华为敏锐捕捉并充分利用了这几大战略，一飞冲天。令我等众生仰视嗟叹。

其次从执行层面根据平时的工作和思考，总结出企业战略执行三要素：组织是骨骼，管理是肌肉，文化是血液。企业战略执行三要素就好比是一个有机体，三者若各司其职、相互协同，组织则生机盎然；反之三者若不协调，则会带来各种症状。

执行三要素模型在战略执行方面，从三个维度进行规范，并和有机体的症状相对应，帮助大家思考和诊断企业，有利于发现问题并解决问题，也能为其他行业判断企业优劣提供一个系统化的有区分度的视角。

在执行三要素模型中，建立常见的矩阵组织的健康度评估方法。建立约束路径模型，通过约束路径把组织执行力量化，这样更便于大家判断组织的执行力优劣，从而有针对性地改善。约束路径的长短也可以用来判断一个企业适合设置多大的事业部，什么时候可以设置事业部。阿里巴巴最近进行组织改革，成立十几个独立的事业部，其实就是一种细胞分裂，就是降低约束路径，提高决策效率的过程。

很多人尤其是很多中小企业老板好奇，为什么自己公司的人才这么少，看谁都不合适、不顺眼，找个产品经理都很难，华为却很容易找到，很多年纪轻轻的人都独当一面，甚至二十多岁就当了海外国家代表，年销售额上百亿元人民币。其实华为解决这个问题的方法很简单，就是放手让他们去干，犯了错误不可怕，摔摔打打就成长起来了。越是求全责备，越是无人可用。员工责任清晰，企业敢于放权，或者说权责统一，大部分人都可以做得很好。很多企业不是找不到人才，是不敢让员工去干。

还有很多人很好奇，为什么华为的员工都这么有干劲，每个人都在拼了命地往前冲，主动加班加点。自己的员工为什么没有这么高的士气，推一下走一下，有时用力管管、严格要求，员工就离职了。其实这正是因为华为在执行三要素的管理这一块做得很好，建立了公平公正的评价机制，并能建立起有差异的业界一流的薪酬体系，能通过赏优罚劣和高薪酬把大家调动起来，大家都愿意通过个人努力获得更好的收益，这些就是华为士气高昂的根本原因。公司给很少的薪酬或者不公平地乱发薪酬，员工肯定是骑驴找马，根本不可能有高效的执行力。

伴随时间演进和历史冲刷，为华为带来成功的几大战略要素也在悄悄发生变化：有的逐渐消失，比如国内曾经那么大的通信市场；有的逐渐弱化，比如固定低汇率优势和屌丝们的艰苦奋斗。战略执行三要素中很多因素也在变化，华为已逐渐长大，位居世界领先地位，有些管理模式适合中小企业不一定适合大企业，适合追赶别人的企业，不一定适合作为领头羊的企业。有些当年成功的要素，现在逐渐显得力不从心，比如内部虚拟股票制度。这些变化给华为带来很大影响。

关注华为案例的同时，本书结合目前企业管理中的诸多需要，参考综合了一些其他管理学的先进思想理念，比如最近流行的教练式辅导；还借鉴了《罗伯特议事规则》，讨论如何开高效会议、如何避免总经理的命令出不了办公室等。

作者希望通过本书，能帮助大家更了解华为，更了解自己和自己的企业。也希望通过本书，能为华为乃至更多正在努力拼搏的中国企业提供思路，使他们真正有机会成长为划时代的大企业，助力中华民族的伟大复兴，让中国人民过上有尊严的幸福生活。

中文书名：任正非内部讲话：关键时任正非说了什么
英文书名：Ren Zhengfei Internal Statement
作者：曲智（Qu Zhi）
出版社：新世界出版社（New World Press）
出版时间：2013 年 1 月 1 日（January 2013）

书籍简介：作为“军人帮”造就的狼性企业家，任正非开创了兵法治商的新型管理模式。在国际经济跌宕的形势下，任正非作为管理者，成功地将华为的科技带入全球 140 余个国家，带领华为创下近 2000 亿元的年销售收入，并一跃成为全球第二大设备商。他是怎么做到的呢？又是怎么管理的呢？他究竟在关键时说了什么使他这么成功？《任正非内部讲话：关键时任正非说了什么》将告诉你一切。创业不易，守业艰难。任正非如何能凝聚如此庞大的企业，一次次成功抵御金融风暴，在关键时刻力挽狂澜？《任正非内部讲话：关键时任正非说了什么》深刻分析了华为发展过程中关键性的时间点，以及当时任正非所扮演的角色，深刻分析一个知识的信徒如何引导企业的命运，如何在黑暗中抓住微光，应对企业面临的一次次危机。

《任正非内部讲话：关键时任正非说了什么》编辑推荐：中国企业家中的教父级人物，作为“军人帮”造就的狼性企业家。任正非每隔一段时间就会对华为内部发表一篇务虚式的讲话或文章，很多都成商界名章了。在华为发展的每一个横、纵坐标点上，每一个关键的、迷茫的时间节点上，任正非总是及时地站出来，以其卓越的企业家智慧为华为指明方向。因此，华为才取得了今天这样激动人心的、跨越式的传奇发展。

任正非是中国所有企业家的光荣与梦想。他被《福布斯》评为最受国际尊重的中国企业家，美国《时代》周刊评价他具有“惊人的企业家才能”，他被《中国企业家》杂志授予终身成就奖，他不仅是一个卓越的企业家，也是一个天才演说家。他说物竞天择，唯有惶者可生存；他说逆流而上，唯有智者获成功！烧不死的鸟就是凤凰！他的语言极具魅力，他的思想充满智慧。

《任正非内部讲话：关键时任正非说了什么》淋漓尽致地体现了任正非的远见、胆识、智慧。他于商场中翻云覆雨，于危机中力挽狂澜。他日益成熟的管理智慧，一篇篇热情、深刻而鼓舞人心的文章，一次次动人心魄的演讲，他大气磅礴地进行全球性布局，游刃有余地面对激烈竞争，从容不迫地处理企业发展困惑……

任正非并非天生就是卓越的企业家和领导者，他也是经过了披荆斩棘、披星戴月的奋斗，历尽艰难困苦，才成就辉煌。我们可以坦诚地讲，在企业管理与经营方面，我们的确需要以任正非为楷模，以他为方向、为导师。我们由衷相信，中国企业的未来，是靠华为这样的企业推动的。

人人敬仰的“英雄”任正非，是如何指引华为，使其成为中国最成功的国际化企业的呢？相信你从《任正非内部讲话：关键时任正非说了什么》可以找到答案。

中文书名：吴小莉：与卓越同行

英文书名：Walk with Excellent

作者：吴小莉（Wu Xiaoli）

出版社：四川文艺出版社（Sichuan Literature & Art Publishing House）

出版时间：2013 年 10 月 1 日（October 2013）

书籍简介：今日中国，站在时代巨变的当下。面对复杂多变的未来，我们何以从容应对？于是，我们寻找那些商业领域的闪光人物，希望在与他们的对话中，用他们的视野，为我们洞见未来的方向；用他们的智慧，为我们指明前进的道路。

凤凰卫视资讯台副台长、两岸三地最知名女主播吴小莉单刀坐镇，提问中国最智慧的商业领袖：与柳传志谈中国经济的不确定性，与马云谈中国企业的未来，与马蔚华谈急需变革的金融业，与宗庆后谈新时代下的制造业，与刘永好谈现代化农业，与常小兵谈不断逼近的移动互联。畅谈“管理经”、“生意经”，关注热点话题，展望未来中国经济大势，助力中国经济发展，为创业者和经营者指点迷津。

六场对话，不是结语，而是开篇，为中国人的经济生活开篇，为未来开篇！

《吴小莉：与卓越同行》共分为 6 部分。第 1 部分是对话柳传志：未来五年，中国企业面临的不确定性。第 2 部分是对话马云：世界因小而美。第 3 部分是对话马蔚华：变化的世界改变着金融。第 4 部分是对话宗庆后：新时代里的传统力量。第 5 部分是对话刘永好：新农业的未来变局。第 6 部分是对话常小兵：移动互联大棋局。

一个优秀的企业家应当具备四维知识结构，即专业的深度、知识的广度、哲学的高度和清晰的远见。而卓越的企业家不应仅仅关注企业的今天而陷入日常繁忙的事务之中，还应当更加关注企业的明天，用他的远见卓识来引导企业应对复杂多变的未来。复杂多变的未来不仅源于客观世界在政治、经济、社会、科技、文化等方面的不确定性，而且还受到人们对客观世界认识能力的制约。因此所有对未来的预测都不可能是完全准确的，但是没有远见却是肯定不行的。一个卓越的企业家虽然不能准确预测未来，但却可以尽可能地根据自己的经验并通过勤奋的学习来增强预见及应对未来的能力。本书通过对六位知名企业家的采访，让读者了解他们的个人风采和远见卓识。

《吴小莉：与卓越同行》荣获“2013 年网友最喜爱的十本书”的殊荣，高含金量的硬货品质也使该书自 2013 年 10 月出版以来，多次荣膺当当图书总榜前五并长居当当经管类图书排行榜前三，受到各方的极大关注和好评。

吴小莉不是一个职业的作家，但她对这个行业应该不算陌生，原因是每天她都在用她的语言、文字从事着她的工作。作为一个媒体人，她只是用不同的方式去和这个世界沟通，和她的观众沟通。这本提炼与卓越者对话的实录，最终得以集结成册，就是希望以另

一个角度即未来的角度，把与成功者的对话分享和传递得更远更广，为读者、为时代，划下一个寻找答案的坐标。正如著名银行家、前招商银行行长马蔚华所说的那样：吴小莉并不满足于“与卓越同行”，且努力做到“比卓越先行”。

中文书名：经营的本质
英文书名：The Essence of Business Operations
作者：陈春花（Chen Chunhua）
出版社：机械工业出版社（China Machine Press）
出版时间：2013 年 1 月 1 日（January 2013）

书籍简介：横跨商界与学界的中国传奇女性陈春花教授最新力作。直击经营本质四要素：顾客价值、合理成本、有效规模、具有人性关怀的盈利。帮助企业提升应对不确定性和变化的能力。

科技的高速发展、外部经济环境的变幻莫测被认为是我们这个时代影响企业经营的关键因素。然而总是有一些优秀的企业家和经理人，可以帮助企业实现年复一年的盈利和增长。他们从来都关注那些最基本的要素，从来都可以回归到基本层面上做出努力，这也正是他们取得成功的秘诀。这些成功的秘诀正是规律性的认知，是有关"经营的本质"的判断与行动。

企业活动中的一些普遍规律可以帮助我们化繁为简，透过复杂的商业现象找到企业经营中的基本要素，并让公司里的每个人都能理解这些最基本的要素，从而使他的行动与这些最基本的要素相关。如果能够做到这一点，每个人都会感到公司经营的这些最基本要素与他的工作息息相关，并从中获得成就感和满足感，而公司也会因此获得盈利性的成长。

经营的基本元素只有四个：顾客价值、合理成本、有效规模、具有人性关怀的盈利。每个人都可以掌握这四个最基本的要素，并且可以培养自己沿着这四个要素做出选择和判断的思维习惯。所以对于战略、营销、产品、价值链、服务、品牌本质的认识，都是基于对这四个基本元素的理解。《经营的本质》想告诉读者的是：企业经营活动遵循着自己的本质规律，一旦掌握了这些基本规律，企业就掌握了应对不确定性和变化的能力。

理解企业经营的本质，掌握正确的经营逻辑，从顾客的立场出发，有效运用战略、营销、产品、服务、价值链以及品牌的基本价值，让企业可以不受外部环境影响，规划自己的成长之路。

本书思想的基础来自于作者长期不懈地观察那些最成功的中国企业之思考和行动。在本书中，读者将会看到这些成功的企业运用经营的本质要素展开行动，并取得成功的过程。

中文书名：定战略：老板只做一件事

英文书名：Set the Strategy：The Boss Only Do One Thing

作者：陈春花（Chen Chunhua）

出版社：北京联合出版公司（Beijing United Publishing Co.，Ltd.）

出版时间：2013 年 10 月 1 日（October 2013）

书籍简介：柳传志认为企业就是 3 件事——搭班子、定战略、带队伍，尤其定战略，是决定企业生死的头等大事。然而，众多老板却不以为然，把最宝贵的时间、精力、资源都浪费在了无穷无尽的小事上，不知不觉中让企业被战略的大问题所吞噬。老板解决的问题越多，企业的问题就越大，治感冒治出了癌症，捡起了芝麻反丢了西瓜。

对老板来说，财务、品牌、营销、产品线、人事这些所谓的“军国大事”，也都只是小问题，对老板而言，所有可以交给拥有专业知识的员工们解决的问题，都是小问题。因为这些都不是纲，而是目，是依附性的、应该交给员工的问题。老板要抓的是纲，即核心问题。而且老板应该只抓纲，只要老板抓住了纲，其他环节也就被带起来了，纲举目张。什么是纲？纲就是企业的商业战略，是对商业趋势以及消费者心理演变的精准把握与预判。战略决定了企业的发展方向，也指明了各类资源投入的方向。方向不对，努力白费，所以，把握正确的商业战略方向才是老板要处理的核心问题。

战略问题是企业的大问题。本书提供大量典型案例，帮读者做细致分析，并给予专业点评，提出具体解决办法，让你看到一个企业如何制定战略，并实现转型升级、快速发展的。

罗雲怀老师及其团队，10 余年深入企业一线，亲自为 20 多个行业、上百家企业提供实战咨询，并从中精挑细选出经典案例与方法，帮企业家理清思路，把企业家从关注“效率”的沼泽中，拉回到重视“商业战略”的正道上来，并从战略定位、品牌定位到战略传播，为企业战略落地提供了简单可行的思路。

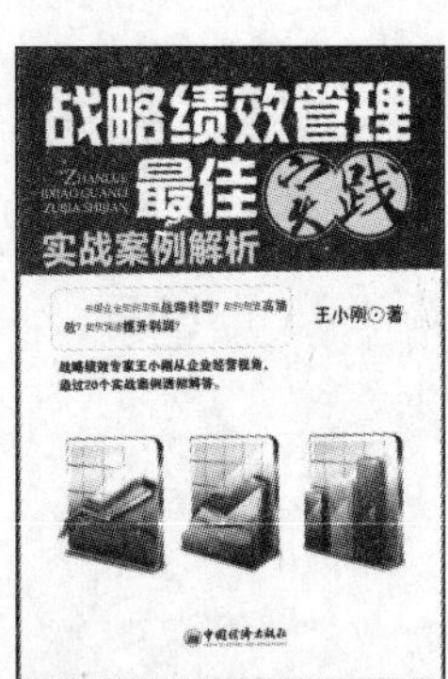

中文书名：战略绩效管理最佳实践：实战案例解析

英文书名：Strategic Performance Management Best Practices: Practical Case Study

作者：王小刚（Wang Xiaogang）

出版社：中国经济出版社（Chinese Economy Press）

出版时间：2013 年 9 月 1 日（September 2013）

书籍简介：中国企业如何实现战略转型？如何创造高绩效？如何快速提升利润？作者围绕战略绩效管理体系，设计了 20 个真实案例，详细分析了中国企业在战略转型、战略目标与绩效管理脱节、市场结构转型、客户价值主张、组织目标纵向一致和横向协同、组织功能优化、业务流程优化、年度经营计划、人才管理九大方面存在的问题，并提供了解决思路和方法，旨在帮助中国企业实现战略转型、创造高绩效、快速提升利润。

案例中的解决方案已被验证是可操作的，已经得到很多企业的认可，相信对中国的企业家、经营者、经理人有很好的借鉴作用。

全书具体分为 10 章。第 1 章介绍了中国成长型企业的挑战及解决策略；第 2 章介绍了几种常用的战略绩效管理工具；第 3 章主要描述指标类别和指标衡量方法；第 4 章详细介绍了战略绩效体系设计，即战略解码的过程；第 5 章介绍了战略绩效管理的支撑系统，包括计划管理、预算管理、管理报告；第 6~10 章阐述了战略绩效运作体系，包括战略的监控、反馈与调整，绩效计划，绩效实施，绩效评估，绩效奖励。

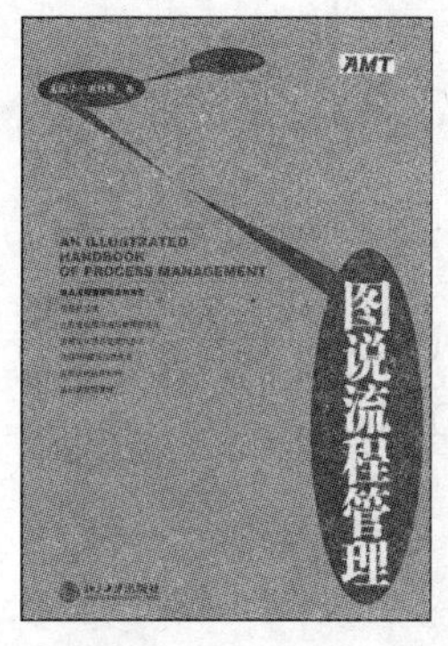

中文书名：图说流程管理

英文书名：An Illustrated Handbook of Process Management

作者：宝贡敏（Bao Gongmin）

出版社：北京大学出版社（Peking University Press）

出版时间：2013 年 7 月 1 日（July 2013）

书籍简介：这是一本简单、通俗、3 小时内可读完的书。

流程管理是一门实践性极强的科学，而且流程管理会随着企业应用的发展及与其他管理工具的融合而不断面临新的课题。越来越多的企业意识到流程管理的价值，但目前缺乏能让企业上至高层下至基层员工普遍听得懂的阐释，读文不如读图，给理论不如给案例，所以这本书采取了简单明了的“图片+简要说明+案例”的内容架构。每一篇文章都是从图开始，然后进行简要说明，接着就是讲解一些生活中或企业中的案例。本书就力图通过这种形式向企业解释到底流程的价值是什么。这是一个创新。很多企业在导入流程管理理论的时候遇到很多问题，比如，到底什么是端到端流程？如何设计和管理端到端？流程优化工作应该如何开展？长效机制应如何搭建？……本书会就这些问题一一解答。本书通过“图片+简要说明+案例”这一比较新颖的创作形式，力图推进流程管理理念和方法在中国的普及。

本书内容的创新主要体现在，提出了流程优化需求漏斗管理四步法、流程优化项目管理六步法、流程 360 度评估优化表、流程优化运作时钟、广义端到端流程管理等方法，并对流程的价值进行了全面翔实的解读。

全书具体分为 8 章。第 1 章介绍了为什么需要流程管理。第 2 章介绍了流程管理的价值。第 3 章介绍了端到端流程管理。第 4 章详细介绍了流程规划与梳理。第 5 章介绍了流程优化需求漏斗管理四步法。第 6 章阐述了流程优化项目管理六步法。第 7 章介绍了端到端流程优化实例：战略执行流程。第 8 章阐述了流程与公路的关系。

中文书名：公司治理之道：控制权争夺与股权激励

英文书名：Corporate Governance：Control Contest and Stock Incentive Compensation

作者：马永斌（Ma Yongbin）

出版社：清华大学出版社（Tsinghua University Press）

出版时间：2013 年 5 月 1 日（May 2013）

书籍简介：公司治理制度设计的本质是解决 3 种“黑”与“被黑”的关系。首先要解决的是股东之间互相“黑”的问题，主要涉及股权结构设计、控制权争夺、公司章程制定等；其次是要解决经理人“黑”老板的问题，主要涉及董事会制度、信息披露制度和股权激励等；最后是要解决公司的实际控制人“黑”利益相关者的问题，这里主要指债权人保护问题。《公司治理之道：控制权争夺与股权激励》作者马永斌认为，公司治理是一个企业家在资本运营和企业做大过程中必须掌握的“防黑武器”。

《公司治理之道：控制权争夺与股权激励》跳出了学者和资本家的视角，打破公司治理的学术框架，完全站在一个企业家的角度对股东之间互相“黑”和经理人“黑”老板这两个问题进行重点阐述。以企业家关心的控制权和股权激励为主线展开，宣扬一种共赢的公司治理理念。以企业家的立场来看，公司治理是防止资本家和经理人来“黑”自己，但目的绝对不是反过来“黑”对方。健康的公司治理理念需要的是相互制衡机制，让企业家、资本家和经理人谁也“黑”不了谁。为了实现自身利益优秀化，首先要确保大家的共同利益——公司利益优秀化：在此基础上，优秀化每一个企业参与人的利益。

具体共分为 10 章。第 1 章介绍了公司治理常识；第 2 章介绍了公司治理制度的设计原则；第 3 章介绍了股权结构与控制权争夺；第 4 章详细介绍了章定权利与股东权利保护；第 5 章介绍了经理人道德风险的五道基本防线；第 6 章阐述了董事会制度的应用实践；第 7 章介绍了经理人道德风险的关键防线；第 8~10 章阐述了股权激励的最优模式设计，股权激励典型案例分析及股权激励七定法：定对象、定模式、定业绩、定数量、定价格、定来源、定时间。

中文书名： 企业文化力机制研究：基于战略人力资源管理视角

英文书名： Study on the Mechanism of Corporate Culture Power: From the View of Strategic Human Resource Management

作者： 杨浩（Yang Hao），宋联可（Song Lianke）

出版社： 上海财经大学出版社（Shanghai University of Finance and Economics Press）

出版时间： 2013 年 12 月 1 日（December 2013）

书籍简介：《企业文化力机制研究：基于战略人力资源管理视角》综合运用了心理学、社会学、系统工程学和管理学等多学科理论与方法，经过一系列精密合理的研究设计，从企业战略人力资源管理的角度出发，以提升企业竞争力为目的，采用理论模型、案例分析和经济计量等方法，研究企业文化力生成路径和作用机理，揭示了企业文化和企业战略人力资源之间的内在逻辑联系，分析了企业文化力对企业人力资源整合的作用，建立了一套适用于中国企业实际情况的企业文化力指标体系。这些成果对中国企业进行企业文化建设，尤其是如何运用企业文化的工具来提高企业竞争力具有指导作用；同时，可以用于指导企业的战略人力资源管理实践，为提升中国企业人力资源管理水平提供具有可行性和操作性的新途径，具有较强的理论和实践意义。

《企业文化力机制研究：基于战略人力资源管理视角》构建了基于心理契约分析企业文化力的生成路径和理论模型，建立了基于中国企业的文化力评价指标体系。这些成果可以用于评价企业文化力现状，进而提升企业文化水平。分析了企业文化力的 3 个组成部分——精神文化力、制度文化力、行为文化力对企业核心能力的作用机理，同时还发现内部职业机会、工作规程对企业文化力具有显著影响。

《企业文化力机制研究：基于战略人力资源管理视角》主要的创新点有：

1. 构建了基于心理契约分析企业文化力的生成路径和理论模型，建立了基于中国企业的文化力评价指标体系。这些成果可以用于评价企业文化力现状，进而提升企业文化水平。

2. 分析了企业文化力的 3 个组成部分——精神文化力、制度文化力、行为文化力对企业核心能力的作用机理，同时还发现内部职业机会、工作规程对企业文化力具有显著影响。

3. 将战略人力资源管理、人力资本、柔性战略管理与企业文化力结合研究，分析了战略人力资源管理对企业文化力的影响，探讨了基于企业文化力的战略人力资源管理模式。

第二节

英文图书精选

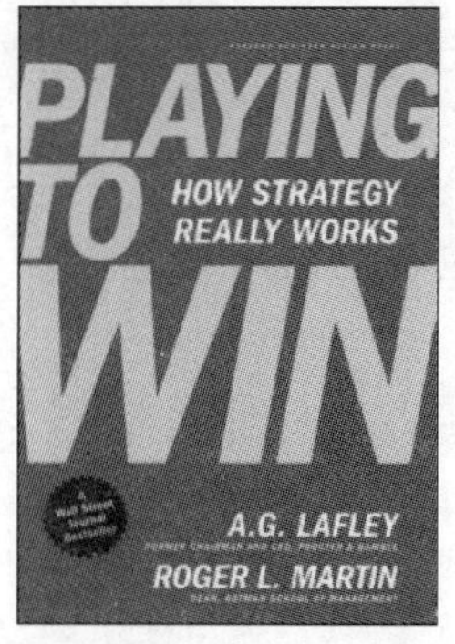

书名：Playing to Win：How Strategy Really Works
宝洁制胜战略

作者：A.G. Lafley（雷富礼），Roger L. Martin（罗杰·马丁）

出版社：Harvard Business Review Press（哈佛商学院出版社）

出版时间：2013 年 2 月 5 日（Feb. 5th，2013）

书籍简介：作为拥有上百年悠久历史的公司，宝洁有着辉煌的过去。在 2000~2009 年这 10 年间，宝洁取得了一系列斐然的成绩，这一切都源于一个人——雷富礼。雷富礼凭借自己在战略制定和战略选择上的超凡能力不断改造宝洁。与此同时，他还与密友、同样身为战略大师的罗杰·马丁一起，为宝洁建立了完整、规范且实用的战略制定和选择工具。两位战略大师提出了他们的战术指导，即五大选择、一项流程和一个架构。五大选择，即战略选择级联包括的五大基本选择：取胜愿景、进军哪类市场、如何取胜、企业所需能力以及管理体系。如果管理者们能将重点放在制定这一整套选择上，战略便不会像他们中许多人所认为的那样复杂、繁重并充满官僚主义色彩。相反，战略能够也应该是简单、有趣且高效的。战略还应包含希望，能让组织中的所有成员在共享选择的背景下凝聚到一起，从而强有力地改善他们的日常工作。

为能从真正意义上缜密地思考战略，选择级联是远远不够的。这时一位伟大的 CEO 和一位著名的教育家合力为读者打造了一本思考战略必读的书籍。两位战略大师为我们提供了战略逻辑流程和逆向工程分析两大工具。战略逻辑流程是为直接指导企业思考关键分析而设计的架构，而这些关键分析能够展现企业的战略选择；而逆向工程分析则用于配合其他工具来做出战略选择。纵观而言，这五大选择、一个架构、一项流程，为所有企业精雕细琢自己的战略提供了战术指导。

《宝洁制胜战略》将思考的深度性和操作的简单性结合到一起，它清晰明确地解释了何为商业战略和如何制定战略。雷富礼和马丁从他们来之不易、弥足珍贵的经验中提取精华，提供极富洞察力、亲证可行的战略工具，启发企业对自身业务进行全新的战略性思考。这本书是有深刻见解的自助式指南，揭开了如何制定、执行以及不断改善商业战略的神秘面纱。通过有意义的、真实的案例，两位作者提供了行之有效的方法，让企业在当前极具挑战的全球商业环境中，能够参与竞争并取得胜利。

正如著名未来学家、趋势专家，畅销书《全新思维》、《全新销售》、《驱动力》作者丹尼尔·平克所说，阅读这本书，就如同坐在“战略超级碗”的观赛贵宾席上。相信阅读本书后，读者会对企业战略选择有更新的认识。

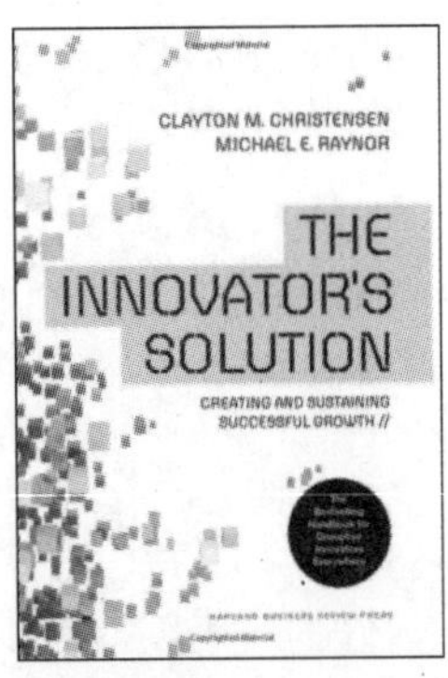

书名： The Innovator's Solution：Creating and Sustaining Successful Growth
创新者的解答

作者： Clayton Christensen（莱顿·克里斯坦森），Michael Raynor（迈克尔·雷纳）

出版社： Harvard Business Review Press（哈佛商学院出版社）

出版时间： 2013 年 11 月 19 日（Nov. 19th，2013）

书籍简介： 最好的公司里只有 1/10 能够保持增长。资本市场要求所有的公司寻求这样的机会，并给予失败者毫不留情的打击。为什么持续的增长如此难以实现？按照克里斯坦森和雷纳的说法，失败并不是因为缺乏有能力的领导者，也不是因为客户的需求难以预料，而是因为企业不自觉地放弃了破坏性创新的潜力。通过对企业的长时间研究，克里斯坦森和雷纳认为创新是保持持续增长的最可靠的途径。他们明确指出了迫使企业主采取错误决策的原因，并提供了新的框架帮助企业主在正确的时间做出正确的决定。

创新者的解答解决了以下问题：

如何判断一项计划是否具有破坏性？

什么样的竞争环境有利于成熟企业或入侵者？

什么样的市场细分能够提供新的增长点？

哪些业务适合外包？

我们如何投资一项新的业务？

我们如何选择一位合适的领导者？

在可能创造利润的领域如何定位自身？

《创新者的解答》中所述的重要观点——“破坏性创新”，适合政府、企业、组织、个人用以拟定策略，突破成长障碍。如果你怀疑成长终究会碰到极限，如果你不确定新的投资布局到底会是机遇还是陷阱，那么你将在这本书中找到解答。

书中重点讨论所有管理者在进行创新成长时必须面临的 9 个最重要的决策，这些决策代表了驱动创新成功走出黑匣子的关键行动。书中的每一章都会提出一个专门的理论，管理者可以选择使用，从而大大提高胜算。这些理论中的一部分来自于克里斯坦森和雷纳自身的学术研究，还有一些则是来自于前辈学者们的智慧结晶。克里斯坦森和雷纳借鉴了很多学者的成果，他们的理论包括“基于条件不同而进行分类的因果关系”，大大提高了业务创建过程的可预测性。各章中主要说明的重点如下。

第二章：我们怎样战胜最强大的竞争对手？什么样的策略会导致我们被竞争对手击败？什么样的策略能帮助我们取得优势？

第三章：我们应该开发什么样的产品？对于当前产品做出什么样的改进能让客户追捧有加？什么样的改变会被客户漠视？

第四章：初期客户中有哪些能成为坚实的客户基础，能帮助企业成功发展业务？

第五章：在设计、生产、销售和分销产品的过程中，哪些工作是必须由我们企业内部完成的，哪些是可以依赖我们的合作伙伴和供应商来提供的？

第六章：怎样确保我们在拥有可观利润的同时还保有强大的竞争优势？怎样判断产品即将货品化？如何保持丰厚利润？

第七章：对于创新业务来说，最佳的组织结构是怎样的？哪些组织部门和管理者应该投身于创新之中并对其成败负责？

第八章：我们如何保证成功策略的细节无懈可击？什么时候要重点考虑策略的灵活性？什么时候灵活处事会导致失败？

第九章：哪种资金能帮助我们成功？哪种资金会使我们走上绝路？在发展的不同阶段，哪些资金来源能给我们带来最大的帮助？

第十章：在维持业务成长的过程中，CEO 扮演的是什么角色？什么时候 CEO 该放手，什么时候该挺身而出？

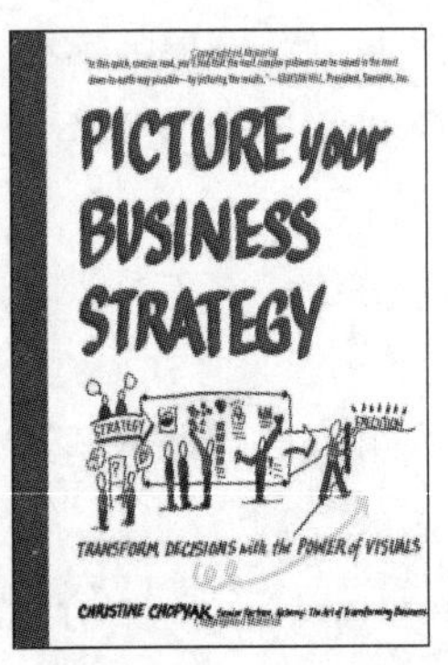

书名： Picture Your Business Strategy：Transform Decisions with the Power of Visuals

商业思维导图

作者： Christine Chopyak（克里斯汀·乔普雅克）

出版社： McGraw-Hill Education（麦格劳—希尔教育出版公司）

出版时间： 2013 年 6 月 4 日（Jun. 4th，2013）

书籍简介： 本书将思维导图与企业管理相结合，指导企业及团队管理者和决策制定者如何运用图画来设计、组织和思考商业计划，明确区分企业中不同的人、不同体系和不同生产能力发挥的不同作用，以及通过标注基准的路线图来有效管理企业的发展进度，通过项目行动蓝图来把握企业每个行动的来龙去脉，以保证项目的成功，还可以为全体员工绘制未来蓝图。借助书中大量别具匠心的图示和简明易懂的模板，你可以释放自己的思维和创造力，为自己的管理方式提供理念和灵感。本书适用于企业、团队管理者，战略决策制定人员，尤其是希望打破传统规划方式、寻求转型、激发员工热情的管理者。

书名： The Top 50 Management Dilemmas：Fast Solutions to Everyday Challenges
50 大管理难题解决方案
作者： Sona Sherratt（索娜·谢拉特），Roger Delves（罗杰·德尔夫斯）
出版社： FT Press（金融时报出版社）
出版时间： 2013 年 12 月 31 日（Dec. 31st，2013）

书籍简介： 现代管理者通常会遭遇以下困境，比如：

员工：缺乏动力与信心，总是拒绝反馈，才华横溢却孤芳自赏……

团队：绩效不佳，逃避责任，自恃过高而无视他人……

合作方：期望不切实际，回避正当请求，态度居高临下……

冲突：团队躲避争论，下属挑起不当竞争……

权力：争取决策受挫，遭遇组织政治，事无巨细却遭人嫌弃……

高处不胜寒？举贤不避亲？你深陷其中，怎么也找不到突破思路。

管理者们都曾碰到这样的情形，突然在某个地方卡了壳，却怎么也找不到突破的思路。本书要解决的正是这些棘手的问题，为管理者提供清晰的思路，帮助他们找到正确的方向。当今的商界比以往任何时候都要扑朔迷离，每一位管理者，不管是哪一个级别，几乎每天都要面临棘手的困境，需要在更短的时间内对不同的观点和建议做出判断。然而工作繁忙，日程紧张，如何快速、高效地掌握一些技巧并将其付诸实践，考验着管理者的神经。

世界顶尖商学院阿什里奇（英国排名冠军，MBA 毕业生薪资增长位居世界之首）培训专家，通过 50 个具有挑战的日常案例，传授了不同场景下的管理技巧应用，不管是什么难题，员工层面的、团队层面的、外部客户的、冲突、变革、权力等，你都能从中找到答案，获得问题解决方案。

更高效、更正确地工作——快速了解如何行动才能得到很好结果。

发展更牢固、稳定的关系——让员工做到很好，把团队管理得更好，与客户关系更紧密。

打造解决问题的工具箱——避免职业停滞，培养强大的个人发展技能。

增加声望，提升个人品牌——塑造适应性强、灵活变通、深谋远虑、说到做到的管理者形象。

毫无疑问，遇到管理难题时，这本书可以提供十分有益的参考，纵然不能立刻带你脱离困境，但一定能指明清晰的方向。

本书共由 7 章组成。第 1 章为员工层面的难题；第 2 章为团队层面的难题；第 3 章为来自外界的难题；第 4 章为冲突带来的难题；第 5 章为变革中的难题；第 6 章为权力、政治和影响力带来的难题；第 7 章为涉及自己的难题。

书名： Global Supply Chain Management：Leveraging Processes，Measurements，and Tools for Strategic Corporate Advantage

全球供应链管理：企业战略优势的利用过程、测量和工具

作者： G. Tomas M. Hult（托马斯·浩特），David Closs（大卫·克洛斯），David Frayer（大卫·福瑞尔）

出版社： McGraw-Hill Education（麦格劳—希尔教育出版公司）

出版时间： 2013 年 11 月 7 日（Nov. 7th，2013）

书籍简介： 利用你的供应链实现利益最大化。

你有以长期运营为目的设计的全球供应链战略吗？

约有 90%的全球需求无法由本地供应完全满足，全球供应链即将占有跨国公司 25%的业绩。与此同时，一个公司的供应链在未来十年占比需要达到 43%才能保持竞争优势。

本书由这一领域当今顶尖专家合作完成，3 位作者均来自密歇根州立大学，是研究竞争世界供应链管理的领军人物。《全球供应链管理》告诉您：如何利用工具通过为企业整体战略制定核心要素，最终极大提高供应链效率。

《全球供应链管理》助您一步一步创造和管理全球供应链战略，并结合所在行业进行调整，学习您应该了解的有关供应链策略关键功能发展核心战略的全部内容：

- 物流：整合物流的战略和战术活动；
- 采购：管理全球采购转换；
- 运营：系统地设计、指导和控制流程；
- 市场渠道：有效地连接您的供应链和客户。

本书进行了深入的案例研究，用数据展示美国运通、百威英博、戴尔、联邦快递、戴姆勒、雀巢、诺基亚、微软和其他几个知名公司是如何运用全球供应链应用策略实现利润增长。《全球供应链管理》可以帮助您采取行动，推动公司获得同样的成功。

如果您确实想参与到今天以及未来的竞争中，就必须在整个企业战略中实行供应链管理集成。《全球供应链管理》为您建立长期的战略设计提供全部帮助。

书名：Quantitative Methods in Supply Chain Management：Models and Algorithms

供应链管理中的定量方法：模型和算法

作者：Thomas F. King（托马斯·金）

出版社：Springer（施普林格）

出版时间：2013 年 11 月 29 日（Nov. 29th，2013）

书籍简介：《供应链管理中的定量方法：模型和算法》提出了一些在供应链管理的背景下产生的用于建模和解决问题最重要的方法和工具。在本书语境中，“解决问题”通常意味着设计获得高质量解决方案的高效算法。

第一章是对包括连续无限制和限制条件的线性和非线性优化算法的广泛回顾，同时还包括动态规划和离散优化的方法和启示。第二章展示了时间序列预测方法和为了新产品和新服务的需求前瞻而采取的市场需求预测新技术。第三章详述了生产计划和人员调度方面的规划和调度的模型和算法重点。第四章展示了库存控制确定性和随机模型，以及为了最优地控制这类系统的定期检查体系和算法的详细分析。第五章讨论了供应链管理过程中出现的各种区位/分配问题的模型和算法，尤其是运输分销管理过程中出现的各种问题，如车辆路径问题等。第六章也是最后一章列举了一个有关供应链管理新趋势的简短列表，并讨论在不久的将来这一新趋势带来的相关挑战。

总体而言，《供应链管理中的定量方法：模型和算法》一书可能会吸引供应链管理、业务管理、运筹学、工业工程和计算机科学等领域的学生和研究者的兴趣。

书名：Workforce Asset Management Book of Knowledge
人力资源管理知识手册

作者：Lisa Disselkamp（丽萨·蒂索凯姆普）

出版社：Wiley（威利）

出版时间：2013年4月8日（Apr. 8th，2013）

书籍简介：人力资源管理技术认证官方学习指南，包含时间和劳动力管理的核心知识。

时间和劳动管理技术专业的世界标准——《人力资源管理知识手册》是人力资源管理认证的官方指南。这本基础指南为劳动力管理和系统编辑了一个行业内常见词汇库，旨在设计一个行业内普遍接受和适用的实践标准。

● 囊括了这一领域领军人物的贡献；

● 涵盖了从供应商和产品选择，到实施计划和执行、系统设计、测试和变更控制、金融分析、根据工作负载和基础技能安排人手，以及如何使用这些系统管理劳动力成本和生产力；

● 知识点侧重于各个行业与各种类型的雇主的工人和技术；

● 围绕计时和劳动力调度技术进行设计。

这本书来源于这一领域专家学者的智慧，巧妙地涵盖了知识、实践、规范和技术领域内的人力资源管理体系。它提供了有关制定劳动力使用时间和考勤系统、劳动力安排、生产力、人力资源预算、人力资源软件应用程序、数据、工资和人力资源的薪酬和福利等相关知识点。

全书包括6章。第一章为人力资源管理背景；第二章为组织的框架；第三章为计时；第四章为调度和劳动管理；第五章为分析、数据和集成；第六章为项目实施和支持。

书名： HBR Guide to Project Management（HBR Guide Series）
《哈佛商业评论》项目管理指南（《哈佛商业评论》指南系列）

作者： Harvard Business Review（哈佛商业评论）

出版社： Harvard Business Review Press（《哈佛商业评论》出版社）

出版时间： 2013年1月15日（Jan. 15th，2013）

书籍简介： 依照时间和预算满足您的目标。

在被一群利益相关者死死盯住时，你如何控制项目的范围？如何制定一个人人都可以坚持的时间表？怎样才能激励时间和注意力有竞争需求的团队成员？

无论你是管理自己的第一个项目还是只是厌倦了临时应对，这本指南都能够给你提供需要的工具和信心，用来制订合适的目标、实现它们、获取经验教训以使未来的项目进行得更加顺利。

《〈哈佛商业评论〉项目管理指南》将帮助您：

- 建立一个强大的、注意力集中的团队；
- 将主要目标分解成可管理的任务；
- 创建一个控制所有行动的时间表；
- 监控你的目标进度；
- 迎合利益相关者的期望；
- 完成您的项目并量化其成功。

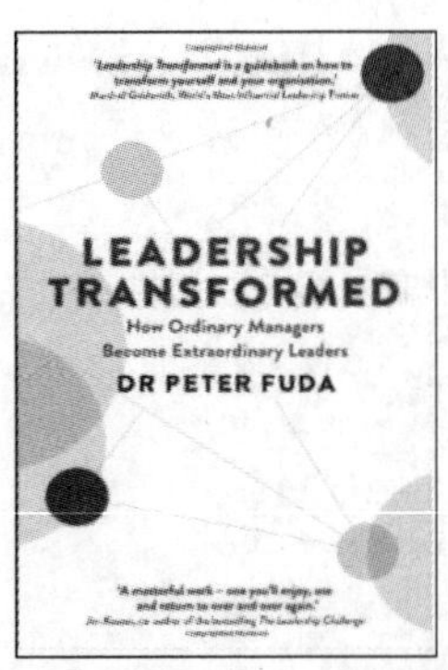

书名：Leadership Transformed：How Ordinary Managers Become Extraordinary Leaders

改变领导力：普通经理人如何成为非凡领袖

作者：Peter Fuda（彼得·富达）

出版社：New Harvest（新收获）

出版时间：2013 年 8 月 20 日（Aug. 20th，2013）

书籍简介：一位优秀的经理人如何成为一名伟大的领导者？问问商界的其他人，你会得到一千种不同的答案。但是现在，国际知名的领导力研究专家彼得·富达博士在《改变领导力》中创建了一条能够有效改善领导力的单一而连贯的路线图。

经过 10 多年的研究和实践，富达博士根据世界各地上百名 CEO 变身高效领导者并改变他们所在组织的绩效的案例总结出 7 个共同主题。通过本书富达博士发现，类比是深入而广泛探讨这 7 个主题并描述这些 CEO 所具备的优势的最佳方法。

- 火：引发和维持改变工作的激励力量。
- 雪球：相互问责，以及伴随在大量的领导人身边承诺共享领导原则的势头。
- 大厨：可以“巧妙”部署的领导力框架、工具和策略。
- 教练：一个“教练组”如何帮助领导人实现自己的愿望。
- 面具：领导人可以摆脱戴着面具的沉重负担，成为一个表里如一的“最好的自己”。
- 电影：领导人可以训练自我意识和反思的关键能力。
- 俄罗斯套娃：领导人的个人成长如何与他或她的同事和组织的发展相匹配。

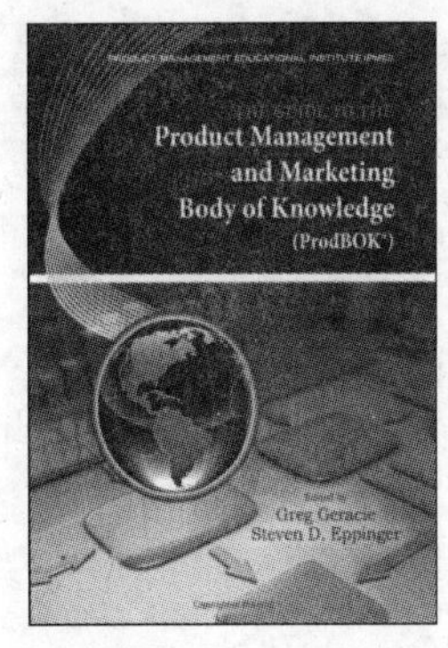

书名：The Guide to the Product Management and Marketing Body of Knowledge（ProdBOK）
产品管理和营销知识指南（ProdBOK）

作者：Greg Geracie（格雷格·格瑞希），Steven D. Eppinger（斯蒂文·艾品格尔）

出版社：Product Management Educational Institute（产品管理教育研究所）

出版时间：2013 年 9 月 20 日（Sep. 20th，2013）

书籍简介：为了完善《产品管理和营销知识指南》，众多产品管理领域的领军人物和一线的产品经理共同制定了产品管理标准。这项工作的提升源于项目管理、用户体验和业务分析师对商界领导人的理解：这些人希望进一步定义和优化基本工作关系，从而提高产品经理人的效率。作为产品管理社区与跨专业的开创性合作，ProdBOK 指南提供了产品管理和市场营销方面最全面的观点，适用于范围广泛的产品和服务。由此产生的标准为产品经理人提供了基本知识，以便提高产品管理的实践能力，传递组织化的结果。

● 引入了对商品和服务产品管理的生命周期；

● 围绕并定义传统商品开发流程，如瀑布流等，同时在阿吉尔系统框架下开发新流程；

● 阐明产品经理在产品生命周期管理的各个阶段应该考虑的各种输入和输出；

● 强调如何优化产品管理专业人员和在项目、计划、项目组合管理、用户体验和业务分析师社区等方面相对应人员之间的工作关系；

● 描述产品经理应该意识到并利用其为组织创造价值的基本工具。

ProdBOK 指南代表了全行业的共同努力，目的是建立一个产品管理的实践标准。这本书得到了国际产品营销和管理协会（AIPMM）的赞助。国际产品营销和管理协会成立于 1998 年，旨在帮助像您这样的专业人士获得更高层次的知识，提升你每天给所在组织带来的进步。

作者格雷格·格瑞希是公认的产品管理思想领军人物，也是驱动咨询（Actuation Consulting）的主席，这家机构旨在面向一些世界知名公司进行全球供应商产品管理培训、咨询和顾问服务。格雷格是全球畅销书《负责产品管理》的作者，作为主编领导 ProdBOK 指南的发展。他也是伊利诺伊州的芝加哥德保罗大学副教授。斯蒂文·艾品格尔是麻省理工学院（MIT）斯隆管理学院的管理科学和创新教授。他在麻省理工学院教授产品开发和复杂项目管理的执行科目，与他人合著了该领域的前沿教材《产品设计和开发》（2012 年第 5 版，麦格劳—希尔出版社），被世界上百所大学采用。

书名： Knowledge Integration & Innovation：Critical Challenges Facing International Technology-based Firms
知识集成与创新：基于技术的国际公司面临的关键挑战

作者： Christian Berggren（克里斯蒂安·贝尔格伦），Anna Bergek（安娜·贝尔格克），Lars Bengtsson（拉尔斯·本森），Michael Hobday（麦克·霍布得），Jonas Söderlund（乔纳斯·索德伦德）

出版社： OUP Oxford（牛津大学出版社）

出版时间： 2013年1月24日（Jan. 24th，2013）

书籍简介： 科技型企业的持续竞争主要在于创新，以及被一个严格的市场不断要求提出新的解决方案。随着技术复杂性和专业化加深，企业越来越需要通过项目组、多样化组织、组织间的伙伴关系和战略联盟整合和协调知识。创新过程逐步成为整合知识的跨学科的、协作的、组织间的、国际的和单个公司的能力，跨学科、组织和地理位置对其可行性和成功有很大的影响。

这本书向我们展示了现代企业中知识集成在促进创新方面的重要性，提供了先决条件、机制和知识集成流程结果等方面原始而详细的实证研究。其中组织的几个层次包括关键人物、项目和内部组织以及公司间的合作。本书强调理解的知识集成作为一个多层次的现象的必要性，这需要一个广泛的组织和技术手段。本书还进一步澄清了强大的内部能力对利用外部知识的必要性，揭示了知识集成成本如何对结果和战略决策构成影响，并探讨了促进知识整合的管理问题，为在高科技企业进行知识整合的管理人员提供实际指导和支持。

书名： Organizations and Social Networking：Utilizing Social Media to Engage Consumers
组织和社交网络：利用社会媒体来吸引消费者

作者： Eldon Y. Li（李爱东）

出版社： Cambridge University Press（剑桥大学出版社）

出版时间： 2013 年 3 月 28 日 （Mar. 28th，2013）

书籍简介： 现代商业前景要求组织保持与客户和投资者的在线联络。因此，了解社交媒体和电子商务之间的联系是培养这些基于互联网的关系的第一步。《组织和社交网络：利用社会媒体来吸引消费者》为商业实践中使用社交技术的理论研究和实际应用提供了一个广泛的调查。

这本书通过探讨 21 世纪各种在线业务的网络工具和平台的出现带来的机遇和挑战，展示了电子商务、社会化营销、在线协作社区和提供前沿信息和技术发展的社会分析人士在各个企业实践的案例。这本书是市场营销、客户关系管理以及电子服务系列图书的一部分。

书名： Project Management for the Oil and Gas Industry：A World System Approach

石油和天然气行业项目管理：一种世界体系方法

作者： Adedeji B. Badiru（阿德戴吉·白蒂鲁），Samuel O. Osisanya（萨缪尔·欧斯萨亚）

出版社： CRC Press（CRC 出版社）

出版时间： 2013 年 1 月 23 日（Jan. 23rd，2013）

书籍简介： 石油和天然气项目的管理面临独特的挑战，涉及管理科学、技术和工程等方面。《石油和天然气行业项目管理：一种世界体系方法》强调在这一领域项目所涵盖的具体问题，为项目管理技术提供了循序渐进的应用。本书采用项目管理协会（PMI）提供的项目管理的知识体系框架（PMBOK®）作为平台，提供了概念、工具和技术在管理石油和天然气项目实践中的综合运用方案。

作者探讨了一些专业工具的使用，包括：策划、实施、检查、改进（PDCA）；定义、测量、分析、改进、治理（DMAIC）；供应商、输入、过程、输出、客户（SIPOC）；设计、评估、调整、整合（DEJI）；质量功能展开（QFD）；关联图、流程图；帕累托图和直方图；等等。还探讨了石油和天然气领域主要活动的风险评估，包括可行性研究、设计、运输、机制、调研、建设、永久结构工程和机电安装与维护等。

本书大力倡导一种管理石油和天然气项目和方案的世界体系方法，涵盖了定量和定性的技术。其中涉及项目的技术和管理方面，以真实项目的情况举例，阐释了项目管理工具的应用和技术，可以为最佳实践提供经验教训。本书对石油和天然气项目的管理进行了深入探讨，是这一领域的专业手册，也是技术顾问指南。

全书的内容框架如下：

- 石油和天然气行业的世界体系框架；
- 石油和天然气项目的特点；
- 项目管理知识体系；
- 石油和天然气项目沟通方法；
- 对石油和天然气项目的关键路径方法；
- 拖动高效：时间对关键路径失踪的量化；
- 石油和天然气行业项目管理中的决策工具；
- 项目进度预测与控制：联邦设计建造工厂采购计划的可靠预测；
- 多属性钻井系统选择；
- 石油和天然气建设项目管理；
- 石油和天然气中的工程经济学；
- 项目风险分析。

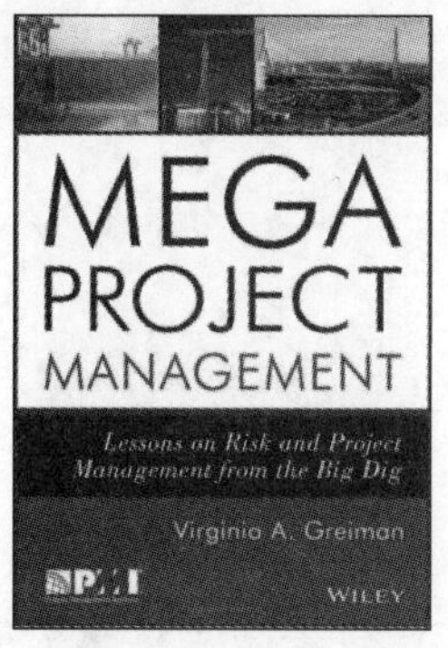

书名： Megaproject Management：Lessons on Risk and Project Management from the Big Dig

超级项目管理：大挖掘中的风险和项目管理经验教训

作者： Virginia A. Greiman（弗吉尼亚·格雷曼）

出版社： Wiley（威利）

出版时间： 2013 年 6 月 17 日（Jun. 17th，2013）

书籍简介： 从大挖掘中学到的项目管理课程，美国最大的超级项目，项目日常运营核心团队成员撰写。在《超级项目管理》中，大挖掘团队的核心成员揭示了这一美国历史上最复杂的城市基础设施项目中的风险、挑战和成就。作者是大挖掘工程前任副顾问和风险经理，凭借个人经验和对项目工程师、运营监督委员会官员和核心经理人的采访，拓宽了新的眼界，同时从项目经理的角度描述了项目管理的日常现实情况。

本书结合了理论和实践，因此强烈建议政策制定者、学者、从业者和项目管理者阅读。这本深刻的教科书关注经验教训，从大型案例的角度介绍了大挖掘的管理风险、成本和计划表，特别是技术、法律、政治和社会因素之间的相互关系。本书提供了在大型项目管理周期每个阶段的困难分析，传达了有关项目出问题的原因以及避免项目失败方面的经验教训。它还提供了在当今全球社会中提高项目管理绩效和创新的新想法。

这本独特的指南：

- 定义大型项目的特点和框架；
- 回顾大挖掘的历史、利益相关者和管理方法；
- 检查项目的经营范围、调度和成本管理，包括项目延期和成本超支；
- 分析大挖掘的风险管理和质量管理；
- 揭示如何通过整合和变革引进并建设可持续发展项目。

全书的内容框架如下：

- 大挖掘项目简介；
- 大挖掘的历史与财务状况；
- 利益相关者；
- 治理；
- 大型项目范围管理；
- 调度；
- 成本历史记录；
- 成本管理；
- 大型项目与巨大风险；

- 质量管理；
- 通过整合与变革可持续地发展项目；
- 领导力。

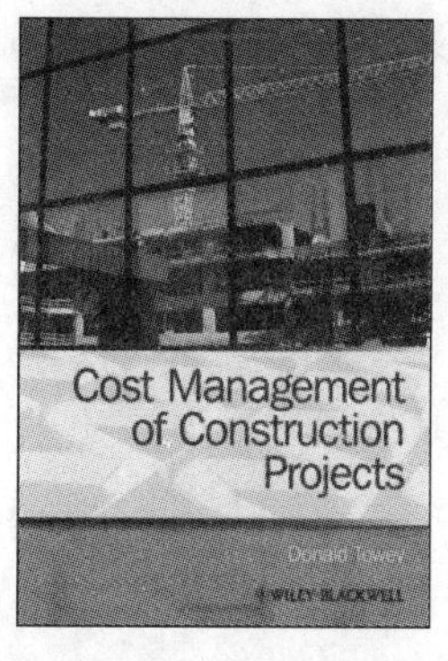

书名： Cost Management of Construction Projects
施工项目成本管理
作者： Donald Towey（唐纳德·托维）
出版社： Wiley-Blackwell（威利—布莱克威尔）
出版时间： 2013 年 8 月 26 日（Aug. 26th，2013）

书籍简介： 在金融和建筑工程合同管理中，成本经理/施工技术员扮演一个关键的角色，尽管他们所提供的服务的确切性质取决于项目雇主的条款。这可能意味着顾问扮演多重角色，包括成本和项目启动预算的咨询服务、设计和施工阶段的成本管理、整个建设过程中的合同管理与客户端的监管。

《施工项目成本管理》关注项目客户关注的成本管理和质量调查，探讨了带领项目走向成功的关键要素，包括测量（基于 RICS 发布的测量新规）、采购、成本规划、项目合同管理和成本管理等。它通过案例为成本经理/施工技术员提供了工作场合和这一领域直接解决日常情况下面临问题的全面指南。

唐纳德·托维在工程行业有着丰富的经验。他最初是曼彻斯特的一位玻璃承包商。在英国历任多种承包商职位后，移居澳大利亚，与许多开发人员和主要承包商都有来往，同时从事自由职业。他目前常住悉尼，从事合同管理工作。

全书的内容框架如下：

- 实践程序；
- RICS 测量新规（NRM）；
- 合同签署前的成本管理；
- 采购系统；
- 工程合同；
- 合同签署后的成本管理。

书名： Project Risk Management：Essential Methods for Project Teams and Decision Makers

项目风险管理：项目团队和决策者的关键方法

作者： Yuri Raydugin（尤里·雷杜金）

出版社： Wiley（威利）

出版时间： 2013 年 9 月 10 日（Sep. 10th，2013）

书籍简介： 一本易于实现、实践并证明项目管理者和决策者的风险管理方法的书。《项目风险管理：项目团队和决策者的关键方法》一书源于作者为几个大型和超大型资本项目工作的经验，包括荷兰皇家壳牌、泛加输油管道、横贯亚博达、艾科赛斯管道、梅格能量和兰万灵等，揭示了如何实现一个一以贯之的风险管理方法，包括概率方法。本书基于作者开发且得到证明的培训材料、模型和工具，其目的是让风险管理计划可行且易于实现。

- 由经验丰富的风险管理专家撰写；
- 显示项目团队和决策者必要的风险管理方法；
- 为项目管理专业人士配备培训材料、模型和工具。

风险管理已被确定为项目管理专业（PMP）认证 9 个科目之一。然而在项目管理的现实中它仍然容易陷入困境。《项目风险管理：项目团队和决策者的关键方法》具有实用性，且条理清晰，帮助项目管理者和决策者在实际中理解风险管理的基础，并运用于项目管理的实践之中。

全书的内容框架如下：

- 项目结果基础的不确定性；
- 确定性方法；
- 蒙特卡洛概率方法；
- 风险管理案例研究：项目的好奇心。

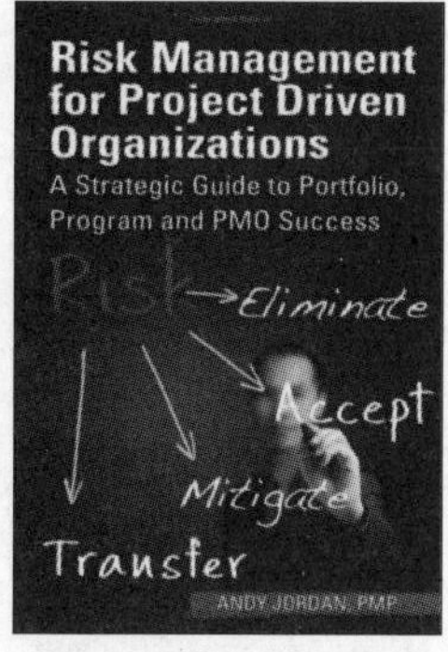

书名： Risk Management for Project Driven Organizations：A Strategic Guide to Portfolio，Program and PMO Success
项目驱动组织的风险管理：投资、程序和 PMO 成功战略指南

作者： Andy Jordan（安迪·乔丹）

出版社： J. Ross Publishing（J. 罗斯出版公司）

出版时间： 2013 年 7 月 18 日（Jul. 18th，2013）

书籍简介： 组织为发展和利用风险管理实践投入了大量的时间、金钱和精力，作为它们项目管理原则的组成部分。但是，当你越过项目去看计划、投资组合、PMO 甚至组织化程度时，同一级别的风险指挥和控制很少存在。有鉴于此，这一领域的著名专家安迪·乔丹开始他的研究。他详细探索了投资组合、项目与风险管理，用易于理解的文风带领读者从概念出发探讨进程模型，以及在用户独特的环境中客户导向型模型的应用，极大地帮助读者提高风险管理能力，强化对组织层级的控制力。他还详细地提供了有关这一进程中面对挑战的讨论。项目驱动型组织的风险管理的设计瞄准了 C 级战略决策者，这些人参与到组织的项目、计划、投资组合和 PMO 之中。"主要特征详情"的概念与更高级的风险相连，这些风险可能影响到一个公司的成功，传达出来的信息也在检验着投资组合经理、项目经理和风险管理和 PMO 功能。仔细检查这些角色，我们可以得知每个角色在一个组织中的完善会影响管理风险的能力，包括风险状况、风险承受能力、项目投资组合和影响关系的因素等。分析风险事件和风险之间的因果关系，本书为读者提供了实用指南，提高组织抵御风险的能力，最终目的是为了让组织获得提升：对潜在风险因子的分析是对风险状况的整体侧写，基于这一设计提出风险抵御方法，使管理者可以在项目投资组合和计划中采纳这一模式；WAV 提供可以下载的模板和检查表，从网络附加值方面为风险管理的改进提供帮助。

知名专家安迪·乔丹认识到传统项目层级的风险管理并未对风险对于一个组织的整体影响提供清晰的视野。有鉴于此，他从组织的视角呈现出这一实用且具有适应性的风险管理方法，大大提高了风险指挥和控制能力。他还提供了关于确保有效管理的指导方案。

《项目驱动组织的风险管理》一书的目标人群是高级管理人员中的战略决策者，以及在各行各业组织中负责投资组合、企划、项目和 PMO 的群体。

主要特征：

● 探索了与更高级别风险相关的概念以及这些风险如何影响成功；

● 详细介绍了投资组合经理、项目经理和 PMO 风险管理功能的检验方法；

● 提供了提高组织风险筛查能力的有效方法，对风险进行全方位侧写，基于侧写提出风险防御方法，使管理者可以在项目投资组合和计划中采纳这一模型；

● WAV 提供了促进风险管理改进的模板和检查表，可以从"网络附加资源下载中心"（jrosspub.com）下载。

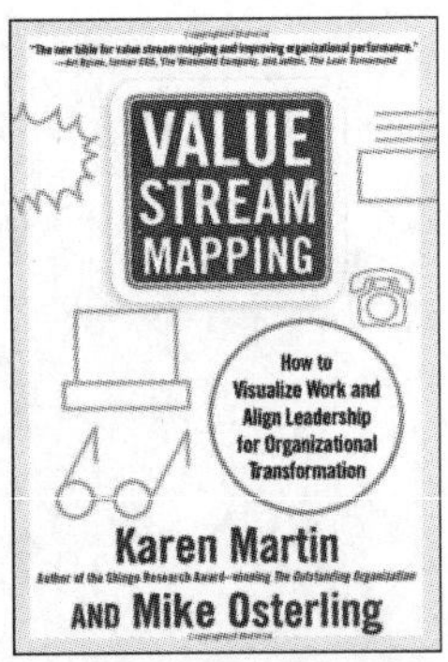

书名： Value Stream Mapping：How to Visualize Work and Align Leadership for Organizational Transformation
价值流程图：如何实现可视化工作并以组织转型为目的改变领导方式

作者： Karen Martin（凯伦·马丁），Mike Osterling（麦克·奥斯特灵）

出版社： McGraw-Hill Education（麦格劳—希尔教育出版公司）

出版时间： 2013 年 12 月 16 日（Dec. 16th，2013）

书籍简介： 辛格研究和专业出版奖获得者！调整领导团队，为客户带来更高价值！

今天太多的组织受困于单一中心行为和组织内部矛盾。但是他们中大多数都不明白究竟是什么阻碍了他们的卓越表现。

价值流程图是一种必不可少的但未被充分利用的方法，可以行之有效地帮助您进行工作可视化、重建联结，在价值传递系统中消除冗余、弥合鸿沟。它不仅是一种减少运营浪费的工具，也是一种转变领导思想、确定战略优先项、建立客户导向型工作流程的有效手段。

在这本详细的指南中，企业绩效改进专家凯伦·马丁和麦克·奥斯特灵提出了在任何环境中深入理解工作如何完成的切实方法，以及如何设计并提高工作系统。

您将学习到：

- 在改造过程中准备并发展领导团队；
- 深入理解现有工作系统和其中阻碍价值传递的内容；
- 设计各方面表现突出的未来；
- 采纳新的设计，为持续改善奠定基础。

无论你是新手、有经验的改善专家还是一个领导者，《价值流程图》将帮助您设计更有效的运作业务的方法。如果您的组织已经使用了价值流程图，这本书将帮助您提升转化效用。

在今天瞬息万变的经营环境中，太多的问题需要解决，太多的机会需要加以利用。如果没有行之有效的手段，很多重要工作就无法完成。价值流程图是企业管理与正确执行中缺失的一环，具有解决很多企业问题的能力。

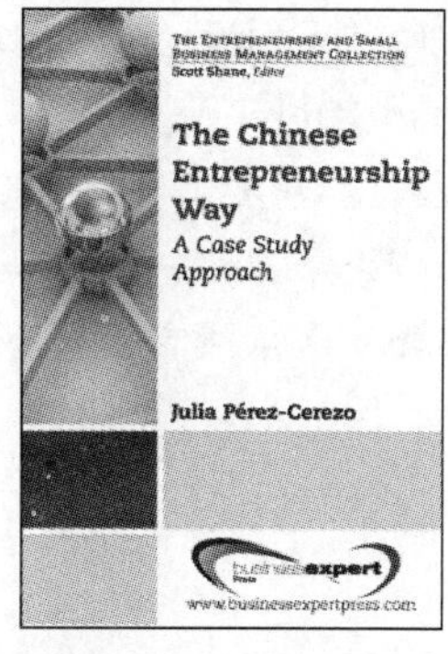

书名： The Chinese Entrepreneurship Way：A Case Study Approach

中国企业家精神：一种案例研究方法

作者： Julia Perez-Cerezo（茱莉亚·佩莱兹—赛莱佐）

出版社： Business Expert Press（商业专家出版社）

出版时间： 2013 年 10 月 15 日（Oct. 15th，2013）

书籍简介： 中国是世界第二大经济体，也随时有望成为最大的。中国的地缘政治力量在以惊人速度发展。据预测，未来 20 年，中国将比世界上任何其他国家具有更大的影响力。我们知道世界秩序正在发生变化，中国正在成为领导力量。但是，中国经济奇迹并不完全归因于政府，而是源自人民压抑已久的野心和创业精神。民营企业占中国国内生产总值（GDP）的 60%，为全国提供了 75%的就业岗位。中国经济飞速发展的真正秘密是中国人民的天性与态度。这本书揭示了中国企业家精神的典范，讲述了 15 位女企业家的故事，但仅仅关注她们的企业家身份。之所以选择她们，是因为在今天的中国，女性更接近孔子的君子理想。

本书证明，中国企业家的良好表现基于几千年来形成的原则和价值观。书中揭示了中国人遵循的创业精神。中国企业家的一个显著特点是他们随着事物的发展走向前进。因此，他们不害怕面对风险或从头再来。逆境出现时他们不会惊慌，因为他们知道，失败乃成功之母。对于中国企业家而言，世上一切皆有可能。这使得他们乐于创新并能持之以恒，也愿意尝试其他人认为不可能或不现实的事情。他们具有独特的内在力量，善于自我激励和自我控制。中国企业家情商极高，是提出新想法和新战略的专家。他们将员工和内部企业文化建设作为企业的灵魂。对他们而言，危机是提高和学习的机会，今天专注高效地工作是为了明天的成功。

中国企业家在中国范式中进行运营，这种范式与我们的西方模式重叠甚少。尽管中国人非常熟悉西方的商业模式，我们西方人却不知道他们是如何运作的。这本书的目的也在于此。

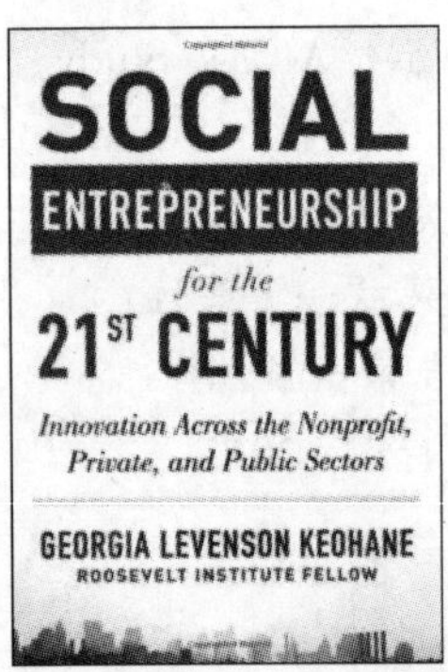

书名： Social Entrepreneurship for the 21st Century：Innovation Across the Nonprofit，Private，and Public Sectors
21 世纪社会企业家精神：非营利、私人和公共部门创新

作者： Georgia Levenson Keohane（乔治亚·莱文森·基欧汉）

出版社： McGraw-Hill Education（麦格劳—希尔教育出版公司）

出版时间： 2013 年 1 月 8 日（Jan. 8th，2013）

书籍简介： 现代社会企业家精神正在改变我们投资的方式，也在改变世界。10 年之内，数以千亿计的美元将被运用于住房、医疗、教育、能源和全球金融服务之中，对社会和环境产生积极影响。虽然取得了非凡的经济和社会收益，但是许多悬而未决的问题依然存在。

什么是驾驭市场推动社会变革的最佳途径？什么类型的投资可以跨越非营利性、私营和公共部门实现共同繁荣？

这本书展示了社会企业家精神的复杂世界，提供了您需要了解的社会投资和创新信息，无论你是一个私人投资者、决策者、非营利经理，还是热情的慈善家。

本书作者是麦肯锡前任高管乔治亚·莱文森·基欧汉，他用明白晓畅的语言解释了《纽约时报》所说“慈善事业和私募股权投资的新兴混合体”的发展。每一个对创新解决方案和社会问题感兴趣的人都应该阅读《21 世纪社会企业家精神：非营利、私人和公共部门创新》。书中，基欧汉：

- 展示了社会企业家精神如何从根本上改变了非营利性组织、私营公司和公共部门；
- 研究了影响投资的承诺——它到底是什么，以及如何发挥作用；
- 阐释了数十亿私人资本在承担社会问题时面对的挑战；
- 指出了地方和国家层面推动社会创新的智能公共政策；
- 推荐了您可以立即参与的具体投资机会。

《21 世纪社会企业家精神》深入覆盖前沿的社会计划和慈善活动，为未来几十年的负责任的投资者和公民提供了知识和工具。

第四章 管理学学科 2013 年会议综述

第八届（2013）中国管理学年会

第八届（2013）中国管理学年会于 2013 年 11 月 8~9 日在上海交通大学徐汇校区文治堂隆重举行。来自全国各院校、各研究领域的学者，以及各行业关注管理研究与实践的企业家、职业经理人等 800 余位嘉宾参加了本次年会。本届中国管理学年会由中国管理现代化研究会和复旦管理学奖励基金会联合主办，并由上海交通大学安泰经济与管理学院承办。

本届年会的主题为“中国管理的国际化与本土化”。在 8 日上午的开幕式上，国家自然科学基金委员会管理科学部主任吴启迪、中国科协学术学会部副部长宋军，以及上海交通大学党委副书记胡近出席并致辞。开幕式由中国管理现代化研究会副理事长、秘书长石勇主持。

在 8 日上午的大会报告环节，普林斯顿大学名誉政治经济学教授与经济学教授、上海交通大学客座教授邹至庄等分别就中国经济问题、中西文化双融及数据包络分析应用研究等领域进行了主题演讲。下午，大会分 17 个管理学相关议题举行了分组论坛，学者们进行了最新研究的交流和探讨。大会还同时举行了青年论坛、期刊论坛、女管理学家论坛，以及中国经管类博士生招聘会等。

9 日上午，管理学年会的另一重要环节——第二届院长论坛上，清华大学公共管理学院院长薛澜、天津大学管理和经济学部主任张维、中山大学管理学院执行院长李仲飞等 7 名知名商学院院长围绕“国际化背景下的商学院发展创新探索”这个主题进行了激烈探讨。院长论坛结束后，举行了首届（2013）中国管理学青年奖颁奖典礼及中国管理学年会交接仪式。至此，本届中国管理学年会圆满结束。

中国管理学年会是中国管理学领域规模最大、层次最高的综合性学术会议，旨在加强中国管理学界的合作与交流，推动中国管理科学研究的发展，提升中国管理实践的水平。作为本次年会的承办方，上海交通大学安泰经济与管理学院一向注重以深化内涵发展为重点，不断在教学、科研和服务社会经济等各个领域突破进取，取得丰硕成果。

2013 年第六届海峡两岸创新方法（TRIZ）研讨会

8 月 10 日，由创新方法研究会和台湾中华萃思学会主办的第六届海峡两岸创新方法（TRIZ）研讨会在天津召开。科技部科研条件与财务司马晋并调研员，中国 21 世纪议程管理中心周元副主任、常影副处长，河北工业大学展永校长、檀润华副校长，台湾中华萃思学会名誉理事长沙永杰教授等出席会议，来自全国各地的创新方法领域专家和学者共 100 余人参加了此次研讨会。

本次研讨会分为主题报告与分组报告。主题报告涵盖了 TRIZ 创新课程设计、管理创新、提升自主创新能力的方法与策略探索以及创新方法在企业的推广应用实践等内容。分组报告包括创新方法研究与应用两部分内容，两岸学者就以演化趋势及专利检索为基础的系统化创新、基于 TRIZ 和 AD 的集成创新设计模型及应用、创新方法研究与应用的前瞻机会和障碍、TRIZ 与服务创新方法的整合与应用等主题展开了充分的交流与研讨。研讨会期间还举办了两岸创新方法领域优秀论文评比活动。通过专家评选，在征集到的近百篇论文中，评出 7 篇优秀论文。

海峡两岸创新方法（TRIZ）研讨会是两岸创新方法交流的重要平台，每年一次在大陆地区和台湾地区轮流举办，已成功举办六届。

华人学者管理科学与工程协会第六次国际年会

2013 年 6 月 30 日至 2013 年 7 月 2 日，华人学者管理科学与工程协会（CSAMSE）第六次国际年会在北京大学光华管理学院成功举办。本届年会设有主旨演讲、圆桌论坛、特邀演讲、青年学者研讨会、分组报告及最佳论文颁奖等多个环节。在为期 3 天的会议上，232 位来自国内外的管理科学与工程领域的知名学者、企业高管以光华为舞台展开交流，分享了他们的经验和最新研究成果。

本届年会由华人学者管理科学与工程协会主办，北京大学光华管理学院承办，美国哥伦比亚大学商学院终身讲席教授、华人学者管理科学与工程协会主席陈方若教授担任大会主席，光华管理学院管理科学与信息系统系主任陈丽华教授担任大会联合主席。年会以“创新、科技与实践”为主题，旨在推动管理理论和实践在中国的发展，促进海内外管理领域学术界和工业界之间的交流。

6 月 30 日上午的开幕式由陈丽华教授主持，北京大学研究生院院长陈十一教授、光华管理学院院长蔡洪滨教授、大会主席陈方若教授分别代表组会各方在年会上发表了致

辞。开幕式之后，纽约大学商学院副院长、上海纽约大学商业与工程学院院长 Eitan Zemel 教授等 5 位嘉宾分别从学术界和企业实践的角度出发，围绕运营管理和信息化问题做了精彩的主旨演讲。演讲内容立足于实践，提取成功经验，为中国运营管理和信息化发展提供了理论和实践指导。下午，光华管理学院管理科学与信息系统系翟昕副教授和邱凌云副教授分别主持了题为“供应链与物流管理的机遇与挑战”和“商业模式创新与实践”的圆桌论坛，与来自学术界和企业界的一流专家与企业家共同探讨了中国物流产业发展中遇到的问题与解决方案。大会于 7 月 2 日安排了两条企业参观路线，包括中关村科技园区线和北京经济技术开发区路线。此次参观为海内外学者了解中国企业的运营管理实践提供了良好的契机。

为期 3 天的会议为全球管理科学与工程领域的学者和企业界人士提供了一个交流和共享的平台，思想和观点在这里碰撞和交锋。年会的召开不仅会提升管理科学与工程应用研究的整体水平，而且对于设计和完善合乎中国国情的管理体制、解决现实生活中的相关问题将起到积极的作用。会议结束后，与会者纷纷向组委会表示感谢，对本次会议高水平的学术探讨、严谨的组织工作表示非常满意，并期待能再次访问光华管理学院。

2013 年战略管理国际会议

由四川大学商学院与台北大学商学院联合主办，四川大学战略与发展研究中心、台北大学国际企业研究所承办，广东中山大学和四川百联安企业管理集团股份有限公司协办的“2013 年战略管理国际会议”（2013 International Conference on Strategic Management）于 2013 年 12 月 15~16 日在四川大学商学院成功召开。出席本次会议的有四川大学副校长晏世经教授，大会主席徐玖平教授，大会学术委员会主席徐二明教授，大会组委会主席揭筱纹教授、涂登才教授，四川大学商学院副院长顾新教授，四川大学商学院党委副书记张黎明教授。此次大会共有来自美国、德国、加拿大、俄罗斯、波兰、中国台湾等近 20 个国家和地区的 50 余所高校的知名学者、专家 100 余人。

四川大学副校长晏世经教授代表四川大学致辞，对参会代表表示了热烈的欢迎，晏世经教授强调此次大会的召开是国际战略管理与旅游管理领域紧密结合的典范，对战略管理和旅游管理领域的交流合作有积极的促进作用。

在节奏紧凑的会议中，中国人民大学徐二明教授、浙江大学吴晓波教授、普渡大学蔡利平教授做了精彩的主题报告，他们分别从当前战略管理学科顶尖杂志的研究概述、中国商业模式创新、全球消费和知识管理、商业生态系统和价值链等角度做了全新的阐述，他们独到而深刻的见解获得了与会代表的一致认同。在分会场上，参会代表们围绕中小企业、创业创新与战略，企业管理策略，金融财务，旅游、环境与危机等议题展开热烈的讨论。各分会场讨论积极而热烈，展示和共享了各国专家、学者的最新研究成果和实践经验，为各国企业的战略创新与可持续发展提供了有价值的参考建议。

本次会议围绕“新兴市场战略：管理、金融与可持续发展”的主题，共征得来自多个国家和地区的200余篇论文，经过审稿专家的仔细审查，由2013 ICSM组委会编撰、四川大学出版社出版的《2013年战略管理国际会议论文集》收录了100多篇文章，同时，文章将送国际权威检索机构CPCI-SSH检索。经过2013 ICSM组委会的精心准备，本届会议为来自世界各地的战略管理与旅游管理领域的专家和学者搭建了良好的学术交流平台，促进了当前最新学术思想的交流与碰撞。

第四届PMI（中国）项目管理大会

2013年9月21日，全球领先的非营利项目管理机构主办的第四届PMI（中国）项目管理大会在上海隆重举办。来自PMI全球和亚洲地区分会的代表，政府部门相关领导、企业领袖以及中国各地的1500多名PMP（项目管理专业人士）首度共聚于沪，分享各自在不同领域的项目管理成功经验。PMI同日在中国发布了最新的项目管理调查报告，报告明确指出了有效的项目管理对于组织确立市场竞争优势的重要意义。同时，有67%的组织在招聘项目经理时优先考虑PMP（项目管理专业人士）。获得PMP认证的人士在求职、加薪及升职方面均有显著优势。

作为先进的管理模式，项目管理已经得到政府、企业、高层领导、精英人士的认可，成为国际化企业实现战略目标和提升竞争力的重要手段。根据PMI最新的职业脉搏调查(2013 PMI Pulse of the Profession Survey)，组织每花10亿美元就会承担平均1.35亿美元的风险，实施正确指标的高绩效组织通过改善项目和项目集，能够使其90%的项目达到预期目标和商业意图，并因此其承受的风险比低绩效组织少14倍——这使得它们拥有了巨大的竞争优势。会上还举行了高峰论坛。PMI（中国）董事总经理陈永涛先生与PMI在日本、韩国、中国香港和中国台湾分会的主席探讨了不同国家和地区的项目管理和人才发展趋势。

项目管理引入中国10余年来，已经在IT、航空、能源、通信、金融、制造业等诸多领域取得广泛应用。据不完全统计，截止到2013年的6月，全国累计接受过PMI项目管理知识体系培训的人数已超过一百万人，超过七万人获得PMP资格证书。未来中国对专业项目管理人才需求将会持续增长，PMI（中国）董事总经理陈永涛先生对此表示：“PMI一直在致力于为中国培养更多的符合国际公认的项目管理标准的专业人士，为国内项目管理的人才储备和培养提供支持。召开PMI（中国）项目管理大会就是以此为目的的重要举措。”在谈及PMI（中国）将继续加大在中国推广项目管理标准与实践的其他举措时，陈永涛先生透露，在不久的将来会在上海成立PMI（中国）华东办事处。

在大会上，来自不同行业的专家和企业代表如柯马（中国）CEO Stefan Sack博士、华为全球技术服务部项目群管理办公室部项目群总监孙虎先生、源讯科技总经理蔡晓明先生、用友软件张国刚先生、中国银联技术开发中心主管屈宁崎女士、中国台湾“财政部”财政资讯中心主任苏俊荣先生、微软全球培训部区域培训经理吕欣先生、IBM 高级项目经理陈莉莉女士等分享了中国本土项目管理最佳实践、跨文化项目管理成功案例及项目管理专业人才的职业发展全面规划，以及 PMI 的项目管理知识体系和认证如何提升组织和个人的竞争优势。通过此次大会，项目管理专业人士更好地了解了当前中国项目管理发展和机遇。华为、柯马（中国）、银联、中国石油工程建设公司、中国石油宁夏石化公司等在项目管理领域的佼佼者分别获得了 PMI 颁出的年度 PMO 大奖、年度项目大奖和杰出 PMO 奖、杰出项目奖。源迅、用友分别获得了 PMI 颁发的优秀项目奖。

2013 年第七届运营与供应链管理国际学术会议

6 月 23 日，“第七届运营与供应链管理国际学术会议”在上海交通大学安泰经济与管理学院隆重召开。本次学术会议以“供应链的创新和可持续发展”为主题，由上海交通大学、中欧国际工商学院和华南理工大学共同举办。来自中国内地、美国、英国、加拿大、日本、中国香港和中国台湾等国家和地区的 100 余位海内外运营与供应链管理领域的知名学者参加了会议。

开幕式上，上海交通大学安泰经济与管理学院党委书记余明阳教授致开幕词，代表主办方对国内外学者的到来表示了衷心的感谢和欢迎，他希望本次会议能为与会嘉宾提供一个广泛交流的机会，共同探讨供应链管理的变革与发展。随后，来自中欧国际工商学院、大会联合主席赵先德教授致欢迎辞，希望本届会议能为促进跨学科、跨专业的国际学术合作搭建交流平台。上海交通大学运营管理系系主任蒋炜教授主持会议。

迅速发展的信息技术和创新的商业模式已经极大地改变了供应链管理在世界各地的实践。领先的公司不断地寻求和应用能使他们保持在其领域前沿和顶端的见解和工具。在此背景下，供应链的创新和可持续发展对公司的发展前景至关重要。本届会议涵盖了国内外著名学者的主旨演讲、小型研讨会和参会论文交流会议，其中包括供应链实践研讨会、案例写作研讨会、运营管理教学交流研讨会以及博士生和青年学者研讨会等。

2013 商务分析与管理科学国际会议

由北京理工大学管理与经济学院与美国乔治华盛顿大学工程管理与系统工程系共同主办，中国管理科学学会企业管理专业委员会、北京系统工程学会和中国兵工学会军工科技管理研究专业委员会协办的 2013 商务分析与管理科学国际会议（2013 International Conference on Business and Management Science）于 2013 年 11 月 23~24 日在北京理工大学举行。会议得到了国家自然科学基金委、北京市科协和北京理工大学的资助。

北京理工大学纪委书记杨蜀康、中国兵工学会副秘书长于浩、中国管理科学学会企业管理专业委员会理事长李金林等出席了大会开幕式。杨蜀康、Mazzuchi、于浩、魏一鸣分别代表北京理工大学、乔治华盛顿大学、中国兵工学会和北京理工大学管理与经济学院发表了热情洋溢的讲话。开幕式结束后，美国宾州州立大学 Robin Qiu 教授、美国乔治华盛顿大学工程与应用科学学院工程管理与系统工程系系主任 Thomas A. Mazzuchi 教授、韩国建国大学 Kook-Hyun Chang 教授、韩国汉阳大学 Seung-Chul Kim 教授为大会做了精彩的学术报告。当天下午和第二天，与会代表分为 4 个小组进行了学术报告。

此次会议致力于反映国内外最新研究进展，同时关注中国企业管理实际问题。涉及的学术领域主要包括商务分析应用、决策分析、数据挖掘、可靠性工程、风险管理、供应链管理、服务科学、收益管理、运作管理、应急管理等。来自美国、韩国、中国香港和中国内地多所院校、科研院所、企业等部门的 100 多名专家、学者出席了会议。会议论文集收录论文近百篇。

此次会议是国内外学者相互交流和分享商务分析和管理领域最新学术成果的一次盛会，并为高校、科研部门、政府机构、工业企业从事管理科学研究的从业者和研究者提供一个宝贵的交流平台。

中国企业管理案例与质性研究论坛（2013）暨第七届中国人民大学管理论坛

2013 年 11 月 9 日，由中国人民大学商学院和《管理世界》杂志联合主办的“中国企业管理案例与质性研究论坛（2013）暨第七届中国人民大学管理论坛”在中国人民大学逸夫会议中心召开。本届论坛以“动态环境下的中国企业管理”为主题，涵盖主题报告、工作坊、分论坛和圆桌讨论等多种形式。来自清华大学、北京大学、复旦大学、浙江大学、南京大学、中欧国际工商学院、新加坡国立大学、丹麦哥本哈根商学院、宁波诺丁汉大学等海内外 105 余所院校的 300 多名专家、学者参加了这一年度会议。

本届论坛在 11 月 8 日（正式会议前）首次开设小型工作坊，邀请专家对部分投稿文章进行深入点评，为参会者提供了更多的学习和交流的机会。

此外，本次论坛邀请了多位海外著名学者进行主题报告和工作坊，包括案例研究的资深学者美国 Virginia Commonwealth University 的 Allen S. Lee 教授、中国香港科技大学的 Sam Garg 教授，他们带来了演讲和对案例研究方法的深度剖析。作为论坛的亮点，“与管理学期刊编辑对话”于 9 日晚 17：30 在逸夫会议中心第二报告厅举行。《管理世界》副总

编尚增健教授、《管理科学学报》执行主编兼编辑部主任张维教授、《管理学报》编辑部副主任杨妍女士、《中国工商管理研究前沿》主编毛基业教授4位管理学期刊编辑与师生进行了互动交流，向在座师生介绍了顶级期刊的评审流程及投稿需要注意的一些关键问题，并与参会代表进行了互动。

分论坛报告和圆桌讨论围绕战略管理、组织与人力资源、公司财务、创业与创新、社会责任与组织治理、市场营销、信息管理与电子商务七大主题展开，为与会代表提供了更深入交流的平台。每个分论坛和圆桌讨论都有不同学者针对相应的论文做报告，展示自己的研究成果和学术观点，并和与会者在问答环节进行思想交流和碰撞。

11月10日下午，本届论坛完成各项既定日程目标后闭幕。与会代表与国内外拥有丰富案例研究、质性研究及案例教学方面经验的学者进行了深入交流，并了解了顶级学术期刊对案例论文发表的标准与要求。参会代表还向论坛主办方提供了很多建设性意见。

第十二届全国青年管理科学与系统科学学术会议

2013年11月17日由国家自然科学基金委员会管理学部和中国系统工程学会青年工作委员会主办、厦门大学管理学院承办的第十二届全国青年管理科学与系统科学学术会议在厦门大学召开。来自全国管理科学与系统科学领域的150多位专家学者相聚厦门，共商“大数据时代管理科学与系统科学的机遇与挑战”。厦门大学副校长李建发教授、管理学院院长沈艺峰教授出席了大会开幕式。大会开幕式由管理学院副院长徐迪教授主持。

11月17日上午的大会主题报告由中国系统工程学会青年工作委员会主任王刊良教授主持。国际系统与控制科学院院士、第三世界科学院院士、中国科学院数学与系统科学研究院副院长、中国系统工程学会理事长汪寿阳教授做了主题为中国未来的机遇与挑战的报告。席校长提出，中国乃至世界处在急剧变革的时代，充满了挑战和机会，系统和管理领域的青年朋友大有英雄用武之地。

11月17日下午8个分会场报告平行展开，分会场气氛热烈，与会嘉宾与报告人积极互动。11月18日上午，评选出9篇会议优秀论文。两年一届的全国青年管理科学与系统科学学术会议顺利闭幕。这是一场学术盛宴，吸引了150位青年学者的与会，对促进管理科学与系统科学领域的人才储备和培养，推动我国管理科学和系统科学的发展起到了积极的作用；为国内管理科学和系统科学，特别是运作管理、信息管理以及系统工程领域学者间的学术交流，展示最新研究进展、探讨学科发展前沿提供了一个学术交流和增进了解的平台。

2013 年海峡两岸经济转型与管理创新研讨会

2013 年 10 月 14 日上午，“2013 年海峡两岸经济转型与管理创新研讨会”在苏州大学东吴商学院财经科学馆学术报告厅隆重举行。此次学术研讨会由苏州大学东吴商学院与台湾东吴大学商学院共同主办，东吴证券股份有限公司协办。苏州大学东吴商学院党委书记王卓君教授，台湾东吴大学校长潘维大教授，东吴证券股份有限公司党委委员、东吴基金公司总裁任少华先生等嘉宾、学者共同出席了研讨会。台湾东吴大学商学院的部分专家、教授，东吴证券股份有限公司研究所的代表，苏州大学东吴商学院部分老师和研究生参加了本次研讨会。开幕式由苏州大学东吴商学院院长王则斌主持。

开幕式上，詹乾隆致辞。他从 1997 年举办第一届海峡两岸研讨会开始，回顾了台湾东吴大学商学院与苏州大学东吴商学院之间在文化和学术交流方面的良好合作与互动，并结合当前社会发展形势，确定了本次研讨会的新主题。詹乾隆还表达了 2014 年在台湾东吴大学举办下一届海峡两岸商学研讨会的强烈愿望。

随后，本次研讨会进入主题演讲阶段。来自中国科学院、北京大学等的专家学者从不同角度对两岸经济管理、资本市场热点难点等问题提出了独到的见解。内容包括新型城镇化金融支持研究、中央企业董事会建设与业绩考核、资产短缺与中国金融转型、管理创新等当前学界的最新发展方向。主题演讲之后，与会代表分组进行了研讨，进一步交流大家的研究成果与心得。

本次海峡两岸经济转型与管理创新研讨会的举办推动了两岸学者在相关领域研究成果的交流与学习，进一步加强了台湾东吴大学与苏州大学东吴商学院之间的合作，助力了两岸经济的共同发展。

第三届中国企业管理创新案例研究前沿论坛

2013 年 10 月 21 日，“第三届中国企业管理创新案例研究前沿论坛”在对外经济贸易大学逸夫科研楼隆重举行。《中国工业经济》杂志社黄群慧主编、李海舰主编，台湾科技大学卢希鹏教授，北京航空航天大学欧阳桃花教授，新加坡国立大学潘善琳教授，加拿大毅伟商学院讲座教授 Paul W.Beamish 应邀出席论坛并做主题报告。对外经济贸易大学副校长张新民教授，国际商学院院长汤谷良教授、副院长王永贵教授等和来自全国多所高校、研究机构的专家、学者及案例研究爱好者参加了此次论坛。

张新民副校长致论坛开幕词，欢迎参与此次论坛的所有专家、学者，鼓励大家集思广

益，积极参与企业管理创新的案例研究。张校长在欢迎辞中回顾了前两次论坛的举办成果，认为管理学系学术成果的产出离不开案例研究的支持，强调要将优秀企业案例研究成果运用到教学中，希望举办论坛能切实推动案例研究。

台湾科技大学卢希鹏教授以《为什么我跳舞，成绩没变好》为题进行经验分享，向大家介绍他在案例研究过程中对于“因果中间变数”的观察和心得，使在场的学者对于这种案例研究思路有了初步的了解。下午，与会专家、学者们参加了 7 个分论坛的交流研讨。

本次论坛由对外经济贸易大学国际商学院和《中国工业经济》杂志社共同主办、对外经济贸易大学国际商业案例中心承办。

2013 年第十七届世界管理论坛暨东方管理论坛

2013 年 10 月 19~20 日由世界管理学者协会（IFSAM）中国委员会、复旦大学经济管理研究所、江苏九如养老养生研究中心主办的“第十七界世界管理论坛暨东方管理论坛”在江苏宜兴圆满闭幕。本届论坛云集了全国各地高校东方管理研究的知名教授（包括台湾地区）、政府官员、企业界高管、学者以及学生近 220 人，就人与人、人与社会（组织）、人与自然的东方管理思想与中国管理模式的过去、现在和未来的关系进行了深入的探讨。

会上，原全国人大常委会副委员长厉无畏教授，东方管理学派创始人、复旦大学首席教授苏东水先生先后致辞。中共宝山区委书记、上海工程技术大学东方管理研究中心主任汪泓教授，上海外国语大学党委书记吴友富教授，复旦大学新政治经济学研究中心主任、知名学者、投资人史正富教授，以及全国政协委员、原国家行政院院长刘峰教授做了主旨发言。论坛由复旦大学管理学院院长陆雄文教授主持。

汪泓教授以《东方管理视野下我国城镇化道路的战略思考》为题，围绕如何在我国城镇化建设过程中出现的各种问题，就道家思想的“天人合一”的价值观与“人本”城市建设的战略与方术，提出了自己的思路与意见。

上海工程技术大学是全国第一所招收东方管理本科专业的大学，作为东方管理专业“开放式”教学模式的一环和正在组织的“东方管理专业教学团队”的建设，为教师与学生提供高水平学术氛围，帮助了解东方管理研究最前沿的研究成果以及提高自身的学术修养搭建了平台。

2013 年第七届中国工程管理论坛

2013 年 8 月 16 日，由中国工程院和黑龙江省政府共同主办的第七届中国工程管理论坛开幕，包括28位中国工程院院士在内的300多名业内专家会聚哈尔滨，共论创新驱动和工程管理中的重大问题，推动创新成果工程化、产业化。

中国工程院院长周济在论坛开幕式上说，中国工程院作为我国工程技术界的国家最高荣誉性、咨询性学术机构，将发挥国家工程科技思想库的作用，积极参与黑龙江的科技创新体系建设，为黑龙江加快转变经济发展方式建言献策，提供更多的科技咨询，以科学咨询支撑科学决策，以科学决策引领科学发展，为黑龙江的科学发展做出积极贡献。

论坛上，与会者围绕“创新驱动与工程管理——转型跨越发展战略与安全”主题，就能源、资源类工程管理，农业工程与工程管理，生态文明建设与工程管理，工程管理理论体系建设等重大问题，开展战略性、前瞻性、综合性的交流研讨。

中国工程管理论坛自2007年起已连续举办6届，论坛对促进我国工程管理的学术研究和推进我国工程管理的科学发展发挥了重要作用。

经济管理学科中前沿热点问题国际学术研讨会

“经济管理学科中前沿热点问题国际学术研讨会”于2013年7月3~4日在北京化工大学成功举办并圆满结束。本次论坛由北京化工大学主办，经济管理学院承办，来自美国加州大学戴维斯分校、加拿大多伦多大学、中国香港城市大学、英国拉夫堡大学、加拿大温莎大学、美国宾夕法尼亚州立大学、美国夏威夷大学、美国加州州立大学等在内的12名海外经济管理领域的知名学者以及北京化工大学4名青年学者做大会邀请报告。北京化工大学校长谭天伟出席会议并致开幕词。本次大会由北京化工大学副校长李显扬主持。

论坛围绕经济管理学科中前沿热点问题开展深入探讨，主题包括“管理科学中的定量方法”、“供应链管理与信息管理”、“低碳经济与可持续发展”和“经济分析与金融工程”等。

本次论坛历时两天，论坛内容丰富，形式生动活泼，学术报告精彩纷呈，深入浅出，论坛进行过程中讨论热烈、互动性强、掌声不断，吸引了广大学者、学生以及相关行业人员积极参加，为提高北京化工大学师资队伍国际化水平和创新型人才培养提供了良好的交流平台，会后受到国内外与会代表以及校内参会学生的一致好评。

此次论坛的成功召开，对北京化工大学经济管理学科的国际化以及国际学术交流与合作将起到积极的推动作用。

第四届 Mostly OM 运营管理前沿国际研讨会

2013 年 5 月 30~31 日，由清华大学经济管理学院和清华大学现代管理研究中心联合主办的第四届 Mostly OM（Mostly Operations Management）运营管理前沿国际研讨会（Mostly OM 2013）在清华大学经济管理学院召开。

本届研讨会主题主要围绕“供应链风险管理”展开。供应链中需求和供给方面的风险给企业管理带来了很大的挑战，一直是企业运营管理中面对的难题，也是学术界一直关注的前沿研究问题。

在成功举办了 3 届后，本届 Mostly OM 不仅注重理论研究与企业实践紧密结合、相互促进，而且更加注重为与会师生提供与报告人进行深入交流和学术探讨的机会，旨在推动国内运营管理领域研究的国际化和高水平进程。

本届研讨会共有来自加州大学伯克利分校、康奈尔大学、密歇根大学等国际知名高校的 12 位国际顶尖学者和学术新星给大家带来最前沿的研究成果和观点见解。本次参会的老师和学生总计 200 多人，来自海内外 60 多所高校，其中包括哥伦比亚大学、杜克大学、康奈尔大学以及香港大学、北京大学、上海交通大学等国内外一流院校。清华大学经管学院的两位特聘教授——哥伦比亚大学的姚大卫教授、康奈尔大学的戴建岗教授，以及清华大学经管学院联想讲席教授陈剑共同担任本次大会的联席主席。

Mostly OM 运营管理前沿国际研讨会是清华大学经管学院近年来在运营管理领域着力打造的国际顶尖学术交流平台，每年举办一次。自 2010 年起，Mostly OM 在多方的大力支持下已成功地连续举办 4 届。通过 4 年努力，Mostly OM 已经成长为在运营管理研究领域具有一定国际影响力的学术会议品牌，得到了国内外学者的广泛认可。

2013 年管理科学与运筹学国际研讨会

2013 年 7 月 21~22 日，由中国科学技术大学主办，厦门大学、香港中文大学、香港科技大学协办的“2013 年管理科学与运筹学国际研讨会”（2013 International Workshop on Management Science and Operations Research，IWMSOR2013）在中国科学技术大学管理学院举办。

7 月 21 日的开幕式上，来自美国、新加坡、中国香港以及中国内地各大高校、科研院所 40 余位著名专家、知名学者出席了会议，国家自然科学基金委管理科学部刘作仪处长，中国科学技术大学管理学院执行院长梁樑教授、副院长华中生教授出席会议并讲话，管理学院300余名师生参加了会议。会议由管理学院副院长余玉刚教授主持。

开幕式结束后，特邀嘉宾美国密歇根大学的Xiuli Chao（赵修利）教授、美国杜克大学商学院的Li Chen（陈力）教授、香港中文大学商学院的Vernon Hsu（徐宁）教授、美国加州大学伯克利分校Zuo Jun Shen（申作军）教授、新加坡国立大学商学院Chung-Piaw Teo（张俊标）教授等国内外知名专家，分别发表了精彩的主旨演讲。他们的演讲高屋建瓴、真知灼见，令人深受启发。现场的其他专家还就报告中的一些问题展开详细讨论，参会师生踊跃发言，会场交流互动气氛热烈。

7月22日下午，大会进入分会场学术报告讨论阶段。会议重点对“供应链与库存管理”、“行为运筹管理”、“碳排放管理”和“医疗、灾害与绿色供应链管理”等议题进行充分的交流和研讨。

会议结束后，与会代表们纷纷表示，这是一次卓有成效的国际学术会议，国内外学者产生了一些思想的碰撞和交锋，达成了很多共识。同时，会议在中国科学技术大学管理学院举办，开阔了广大师生的国际视野，这对提高学院的科研水平，提升学院的国际影响，促进学院的国际交流都起到了积极的推动作用。

“文化发展与管理创新”学术研讨会暨中国企业管理研究会2013年年会

中国企业管理研究会、中国社会科学院科学与创新发展研究中心等联合主办的“文化发展与管理创新”学术研讨会暨中国企业管理研究会2013年年会近日在江西省景德镇市召开。与会者围绕文化与企业管理创新、企业文化与自主创新、中国管理学教育的使命与转型等进行了研讨。

与会者认为，在文化发展与管理创新相结合方面，要立足于特定的发展阶段，将特色文化、地域文化、产业文化与企业管理实践深度融合，在管理实践中注入优秀文化元素，以管理创新促进文化发展，以文化发展带动管理创新。

与会者指出，管理学与企业管理的理论、方法、经验同一个国家的文化、历史、体制等密切相关，并随着时间、空间的变化而变化。根据我国的国情、民情、文化，在管理学与企业管理理论、方法、经验上博采众长，进行融合、提炼、创新，为我所用，是企业管理和管理学研究的重大课题。

第十五届中国管理科学学术年会

2013 年 10 月 26 日上午，由中国优选法统筹法与经济数学研究会、中国科学院科技政策与管理科学研究所、湖南大学和《中国管理科学》杂志社主办的第十五届中国管理科学学术年会在长沙开幕，本次大会以“两型社会建设与管理创新”为主题，针对当前管理科学领域研究的热点问题和我国经济科技社会发展中所面临的新问题进行交流研讨，为与会专家、学者及业界同行提供一个前沿高端的学术交流平台。

大会特邀 2004 年诺贝尔经济学奖获得者、圣塔芭芭拉加利福尼亚大学教授 Finn E. Kydland、中国优选法统筹法与经济数学研究会副理事长黄海军教授等 11 位专家、学者做了主题学术演讲。

大会以优选学与优化管理、统筹学与项目管理、经济数学与金融风险管理、供应链与运作管理、决策优化与企业经营管理、能源与复杂系统管理、两型社会与技术创新为专题，设 7 个分会场，开展专题学术交流。

27 日下午，举行以“管理科学学科建设与人才培养”为主题的院长论坛，众多学者齐聚一堂，围绕管理科学的学科建设与人才培养，从学科建设与学院发展、管理创新与人才培养、本土化与国际化等方面探讨管理学领域的焦点问题。

第十一届中国管理科学与工程论坛

第十一届中国管理科学与工程论坛于 2013 年 11 月 2 日在京举办，活动由管理科学与工程学会主办，首都经济贸易大学承办。在两天的会期内，论坛以“全球信息化与大数据背景对中国管理科学与工程学科的影响与对策研究”为主题，4 位中国工程院院士和来自清华大学、人民大学等全国高校的近百位专家学者将进行多场研讨。

会议以大会报告、专题报告、专题论坛 3 个部分对主题进行深入剖析。在 2 日上午的大会报告中，中国管理科学与工程学会理事长、中国工程院院士李京文做主旨发言，中国工程院院士邬贺铨、刘源张、王众托分别以大数据的机遇与挑战、管理的感想和决策的顶层设计等为题进行了主题报告。随后举办的 5 场专题报告中，与会专家学者共同研讨了大数据研究、信息管理与信息系统、供应链管理与优化方法、工业工程与系统工程、管理复杂性与模式创新等方面的内容。

据介绍，管理科学与工程学科是以系统科学和系统工程的理论方法为主要工具，研究管理系统和经济系统的一般规律和特殊表现的学科。专家表示，我国一直非常重视管理科学与工程的学科建设，在大数据时代，将充分利用数学方法和计算机技术，进行学科交叉和融合，使大数据应用在社会管理和经济发展中发挥更大作用。

2013管理科学与工程国际会议（第二十届）

2013管理科学与工程国际会议（第二十届）于2013年7月18日在哈尔滨工业大学科学园国际会议中心开幕。与会人员就信息技术与商业变革、信息不对称环境下的金融风险管理、营销科学前沿研究、组织行为学和人力资源管理等业界与学术界共同关心的热点议题进行了专题探讨。

副校长任南琪致开幕词。他希望国内外专家学者通过深入的学术探讨与交流，共同推进管理学科的繁荣和发展。IEEE技术管理委员会主席厄文·恩格尔森博士（Irving）致辞，并介绍了管理科学与工程国际会议的历史沿革。

开幕式后，管理信息系统领域国际顶级期刊《管理信息系统季刊》（MISQ）主编保罗·格斯（Paulo Goes）教授就“基于新兴信息技术的群体智慧及经济影响”做了主题报告。国际系统协会主席戴伟刚（Doug R. Vogel）教授主持“管理领域制度挑战、变革及发展方向”的国际知名学者论坛。为期两天的会议期间，与会者还将参观哈飞集团公司和云谷的高新技术企业，并进行咨询和指导，为黑龙江省以“中国云谷”为平台的信息技术产业的建设和发展以及大数据学术研究和科教文化发展助力。

来自美国、澳大利亚、俄罗斯、加拿大等国家和中国大陆及中国香港、中国台湾的代表138人参加会议。本次会议共收到989篇论文。经过专家评审，有336篇论文由IEEE出版集团出版的论文集收录，论文集被EI、ISTP和IEEE的Xplore检索。

管理科学与工程国际会议自1993年举办以来，至今已经举办了19届，先后有来自中国、俄罗斯、美国、法国、英国、澳大利亚、韩国等国家的近千名教授、学者参加会议，为推动管理学科的发展做出了贡献。

第五章　管理学学科 2013 年文献索引

第一节　中文期刊索引

[1] 文跃然. 回归企业领导力研究本源 [J]. 当代电力文化，2013（6）：45-46.

[2] 何瑛，周访，郝雪阳. 财务管理理论研究国际比较与展望 [J]. 经济管理，2013（2）：175-185.

[3] 陈华宏，侯景亮，李远富. 基于逆向选择和动态博弈的项目管理人员执行能力分析 [J]. 世界科技研究与发展，2013（1）：150-152.

[4] 马浩. 沟通变革与组织创新 [J]. 北大商业评论，2013（6）：66-75.

[5] 董明珠的独特管理 [J]. 财会月刊，2013（32）：27.

[6] 刘澜. 领导者管理十律 [J]. 财会月刊，2013（29）：16-17.

[7] 周菁. 企业集团财务管理相关问题探讨 [J]. 中国农业会计，2013（11）：10-15.

[8] 王一争，祝庆，李艺敏，李永鑫. 不同领导行为对员工组织认同的预测效果——基于优势分析的比较 [J]. 心理研究，2013（6）：71-80.

[9] 娄季春. 中小型企业绩效管理面临的问题及对策 [J]. 管理学刊，2013（5）：39-43.

[10] 刘岳华，魏蓉，杨仁良，张根红，李圣，肖力. 企业财务业务一体化与财务管理职能转型——基于江苏省电力公司的调研分析 [J]. 会计研究，2013（10）：51-58+97.

[11] 赵纯祥，张敦力. 市场竞争视角下的管理者权力和企业投资关系研究 [J]. 会计研究，2013（10）：67-74+97.

[12] 张杰藐. 组织管理中的角色定位研究 [J]. 商，2013（21）：80.

[13] 李国梁. 非正式组织理论的渊源探析 [J]. 前沿，2013（16）：18-21.

[14] 韩涛. 文化领导力——新型领导力的灵魂 [J]. 社科纵横（新理论版），2013（4）：205-206.

[15] 孙炜，朱建军，张同建. 基于领导行为视角的“安全型学习型组织”建设探析 [J]. 十堰职业技术学院学报，2013（4）：57-60.

[16] 韩嵩. 构建基于企业战略的领导力模型　为企业健康持续发展提供强力支撑 [J]. 人力资源管理，2013（12）：158-160.

[17] 余榕. 根植于内部控制审计的战略管理框架研究 [J]. 审计研究，2013 (6)：108-112.

[18] 徐艟. 谈领导管理中构建“法约尔桥”途径 [J]. 人力资源管理，2013 (12)：32-33.

[19] 朱元元. 论企业绩效管理存在的问题及解决对策 [J]. 财经界（学术版），2013 (23)：116-117.

[20] 朱焱，张孟昌. 企业管理团队人力资本、研发投入与企业绩效的实证研究 [J]. 会计研究，2013 (11)：45-52+96.

[21] 张家强，上官绪智，朱建荣. 心本管理理念下的领导力提升研究 [J]. 领导科学论坛（理论），2013 (7)：44-46.

[22] 文茂伟. 给组织领导力发展一个定义 [J]. 领导科学论坛（理论），2013 (3)：29-31.

[23] 翟海丽，陈宝国. 华为的技术创新管理模式研究 [J]. 福建农机，2013 (4)：43-45+56.

[24] 曹兴，司岩. 协同视角下的网络组织治理：一个文献综述 [J]. 湖南工业大学学报（社会科学版），2013 (5)：45-52.

[25] 邹国庆，许诺. 组织学习·知识创新·企业绩效 [J]. 求索，2013 (8)：216-219.

[26] 扎尔格勒. 冲突对组织的影响机制分析 [J]. 中外企业家，2013 (30)：170-171.

[27] 张振刚，陈志明，周国基，严波. 创新型企业创新管理模式研究——基于广州市企业创新现状 [J]. 技术经济与管理研究，2013 (12)：25-30.

[28] 贺小格，凌文辁. 组织的五要素管理：基于组织行为系统要素 [J]. 现代管理科学，2013 (11)：31-33.

[29] 张婧，段艳玲. 战略导向、组织创新性与经营绩效关系的实证研究 [J]. 管理学报，2013 (11)：1625-1633.

[30] 林海芬，苏敬勤. 基于不同组织情境的意义建构研究评述 [J]. 管理学报，2013 (11)：1710-1716.

[31] 吴价宝，张帅兵，蒋娇. 组织中团队间学习环境、学习模式与团队间学习绩效关系研究 [J]. 科技管理研究，2013 (21)：206-210.

[32] 解学梅，吴永慧. 企业协同创新文化与创新绩效：基于团队凝聚力的调节效应模型 [J]. 科研管理，2013 (12)：66-74.

[33] 邱怡静. 浅谈应对组织结构扁平化的策略 [J]. 江西电力，2013 (5)：18.

[34] 柳士顺，凌文辁，李锐. 群体规模与领导对群体组织公民行为的影响 [J]. 心理科学，2013 (6)：1441-1446.

[35] 王俊杰. 组织使命陈述的研究现状与简评 [J]. 现代管理科学，2013 (12)：62-64.

[36] 徐洁，冼志勇，揭筱纹. 基于能力的资源型中小企业技术创新管理模式构建与选

择［J］. 学术论坛，2013（12）：66–69+82.

［37］毛颖善. 管理者批判性思维意向与成就动机关系研究［J］. 湖北职业技术学院学报，2013（4）：77–81.

［38］刘生敏，廖建桥. 权力距离、工作负担与领导授权行为［J］. 工业工程与管理，2013（6）：115–121+133.

［39］陆亚东，孙金云. 中国企业成长战略新视角：复合基础观的概念、内涵与方法［J］. 管理世界，2013（10）：106–117+141+187–188.

［40］刘方龙，吴能全. "就业难"背景下的企业人力资本影响机制——基于人力资本红利的多案例研究［J］. 管理世界，2013（12）：145–159.

［41］傅颀，汪祥耀. 所有权性质、高管货币薪酬与在职消费——基于管理层权力的视角［J］. 中国工业经济，2013（12）：104–116.

［42］乔均，彭纪生. 品牌核心竞争力影响因子及评估模型研究——基于本土制造业的实证分析［J］. 中国工业经济，2013（12）：130–142.

［43］邹道标，陈虹，张昊民. 新经济时代的企业创新管理分析——以苹果公司为例［J］. 技术经济与管理研究，2013（2）：42–45.

［44］李鹏飞，席酉民，韩巍. 和谐管理理论视角下战略领导力分析［J］. 管理学报，2013（1）：1–11.

［45］樊耘，阎亮，马贵梅. 权力需要、组织承诺与角色外行为的关系研究——基于组织文化的调节效应［J］. 科学学与科学技术管理，2013（1）：135–146.

［46］卢纪华，陈丽莉，赵希男. 组织支持感、组织承诺与知识型员工敬业度的关系研究［J］. 科学学与科学技术管理，2013（1）：147–153.

［47］宛玲. 新医疗体制下医院财务管理的改进与创新［J］. 中国管理信息化，2013（2）：22–23.

［48］张佑林. 企业文化及其变革的评述——基于持续竞争优势的视角［J］. 经济问题，2013（1）：31–35.

［49］池永明. 企业绩效管理有效性因素分析——如何使绩效管理更有效［J］. 中国管理信息化，2013（1）：45–47.

［50］陈镇然. 企业文化与企业管理相互关系探析［J］. 现代商贸工业，2013（1）：25–26.

［51］李岳峰，宋静静，宋栋栋. 基于价值管理实施中的问题及对策探讨［J］. 科技创新与应用，2013（1）：252.

［52］邢浩. 探讨后金融危机时期中小企业财务管理战略［J］. 长春理工大学学报（社会科学版），2013（1）：125–126.

［53］李向东. 企业财务管理中的问题及对策探讨［J］. 北方经贸，2013（1）：64–65.

［54］杨百寅，高昂. 企业创新管理方式选择与创新绩效研究［J］. 科研管理，2013（3）：41–49.

[55] 葛宝山，高洋，杜小民. 公司创业下的机会开发与战略管理耦合研究 [J]. 科学学与科学技术管理，2013（2）：103–111.

[56] 胡艳芳. ERP 环境下集团公司财务管理优化模式的探讨 [J]. 经济师，2013（2）：151–154.

[57] 刘绍娓，万大艳. 高管薪酬与公司绩效：国有与非国有上市公司的实证比较研究 [J]. 中国软科学，2013（2）：90–101.

[58] 张红琪，鲁若愚，蒋洋. 服务创新过程中顾客知识管理测量工具研究：量表的开发及检验——以移动通信服务业为例 [J]. 管理评论，2013（2）：108–114.

[59] 赵君，廖建桥，文鹏. 绩效考核目的的维度与影响效果 [J]. 中南财经政法大学学报，2013（1）：144–151.

[60] 肖星，陈婵. 激励水平、约束机制与上市公司股权激励计划 [J]. 南开管理评论，2013（1）：24–32.

[61] 李绩才，周永务，肖旦，钟远光. 考虑损失厌恶——对多型供应链的收益共享契约 [J]. 管理科学学报，2013（2）：71–82.

[62] 冯芷艳，郭迅华，曾大军，陈煜波，陈国青. 大数据背景下商务管理研究若干前沿课题 [J]. 管理科学学报，2013（1）：1–9.

[63] 齐善鸿，张党珠，邢宝学. “以道为本”的企业文化内涵及生成机理研究 [J]. 管理学报，2013（4）：488–493.

[64] 张燚，刘进平，张锐，侯立松. 企业文化、价值承诺与品牌成长的路径和机制研究 [J]. 管理学报，2013（4）：502–509+527.

[65] 张建华. 知识经济背景下企业核心竞争力演化研究 [J]. 中国科技论坛，2013（2）：89–94.

[66] 田新，张玉峰，夏恩德，王达政，郭德双. 基于商务智能平台的企业绩效管理框架研究 [J]. 科技管理研究，2013（1）：235–240.

[67] 赵伟鹏. 项目价值管理探讨及在铁路建设项目中的应用建议 [J]. 铁路工程造价管理，2013（2）：17–21.

[68] 孙慧，翟青. 战略转换风险与控制——基于组织学习的视角 [J]. 南昌大学学报（人文社会科学版），2013（2）：73–78.

[69] 代兴军. 关于企业文化管理若干问题的思考 [J]. 经济纵横，2013（4）：53–56.

[70] 袁柏乔，肖啸空. 构建企业可持续健康发展根基——基于企业文化视角 [J]. 企业经济，2013（3）：50–53.

[71] 王莉，靳秉强，孟妍. 我国民营企业绩效管理中存在的相关问题及对策 [J]. 科技信息，2013（10）：110.

[72] 朱东华，张嶷，汪雪锋，李兵，黄颖，马晶，许幸荣，杨超，朱福进. 大数据环境下技术创新管理方法研究 [J]. 科学学与科学技术管理，2013（4）：172–180.

[73] 杨俊祥，和金生. 知识管理内部驱动力与知识管理动态能力关系研究 [J]. 科学学

研究，2013（2）：258-265.

[74] 杨国强，肖芳文，陈胜东，饶盼. 农村小微企业绩效管理员工满意度影响因素研究——基于南城县农业小微企业调查数据 [J]. 农村经济与科技，2013（3）：72-73+34.

[75] 李成勋. 企业文化建设中的一个新课题：提升企业领导力 [J]. 管理学刊，2013（1）：1-4.

[76] 郭夏阳. 论中小企业绩效管理改革——以龙岩某公司为例 [J]. 闽西职业技术学院学报，2013（1）：39-44.

[77] 王莹. 基于平衡计分卡的企业绩效管理 [J]. 经营与管理，2013（5）：104-107.

[78] 丁胜红，吴应宇，周红霞. 价值管理：人本资本会计报告架构研究 [J]. 天津商业大学学报，2013（2）：56-63.

[79] 杨颖. 组织经济管理的内涵转变、发展趋势与模式选择 [J]. 商业时代，2013（10）：78-79.

[80] 王士红，徐彪，彭纪生. 组织氛围感知对员工创新行为的影响——基于知识共享意愿的中介效应 [J]. 科研管理，2013（5）：130-135.

[81] 张金鑫，吴意，雷江明. 中小企业财务管理存在的问题及对策研究 [J]. 科技与管理，2013（3）：116-119.

[82] 李维安，戴文涛. 公司治理、内部控制、风险管理的关系框架——基于战略管理视角 [J]. 审计与经济研究，2013（4）：3-12.

[83] 聂佳佳. 零售商信息分享对闭环供应链回收模式的影响 [J]. 管理科学学报，2013（5）：69-82.

[84] 白丽芳，王慧. 电力企业绩效管理模式初探 [J]. 经营管理者，2013（13）：89-90.

[85] 廖建桥. 中国式绩效管理：特点、问题及发展方向 [J]. 管理学报，2013（6）：781-788.

[86] 冯大力. 论人本管理与物本管理的分野及融合 [J]. 社会科学研究，2013（4）：120-124.

[87] 闫放，金兆怀，张香武. 网络信息时代信息环境与企业文化对企业绩效影响分析 [J]. 情报科学，2013（8）：37-41.

[88] 陈天佑. 浅析市场经济条件下企业财务管理的一般原则 [J]. 保险职业学院学报，2013（2）：49-51.

[89] 詹雷，王瑶瑶. 管理层激励、过度投资与企业价值 [J]. 南开管理评论，2013（3）：36-46.

[90] 田虹，袁海霞. 企业社会责任匹配性何时对消费者品牌态度更重要——影响消费者归因的边界条件研究 [J]. 南开管理评论，2013（3）：101-108.

[91] 林亚清，赵曙明. 构建高层管理团队社会网络的人力资源实践、战略柔性与企业绩效——环境不确定性的调节作用 [J]. 南开管理评论，2013（2）：4-15+35.

[92] 陈劲. 创新管理及未来展望 [J]. 技术经济，2013（6）：1-9+84.

[93] 蔡金霞，王晓敏. 市场经济条件下中小型民营企业的绩效管理研究 [J]. 改革与战略，2013（4）：110-112.

[94] 徐雨森，余序江. 斯坦福国际研究院的创新管理分析——基于组织学习和知识管理视角 [J]. 中国科技论坛，2013（8）：147-152.

[95] 秦德智，秦超，蒋成程. 企业文化软实力与核心竞争力研究 [J]. 科技进步与对策，2013（14）：95-98.

[96] 姜海宁，谷人旭，马远军，朱华友. 欧美日企业文化差异及其对地方企业网络发展的影响——以汽车产业为例 [J]. 经济地理，2013（7）：22-28.

[97] 李东来，奚惠娟. 图书馆卓越绩效管理的驱动——领导力与战略管理 [J]. 图书馆建设，2013（7）：2-6.

[98] 邢立全，陈汉文. 产品市场竞争、竞争地位与审计收费——基于代理成本与经营风险的双重考量 [J]. 审计研究，2013（3）：50-58.

[99] 吴刚. 企业绩效管理现状分析及对策 [J]. 经营管理者，2013（15）：66.

[100] 邓龙安. 战略性新兴产业技术范式演进中的企业动态集成创新管理研究 [J]. 科技进步与对策，2013（16）：43-47.

[101] 屈广滨. 中小企业绩效管理问题研究 [J]. 大众科技，2013（7）：168-169+164.

[102] 王玉萍，高希新. 国有企业绩效管理存在的问题及对策 [J]. 神华科技，2013（4）：9-11.

[103] 刘冠颖，王聪聪. 基于 KPI+BSC 的企业绩效管理系统研究 [J]. 机械设计与制造工程，2013（8）：42-46.

[104] 李心合. 内部控制研究的困惑与思考 [J]. 会计研究，2013（6）：54-61+96.

[105] 方晓波. 从动态能力视角分析企业创新管理能力——以苹果公司为例 [J]. 企业经济，2013（8）：76-79.

[106] 张雪芬. 企业财务管理存在的问题及对策分析 [J]. 中国外资，2013（14）：62-63.

[107] 郑永彪，张磊. 基于委托—代理模型的企业创新管理研究 [J]. 科研管理，2013（9）：36-45.

[108] 刘喆. 企业绩效管理与薪酬管理体系设计 [J]. 苏盐科技，2013（3）：34-35+39.

[109] 苏敬媛. 东方企业文化与我国企业绩效管理共融性问题研究 [J]. 学术论坛，2013（7）：155-158.

[110] 潘磊. 平衡计分卡在国有企业绩效管理中的应用 [J]. 社会科学家，2013（7）：95-97.

[111] 张兆国，刘亚伟，亓小林. 管理者背景特征、晋升激励与过度投资研究 [J]. 南开管理评论，2013（4）：32-42.

[112] 冯巧根，冯圆. 企业文化与环境经营价值体系的构建 [J]. 会计研究，2013

（8）：24–31+96.

［113］苏醒，党丽. 中小企业建立绩效管理模式存在问题与实施途径［J］. 商，2013（14）：44–45.

［114］张胜春. 中小企业财务管理存在的问题及对策研究［J］. 中国外资，2013（20）：148–149.

［115］黄晶. 企业绩效管理的实施及改进问题研究［J］. 企业技术开发，2013（12）：44+52.

［116］许一，王晓梅. 中国文化背景下柔性领导组织文化管理行为研究［J］. 领导科学，2013（35）：39–41.

［117］李玉蕾，袁乐平. 战略人力资源管理对企业绩效的影响研究［J］. 统计研究，2013（10）：92–96.

［118］李培功，沈艺峰. 经理薪酬、轰动报道与媒体的公司治理作用［J］. 管理科学学报，2013（10）：63–80.

［119］赵书松. 中国文化背景下员工知识共享的动机模型研究［J］. 南开管理评论，2013（5）：26–37.

［120］苗仁涛，周文霞，刘军，李天柱. 高绩效工作系统对员工行为的影响：一个社会交换视角及程序公平的调节作用［J］. 南开管理评论，2013（5）：38–50.

［121］李雪灵，韩自然，董保宝，于晓宇. 获得式学习与新企业创业：基于学习导向视角的实证研究［J］. 管理世界，2013（4）：94–106+134.

［122］徐细雄，刘星. 放权改革、薪酬管制与企业高管腐败［J］. 管理世界，2013（3）：119–132.

［123］张骁，胡丽娜. 创业导向对企业绩效影响关系的边界条件研究——基于元分析技术的探索［J］. 管理世界，2013（6）：99–110+188.

［124］任延东，揭筱纹. 文化视角下的战略领导力：国内战略管理理论述评［J］. 管理世界，2013（6）：178–179.

［125］张可，高庆昆. 基于突破性技术创新的企业核心竞争力构建研究［J］. 管理世界，2013（6）：180–181.

［126］彭泗清，李兰，潘建成，郝大海，韩岫岚，韩践，王云峰，董博. 经济转型与创新：认识、问题与对策——2013·中国企业家成长与发展专题调查报告［J］. 管理世界，2013（9）：9–20.

［127］徐可. 供应商评价体系与企业战略合作关系［J］. 贵州电力技术，2013（1）：91–92+81.

［128］韩顺平，吴宜真，曾润坤. 产品创新与服务创新的互动策略［J］. 清华管理评论，2013（4）：54–60.

［129］本刊编辑部. 集体领导力［J］. 清华管理评论，2013（1）：7.

［130］吴维库，孔茗. 动车式追随力［J］. 清华管理评论，2013（1）：54–59.

[131] 邱泽国. 我国 IT 项目管理研究及应用策略 [J]. 哈尔滨商业大学学报（社会科学版），2013（1）：55-60.

[132] 张德凯，郭师虹，段学辉. 基于 BIM 技术的建设项目管理模式选择研究 [J]. 价值工程，2013（5）：61-64.

[133] 连振玺，陈建明. 基于多层次灰色理论的房地产项目管理成熟度模型构建与应用研究 [J]. 工程管理学报，2013（2）：94-98.

[134] 朱方伟，孙秀霞，杨筱恬. 企业集权度与项目管理成熟度匹配关系研究 [J]. 科学学与科学技术管理，2013（8）：148-158.

[135] 朱方伟，孙秀霞，杨筱恬. 战略项目管理情境对项目权力配置的影响研究——基于战略权变视角 [J]. 南开管理评论，2013（4）：143-153.

[136] 尹贻林，王垚，赵华. 不完全契约视角下工程项目风险分担与项目管理绩效影响关系实证研究 [J]. 科技进步与对策，2013（23）：91-95.

[137] 安慧，郑传军. 工程项目管理模式及演进机理分析 [J]. 工程管理学报，2013（6）：97-101.

第二节 英文期刊索引

[1] Colin C. J. Cheng，Ja-Shen Chen. Breakthrough Innovation：The Roles of Dynamic Innovation Capabilities and Open Innovation Activities [J]. Journal of Business & Industrial Marketing，2013，285.

[2] Nicola Burgess，Nicholas Wake. The Applicability of the Viable Systems Model as a Diagnostic for Small to Medium Sized Enterprises [J]. International Journal of Productivity and Performance Management，2013，621.

[3] Mandeep Kaur，Kanwarpreet Singh，Inderpreet Singh Ahuja. An Evaluation of the Synergic Implementation of TQM and TPM Paradigms on Business Performance [J]. International Journal of Productivity and Performance Management，2013，621.

[4] Sameer Kumar，David Choe，Shiv Venkataramani. Achieving Customer Service Excellence Using Lean Pull Replenishment [J]. International Journal of Productivity and Performance Management，2013，621.

[5] Marten Schläfke，Riccardo Silvi，Klaus Möller. A Framework for Business Analytics in Performance Management [J]. International Journal of Productivity and Performance Management，2013，621.

[6] Geoff Shear，Nada Kakabadse，Andrew Kakabadse. Visceral Behaviours and Leadership：A Dark Side of Boardroom Life? [J]. Journal of Management Development，

2013, 321.

[7] Manuel London. Generative Team Learning in Web 2.0 Environments [J]. Journal of Management Development, 2013, 321.

[8] Nicholas Theodorakopoulos. A Management Tool for Developing the Relationships between Large Purchasing Organisations and Small Ethnic Minority Suppliers [J]. Journal of Management Development, 2013, 321.

[9] Stuart Tennant, Scott Fernie. Organizational Learning in Construction Supply Chains [J]. Engineering, Construction and Architectural Management, 2013, 201.

[10] Gita Mathur, Kam Jugdev, Tak Shing Fung. Project Management Assets and Project Management Performance Outcomes: Exploratory Factor Analysis [J]. Management Research Review, 2013, 362.

[11] Chuda Basnet. The Measurement of Internal Supply Chain Integration [J]. Management Research Review, 2013, 362.

[12] Anna Steidle, Christine Gockel, Lioba Werth. Growth or Security? Regulatory Focus Determines Work Priorities [J]. Management Research Review, 2013, 362.

[13] Angelo Riviezzo. Acquisitions in Knowledge-intensive Industries: Exploring the Distinctive Characteristics of the Effective Acquirer [J]. Management Research Review, 2013, 362.

[14] Luliya Teeratansirikool, Sununta Siengthai, Yuosre Badir, Chotchai Charoenngam. Competitive Strategies and Firm Performance: The Mediating Role of Performance Measurement [J]. International Journal of Productivity and Performance Management, 2013, 622.

[15] Kunal K. Ganguly, Kalyan K. Guin. A Fuzzy AHP Approach for Inbound Supply Risk Assessment [J]. Benchmarking: An International Journal, 2013, 201.

[16] Robert A. Blackburn, Mark Hart, Thomas Wainwright. Small Business Performance: Business, Strategy and Owner-manager Characteristics [J]. Journal of Small Business and Enterprise Development, 2013, 201.

[17] Sylvie Laforet. Innovation Characteristics of Young and Old Family-owned Businesses [J]. Journal of Small Business and Enterprise Development, 2013, 201.

[18] Rosie Boxer, Lew Perren, Aidan Berry. SME Top Management Team and Non-executive Director Cohesion: Precarious Equilibrium through Information Asymmetry [J]. Journal of Small Business and Enterprise Development, 2013, 201.

[19] Nikolaos Daskalakis, Robin Jarvis, Emmanouil Schizas. Financing Practices and Preferences for Micro and Small Firms [J]. Journal of Small Business and Enterprise Development, 2013, 201.

[20] Richard Harris, Rodney McAdam, Irene McCausland, Renee Reid. Levels of Innovation within SMEs in Peripheral Regions: The Role of Business Improvement Initiatives

[J]. Journal of Small Business and Enterprise Development, 2013, 201.

[21] Siwan Mitchelmore, Jennifer Rowley. Entrepreneurial Competencies of Women Entrepreneurs Pursuing Business Growth [J]. Journal of Small Business and Enterprise Development, 2013, 201.

[22] Nick Williams, Robert Huggins. Supporting Entrepreneurship in Deprived Communities: A Vision Too Far? [J]. Journal of Small Business and Enterprise Development, 2013, 201.

[23] Max Finne, Jan Holmström. A Manufacturer Moving Upstream: Triadic Collaboration for Service Delivery [J]. Supply Chain Management: An International Journal, 2013, 181.

[24] Hsin Hsin Chang, Yao-Chuan Tsai, Che-Hao Hsu. E-procurement and Supply Chain Performance [J]. Supply Chain Management: An International Journal, 2013, 181.

[25] Bianka Kühne, Xavier Gellynck, Robert D. Weaver. The Influence of Relationship Quality on the Innovation Capacity in Traditional Food Chains [J]. Supply Chain Management: An International Journal, 2013, 181.

[26] Árni Halldórsson, Martin Svanberg. Energy Resources: Trajectories for Supply Chain Management [J]. Supply Chain Management: An International Journal, 2013, 181.

[27] Ching-Chiao Yang, Hsiao-Hsuan Wei. The Effect of Supply Chain Security Management on Security Performance in Container Shipping Operations [J]. Supply Chain Management: An International Journal, 2013, 181.

[28] Trevor Cadden, Donna Marshall, Guangming Cao. Opposites Attract: Organisational Culture and Supply Chain Performance [J]. Supply Chain Management: An International Journal, 2013, 181.

[29] Maria A.O. Dos Santos, Göran Svensson, Carmen Padin. Indicators of Sustainable Business Practices: Woolworths in South Africa [J]. Supply Chain Management: An International Journal, 2013, 181.

[30] Lisa C. Thomas, Sandra Painbéni, Harry Barton. Entrepreneurial Marketing within the French Wine Industry [J]. International Journal of Entrepreneurial Behaviour & Research, 2013, 192.

[31] Elizabeth Chell. Review of Skill and the Entrepreneurial Process [J]. International Journal of Entrepreneurial Behaviour & Research, 2013, 191.

[32] Zhenzhong Ma, Shuzhen Zhao, Tangting Wang, Yender Lee. An Overview of Contemporary Ethnic Entrepreneurship Studies: Themes and Relationships [J]. International Journal of Entrepreneurial Behaviour & Research, 2013, 191.

[33] Kalpana Chauhan, Anandan Pillai. Role of Content Strategy in Social Media Brand Communities: A Case of Higher Education Institutes in India [J]. Journal of Product & Brand Management, 2013, 221.

[34] Ann Betz. The Art and Science of Effective Feedback: What Works, What Does Not and Why [J]. Human Resource Management International Digest, 2013, 212.

[35] Interview by Gareth Bell. Teamwork Makes the Team Work: An Interview with Dr Meredith Belbin [J]. Human Resource Management International Digest, 2013, 212.

[36] Clinton O. Longenecker, Laurence S. Fink. Creating Human-resource Management Value in the Twenty-first Century: Seven Steps to Strategic HR [J]. Human Resource Management International Digest, 2013, 212.

[37] Sarah Leidner, Simon M. Smith. Keeping Potential Job-hoppers' Feet on the Ground: Well Trained Workers Stay Loyal to Their Employer [J]. Human Resource Management International Digest, 2013, 211.

[38] Charlie Cadman. Training is Now More than Simply Ticking the Right Boxes: Organizations Build the Right Skills through Targeted Employee Development [J]. Human Resource Management International Digest, 2013, 211.

[39] Will Harvey. Victory Can Be Yours in the Global War for Talent: Social Factors and Lifestyle Help to Attract Top Employees [J]. Human Resource Management International Digest, 2013, 211.

[40] Interview by Gareth Bell. Recruiting CEOs from an Under-used Resource: CEO Succession Pool Must Be Widened to Include HR, Says Mullwood Partnership [J]. Human Resource Management International Digest, 2013, 211.

[41] Nick Webb. Vodafone Puts Mobility at the Heart of Business Strategy: Transformation Improves Performance of Employees and Organization as a Whole [J]. Human Resource Management International Digest, 2013, 211.

[42] Yong Han, Hongdan Zhao. HRM is Strategic at Shanghai Shuozhi: Close Ties with Top Management Ensure That Personnel Policies Meet Company Needs [J]. Human Resource Management International Digest, 2013, 211.

[43] Antonios Panagiotakopoulos. Mina Makes the Most of Human-resource Management: Mini-market Switches from Competing on Price to Competing on Service [J]. Human Resource Management International Digest, 2013, 211.

[44] Colin Coulson-Thomas. Aiming for the Stars Can Bring an Organization Down to Earth: Affordable Talent Management May Mean Making the Most of What You Have [J]. Human Resource Management International Digest, 2013, 211.

[45] Dimitrios M. Mihail, Myra Mac Links, Sofoklis Sarvanidis. High Performance Work Systems in Corporate Turnaround: A German Case Study [J]. Journal of Organizational Change Management, 2013, 261.

[46] Lynne Hannay, Sonia Ben Jaafar, Lorna Earl. A Case Study of District Leadership Using Knowledge Management for Educational Change [J]. Journal of Organizational Change

Management, 2013, 261.

[47] Richard Dunford, Suresh Cuganesan, David Grant, Ian Palmer, Rosie Beaumont, Cara Steele. "Flexibility" as the Rationale for Organizational Change: A Discourse Perspective [J]. Journal of Organizational Change Management, 2013, 261.

[48] Luu Trong Tuan. Underneath Organizational Health and Knowledge Sharing [J]. Journal of Organizational Change Management, 2013, 261.

[49] Ayon Chakraborty, Michael Leyer. Developing a Six Sigma Framework: Perspectives from Financial Service Companies [J]. International Journal of Quality & Reliability Management, 2013, 303.

[50] Burcu Akan Ellis. Freelancing Eagles: Interpretation as a Transient Career Strategy for Skilled Migrants [J]. Journal of Management Development, 2013, 322.

[51] Gözde Inal, Akram Al Ariss, Cynthia Forson. Self-employment as a Career Strategy for Ethnic Minorities: The Case of Turkish-Cypriots in Britain [J]. Journal of Management Development, 2013, 322.

[52] Chinho Lin, Chu-hua Kuei, Kang-Wei Chai. Identifying Critical Enablers and Pathways to High Performance Supply Chain Quality Management [J]. International Journal of Operations & Production Management, 2013, 333.

[53] Colette Hoption, Julian Barling, Nick Turner. "It's not you, it's me": Transformational Leadership and Self-deprecating Humor [J]. Leadership & Organization Development Journal, 2013, 341.

[54] Kara A. Arnold, Catherine Loughlin. Integrating Transformational and Participative Versus Directive Leadership Theories: Examining Intellectual Stimulation in Male and Female Leaders Across Three Contexts [J]. Leadership & Organization Development Journal, 2013, 341.

[55] Yu-Lin Wang, Andrea D. Ellinger, Yen-Chun Jim Wu. Entrepreneurial Opportunity Recognition: An Empirical Study of R&D Personnel [J]. Management Decision, 2013, 512.

[56] Julie-Anne Sheppard, James C. Sarros, Joseph C. Santora. Twenty-first Century Leadership: International Imperatives [J]. Management Decision, 2013, 512.

[57] Juan Carlos Díaz Casero, Manuel Almodóvar González, María de la Cruz Sánchez Escobedo, Alicia Coduras Martínez, Ricardo Hernández Mogollón. Institutional Variables, Entrepreneurial Activity and Economic Development [J]. Management Decision, 2013, 512.

[58] Li Ding, Jalesh Mahbubani. The Two-stage Decision Model of Vertical Integration [J]. Management Decision, 2013, 512.

[59] Praveen Goyal, Zillur Rahman, A.A. Kazmi. Corporate Sustainability Performance and Firm Performance Research: Literature Review and Future Research Agenda [J]. Management Decision, 2013, 512.

[60] Iván Arribas, Penélope Hernández, Jose E. Vila. Guanxi, Performance and Innovation in Entrepreneurial Service Projects [J]. Management Decision, 2013, 511.

[61] Deryck J. van Rensburg. Strategic Brand Venturing: An Intersectional Idea [J]. Management Decision, 2013, 511.

[62] Dianne H.B. Welsh, J. Mark Munoz, Shengliang Deng, Peter V. Raven. Microenterprise Performance and Microenterprise Zones (MEZOs) in China [J]. Management Decision, 2013, 511.

[63] Louise Manning. Corporate and Consumer Social Responsibility in the Food Supply Chain [J]. British Food Journal, 2013, 1151.

[64] Matthias Filser, Sascha Kraus, Stefan Märk. Psychological Aspects of Succession in Family Business Management [J]. Management Research Review, 2013, 363.

[65] David W. Norton, B. Joseph Pine I. I. Using the Customer Journey to Road Test and Refine the Business Model [J]. Strategy & Leadership, 2013, 412.

[66] Brian Leavy. Laurence Capron Analyzes Corporate Development's Build, Borrow and Buy Options [J]. Strategy & Leadership, 2013, 412.

[67] Laurence Capron. Cisco's Corporate Development Portfolio: A Blend of Building, Borrowing and Buying [J]. Strategy & Leadership, 2013, 412.

[68] Margaret L. Sheng, Shen-Yao Chang, Thompson Teo, Yuh-Feng Lin. Knowledge Barriers, Knowledge Transfer, and Innovation Competitive Advantage in Healthcare Settings [J]. Management Decision, 2013, 513.

[69] Almudena Cañibano. Implementing Innovative HRM: Trade-off Effects on Employee Well-being [J]. Management Decision, 2013, 513.

[70] Patrick J. Murphy, Robert A. Cooke, Yvette Lopez. Firm Culture and Performance: Intensity's Effects and Limits [J]. Management Decision, 2013, 513.

[71] Mário Franco, Heiko Haase. Firm Resources and Entrepreneurial Orientation as Determinants for Collaborative Entrepreneurship [J]. Management Decision, 2013, 513.

[72] Miguel-Angel Galindo, María-Teresa Méndez-Picazo. Innovation, Entrepreneurship and Economic Growth [J]. Management Decision, 2013, 513.

[73] Fabian Eggers, Sascha Kraus, Mathew Hughes, Sean Laraway, Susan Snycerski. Implications of Customer and Entrepreneurial Orientations for SME Growth [J]. Management Decision, 2013, 513.

[74] Anabel Fernández-Mesa, Joaquín Alegre-Vidal, Ricardo Chiva-Gómez, Antonio Gutiérrez -Gracia. Design Management Capability and Product Innovation in SMEs [J]. Management Decision, 2013, 513.

[75] Stephan M. Liozu, Andreas Hinterhuber. Pricing Orientation, Pricing Capabilities, and Firm Performance [J]. Management Decision, 2013, 513.

[76] Joan E. Ubeda, Clara Gieure, Carlos de-la-Cruz, Olga Sastre. Communication in New Technology Based-firms [J]. Management Decision, 2013, 513.

[77] Hong Hu, Qinxuan Gu, Jixiang Chen. How and When does Transformational Leadership Affect Organizational Creativity and Innovation? : Critical Review and Future Directions [J]. Nankai Business Review International, 2013, 42.

[78] Anastasia A. Katou. Justice, Trust and Employee Reactions: An Empirical Examination of the HRM System [J]. Management Research Review, 2013, 367.

[79] Mine Aysen Doyran. Net Interest Margins and Firm Performance in Developing Countries: Evidence from Argentine Commercial Banks [J]. Management Research Review, 2013, 367.

[80] Naoki Ando, Nobuaki Endo. Determinants of Foreign Subsidiary Staffing by Service Firms [J]. Management Research Review, 2013, 366.

[81] Jeramy Meacham, Lisa Toms, Kenneth W. Green Jr, Vikram S. Bhadauria. Impact of Information Sharing and Green Information Systems [J]. Management Research Review, 2013, 365.

[82] Francesca Riccobono, Manfredi Bruccoleri, Giovanni Perrone. Business Agreements Objectives and Decisions: A Field Research [J]. Management Research Review, 2013, 365.

[83] Jeremy Berry. Canadian Public Relations Students'Interest in Government Communication: An Exploratory Study [J]. Management Research Review, 2013, 365.

[84] Hameedah Sayani, Melodena Stephens Balakrishnan. Marketing an Islamic Index: Perceived Value of KMI30 Index [J]. Management Research Review, 2013, 364.

[85] Khuram Shahzad Bukhari, Hayat M. Awan, Faareha Ahmed. An Evaluation of Corporate Governance Practices of Islamic Banks Versus Islamic Bank Windows of Conventional Banks: A Case of Pakistan [J]. Management Research Review, 2013, 364.

[86] David Parker, Joshua Charlton, Ana Ribeiro, Raghuvar D. Pathak. Integration of Project -based Management and Change Management: Intervention Methodology [J]. International Journal of Productivity and Performance Management, 2013, 625.

[87] Aki Jääskeläinen, Harri Laihonen. Overcoming the Specific Performance Measurement Challenges of Knowledge-intensive Organizations [J]. International Journal of Productivity and Performance Management, 2013, 624.

[88] Suwit Srimai, Chris S. Wright, Jack Radford. A Speculation of the Presence of Overlap and Niches in Organizational Performance Management Systems [J]. International Journal of Productivity and Performance Management, 2013, 624.

[89] D. Parker, A. Verlinden, R. Nussey, M. Ford, R.D. Pathak. Critical Evaluation of Project-based Performance Management: Change Intervention Integration [J]. International Journal of Productivity and Performance Management, 2013, 624.

[90] Winfried Ruigrok, Dimitrios Georgakakis, Peder Greve. Regionalization Strategy and Performance: The Moderating Role of Industry Dynamism and Top Management Team Diversity [J]. Multinational Business Review, 2013, 211.

[91] Dewan Md Zahurul Islam, Thomas H. Zunder, Ronald Jorna. Performance Evaluation of an Online Benchmarking Tool for European Freight Transport Chains [J]. Benchmarking: An International Journal, 2013, 202.

[92] Colette Henry, Lorna Treanor. Where to Now? New Directions in Supporting New Venture Creation,[J]. Journal of Small Business and Enterprise Development, 2013, 202.

[93] Colin C. Williams, Sara Nadin. Harnessing the Hidden Enterprise Culture: Supporting the Formalisation of Off-the-books Business Start-ups [J]. Journal of Small Business and Enterprise Development, 2013, 202.

[94] Pooran Wynarczyk. Open Innovation in SMEs: A Dynamic Approach to Modern Entrepreneurship in the Twenty-first Century [J]. Journal of Small Business and Enterprise Development, 2013, 202.

[95] Tatiana Iakovleva, Marina Solesvik, Anna Trifilova. Financial Availability and Government Support for Women Entrepreneurs in Transitional Economies: Cases of Russia and Ukraine [J]. Journal of Small Business and Enterprise Development, 2013, 202.

[96] Mark D. Griffiths, Lisa K. Gundry, Jill R. Kickul. The Socio-political, Economic, and Cultural Determinants of Social Entrepreneurship Activity: An Empirical Examination [J]. Journal of Small Business and Enterprise Development, 2013, 202.

[97] David Pickernell, Julienne Senyard, Paul Jones, Gary Packham, Elaine Ramsey. New and Young Firms: Entrepreneurship Policy and the Role of Government-Evidence from the Federation of Small Businesses Survey [J]. Journal of Small Business and Enterprise Development, 2013, 202.

[98] Servane Delanoë. From Intention to Start-up: The Effect of Professional Support [J]. Journal of Small Business and Enterprise Development, 2013, 202.

[99] Blandine Ageron, Olivier Lavastre, Alain Spalanzani. Innovative Supply Chain Practices: The State of French Companies [J]. Supply Chain Management: An International Journal, 2013, 183.

[100] Stefan Ulstrup Hoejmose, Johanne Grosvold, Andrew Millington. Socially Responsible Supply Chains: Power Asymmetries and Joint Dependence [J]. Supply Chain Management: An International Journal, 2013, 183.

[101] Na Fu, Patrick C. Flood, Janine Bosak, Tim Morris, Philip O'Regan. Exploring the Performance Effect of HPWS on Professional Service Supply Chain Management [J]. Supply Chain Management: An International Journal, 2013, 183.

[102] Noel Johnson, Dominic Elliott, Paul Drake. Exploring the Role of Social Capital in

Facilitating Supply Chain Resilience [J]. Supply Chain Management: An International Journal, 2013, 183.

[103] Patrik Jonsson, Martin Rudberg, Stefan Holmberg. Centralised Supply Chain Planning at IKEA [J]. Supply Chain Management: An International Journal, 2013, 183.

[104] Frank Wiengarten, Brian Fynes, George Onofrei. Exploring Synergetic Effects between Investments in Environmental and Quality/Lean Practices in Supply Chains [J]. Supply Chain Management: An International Journal, 2013, 182.

[105] Ting Wu, Elizabeth M. Daniel, Matt Hinton, Paul Quintas. Isomorphic Mechanisms in Manufacturing Supply Chains: A Comparison of Indigenous Chinese Firms and Foreign-owned MNCs [J]. Supply Chain Management: An International Journal, 2013, 182.

[106] Luai E. Jraisat, Ihab H. Sawalha. Quality Control and Supply Chain Management: A Contextual Perspective and a Case Study [J]. Supply Chain Management: An International Journal, 2013, 182.

[107] Robert Smith, Gerard McElwee, Seonaidh McDonald, Sarah Drakopoulou Dodd. Qualitative Entrepreneurship Authorship: Antecedents, Processes and Consequences [J]. International Journal of Entrepreneurial Behaviour & Research, 2013, 194.

[108] Karen L. Williams Middleton. Becoming Entrepreneurial: Gaining Legitimacy in the Nascent Phase[J]. International Journal of Entrepreneurial Behaviour & Research, 2013, 194.

[109] Carlos E. Morales, Claudia Holtschlag. Post Materialist Values and Entrepreneurship: A Multilevel Approach [J]. International Journal of Entrepreneurial Behaviour & Research, 2013, 193.

[110] Michael E. Raynor, Mumtaz Ahmed. Three Proven Rules: Discovering How Exceptional Companies Think [J]. Strategy & Leadership, 2013, 413.

[111] Stephen Denning. Boeing's Offshoring Woes: Seven Lessons Every CEO Must Learn [J]. Strategy & Leadership, 2013, 413.

[112] Gerald Harris. A Continuous-learning Process that Updates and Enhances Planning Scenarios [J]. Strategy & Leadership, 2013, 413.

[113] Dirk C. Moosmayer, Alexandre Fuljahn. Corporate Motive and Fit in Cause Related Marketing [J]. Journal of Product & Brand Management, 2013, 223.

[114] Thaweephan Leingpibul, S. Allen Broyles, Chiranjeev Kohli. The Comparative Influence of Manufacturer and Retailer Brands on Customers'Purchase Behavior [J]. Journal of Product & Brand Management, 2013, 223.

[115] Cleopatra Veloutsou, George Christodoulides, Leslie de Chernatony. A Taxonomy of Measures for Consumer-based Brand Equity: Drawing on the Views of Managers in Europe [J]. Journal of Product & Brand Management, 2013, 223.

[116] Nick Parker. Keep it Simple: The Influence HR can Exert with a Clearer Writing

Style [J]. Human Resource Management International Digest, 2013, 214.

[117] Yong Han, Jing-jing Zhang, Sheng-tao Huang. China's Civil Service Adopts e-HRM ... up to a Point: Most Offices Blend Paper-based and Electronic Systems [J]. Human Resource Management International Digest, 2013, 214.

[118] M.S. Rao. Smart Leadership Blends Hard and Soft Skills: ... and Emphasizes the Importance of Continuous Learning [J]. Human Resource Management International Digest, 2013, 214.

[119] Interview by Gareth Bell. Cary Cooper on Engagement, Wellbeing, and the Persistence of the Glass Ceiling [J]. Human Resource Management International Digest, 2013, 214.

[120] Rachel Fayers. What Makes Santander a Great Place to Work: Bank Delivers Wide Range of Benefits for All [J]. Human Resource Management International Digest, 2013, 214.

[121] María José Ruiz-Ortega, Gloria Parra-Requena, Job Rodrigo-Alarcón, Pedro M. García-Villaverde. Environmental Dynamism and Entrepreneurial Orientation: The Moderating Role of Firm's Capabilities [J]. Journal of Organizational Change Management, 2013, 263.

[122] Wendelin M. Küpers. Embodied Transformative Metaphors and Narratives in Organisational Life-worlds of Change [J]. Journal of Organizational Change Management, 2013, 263.

[123] Aurelie Leclercq-Vandelannoitte. Contradiction as a Medium and Outcome of Organizational Change: A Foucauldian Reading [J]. Journal of Organizational Change Management, 2013, 263.

[124] Neil Paulsen, Victor J. Callan, Oluremi Ayoko, Diana Saunders. Transformational Leadership and Innovation in an R&D Organization Experiencing Major Change [J]. Journal of Organizational Change Management, 2013, 263.

[125] Staffan Furusten. Commercialized Professionalism on the Field of Management Consulting [J]. Journal of Organizational Change Management, 2013, 262.

[126] Anna A. Lupina-Wegener. Human Resource Integration in Subsidiary Mergers and Acquisitions: Evidence from Poland [J]. Journal of Organizational Change Management, 2013, 262.

[127] Deniz Kantur, Arzu Iseri-Say. Organizational Context and Firm-level Entrepreneurship: A Multiple-case Analysis [J]. Journal of Organizational Change Management, 2013, 262.

[128] Mahour Mellat-Parast. Supply Chain Quality Management: An Inter-organizational Learning Perspective [J]. International Journal of Quality & Reliability Management, 2013, 305.

[129] Marcus Assarlind, Ida Gremyr, Kristoffer Bäckman. Multi-faceted Views on a

Lean Six Sigma Application [J]. International Journal of Quality & Reliability Management, 2013, 304.

[130] Jenny María Ruiz-Jiménez, María del Mar Fuentes-Fuentes. Knowledge Combination, Innovation, Organizational Performance in Technology Firms [J]. Industrial Management & Data Systems, 2013, 1134.

[131] Romie Frederick Littrell. Explicit Leader Behaviour: A Review of Literature, Theory Development, and Research Project Results [J]. Journal of Management Development, 2013, 326.

[132] Romie F. Littrell, E. Serra Yurtkoru, Handan Kepir Sinangil, Beril Durmus, Alev Katrinli, Remziye Gulem Atabay, Gonca Günay, Burcu Güneri Çangarli. Explicit Leader Behaviour Preferences: Turkish and Cross-national Sample Comparisons [J]. Journal of Management Development, 2013, 326.

[133] Howard Thomas, Lynne Thomas, Alex Wilson. The Unfulfilled Promise of Management Education (ME): The Role, Value and Purposes of ME [J]. Journal of Management Development, 2013, 325.

[134] Katrin Muff. Developing Globally Responsible Leaders in Business Schools: A Vision and Transformational Practice for the Journey Ahead [J]. Journal of Management Development, 2013, 325.

[135] Johan Roos. The Benefits and Limitations of Leadership Speeches in Change Initiatives [J]. Journal of Management Development, 2013, 325.

[136] Jennifer Collins, Donna K. Cooke. Creative Role Models, Personality and Performance [J]. Journal of Management Development, 2013, 324.

[137] Elí Samuel González-Trejo, Norma Myriam González-Salazar, Gloria Pedroza-Cantu, Sergio Gerardo Elizondo-Arroyave. Corporate Supply Chain Responsibility (CSCR): Theoretical Rationale, Research Propositions and Implementation Guidelines [J]. Journal of Management Development, 2013, 324.

[138] Chux Iwu, Henrie Benedict. Economic Recession and Investment on Human Resource Information Systems (HRIS): Perspectives on Some South African Firms [J]. Journal of Management Development, 2013, 324.

[139] Gil Bozer, James C. Sarros, Joseph C. Santora. The Role of Coachee Characteristics in Executive Coaching for Effective Sustainability [J]. Journal of Management Development, 2013, 323.

[140] Denise Baden, Carole Parkes. Experiential Learning: Inspiring the Business Leaders of Tomorrow [J]. Journal of Management Development, 2013, 323.

[141] Nadine Exter, David Grayson, Rajiv Maher. Facilitating Organizational Change for Embedding Sustainability into Academia: A Case Study [J]. Journal of Management

Development, 2013, 323.

[142] Chin-Chun Hsu, Keah Choon Tan, Suhaiza Hanim Mohamad Zailani, Vaidyanathan Jayaraman. Supply Chain Drivers that Foster the Development of Green Initiatives in an Emerging Economy [J]. International Journal of Operations & Production Management, 2013, 336.

[143] Janet L. Kottke, Kathie L. Pelletier, Mark D. Agars. Measuring Follower Confidence in Top Leadership Direction [J]. Leadership & Organization Development Journal, 2013, 344.

[144] Vincent Rousseau, Caroline Aubé, Sébastien Tremblay. Team Coaching and Innovation in Work Teams: An Examination of the Motivational and Behavioral Intervening Mechanisms [J]. Leadership & Organization Development Journal, 2013, 344.

[145] Kenta Hino, Hidetaka Aoki. Romance of Leadership and Evaluation of Organizational Failure [J]. Leadership & Organization Development Journal, 2013, 344.

[146] Angus J. Duff. Performance Management Coaching: Servant Leadership and Gender Implications [J]. Leadership & Organization Development Journal, 2013, 343.

[147] Travis L. Russ. The Relationship between Theory X/Y: Assumptions and Communication Apprehension [J]. Leadership & Organization Development Journal, 2013, 343.

[148] Mari Huhtala, Maiju Kangas, Anna-Maija Lämsä, Taru Feldt. Ethical Managers in Ethical Organisations? The Leadership-culture Connection Among Finnish Managers [J]. Leadership & Organization Development Journal, 2013, 343.

[149] Carlos E. Ruiz, Jia Wang, Robert G. Hamlin. What Makes Managers Effective in Mexico? [J]. Leadership & Organization Development Journal, 2013, 342.

[150] Thomas W. Nichols, Rod Erakovich. Authentic Leadership and Implicit Theory: A Normative form of Leadership? [J]. Leadership & Organization Development Journal, 2013, 342.

[151] Cristina Santandreu-Mascarell, Dolores Garzon, Helena Knorr. Entrepreneurial and Innovative Competences, Are They the Same? [J]. Management Decision, 2013, 515.

[152] Irina Purcarea, Maria del Mar Benavides Espinosa, Andreea Apetrei. Innovation and Knowledge Creation: Perspectives on the SMEs Sector [J]. Management Decision, 2013, 515.

[153] Esther Hormiga, Connie Hancock, Jaume Valls-Pasola. The Relationship between Employee Propensity to Innovate and Their Decision to Create a Company [J]. Management Decision, 2013, 515.

[154] Daniel Palacios-Marqués, Marta Peris-Ortiz, José M. Merigó. The Effect of Knowledge Transfer on Firm Performance: An Empirical Study in Knowledge-intensive

Industries [J]. Management Decision, 2013, 515.

[155] M. Rosario Perello-Marin, Juan A. Marin-Garcia, Javier Marcos-Cuevas. Towards a Path Dependence Approach to Study Management Innovation [J]. Management Decision, 2013, 515.

[156] Hung-Wen Lee. Locus of Control, Socialization, and Organizational Identification [J]. Management Decision, 2013, 515.

[157] David Urbano, Claudia Alvarez, Andreu Turró. Organizational Resources and Intrapreneurial Activities: An International Study [J]. Management Decision, 2013, 514.

[158] Pedro José Martínez-Jurado, José Moyano-Fuentes, Pilar Jerez Gómez. HR Management during Lean Production Adoption [J]. Management Decision, 2013, 514.

[159] Stephan M. Liozu, Andreas Hinterhuber. The Confidence Factor in Pricing: Driving Firm Performance [J]. Journal of Business Strategy, 2013, 344.

[160] Paul Moxnes. The Hero's Dream and Other Primordial Patterns of Imagery: Archetypal Influences on Organisational Fantasies and Ideations [J]. Journal of Organizational Change Management, 2013, 264.

[161] M.S. Rao. Can HR Leaders Excel as Company Chief Executive? [J]. Human Resource Management International Digest, 2013, 215.

[162] V.K. Narayanan, Liam Fahey. Seven Management Follies that Threaten Strategic Success [J]. Strategy & Leadership, 2013, 414.

[163] Harri Lorentz, Juuso Töyli, Tomi Solakivi, Lauri Ojala. Priorities and Determinants for Supply Chain Management Skills Development in Manufacturing Firms [J]. Supply Chain Management: An International Journal, 2013, 184.

[164] Fred Lemke, Henry L. Petersen. Teaching Reputational Risk Management in the Supply Chain [J]. Supply Chain Management: An International Journal, 2013, 184.

[165] Amir H. Khataie, Akif A. Bulgak. A Cost of Quality Decision Support Model for Lean Manufacturing: Activity-based Costing Application [J]. International Journal of Quality & Reliability Management, 2013, 307.

[166] Manlio Del Giudice, Maria Rosaria Della Peruta, Vincenzo Maggioni. One Man Company or Managed Succession: The Transfer of the Family Dream in Southern-Italian Firms [J]. Journal of Organizational Change Management, 2013, 264.

[167] Tana Chanyatipsakul, Winai Wongsurawat. Lessons Big-company Leaders Can Learn from SME Entrepreneurs [J]. Strategy & Leadership, 2013, 414.

[168] Mike Bernon, Carlos Mena. The Evolution of Customised Executive Education in Supply Chain Management [J]. Supply Chain Management: An International Journal, 2013, 184.

[169] Brian Leavy. Rita McGrath Explores the Risks and Opportunities of the Transient-

advantage Economy [J]. Strategy & Leadership, 2013, 414.

[170] A.G. Lafley, Roger Martin. Instituting a Company-wide Strategic Conversation at Procter & Gamble [J]. Strategy & Leadership, 2013, 414.

[171] Ozlem Bak, Véronique Boulocher-Passet. Connecting Industry and Supply Chain Management Education: Exploring Challenges Faced in a SCM Consultancy Module [J]. Supply Chain Management: An International Journal, 2013, 184.

[172] Sezi Cevik Onar, Emel Aktas, Y. Ilker Topcu, Des Doran. An Analysis of Supply Chain Related Graduate Programmes in Europe [J]. Supply Chain Management: An International Journal, 2013, 184.

[173] Ruth Crothers. Where Companies Take Risks on the Road to Greater Safety: Driver Training Can Help to Cut Accidents and Costs [J]. Human Resource Management International Digest, 2013, 215.

[174] George Day, Christine Moorman. Regaining Customer Relevance: The Outside-in Turnaround [J]. Strategy & Leadership, 2013, 414.

[175] Llandis Barratt-Pugh, Susanne Bahn, Elsie Gakere. Managers as Change Agents: Implications for Human Resource Managers Engaging with Culture Change [J]. Journal of Organizational Change Management, 2013, 264.

[176] Lynn K. Bartels, Cynthia R. Nordstrom. Too Big to Hire: Factors Impacting Weight Discrimination [J]. Management Research Review, 2013, 369.

[177] Tommi Auvinen, Iiris Aaltio, Kirsimarja Blomqvist. Constructing Leadership by Storytelling—The Meaning of Trust and Narratives [J]. Leadership & Organization Development Journal, 2013, 346.

[178] Mohammed Yasin Ghadi, Mario Fernando, Peter Caputi. Transformational Leadership and Work Engagement: The Mediating Effect of Meaning in Work [J]. Leadership & Organization Development Journal, 2013, 346.

[179] Millissa F.Y. Cheung. The Mediating Role of Perceived Organizational Support in the Effects of Interpersonal and Informational Justice on Organizational Citizenship Behaviors [J]. Leadership & Organization Development Journal, 2013, 346.

[180] Barry Z. Posner. It's How Leaders Behave That Matters, Not Where They Are From [J]. Leadership & Organization Development Journal, 2013, 346.

[181] Christine M. Harland. Supply Chain Management Research Impact: An Evidence-based Perspective [J]. Supply Chain Management: An International Journal, 2013, 185.

[182] Silvia Ayuso, Mercè Roca, Rosa Colomé. SMEs as "Transmitters" of CSR Requirements in the Supply Chain [J]. Supply Chain Management: An International Journal, 2013, 185.

[183] Mette Vedel, Chris Ellegaard. Supply Risk Management Functions of Sourcing

Intermediaries: An Investigation of the Clothing Industry [J]. Supply Chain Management: An International Journal, 2013, 185.

[184] Abhijeet Ghadge, Samir Dani, Michael Chester, Roy Kalawsky. A Systems Approach for Modelling Supply Chain Risks [J]. Supply Chain Management: An International Journal, 2013, 185.

[185] Guo-Ciang Wu. The Influence of Green Supply Chain Integration and Environmental Uncertainty on Green Innovation in Taiwan's IT Industry [J]. Supply Chain Management: An International Journal, 2013, 185.

[186] Dotun Adebanjo, Francis Ojadi, Tritos Laosirihongthong, Matthew Tickle. A Case Study of Supplier Selection in Developing Economies: A Perspective on Institutional Theory and Corporate Social Responsibility [J]. Supply Chain Management: An International Journal, 2013, 185.

[187] Gabriele Jacobs, Arjen van Witteloostuijn, Jochen Christe-Zeyse. A Theoretical Framework of Organizational Change [J]. Journal of Organizational Change Management, 2013, 265.

[188] Ci-Rong Li. How Top Management Team Diversity Fosters Organizational Ambidexterity: The Role of Social Capital Among Top Executives [J]. Journal of Organizational Change Management, 2013, 265.

[189] Sonny Nwankwo, Ayantunji Gbadamosi. Faith and Entrepreneurship among the British African-Caribbean: Intersections between Religious and Entrepreneurial Values [J]. Journal of Small Business and Enterprise Development, 2013, 203.

[190] Robert Lee, Heinz Tuselmann. Entrepreneurship, Occupational Division and Social Capital Differentials [J]. Journal of Small Business and Enterprise Development, 2013, 203.

[191] David Higgins, Mohammed Mirza, Anna Drozynska. Power, Politics & Learning: A Social Enactment of the SME Owner/Manager [J]. Journal of Small Business and Enterprise Development, 2013, 203.

[192] Dave Crick, Shiv Chaudhry. An Exploratory Study of UK Based, Family-owned, Asian Firms' Motives for Internationalising [J]. Journal of Small Business and Enterprise Development, 2013, 203.

[193] Sandra Rolim Ensslin, Leonardo Ensslin, Felipe Back, Rogério Tadeu de Oliveira Lacerda. Improved Decision Aiding in Human Resource Management: A Case Using Constructivist Multi-criteria Decision Aiding [J]. International Journal of Productivity and Performance Management, 2013, 627.

[194] Luiz Afonso Storch, Elpídio Oscar Benitez Nara, Liane Mahlmann Kipper. The Use of Process Management Based on a Systemic Approach [J]. International Journal of Productivity and Performance Management, 2013, 627.

[195] Tanya Sammut-Bonnici, Sotirios Paroutis. Developing a Dominant Logic of Strategic Innovation [J]. Management Research Review, 2013, 3610.

[196] Christian Horn, Alexander Brem. Strategic Directions on Innovation Management-A Conceptual Framework [J]. Management Research Review, 2013, 3610.

[197] Preeta M. Banerjee. Geographical Media Reputation and Technology Entrepreneurship [J]. Management Research Review, 2013, 3610.

[198] Minna Saunila, Juhani Ukko. Facilitating Innovation Capability through Performance Measurement: A Study of Finnish SMEs [J]. Management Research Review, 2013, 3610.

[199] Gregory Theyel, Nelli Theyel, Elizabeth Garnsey. Matching Resources to Opportunities for Emerging Technology Ventures[J]. Management Research Review, 2013, 3610.

[200] Gregory Scott, Ian Chaston. Open Innovation in an Emerging Economy [J]. Management Research Review, 2013, 3610.

[201] Stefan Gold, Pasi Heikkurinen. Corporate Responsibility, Supply Chain Management and Strategy: In Search of New Perspectives for Sustainable Food Production [J]. Journal of Global Responsibility, 2013, 42.

[202] Yusuf Sidani, Sammy Showail. Religious Discourse and Organizational Change: Legitimizing the Stakeholder Perspective at a Saudi Conglomerate [J]. Journal of Organizational Change Management, 2013, 266.

[203] George Gotsis, Zoe Kortezi. Ethical Paradigms as Potential Foundations of Diversity Management Initiatives in Business Organizations [J]. Journal of Organizational Change Management, 2013, 266.

[204] Hao-Chen Huang, Mei-Chi Lai, Lee-Hsuan Lin, Chien-Tsai Chen. Overcoming Organizational Inertia to Strengthen Business Model Innovation: An Open Innovation Perspective [J]. Journal of Organizational Change Management, 2013, 266.

[205] Noora Jansson. Organizational Change as Practice: A Critical Analysis [J]. Journal of Organizational Change Management, 2013, 266.

[206] Neetu Yadav, Sushil, Mahim Sagar. Performance Measurement and Management Frameworks: Research Trends of the Last Two Decades [J]. Business Process Management Journal, 2013, 196.

[207] Roland Bardy, Maurizio Massaro. Shifting the Paradigm of Return on Investment: A Composite Index to Measure Overall Corporate Performance [J]. Corporate Governance, 2013, 135.

[208] Hendrik Reefke, Mattia Trocchi. Balanced Scorecard for Sustainable Supply Chains: Design and Development Guidelines [J]. International Journal of Productivity and Performance Management, 2013, 628.

[209] Nancy Bocken, David Morgan, Steve Evans. Understanding Environmental

Performance Variation in Manufacturing Companies [J]. International Journal of Productivity and Performance Management, 2013, 628.

[210] Zhihong Wang, Joseph Sarkis. Investigating the Relationship of Sustainable Supply Chain Management with Corporate Financial Performance [J]. International Journal of Productivity and Performance Management, 2013, 628.

[211] Sufian Qrunfleh, Monideepa Tarafdar. Lean and Agile Supply Chain Strategies and Supply Chain Responsiveness: The Role of Strategic Supplier Partnership and Postponement [J]. Supply Chain Management: An International Journal, 2013, 186.

[212] Ismail Golgeci, Serhiy Y. Ponomarov. Does Firm Innovativeness Enable Effective Responses to Supply Chain Disruptions? An Empirical Study [J]. Supply Chain Management: An International Journal, 2013, 186.

[213] Oscar F. Bustinza, Glenn C. Parry, Ferran Vendrell-Herrero. Supply and Demand Chain Management: The Effect of Adding Services to Product Offerings [J]. Supply Chain Management: An International Journal, 2013, 186.

[214] Frank Wiengarten, Mark Pagell, Brian Fynes. The Importance of Contextual Factors in the Success of Outsourcing Contracts in the Supply Chain Environment: The Role of Risk and Complementary Practices [J]. Supply Chain Management: An International Journal, 2013, 186.

[215] Aleya James, Nicole M. Shammas. Developing Intercultural Intelligence: Dubai Style [J]. Journal of International Education in Business, 2013, 62.

[216] Shih-Chieh Fang, Chen-Wei Yang, Wen-Yen Hsu. Inter-organizational Knowledge Transfer: The Perspective of Knowledge Governance [J]. Journal of Knowledge Management, 2013, 176.

[217] Maria Gil-Marques, Maria D. Moreno-Luzon. Driving Human Resources Towards Quality and Innovation in a Highly Competitive Environment [J]. International Journal of Manpower, 2013, 348.

[218] Brian Leavy. Where to Play and How to Win-strategy Fundamentals the Procter & Gamble Way [J]. Strategy & Leadership, 2013, 415.

[219] Stephen Denning. The Management Revolution's Growing Army of Rebel Voices [J]. Strategy & Leadership, 2013, 415.

[220] Paul F. Nunes, Joshua Bellin, Ivy Lee, Olivier Schunck. Converting the Nonstop Customer into a Loyal Customer [J]. Strategy & Leadership, 2013, 415.

[221] Venkat Ramaswamy, Kerimcan Ozcan. Strategy and Co-creation Thinking [J]. Strategy & Leadership, 2013, 416.

[222] Stephen Denning. Ten Drivers of Radical Management in the "Creative Economy" [J]. Strategy & Leadership, 2013, 416.

[223] Don Peppers, Martha Rogers. Extreme Trust: The New Competitive Advantage [J]. Strategy & Leadership, 2013, 416.

[224] Linda Ban, Anthony Marshall. How CEOs, CIOs and CMOs See the Technology Future of Corporate Openness, Customer Individualization and Innovation Partnerships [J]. Strategy & Leadership, 2013, 416.

[225] Valentina Della Corte, Giuseppina Zamparelli, Roberto Micera. Innovation in Tradition-based Firms: Dynamic Knowledge for International Competitiveness [J]. European Journal of Innovation Management, 2013, 164.

[226] Aayushi Gupta, Mahesh Chandra Gupta, Ranjan Agrawal. Identification and Ranking of Critical Success Factors for BOT Projects in India [J]. Management Research Review, 2013, 3611.

[227] Ana Paula Borges, Luiz Antonio Joia. Executives and Smartphones: An Ambiguous Relationship [J]. Management Research Review, 2013, 3611.

[228] Jorge Carlos Carpio-Aguilar, María-Laura Franco-García. Joint Environmental Policy Making and Sustainable Practices for the Cardboard Production: Case Study: Smurfit Kappa [J]. Management Research Review, 2013, 3612.

[229] Mark Durkin, Pauric McGowan, Niall McKeown. Exploring Social Media Adoption in Small to Medium-sized Enterprises in Ireland [J]. Journal of Small Business and Enterprise Development, 2013, 204.

[230] John Sanders, Laura Galloway. Rural Small Firms' Website Quality in Transition and Market Economies [J]. Journal of Small Business and Enterprise Development, 2013, 204.

[231] ThuyUyen H. Nguyen, Teresa S. Waring. The Adoption of Customer Relationship Management (CRM) Technology in SMEs: An Empirical Study [J]. Journal of Small Business and Enterprise Development, 2013, 204.

[232] Chesta Khanna, Theo J. M. van der Voordt, Philip W. Koppels. Corporate Real Estate Mirrors Brand: A Conceptual Framework and Practical Applications [J]. Journal of Corporate Real Estate, 2013, 153.

[233] Jing Li, Toni L. Doolen. A Study of Chinese Quality Circle Effectiveness [J]. International Journal of Quality & Reliability Management, 2013, 311.

[234] Gerson Tontini, Jaime Dagostin Picolo. Identifying the Impact of Incremental Innovations on Customer Satisfaction Using a Fusion Method between Importance-performance Analysis and Kano Model [J]. International Journal of Quality & Reliability Management, 2013, 311.

[235] Morteza Shokri-Ghasabeh, Nicholas Chileshe. Knowledge Management: Barriers to Capturing Lessons Learned from Australian Construction Contractors Perspective [J].

Construction Innovation: Information, Process, Management, 2013, 141.

[236] Syed H. Akhter, Paulo Fernando Pinto Barcellos. Competitive Threats, Strategic Responses and Performance of Brazilian B2B Firms [J]. Management Decision, 2013, 518.

[237] Nekoranec, Wendell, Fourrier, Dawn. Coaching Managers through Change [J]. T+D, 2013, 675.

[238] Johnson, Leigh Ann. Why Source Responsibly? [J]. National Provisioner, 2013, 22711.

[239] Manning, Louise. Corporate and Consumer Social Responsibility in the Food Supply Chain [J]. British Food Journal, 2013, 1151.

[240] Bandaly, Dia, Shanker, Latha, Kahyaoglu, Yasemin, Satir, Ahmet. Supply Chain Risk Management-II: A Review of Operational, Financial and Integrated Approaches [J]. Risk Management, 2013, 151.

[241] de Souza, Ricardo Pires, HÃ©kis, HÃ©lio Roberto, Oliveira, Lucas AmbrÃ³sio Bezerra, Queiroz, Jamerson Viegas, Queiroz, Fernanda Cristina Barbosa Pereira, de Medeiros Valentim, Ricardo Alexsandro. Implementation of a Six Sigma Project in a 3M Division of Brazil [J]. The International Journal of Quality & Reliability Management, 2013, 302.

[242] Mehrjerdi, Yahia Zare. A Framework for Six-sigma Driven RFID-enabled Supply Chain Systems [J]. The International Journal of Quality & Reliability Management, 2013, 302.

[243] Franceschini F., Galetto M., Turina E. Techniques for Impact Evaluation of Performance Measurement Systems [J]. The International Journal of Quality & Reliability Management, 2013, 302.

[244] Paul M. Vaaler, Barclay E. James, Ruth V̂. Aguilera. Risk and Capital Structure in Asian Project Finance [J]. Asia Pacific Journal of Management, 2008, 251.

[245] AyŞe Güveli, Ariana Need, Nan Dirk Graaf. Socio-political, Cultural and Economic Preferences and Behaviour of the Social and Cultural Specialists and the Technocrats. Social Class or Education? [J]. Social Indicators Research, 2007, 813.

[246] Luc Sels, Sophie Winne, Jeroen Delmotte, Johan Maes, Dries Faems, Anneleen Forrier. Linking HRM and Small Business Performance: An Examination of the Impact of HRM Intensity on the Productivity and Financial Performance of Small Businesses [J]. Small Business Economics, 2006, 261.

[247] Qiang Zhang, Mingzhong Xiao, Vijay P. Singh, Xiaohong Chen. Copula-based Risk Evaluation of Droughts across the Pearl River Basin, China [J]. Theoretical and Applied Climatology, 2013, 1111.

[248] Kai-Ping Huang, Karen Yuan Wang. The Moderating Effect of Social Capital and

Environmental Dynamism on the Link between Entrepreneurial Orientation and Resource Acquisition [J]. Quality & Quantity, 2013, 473.

[249] Ali Noruzy, Vahid Majazi Dalfard, Behnaz Azhdari, Salman Nazari-Shirkouhi, Aliasghar Rezazadeh. Relations between Transformational Leadership, Organizational Learning, Knowledge Management, Organizational Innovation, and Organizational Performance: An Empirical Investigation of Manufacturing Firms [J]. The International Journal of Advanced Manufacturing Technology, 2013, 645.

[250] Ehsan Eshtehardian, Parviz Ghodousi, Azadeh Bejanpour. Using ANP and AHP for the Supplier Selection in the Construction and Civil Engineering Companies; Case Study of Iranian Company [J]. KSCE Journal of Civil Engineering, 2013, 172.

[251] Julia E. Hoch. Shared Leadership and Innovation: The Role of Vertical Leadership and Employee Integrity [J]. Journal of Business and Psychology, 2013, 282.

[252] Francy J. G. Lisboa, Guilherme M. Chaer, Ederson da C. Jesus, Sérgio M. Faria, Fernando S. Gonçalves, Felipe M. Santos, Alexandre F. Castilho, Ricardo L. L. Berbara. The Influence of Litter Quality on the Relationship between Vegetation and Below-ground Compartments: A Procrustean Approach [J]. Plant and Soil, 2013, 3671.

[253] Brigitte Kroon, Karina Voorde, Jules Timmers. High Performance Work Practices in Small Firms: A Resource-poverty and Strategic Decision-making Perspective [J]. Small Business Economics, 2013, 411.

[254] Jing Zeng, Chi Anh Phan, Yoshiki Matsui. Supply Chain Quality Management Practices and Performance: An Empirical Study [J]. Operations Management Research, 2013, 61.

[255] Frank G. Oort, Niels S. Bosma. Agglomeration Economies, Inventors and Entrepreneurs as Engines of European Regional Economic Development [J]. The Annals of Regional Science, 2013, 511.

[256] Stefan Hellstrand. Animal Production in a Sustainable Agriculture [J]. Environment, Development and Sustainability, 2013, 154.

[257] Jiang-tao Hong, Jun-fang Chen. Game Theory Analysis of Quality Control in Two-echelon Supply Chain [J]. Journal of Shanghai Jiaotong University (Science), 2013, 184.

[258] Mohammad Sadegh Sharifirad. Transformational Leadership, Innovative Work Behavior, and Employee Well-being [J]. Global Business Perspectives, 2013, 13.

[259] Jette Steen Knudsen. The Growth of Private Regulation of Labor Standards in Global Supply Chains: Mission Impossible for Western Small-and Medium-sized Firms? [J]. Journal of Business Ethics, 2013, 1172.

[260] Oguz Morali, Cory Searcy. A Review of Sustainable Supply Chain Management Practices in Canada [J]. Journal of Business Ethics, 2013, 1173.

[261] Jinyu Liu, Man Guo, Mercedes Bern-Klug. Economic Stress Among Adult-Child Caregivers of the Oldest Old in China: The Importance of Contextual Factors [J]. Journal of Cross-cultural Gerontology, 2013, 284.

[262] Christopher S. Hayter. Conceptualizing Knowledge -based Entrepreneurship Networks: Perspectives From the Literature [J]. Small Business Economics, 2013, 414.

[263] Ji Hoon Song, Sang Hoon Bae, Sunyoung Park, Hye Kyoung Kim. Influential Factors for Knowledge Creation Practices of CTE Teachers: Mutual Impact of Perceived School Support, Transformational Leadership, and Work Engagement [J]. Asia Pacific Education Review, 2013, 144.

[264] Anonymous. Research and Markets: A Critical Analysis of Investor Engagement: The Change in Relation between Investors and Management Practice under Shareholder Value [J]. M2 Presswire, 2008.

[265] Mellat-Parast, Mahour. Supply Chain Quality Management [J]. The International Journal of Quality & Reliability Management, 2013, 305.

[266] Holschbach, Elmar. Comparison of Quality Management for Externally Aourced Business Services [J]. The International Journal of Quality & Reliability Management, 2013, 305.

[267] Myerson, Paul. Lean Supply Chain Strategies—The Case for Outsourcing with Third (and Fourth) Party Logistics Providers [J]. Industry Week, 2013.

[268] Moustaghfir, Karim, Schiuma, Giovanni. Knowledge, Learning, and Innovation: Research and Perspectives [J]. Journal of Knowledge Management, 2013, 174.

[269] Yunis, Manal, Jung, Joo, Chen, Shouming. TQM, Strategy, and Performance: A Firm-level Analysis [J]. The International Journal of Quality & Reliability Management, 2013, 306.

[270] Simon, Alexandra, Douglas, Alex. Integrating Management Systems: Does the Location Matter? [J]. The International Journal of Quality & Reliability Management, 2013, 306.

[271] Oke, Ayodeji E., Ugoje, O. Francis. Assessment of Rework Cost of Selected Building Projects in Nigeria [J]. The International Journal of Quality & Reliability Management, 2013, 307.

[272] Villasalero, Manuel. Signaling, Spillover and Learning Effects of Knowledge Flows on Division Performance within Related Diversified Firms [J]. Journal of Knowledge Management, 2013, 176.

[273] Cox, Steven, Garside, John, Kotsialos, Apostolos, Vitanov, Valentin. Concise Process Improvement Definition with Case Studies [J]. The International Journal of Quality & Reliability Management, 2013, 309.

[274] Braglia, Marcello, Castellano, Davide, Frosolini, Marco. An Integer Linear Programming Approach to Maintenance Strategies Selection [J]. The International Journal of Quality & Reliability Management, 2013, 309.

[275] Jun You, Yi Li. IT Competency and Firm Performance: Mediating Effects of Knowledge Management Strategy and Dynamic Capabilities [J]. Journal of Convergence Information Technology, 2013, 84.

[276] Ronald Sukwadi, Hui-Ming Wee, Ching-Chow Yang. Supply Chain Performance Based on the Lean-Agile Operations and Supplier-Firm Partnership: An Empirical Study on the Garment Industry in Indonesia [J]. Journal of Small Business Management, 2013, 512.

[277] Claudia Acklin. Design Management Absorption Model: A Framework to Describe and Measure the Absorption Process of Design Knowledge by SMEs with Little or no Prior Design Experience [J]. Creativity and Innovation Management, 2013, 222.

[278] William J. Wales, Pankaj C. Patel, Vinit Parida, Patrick M. Kreiser. Nonlinear Effects of Entrepreneurial Orientation on Small Firm Performance: The Moderating Role of Resource Orchestration Capabilities [J]. Strategic Entrepreneurship Journal, 2013, 72.

[279] Leena Sivill, Jussi Manninen, Ilkka Hippinen, Pekka Ahtila. Success Factors of Energy Management in Energy -intensive Industries: Development Priority of Energy Performance Measurement [J]. Int. J. Energy Res., 2013, 378.

[280] Beverley M. Taylor. Sustainability and Performance Measurement: Corporate Real Estate Perspectives [J]. Perf. Improv., 2013, 526.

[281] Snjezana Kovjanic, Sebastian C. Schuh, Klaus Jonas. Transformational Leadership and Performance: An Experimental Investigation of the Mediating Effects of Basic Needs Satisfaction and Work Engagement [J]. J Occup Organ Psychol, 2013, 864.

[282] Constantin Blome, Tobias Schoenherr, Matthias Kaesser. Ambidextrous Governance in Supply Chains: The Impact on Innovation and Cost Performance [J]. J Supply Chain Manag, 2013, 494.

[283] Nicholas DiMarcello, Nicholas Marconi, Neal H. Hooker. Global Fair Trade Markets and Product Innovations [J]. EuroChoices, 2014, 133.

[284] Jheng-Dan Huang, MichaelH. Hu. Two-stage Solution Approach for Supplier Selection: A Case Study in a Taiwan Automotive Industry [J]. International Journal of Computer Integrated Manufacturing, 2013, 263.

[285] Louis Raymond, Marie Marchand, Josée St-Pierre, Louise Cadieux, François Labelle. Dimensions of Small Business Performance from the Owner-manager's Perspective: A Re-conceptualization and Empirical Validation [J]. Entrepreneurship & Regional Development, 2013, 255-6.

[286] Saurav Pathak, AndréO. Laplume, Emanuel Xavier-Oliveira. A Multi-level

Empirical Study of Ethnic Diversity and Shadow Economy as Moderators of Opportunity Recognition and Entrepreneurial Entry in Transition Economies [J]. Journal of Balkan and Near Eastern Studies, 2013, 153.

[287] Su-Yin Lin. The Influence of Relational Selling Behavior on Relationship Quality: The Moderating Effect of Perceived Price and Customers' Relationship Proneness [J]. Journal of Relationship Marketing, 2013, 123.

[288] Chunjie Xiang, Yaobin Lu, Sumeet Gupta. Knowledge Sharing in Information System Development Teams: Examining the Impact of Shared Mental Model from a Social Capital Theory Perspective [J]. Behaviour & Information Technology, 2013, 3210.

[289] Agnes K. Y. Law, Christine T. Ennew, Darryn Mitussis. Adoption of Customer Relationship Management in the Service Sector and Its Impact on Performance [J]. Journal of Relationship Marketing, 2013, 124.

[290] Ashita Aggarwal Sharma, Vithala R. Rao, Sapna Popli. Measuring Consumer-based Brand Equity for Indian Business Schools [J]. Journal of Marketing for Higher Education, 2013, 232.

[291] Sara M. Elzarka. Supply Chain Risk Management: The Lessons Learned from the Egyptian Revolution 2011 [J]. International Journal of Logistics Research and Applications, 2013, 166.

[292] Desmond Brown, Kim Spillman, Min-Young Lee, Ying (Tracy) Lu. Factors Influencing Small Tourism Business Performance: The Case of Central Kentucky, United States [J]. Journal of Hospitality Marketing & Management, 2014, 237.

[293] Arnifa Asmawi, Sabarudin Zakaria, Chong Chin Wei. Understanding Transformational Leadership and R&D Culture in Malaysian Universities [J]. Innovation, 2013, 153.

[294] Ana Yetano. What Drives the Institutionalization of Performance Measurement and Management in Local Government? [J]. Public Performance & Management Review, 2013, 371.

[295] Janaina M.H. Costa, Henrique Rozenfeld, Creusa Sayuri Tahara Amaral, Ricardo M. Marcacinit, Solange Oliveira Rezende. Systematization of Recurrent New Product Development Management Problems [J]. Engineering Management Journal, 2013, 251.

[296] Helena Carvalho, Susana Garrido Azevedo, Susana Duarte, V. Cruz-Machado. Green and Lean Paradigms Influence on Sustainable Business Development of Manufacturing Supply Chains [J]. International Journal of Green Computing (IJGC), 2011, 22.

[297] Yoo-Taek Lee, Sung-Yong Ryu, Kathleen E. McKone-Sweet. The Role of Complementary Resources in the Development of E-Supply Chains and the Firm's Performance: An Exploratory Analysis of Secondary Data [J]. International Journal of Operations Research and

Information Systems (IJORIS), 2013, 42.

[298] Hakikur Rahman. Open Innovation in Entrepreneurships: Taxonomies of Innovation in Knowledge-based Economy [J]. International Journal of E-Entrepreneurship and Innovation (IJEEI), 2013, 43.

[299] Lazarus Ray, Struthers Helen, Violari Avy. Promoting Safe Infant Feeding Practices—The Importance of Structural, Social and Contextual Factors in Southern Africa [J]. International AIDS Society. Journal, 2013, 16.

[300] Zhen Yang, Junwen Feng. Study on Evaluation System of Sustainable Development Capability of Chinese Property and Casualty Insurance Enterprises [J]. Management Science and Engineering, 2013, 72.

[301] TingKo Lee, Wenyi Chu. How Entrepreneurial Orientation, Environmental Dynamism, and Resource Rareness Influence Firm Performance [J]. Journal of Management & Organization, 2013, 192.

[302] Qian Ge, Haimin Cao. Enterprise Merger of Human Resources Integration Problems Probing [J]. Journal of Human Resource and Sustainability Studies, 2014, 0202.

[303] Nevena Jerak. Knowledge Management in CBS Croatia [J]. Entrepreneuiral Learning, 2013, 31.

后　记

一部著作的完成需要许多人的默默贡献，闪耀着的是集体的智慧，其中铭刻着许多艰辛的付出，凝结着许多辛勤的劳动和汗水。

本书在编写过程中，借鉴和参考了大量的文献和作品，从中得到了不少启悟，也汲取了其中的智慧菁华，谨向各位专家、学者表示崇高的敬意——因为有了大家的努力，才有了本书的诞生。凡被本书选用的材料，我们都将按相关规定向原作者支付稿费，但因为有的作者通信地址不详或者变更，尚未取得联系。敬请您见到本书后及时函告您的详细信息，我们会尽快办理相关事宜。

由于编写时间仓促以及编者水平有限，书中不足之处在所难免，诚请广大读者指正，特驰惠意。